NH
농협은행

6급(5급 동시대비)

NH농협은행 6급(5급동시대비)
직무능력평가+직무상식평가+기출문제

개정판 1쇄 발행   2022년 01월 03일

편 저 자	|	취업적성연구소
발 행 처	|	(주)서원각
등록번호	|	1999-1A-107호
주 소	|	경기도 고양시 일산서구 덕산로 88-45(가좌동)
대표번호	|	070-4233-2507
교재주문	|	031-923-2051
팩 스	|	02-324-2057
교재문의	|	카카오톡 플러스 친구 [서원각]
영상문의	|	02-324-2501
홈페이지	|	www.goseowon.com
책임편집	|	성지현
디 자 인	|	김한울

NH농협은 은행업, 보험업, 유통업, 가공업, 영농자재사업 등의 다양한 사업을 전개하고 있습니다. 따라서 본인의 업무 적성에 맞는 분야를 택하여 능력을 발휘할 수 있는 부분이 매력적이며 본인의 연고지 및 희망지에서 지역사회발전을 위해 일할 수 있습니다. 또한 공익 지향적 사업을 추구하므로 일에 대한 가치와 보람도 함께 느낄 수 있다는 장점이 있습니다. 비교적 안정적인 직장이라는 인식으로 농협은 취업 준비생들에게 크나큰 매력을 느끼게 해주기도 합니다.

NH농협은 지원자의 유연한 대처능력을 평가하고 유능한 자질을 갖춘 인재를 선발하고자 1차 서류전형 이후에 2차에서 인·적성평가 및 직무능력평가를 실시합니다. 특히 채용은 블라인드로 진행되어 학력, 연령, 성적의 제한이 없으며 특별한 자격을 요구하지 않기에 인·적성평가 및 직무능력평가에서 높은 성적을 거두는 것이 좋습니다.

본서는 NH농협은행 6급 필기시험 및 인·적성평가에 효과적으로 대비하기 위하여 다음과 같이 구성하였습니다.
- 농협 정보
- 농업·농촌, 경제 관련 최신 기사
- 직무능력평가(의사소통능력, 문제해결능력, 수리능력, 정보능력) 실전 대비 문제
- 직무상식평가(농업·농촌, 경제·디지털·ICT, 유통·경영관리) 실전 대비 문제
- 2021년 최신 기출 키워드로 복원한 기출 복원 모의고사
- 인·적성평가 실전 대비 문제
- 면접 실전 대비

마지막까지 자신을 믿고, 노력하는 당신을 위해 힘이 되는 교재가 되기를 바라며 달려가는 길을 서원각이 응원합니다.

STRUCTURE

농협 소개

NH농협의 미션 및 비전, 핵심가치, 조직도, 사업 등 농협의 전반적인 정보를 담았습니다.

기출 복원 모의고사

2021. 11. 하반기 필기시험에서 실제 기출 키워드로 일부 복원, 재구성하여 실전에 대비할 수 있도록 하였습니다.

직무능력평가

기출 문제 유형을 바탕으로 출제가 예상되는 문제를 과목별로 재구성하고 상세한 해설을 덧붙임으로써 핵심 개념을 파악할 수 있도록 구성하였습니다.

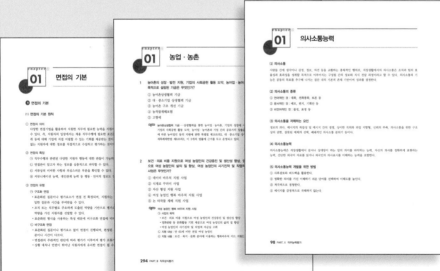

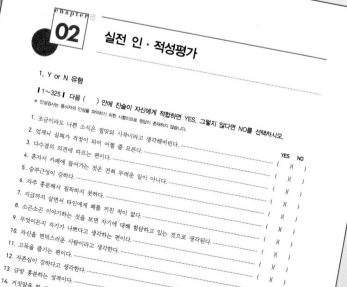

로픽 체크

기사를 보고 직접 요약·정리하며 필기시험과 면접을 준비할 수 있도록 최신 농업·농촌, 경제 기사를 수록하였습니다.

직무상식평가

농업·농촌 상식은 물론, 경제·디지털·ICT, 유통·경영 관리 상식 및 용어를 수록하여 직무상식평가에 대비할 수 있도록 구성하였습니다.

인·적성평가 및 면접

인·적성평가의 개요와 실전 인·적성평가를 수록하여 실전에 대비할 수 있도록 하였으며, 면접의 기본적인 사항과 주요 면접 질문 및 면접 기출을 수록하여 필기 이후 면접에도 대비할 수 있도록 하였습니다.

CONTENTS

Information

1 채용 분야

채용 분야	채용 직급	인원	직무 내용	비고
일반	6급 초급	지역별 ○○명 (또는 ○명)	금융영업(개인 · 기업금융 포함) 등	지역단위
IT(전산)	6급 중견	○○명	• 신기술 서비스 개발 및 운영(AI · 빅데이터 · 클라우드 등) • 디지털 채널 서비스 개발 및 운영(모바일 뱅킹 등) • 뱅킹 · 정보계 · 카드 서비스 개발 및 운영 • 정보 보안(보안 침해 사고 분석 및 대응) 등	전국단위
IT(기술)		○명	• 데이터센터 전기설비 · 소방설비 관리 • 전기(소방) 기술 검ㅁ토 및 공사	

2 채용 절차

1차 서류전형	2차 필기전형	3차 면접전형
• 온라인 인 · 적성(Lv.1) 평가 • 자기소개서 평가	• 온라인 코딩 테스트(IT 전산 분야) • 인 · 적성(Lv.2) 평가 • 직무능력평가 • 직무상식평가	• 집단 면접 • 토의 면접

3 필기시험 과목

교시	구분	문항수	시간		출제 범위
1	인 · 적성평가 (Lv.2)	325문항 (객관식)	45분		조직적합성, 성취 잠재력 등
2	직무능력평가	50문항 (객관식)	70분		• 의사소통능력, 문제해결능력, 수리능력, 정보능력 등 • 농업 · 농촌 관련 이해도, 농협 추진사업
	직무상식평가	30문항 (객관식)	25분	공통 (전체)	• 농업 · 농촌 관련 상식 • 디지털 상식 등
				일반 분야	금융 · 경제 분야 용어 · 상식 등
				IT(전산) 분야	데이터베이스, 전자계산기 구조, 운영체제, 소프트웨어 공학, 데이터 통신 등
				IT(기술) 분야	전기자기학, 전기기기, 회로이론, 전력공학, 전기응용, 전기설비, 기술기준 등

※ 상기 내용은 일부 변경될 수 있음

4 채용 일정(예정)

1차 서류전형	2차 필기전형	채용 신체검사	3차 면접전형	최종 합격자 발표
합격자 발표 22.1.11.(화) 17 : 00	• 온라인 코딩 테스트 (IT(전산) 분야에 한함) 22.1.15.(토) • 전 분야 공통 22.1.16.(일) • 합격자 발표 22.1.25.(화) 17 : 00	22.1.26.(수) ~ 22.2.5.(토) 중 지역별 지정 검진기관 개별 방문 · 검진	22.2.8.(화) ~ 2.15.(화) 중 실시	22.2.28.(월) 17 : 00

※ 1) 모든 일정은 농협 홈페이지에서 개별 확인
2) 상기 일정은 코로나19 대응 단계에 따라 변동될 수 있음

5 유의사항

• 입사지원서 작성부터 온라인 인·적성평가(Lv.1)까지 전 과정을 반드시 완료하여야 정상 접수 처리됨에 유의
  ※ 우대사항 대상자 포함 접수 절차 미완료 시 서류전형 진행 불가
• 청탁 등 부정행위로 인해 합격된 사실이 확인될 경우 합격 취소 또는 면직 처리되며 향후 7년간 채용전형 응시 불가
• 지원서 기재사항이 사실과 다를 경우(증명서 미제출 포함) 합격 취소 또는 면직 처리
• 최종 합격자가 입행일(교육 입교일/'22. 3월 예정) 당일까지 근로계약서 작성(일정 별도 안내)에 응하지 않을 경우 합격취소
• 당행 인사 관련 규정상 신규채용 결격사유 해당자는 합격 취소 또는 면직 처리
• 정해진 기간 내 채용 신체검사 미수검(재검사 미수검 포함) 시 불합격 처리
• 신체검사 결과 업무 수행이 불가한 경우 불합격 처리
• 최종 합격 후 교육연수 및 수습기간에 평가결과가 불량하거나 업무능력이 현저히 부족하다고 판단될 경우 면직될 수 있음
• 서류접수 여부 또는 각 전형별 합격 여부는 유선으로 안내 불가하며, 반드시 채용홈페이지를 통하여 개별 조회·확인
• 개인 사정에 의한 채용전형 및 일정 변경 불가
• 지원서 작성 시 입력하지 않은 사항은 채용전형에 반영되지 않음 ※ 예 : 입력하지 않은 우대사항은 반영되지 않음
• 교육부 기준에 의거 학사일정 등 변동이 발생하는 경우 반영
• 부정한 채용청탁 사실이 확인된 경우

구분	내용
지원자의 불이익 조치	• 채용 전형 중 : 해당 단계 합격 취소 • 최종 합격 후 입사 전 : 최종 합격 취소 • 입사 후 : 면직 • 응시제한 : 해당 채용의 최종합격자 발표일로부터 7년간 채용전형 응시 불가 • 채용청탁 관련 내용 및 관련자는 농협홈페이지 등에 공개할 예정임
피해자 구제 조치	피해단계 다음 전형에 대한 응시기회 부여

6 NH농협은행 인재상

- 최고의 금융전문가 : 최고의 금융서비스를 제공하기 위해 필요한 금융전문지식을 갖추고 부단히 노력하는 사람
- 소통하고 협력하는 사람 : 고객 및 조직구성원을 존중하고 소통과 협력에 앞장 서는 사람
- 사회적 책임을 실천하는 사람 : 도덕성과 정직성을 근간으로 고객과의 약속을 끝까지 책임지는 사람
- 변화를 선도하는 사람 : 다양성과 변화를 적극 수용하여 독창적 아이디어와 혁신을 창출하는 사람
- 고객을 먼저 생각하는 사람 : 항상 고객의 입장에서 고객을 먼저 생각하고 고객 만족에 앞장 서는 사람

7 비전

- 사랑받는 : 고객, 임직원뿐만 아니라 국민 모두에게 사랑받는 신뢰할 수 있는 은행
- 일등 : 고객 서비스와 은행 건전성, 사회공헌 모든 측면에서 일등이 되는 한국을 대표할 수 있는 은행
- 민족 은행 : 100% 민족자본으로 설립된 은행으로 진정한 가치를 국민과 공유하는 존경받을 수 있는 은행

8 NH농협 조직도

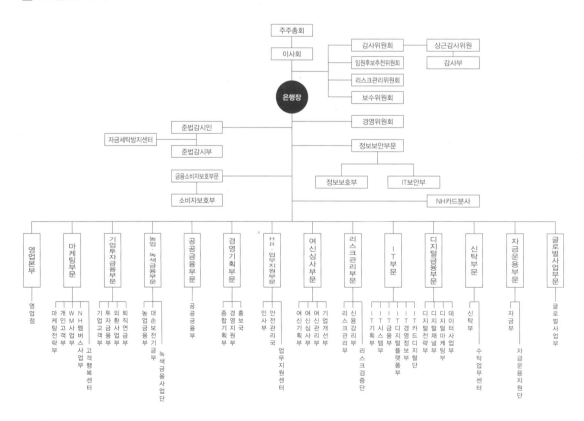

9 농협이 하는 일

① 교육지원부문

사업명	내용
교육지원사업	농·축협 육성·발전지도·영농 및 회원 육성·지도, 농업인 복지증진, 농촌사랑·식사랑 농사랑 운동, 농정활동 및 교육사업·사회공헌과 국제협력 활동 등

- 농업인의 권익을 대변하고 농가 소득 증대를 통해 농업인 삶의 질 향상에 도움을 주고 있다.
- '농촌사랑과 식생활 개선 운동' 등을 통해 농업과 농촌 사회가 가지는 중요한 가치를 공유하고 있다.

② 경제부문

사업명	내용
농업경제사업	영농자재(비료, 농약, 농기계, 면세유 등) 공급, 산지유통혁신, 도매사업, 소비지유통 활성화, 안전 한농식품 공급 및 판매
축산경제사업	축산물 생산, 도축, 가공, 유통, 판매사업, 축산 지도(컨설팅 등) 지원 및 개량 사업, 축산 기자재 (사료 등) 공급 및 판매

- 농업인이 영농활동에 안정적으로 전념할 수 있도록 생산·유통·가공·소비에 이르기까지 다양한 경제사업을 지원하고 있다.
- 농업경제 부문과 축산경제 부문으로 나누어지며, 농축산물 판로확대, 농축산물 유통구조 개선을 통한 농가소득 증대와 영농비용 절감을 위한 사업에 주력하고 있다.

③ 금융부문

사업명	내용
금융사업	상호금융, 은행, 카드, 보험, 증권 등

- 안정적인 영농활동을 위한 자금 공급을 비롯하여 상호금융, 은행, 보험, 증권 등 다양한 금융서비스를 제공하고 있다.
- 농업인에게는 차별화된 농업 금융서비스를 제공하고 국민에게는 최고의 종합 금융서비스를 제공하여 국가와 농촌 발전에 기여하고 있다.
- 금융사업을 통한 수익은 중앙회의 농업·농촌 및 국민경제 발전을 위한 재원으로 사용되고 있다.

자발적 기부금… 지자체, 답례품 제공 가능

고향사랑기부금에 관한 법률(이하 고향세법)이 국회를 통과함에 따라 지자체에서는 관외 거주자로부터 기부금을 받을 수 있게 되었다. 2007년 처음으로 논의가 되었던 고향세법은 후속 작업과 정비를 거쳐 오는 2023년 1월 1일 시행을 앞두고 있다.

고향세법은 지역 경제를 활성화하기 위한 취지로 발의된 법안으로 개인 기부액 상한은 연간 500만 원으로 제한하며 전국 지자체에 기부가 가능하다. 단, 현재 거주 지자체는 제외한다. 거주 지자체를 기부 대상에서 제외한 것은 강제 모금을 막기 위한 조치이며 개인으로 한정한 이유 역시 지자체 인허가권 등을 빌미로 하여 기업에 모금을 강요하는 것을 막으려는 취지이다.

기부 촉진을 위해 지자체에서는 기부자에게 관할구역 안에서 생산된 지역 특산품 및 지역 상품권 등을 답례품으로 제공할 수 있으며, 최대 100만 원 한도로 기부액의 30%까지 가능하다. 또한 기부자는 세액 공제 혜택도 받을 수 있다. 행정안전부는 10만 원 이하는 전액, 10만 원 초과는 16.5%까지 가능하다고 밝혔다.

지자체는 광고 매체 등을 통해 적극적으로 기부를 유도할 수 있으나 개별적으로 전화나 서신 등으로 참여를 권유하고 향우회, 동창회 등 사적 모임을 통해 기부를 독려하는 것은 금지된다. 상급 공무원이 하급 공무원에게 모금을 강요하면 3년 이하의 징역 또는 3,000만 원 이하의 벌금을 내야하며 기부금을 강요하거나 불법 모금한 지자체는 최대 1년까지 기부금 모금이 제한된다.

한편 고향세법은 ▲사회적 취약 계층 지원 및 청소년 육성·보호 ▲지역 주민들의 문화·예술·보건 등의 증진 ▲시민 참여·자원봉사 등 지역 공동체 활성화 지원 ▲주민의 복리 증진에 필요한 사업에 기부금을 사용하도록 명시하였다.

기사 더 찾아보기　　□ 공익직불제　　□ 농민수당 확산

01   위 기사를 세 줄 이내로 요약 정리해 보세요.

약 15년 전부터 도입 논의가 이루어졌던 고향세법이 오는 2023년 1월 1일부터 시행된다. 현재 거주 지자체를
제외한 전국 지자체에 개인 연 500만 원 내 기부가 가능하며 기부 촉진을 위한 답례품이 제공, 기부자는 세
액 공제 혜택을 받을 수 있다. 단, 지자체는 기부 강요 행위를 금지하며 법에 정한 사업에만 운용할 수 있다.

02   위 기사에 대한 생각을 세 줄 이내로 요약 정리해 보세요.

일본은 고향세를 도입하여 2020년 기준 약 6조 9,845억 원을 달성했다고 보도된 바 있다. 특색 있는 답례
품과 코로나19로 위축된 농촌을 응원하고자 하는 움직임을 요인으로 꼽았다. 이와 같은 사례를 확인하여 시행
시점까지 고향세가 지역 활성화를 도모하는 실질적 방안으로 이어질 수 있도록 세심한 설계가 필요하다.

03   헷갈리는 용어 및 중요한 용어를 정리해 보세요.

○ 세액 공제 : 산출된 세액에서 정책적으로 일정액을 공제하고 납부할 세금을 정하는 세법 규정

2022년까지 주요 축종 전업농가 5,750곳에 스마트 팜 보급

축산 분야 스마트 팜 확산을 위해 농림축산식품부는 '축산 분야 정도통신기술(ICT) 융복합 확산 사업'을 추진하고 있다.

축산 분야 스마트 팜은 컴퓨터나 모바일을 통해 온·습도 등 축사 환경을 모니터링하고 사료·물 공급 시기와 양을 원격 자동으로 제어할 수 있는 농장을 말한다.

정부는 2014년부터 추진하는 이 사업을 통해 2022년까지 양계·양돈·낙농·한우 등 주요 축종 전업농가의 22%인 5,750곳 농장에 스마트 팜 보급을 목표로 하고 있으며 현재 82.5%(4743곳)을 달성했다고 밝혔다. 내년에 확보된 예산은 840억 원으로 올해 예산(740억 원) 대비 100억 원 증액된 상태다.

스마트 팜 관련 주요 청책 중 하나인 '스마트축산 ICT 시범 단지 조성 사업'은 지자체가 환경·질병 등을 효율적으로 관리하는 환경친화적 축산 단지를 조성해, 환경규제나 입지제한 지역에 위치하여 경영활동이 어려운 지역 농가의 축사 이전을 돕는 취지로 추진하고 있다. 새롭게 조성되는 축산 단지는 ICT 융복합 축사, 분뇨·방역 통합관리시스템을 구축해 질병과 악취 등을 제어하고 최적의 축산 환경을 조성하는 것이 특징이다. 올해 관련 예산은 104억 원이고, 내년에는 91억 8,000만 원이 확보된 상태다.

해당 사업은 2019년 처음 도입되어 충남 당진, 강원 강릉, 경북 울진 등 3개 지자체가 대상으로 선정된 바 있다. 2020년에는 경남 고성, 강원 평창, 2021년에는 경남 합천 등의 지자체가 대상에 추가되었다. 인허가 과정이 다소 까다롭기 때문에 현재까지 인허가를 끝낸 곳은 당진 한곳에 불과하며, 당진지역 스마트 축산 ICT 시범단지는 내년 중 착공이 이루어질 전망이다.

농협도 축산분야 스마트 팜 확대에 적극적으로 나서고 있다. 개체 관리, 발정 탐지기, 축사 제어, 환경 관리 등 농가가 필요로 하는 서비스를 하나로 통합한 ICT 기반 스마트 영농 지원 시스템 'NH하나로목장'이 대표적인 사례이다.

한편, 농협은 올해 강원 평창영월정선축협, 충남 당진낙농축협 등 2개 축협을 시범 축협으로 선정해 NH하나로목장 서비스를 점검하고 있으며 내년에는 시범축협을 5곳으로 확대해나갈 계획이라고 밝혔다.

기사 더 찾아보기

□ 해외 동물질병 데이터베이스 자동 구출 프로그램 개발
□ 범농협 스마트 농업 추진 전략회

01 위 기사를 세 줄 이내로 요약 정리해 보세요.

02 위 기사에 대한 생각을 세 줄 이내로 요약 정리해 보세요.

03 헷갈리는 용어 및 중요한 용어를 정리해 보세요.

농협, 제5회 미래축산포럼 심포지엄 개최…

농협 경제지주 축산경제가 지난 13일 안성팜랜드에서 지속가능한 축산업 육성 추진의 일환으로 '제5회 미래축산포럼 심포지엄'을 개최하였다.

이번 심포지엄은 '지속가능한 축산업 육성을 위한 추진 방향'을 주제로 축산 분야 현안에 대한 대책을 마련하고 정책 방향을 제시하기 위해 개최되었다.

6개 분과의 연구 주제 발표가 있었으며 주제 발표 내용은 ▲가축생산성 향상을 통한 탄소중립 실현 ▲질소배출저감 및 퇴비부숙촉진 기술개발을 통한 친환경축산 농가 조성 ▲탄소중립 정책대비 축산업 온실가스 배출 진단 및 발전방안 ▲법정 가축전염병 방역관리 효율성 증진 방안 ▲데이터웨어하우스 기반 원스탑 스마트축산 시스템 정책 ▲대체단백질 시장 현황과 축산업계 대응 방안 등이 있었다. 심포지엄은 유튜브를 통해 다시보기가 가능하다.

한편, 농협 경제지주 축산지원부에 사무국을 두고 있는 미래축산포럼은 2012년부터 구성되었으며 축산 분야 현안과 중장기 정책 및 R&D 추진 방향 등을 검토·제안하여 지속가능하고 경쟁력 있는 축산업 발전을 위하여 연구를 지속하고 있다.

기사 더 찾아보기

☐ 스마트 가축시장 플랫폼 구축
☐ ICT 기반 스마트 팜 토탈 솔루션 구축 시범 사업

01 위 기사를 세 줄 이내로 요약 정리해 보세요.

02 위 기사에 대한 생각을 세 줄 이내로 요약 정리해 보세요.

03 헷갈리는 용어 및 중요한 용어를 정리해 보세요.

한은, 내년 1월 기준금리 인상 가능성 높아 …

지난 달 한국은행은 기준금리를 1.0%로 인상한 데 이어, 비둘기파로 알려진 주상영 위원의 통화정책 기조가 매파로 바뀌고 있다. 이에 따라 내년 1월에 열리는 금통위에서 만장일치로 기준금리를 인상할 가능성에 힘이 실리고 있다.

한은이 공개한 금통위 의사록에 따르면 6명 중 5명의 위원이 국내 경제 상황 물가와 금융 상황 등을 고려할 때 "통화정책의 완화 정도를 추가적으로 조정하는 것이 바람직하다."는 입장이었다. 주 위원은 금리 동결의 입장을 내놓았으나 국내 경제 분석에서는 민간 소비와 고용 부문에 있어 기준금리를 인상할 만한 요건이 부분적으로 조성되었다고 인정하였다.

금통위는 내년 1월 14일과 2월 24일로 예정되어 있으며, 만일 기준금리 만장일치 인사 결정이 내려진다면 지난 2011년 이후 약 10여 년만의 전원 찬성이 된다.

주 위원은 "대면 서비스업의 반등과 함께 고용이 회복하는 모습을 보이면서 10월의 계절조정 취업자수는 지난해 2월 수준에 근접할 정도로 증가했다."며 "통계청의 가계 동향 조사"에 의하면 지난 3분기의 가구당 월평균 소득이 전년 동분기 대비 8.0% 증가하고 근로소득도 6.2% 증가해 경기회복이 가계소득의 증가로 이어지는 모습이 나타나고 있다."고 진단했다.

또, "분위별 소득도 고르게 증가했고, 지난해 하반기 이후 수출·제조업 위주의 생산 활동 증가가 고용, 가계소득, 민간소비의 내수 회복세로 이어지는 모습이 관찰되기 시작했다."며 "지표상으로 통화정책의 진로 변경 여부를 고민할 만한 유의미한 변화가 발생했다."고 덧붙였다.

대내외적인 상황도 주 위원이 내년 상반기 매파 기조로 바뀔 요인들이 늘어났다. 주 위원은 지난 의사록에서 "본격적인 긴축으로의 전환은 미 연방준비제도의 테이퍼링 정책이 금융시장에 미치는 영향을 점검한 뒤 해도 늦지 않는다."고 언급했다. 발표된 연방공개시장위원회(FOMC) 정례회의 결과 내년 연준의 기준금리 인상 경로에 대한 윤곽이 나온 뒤 내년 상반기에는 이런 조건도 충분히 충족된다.

그러나 한편에서는 여전히 내년 1분기까지는 주 위원이 동결 소수 의견을 고수할 것이라는 시각도 있다.

기사 더 찾아보기

☐ 美 연준, 내년 금리 3회 인상 시사
☐ 구조적 인플레이션

01 위 기사를 세 줄 이내로 요약 정리해 보세요.

02 위 기사에 대한 생각을 세 줄 이내로 요약 정리해 보세요.

03 헷갈리는 용어 및 중요한 용어를 정리해 보세요.

NH - Amundi자산운용, 수익률 높은 테마형 ETF에 주목

NH농협금융지주가 급성장 중인 국내 상장지수펀드(ETF) 시장에서의 경쟁력 구축을 위해 모든 계열사의 역량을 집중키로 밝힌 바 있다.

고유 브랜드 NH - Amundi자산운용의 '하나로(HANARO) ETF' 시장 규모 확대를 위해 트렌드에 맞춘 테마형 ETF 상품을 출시하였다. ETF 상품으로 ▲하나로 K - POP&미디어 ▲하나로 K - 반도체 ▲하나로 K - 게임 ▲그린ESG액티브 ▲글로벌 탄소배출권 등을 제시하였다.

특히 전기·수소차, 친환경에너지 등 환경·사회·지배구조(ESG) 테마에 투자하는 ETF를 연이어 출시, 향후 2022년까지 약 50개의 상품을 출시할 예정이라고 밝혔다. 뿐만 아니라 최근 가장 큰 인기를 얻고 있는 메타버스 ETF(K - 메타버스MZ)와 국내 최초 '골프산업 테마 ETF'를 상장했다.

박학주 NH - Amundi자산운용 대표는 "한국을 넘어 글로벌경쟁력을 갖춘 하나로 K - 시리즈 ETF는 대한민국을 대표하는 상품으로 성장해 나갈 것으로 확신한다."며 "한국의 글로벌경쟁력을 테마로 한 K - 시리즈를 지속적으로 소개할 것"이라고 말한 바 있다. 또, "시대의 거대한 혁신에 올라탈 산업에 투자할 수 있는 테마형 ETF의 인기는 이어질 것으로 보인다."면서 "명품으로 남을 테마상품을 지속적으로 개발할 것"이라고 밝혔다.

기사 더 찾아보기

☐ 자산운용사 간 ETF 경쟁

01 위 기사를 세 줄 이내로 요약 정리해 보세요.

02 위 기사에 대한 생각을 세 줄 이내로 요약 정리해 보세요.

03 헷갈리는 용어 및 중요한 용어를 정리해 보세요.

Study Article

농업·농촌, 경제 관련 기사를 읽고 요약하며 필기시험 및 면접을 준비해 보세요.

농협경제지주 - 마켓컬리, MOU 체결

농협경제지주와 마켓컬리는 이커머스 시장에 대응하고 농축산물 온라인 판로를 확대하기 위해 농협중앙회 본관에서 업무협약(MOU)을 체결했다.

해당 MOU를 통해 농협은 우수한 품질의 국산 농축산물을 마켓컬리를 통해 공급하고, 마켓컬리는 농협이라는 안정적인 공급망을 확보할 수 있게 되었다.

양사는 첫 번째 프로젝트로 물류 공동 협력을 추진한다. 전국 오프라인 인프라를 기반으로 한 B2B 물류 역량과 마켓컬리의 B2C 콜드체인 물류·배송 역량을 결합하여 수도권과 영남권의 새벽배송 권역을 확대하고, 온라인 물류 경쟁력 확보를 위한 온라인 전용 물류센터 공동투자도 검토할 예정이다.

또한 농협 경제지주는 농축산물을 체계적으로 통합 공급하고 마켓컬리는 안정적인 농축산물을 판매하는 데 적극 협력하기로 하였으며, 마켓컬리의 마케팅 및 상품개발 역량과 농협의 제조·가공시설을 활용해 PB상품 공동 개발 등 상품 다각화를 통한 경쟁력 제고도 도모할 계획이라고 밝혔다.

이외에도 K-농축산물의 해외 판로개척과 농협의 방대한 생산·유통 데이터와 마켓컬리의 수요 예측 데이터를 활용한 새로운 수요 예측 모델 개발을 통해 농축산물별 정확한 수요와 공급 예측으로 농산물 가격 관리 및 유휴 생산량에 대해서도 선제적으로 대응할 예정이다.

 기사 더 찾아보기

☐ '하나로라이스' 첫 수출
☐ 새만금 식량안보 콤비나트

01 위 기사를 세 줄 이내로 요약 정리해 보세요.

02 위 기사에 대한 생각을 세 줄 이내로 요약 정리해 보세요.

03 헷갈리는 용어 및 중요한 용어를 정리해 보세요.

"여성농업인 CEO 역량 강화 교육" 개최

농협중앙회는 이틀 동안 전북 전주 소재 농협전북지역본부에서 ㈔농가주부모임전국연합회와 함께 "여성농업인 CEO 역량 강화 교육"을 개최하였다.

㈔농가주부모임전국연합회는 영농에 종사하는 여성농업인의 사회참여를 확대하고자 지난 1999년 농림축산식품부로부터 설립 인가를 받은 단체이며, 설립 초기부터 여성농업인의 위상과 권익 향상을 위해 농협과 협력해왔다.

"여성농업인 CEO 역량 강화 교육"은 코로나19의 영향으로 지난 2020년을 제외하고는 2004년부터 매년 시행해 온 대회이며, 올해는 농가주부모임 전국연합회 임원과 여성농업인 정책 골든벨 본선 진출자 등 20여 명이 참석하였다.

올해 행사에서는 최근 여성농업인의 역할이 증가함에 따라 공익직불제 등 정부에서 시행하는 정책에 대한 교육과 여성농업인을 위한 정책 인지도 향상을 위한 정책 골든벨 '知彼知己면 나도 알짜農' 본선 대회도 함께 열렸다.

강부녀 농가주부모임전국연합회장은 "우리 여성농업인들 스스로가 역량을 강화하기 위해 노력하여야 하며, 정책적인 지원 또한 적극 활용하여야 한다."며, "특히, 농업 분야의 양성평등 문화를 확산시켜 모두가 행복한 농촌을 만들어 가자."고 덧붙였다.

농협중앙회 조은주 지역사회공헌부장은 "앞으로도 여성농업인들의 경쟁력 강화와 리더 양성을 위하여 지속적으로 노력하겠다."고 전했다.

 기사 더 찾아보기

□ 귀농활성화 선도인像

위 기사를 세 줄 이내로 요약 정리해 보세요.

위 기사에 대한 생각을 세 줄 이내로 요약 정리해 보세요.

헷갈리는 용어 및 중요한 용어를 정리해 보세요.

Study Article

농업·농촌, 경제 관련 기사를 읽고 요약하며 필기시험 및 면접을 준비해 보세요.

스마트 APC, 농산물 판매 활성화

농협은 2021년 6월부터 농축산물 유통혁신 과제 중 하나인 스마트 농산물 산지유통센터(APC) 시범사업을 추진한 결과, 업무 시간이 단축되는 등 성과를 거두고 있는 것으로 나타났다.

농협 경제지주는 농협중앙회 본관에서 '스마트 APC 추진 보고회'를 열었다. 스마트 APC는 농산물의 입고·저장·출고 데이터를 전산화하고, 선별·포장 등의 설비를 자동화한 APC로, 전산화된 데이터를 기반으로 출하시기를 조절하고 판매처 분산전략 등에 대한 의사결정, 자동화된 설비로 인력 절감과 농산물 상품성 향상을 기대할 수 있다.

관계자에 의하면 "지난해 말 기준으로 농협 APC 가동률은 평균 60%대로 낮았고, 전체 APC의 절반가량이 적자를 면치 못했다"며 "최근 인건비 상승과 주 52시간제 도입으로 인력 확보에 어려움을 겪고 있는 만큼 APC의 운영 효율성과 사업경쟁력을 높이고자 APC 스마트화를 추진하게 됐다."고 설명했다.

농협은 6월 과수류 주요 산지이자 농림축산식품부가 산지유통혁신조직으로 선정한 충북원예농협을 스마트 APC 시범사업 1호로 선정했다.

농협은 시범사업 2·3호를 대상으로 전산 개발과 시설 자동화 등을 추진 중이며, 연말까지 시범사업을 마무리할 예정이다. 내년부터는 APC 정보화를 전국적으로 확대해 빅데이터를 축적, 이를 기반으로 농산물 상품화·수급안정·판매확대, 수취가격 제고 등 APC 역할 확대에 주력하겠다고 밝혔다.

 기사 더 찾아보기

☐ 농협의 유통혁신 주요 추진 성과

01 위 기사를 세 줄 이내로 요약 정리해 보세요.

02 위 기사에 대한 생각을 세 줄 이내로 요약 정리해 보세요.

03 헷갈리는 용어 및 중요한 용어를 정리해 보세요.

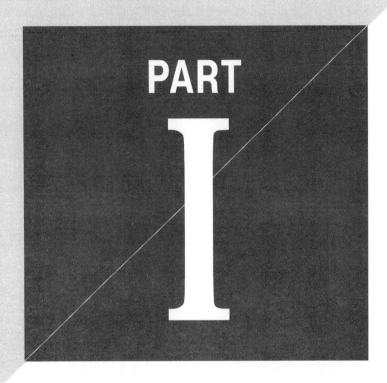

PART

I

2021.11.28.
NH농협은행 기출복원문제

맞춤 문항수 | 풀이시간 분

※ 2021년 NH농협은행 기출문제를 반영하여 복원·재구성한 문제입니다.

❚1 ~ 3❚다음은 농업협동조합법에 관한 법률의 일부이다. 이어지는 물음에 답하시오.

제26조(의결권 및 선거권) 조합원은 출자액의 많고 적음에 관계없이 평등한 의결권 및 선거권을 가진다. 이 경우 선거권은 임원 또는 대의원의 임기만료일 전 180일까지 해당 조합의 조합원으로 가입한 자만 행사할 수 있다.

제27조(의결권의 대리)

제1항 조합원은 대리인에게 의결권을 행사하게 할 수 있다. 이 경우 그 조합원은 출석한 것으로 본다.

제2항 대리인은 다른 조합원 또는 본인과 동거하는 가족이어야 하며, 대리인이 대리할 수 있는 조합원의 수는 1인으로 한정한다.

제3항 대리인은 ㉠ 대리권을 증명하는 서면을 지역농협에 제출하여야 한다.

제28조(가입)

제1항 지역농협은 정당한 사유 없이 조합원 자격을 갖추고 있는 자의 가입을 거절하거나 다른 조합원보다 불리한 가입 조건을 달 수 없다. 다만, 제30조제1항 각 호의 어느 하나에 해당되어 제명된 후 2년이 지나지 아니한 자에 대하여는 가입을 거절할 수 있다.

제2항 조합원은 해당 지역농협에 가입한 지 1년 6개월 이내에는 같은 구역에 설립된 다른 지역농협에 가입할 수 없다.

제3항 새로 조합원이 되려는 자는 정관으로 정하는 바에 따라 출자하여야 한다.

제4항 지역농협은 조합원 수를 제한할 수 없다.

제5항 사망으로 인하여 탈퇴하게 된 조합원의 상속인이 제19조제1항에 따른 조합원 자격이 있는 경우에는 피상속인의 출자를 ㉡ 승계하여 조합원이 될 수 있다.

제6항 제5항에 따라 출자를 승계한 상속인에 관하여는 제1항을 준용한다.

제29조(탈퇴)

제1항 조합원은 지역농협에 탈퇴 의사를 알리고 탈퇴할 수 있다.

제2항 조합원이 다음의 어느 하나에 해당하면 당연히 탈퇴된다.

　　1. 조합원의 자격이 없는 경우
　　2. 사망한 경우
　　3. 파산한 경우
　　4. 성년후견개시의 심판을 받은 경우
　　5. 조합원인 법인이 해산한 경우

제3항 이사회는 조합원의 전부 또는 일부를 대상으로 제2항 각 호의 어느 하나에 해당하는지를 확인하여야 한다.

제30조(제명)

제1항 지역농협은 조합원이 다음 각 호의 어느 하나에 해당하면 총회의 의결을 거쳐 제명할 수 있다.

    1. 1년 이상 지역농협의 사업을 이용하지 아니한 경우

    1의2. 2년 이상 경제사업을 이용하지 아니한 경우. 다만, 정관에서 정하는 정당한 사유가 있는 경우는 제외한다.

    2. 출자 및 경비의 ⓒ납입, 그 밖의 지역농협에 대한 의무를 이행하지 아니한 경우

    3. 정관으로 금지한 행위를 한 경우

제2항 지역농협은 조합원이 제1항 각 호의 어느 하나에 해당하면 총회 개회 10일 전까지 그 조합원에게 제명의 사유를 알리고 총회에서 의견을 진술할 기회를 주어야 한다.

제31조(지분환급청구권과 환급정지)

제1항 탈퇴 조합원(제명된 조합원 포함)은 탈퇴(제명 포함) 당시의 회계연도의 다음 회계연도부터 정관으로 정하는 바에 따라 그 지분의 ⓔ환급을 청구할 수 있다.

제2항 제1항에 따른 청구권은 2년간 행사하지 아니하면 소멸된다.

제3항 지역농협은 탈퇴 조합원이 지역농협에 대한 채무를 다 갚을 때까지는 제1항에 따른 지분의 환급을 정지할 수 있다.

제32조(탈퇴 조합원의 손실액 부담) 지역농협은 지역농협의 재산으로 그 ⓜ채무를 다 갚을 수 없는 경우에는 제31조에 따른 환급분을 계산할 때 정관으로 정하는 바에 따라 탈퇴 조합원이 부담하여야 할 손실액의 납입을 청구할 수 있다. 이 경우 제31조제1항 및 제2항을 준용한다.

제33조(의결 취소의 청구 등)

제1항 조합원은 총회(창립총회 포함)의 소집 절차, 의결 방법, 의결 내용 또는 임원의 선거가 법령, 법령에 따른 행정처분 또는 정관을 위반한 것을 사유로 하여 그 의결이나 선거에 따른 당선의 취소 또는 무효 확인을 농림축산식품부장관에게 청구하거나 이를 청구하는 소를 제기할 수 있다. 다만, 농림축산식품부장관은 조합원의 청구와 같은 내용의 소가 법원에 제기된 사실을 알았을 때에는 제2항 후단에 따른 조치를 하지 아니한다.

제2항 제1항에 따라 농림축산식품부장관에게 청구하는 경우에는 의결일이나 선거일부터 1개월 이내에 조합원 300인 또는 100분의 5 이상의 동의를 받아 청구하여야 한다. 이 경우 농림축산식품부장관은 그 청구서를 받은 날부터 3개월 이내에 이에 대한 조치 결과를 청구인에게 알려야 한다.

제3항 제1항에 따른 소에 관하여는 「상법」 제376조부터 제381조까지의 규정을 준용한다.

제4항 제1항에 따른 의결 취소의 청구 등에 필요한 사항은 농림축산식품부령으로 정한다.

---

1 위의 법률을 보고 판단한 내용으로 적절하지 않은 것은?

① 탈퇴 조합원은 그 지분의 환급금 청구를 2년간 행사하지 않을 경우 소멸된다.

② 1년 이상 지역농협 사업을 이용하지 아니한 경우에는 조합원 가입을 거절할 수 있다.

③ 위반의 사유로 의결의 취소를 청구할 경우 의결일로부터 2개월 이내에 청구할 수 있다.

④ 조합원은 출자액의 많고 적음에 관계없이 의결권과 선거권을 평등하게 가진다.

⑤ 다른 조합원, 본인, 동거 가족에게만 조합원 대신 의결권을 행사할 수 있다.

Answer. 1.③

2 다음 A씨의 의결권 대리 행사가 가능한 것은?

① 지방에 살고 계신 부모님이 대리권을 행사해도 출석이 인정된다.
② 조합원 B와 C가 함께 의결권을 행사할 수 있다.
③ A가 사전에 등록한 대리인일 경우에는 의결권을 행사할 수 있다.
④ A와 함께 사는 동생이 대리권을 증명하기 위해서는 서면을 제출해야 한다.
⑤ 조합원의 경우에 서면을 제출하지 않아도 된다.

3 ㉠ ~ ㉤에 해당하는 한자가 아닌 것은?

① ㉠ 代理權
② ㉡ 承繼
③ ㉢ 納入
④ ㉣ 還給
⑤ ㉤ 債貿

4 다음 기사에 대한 주제로 가장 적절한 것은?

> 농업분야 재난지원금 신청이 한창인 가운데 지난해 처음 시행되었던 공익직불금 수령 요건이 다시 언급되었다. 재난지원금 중 소규모 농가에 지원하는 '소농 바우처', 즉 공익직불제의 대상이 지난해 소농직불금을 수령한 농가로 한정되었기 때문이다. 현행법에 따르면 2017 ~ 2019년 중 기존의 쌀고정·밭고정·조건불리직불 대상 농지에게 신청 자격이 주어지는데, 직불금 신청을 하지 못한 실경작자는 이번 재난지원금 신청에도 배제되어 불만이 고조되고 있다. 한 농민에 따르면 "2017 ~ 2019년 직불금 수령 실적이 없다는 이유로 작년에 이어 올해도 공익직불금 신청을 못한다."며 "거기에 소농바우처까지 받지 못하게 되어 억울하다."고 전했다. 당국은 이러한 문제를 보완하기 위해 법안을 발의하였지만 여전히 답보 상태에 머무르고 있으며, 농가의 요구에 맞게 공익직불제 예산을 늘려가야 한다는 주장이 커지고 있다.

① 공익직불금에 대한 안내

② 소농바우처의 사용 요건

③ 공익직불금 수령 및 자격 요건

④ 소농바우처 지급에 대한 해결책

⑤ 농가 지원을 위한 예산 마련 안건

🔍TIP 다음은 공익직불금에 대한 기사로 지난해 시행했던 공익직불금 수령 요건을 제시하며 이번 재난지원금 신청 시 소농 바우처의 수령 요건과 자격 요건을 말하고 있다.

▌5 ~ 6▐ 다음 농업인 보험에 대한 자료이다. 물음에 답하시오.

〈농작업근로자 안전보험〉

○ 상품 특징
　• 농가경영 안정화를 위한 농작업근로자 대상 상품
　• 농작업 중 일어날 수 있는 재해 및 질병 중점보장
　• 보험료의 50% 이상 정부에서 지원(단, 국고 지원 자격 충족 시)

○ 가입내용
　• 보험계약자 : 농업인 및 농업관련 법인
　• 피보험자 : 보험계약자가 농작업 수행을 위해 고용한 단기 피고용인
　• 주계약 : 기본형, 상해·질병치료급여금 부담보형
　• 가입나이 : 만15 ~ 87세
　• 보험기간 : 1일 ~ 89일
　• 납입방법 : 일시납

Answer. 2.④ 3.⑤ 4.③

○ 보장내용

급부명	지급사유	지급금액
유족급여금	농업작업안전재해 또는 농업작업안전질병으로 사망하였을 경우 (다만, 농업작업안전질병 중 '유해생물방제제(농약)의 독성효과' 제외)	1,000만 원
재해장해급여금	농업작업안전재해로 인해 장해분류표에서 정한 장해지급률 중 3% 이상 80%미만 장해상태가 되었을 경우	1,000만 원 × 장해지급률
휴업(입원) 급여금	농업작업안전재해 또는 농업작업안전질병으로 치료를 직접목적으로 하여 4일 이상 계속 입원하였을 경우(1회 입원당 120일 한도)	3일 초과 입원일수 1일 2만 원
고도장해 급여금	농업작업안전재해 또는 동일한 농업작업안전질병으로 인해 장해 분류표 상 여러 신체부의 장해 지급률을 더하여 80% 이상인 장해상태가 되었을 경우(최초 1회 한)	1,000만 원
재활(재해장해) 급여금	농업작업안전재해로 인하여 장해분류표에서 정한 장해지급률 중 3%이상 80% 미만의 장해상태가 되었을 경우	500만 원 × 장해지급률
특정질병수술 급여금	특정질병으로 수술을 받았을 경우	수술 1회당 30만 원
특정감염병진단 급여금	특정감염병으로 진단 확정되었을 경우	진단 1회당 30만 원

※ 농업작업업안정질병은 '농업작업 관련 질병 분류표'를 따른다.

○ 주요 공지사항
• 청약 시 보험상품명, 기간, 보험료, 납입기간, 피보험자 등을 반드시 확인하고 보험상품에 대한 설명을 받아야 한다.
• 보험계약자 및 피보험자는 청약서상의 자필서명란에 반드시 본인 자필서명(전자서명 포함)을 해야한다. 만일, 고의나 중대한 과실로 중요한 사항에 대해 사실과 다르게 알린 경우 회사가 별도로 정한 방법에 따라 계약 해지 또는 보장을 제한할 수 있다.
• 청약 시 직업·나이·운전여부·병력 등에 따라 가입이 거절될 수 있다.
• 약관 및 청약서를 받지 못한 경우, 약관의 중요내용을 설명 받지 못한 경우, 자필서명이 없는 경우에는 계약 성립일의 3개월 이내에 계약 취소가 가능하며 납입 보험료 및 보험료 전액과 정해진 이자를 돌려준다.

대상 질병명	분류번호	대상 질병명	분류번호
피부염 및 습진	L20-L30	파라티푸스	A01.0-A01.4
두드러기 및 홍반	L50-L54	급성 A형간염	B15
부식물질의 독성효과	T52	파상풍	A33-A35
유해생물장제제의 독성효과	T60	디프테리아	A36
윤활막 및 힘줄장애	M60-M63	일본뇌염	A37
관절통	M25.5	홍역	B05
기타 연조직장애	M70-M79	탄저병	A22
과다한 자연열 노출	X30	렙토스피라병	A27
팔의 단일신경병증	G56	비폐렴성 재항군인병	A48.2
콜레라	A00		

5 다음의 내용을 분석한 것으로 적절하지 않은 것은?

① 특정감염병진단 급여금은 진단 확정이 되어야 30만 원을 지급받는다.

② 청약 시 자필서명을 해야 하며 전자서명일 경우에는 제외된다.

③ A33-35의 치료로 10일 입원할 경우 14만원의 보험료 지급액이 생긴다.

④ 농작업 중에 일어날 수 있는 사건 중 질병과 재해를 중점적으로 보장해주는 상품이다.

⑤ T52로 사망하였을 경우 그 가족에게 유족급여금 1,000만 원이 지급된다.

✎TIP 보험계약자 및 피보험자는 청약서 상 전자서명의 경우에도 자필서명이 필요하다.

6 농업작업 중 사고로 장해지급률 85%인 장해상태가 되었다. 이 경우 보험금 지급금액은?

① 425만 원

② 500만 원

③ 580만 원

④ 850만 원

⑤ 1000만 원

✎TIP 장해지급률이 85%인 장해상태일 경우에는 고도장해 급여금을 지급받는다. 따라서, 지급액은 1,000만 원이다.

Answer. 5.② 6.⑤

갑의 주장은 토지 문제를 토지 시장에 국한하지 않고 경제 전체의 흐름과 밀접하게 연결해 파악하면 된다는 것이다. 이는 토지 문제를 이용의 효율에만 국한하는 단순한 문제가 아닌 경제의 성장, 물가, 실업 등의 거시경제적 변수를 함께 고려해야 하는 복잡한 문제로 본다. (㉠) 토지 문제는 경기 변동과 직결되며 사회 정의와도 관련이 있다고 주장하고 있다.

을은 토지 문제도 다른 상품과 마찬가지로 수요와 공급의 법칙에 따라 시장이 자율적으로 조정하도록 맡기면 된다는 주장이다. 토지의 투자는 상품 투자의 일종으로 ＿＿＿＿＿＿＿＿. 부동산의 자본 이득이 충분히 클 경우에는 좋은 투자 대상이 되어 막대한 자금이 금융권으로부터 부동산 시장으로 흘러 들어간다. 반대로 자본의 이득이 떨어지게 될 경우 부동산에 투입되었던 자금이 다시 금융권에 회수되어 다른 시작으로 흘러 들어간다. 따라서 부동산의 자본 이득은 금융권과 부동산 시장 사이를 이어주는 것이다.

갑은 을과 달리 상품 투자와 토지 투자를 구분한다. 상품 투자는 상품 가격을 상승시키고 상품 공급을 증가시킬 수 있다. 공급이 증가하면 다시 상품의 투자가 억제되므로 상품투자에는 내재적 한계를 포함한다. (㉡) 토지는 공급이 한정되어 있기 때문에 토지 투자는 가격 상승의 제어장치가 마련되어 있지 않다. 이러한 토지 투자는 지가의 상승을 부추기며 거품이 잔뜩 낀 부동산 가격을 만들게 된다.

7   다음 ㉠ ~ ㉡에 들어갈 접속사는?

	㉠	㉡
①	그러나	따라서
②	따라서	그러나
③	그리고	따라서
④	반면에	그리고
⑤	하지만	그리하여

　　✿TIP   ㉠은 뒷말에 대해 앞말이 토지 문제에 대한 근거를 말하고 있으므로 '따라서'가 들어가야 한다. ㉡은 상품 투자에 대한 설명과 상반되는 내용이므로 '그러나'가 와야 한다.

8   다음 ＿＿＿＿＿ 에 들어갈 문장으로 옳은 것은?

① 토지는 투자대상으로 볼 수 없다.
② 거시경제적 관점에서 보면 토지와 상품 투자는 상호보완적이다.
③ 상품 생산 수단으로 토지에 대한 투자가 활용된다.
④ 귀금속, 주식, 은행 예금만큼 좋은 투자의 대상으로 본다.
⑤ 부동산 시장과 금융권의 사이를 이어준다.

　　✿TIP   앞에서 토지는 상품 투자의 일종이라고 하였으므로 귀금속·주식·은행 등의 상품을 예로 들 수 있다.

▌9 ~ 10 ▌ 다음을 읽고 물음에 답하시오.

ⓘ 월요일에서 금요일까지 하루에 8시간씩 소정근로시간 동안 일하는 근로자를 확인해보자. '소정근로시간'은 근로자와 사용자가 합의한 근로시간이다. 사실 기존 근로기준법도 최대 근로시간이 52시간으로 규정되어 있어 보였다. 하루 최대 소정근로시간이 8시간으로 1주에는 소정근로시간이 최대 40시간이며 연장근로는 1주에 12시간만 허용되므로 총 52시간이 되기 때문이다. 그러나 최대 68시간까지 허용했는데 이는 휴일근로의 성격을 어떤 것으로 보는가에 달려있다. 기존 근로기준법에 휴일근로란 소정근로도 연장근로도 아닌 것으로 간주되었으며 소정근로 40시간에 12시간 연장근로 후 휴일근로가 더해진 것을 보았다. 따라서 52시간이 초과되어도 법을 위반하지 않게 되는 것이다.

ⓛ 일요일은 휴일이다. 하지만 토요일은 휴일이 아닌 근로의무가 없는 휴무일로 특별 규정이 없는 한 근로를 시킬 수 없다. 기존 근로기준법 하에서 더 근로를 시키고 싶던 기업은 단체협약으로 '토요일을 휴일로 한다'라는 규정을 특별하게 만들어 꼼수를 쓰는 경우가 많았다. 이렇게 되면 2일 간 휴일근로를 추가로 근무를 시킬 수 있기 때문에 근로시간이 늘어난 것이다.

ⓒ 근로기준법이 개정되며 일명 '52시간 근무제'에 대한 관심이 높아졌다. 하지만 개정된 근로기준법에 '최대 근로시간을 1주에 52시간으로 규정한다'라는 조문이 명시적으로 추가된 것이 아니다. 다만, '1주란 휴일을 포함한 7일을 말한다'는 한 문장이 근로기준법에 추가되었을 뿐이다. 이 한 문장의 추가가 어떻게 52시간 근무제를 보장한다는 것일까?

ⓔ 현 개정 근로기준법과 다르게 기존 판례가 휴일근로를 연장근로가 아니라고 한 이유는 연장근로는 소정근로의 연장으로 하여 1주 최대 소정근로시간을 정할 경우 1주를 5일로 보았기 때문이다. 즉, 1주 중 소정근로일은 월요일부터 금요일까지의 5일로 보고 이 기간 동안의 근로만이 근로기준법상 소정근로시간 한도에 포함된다고 본 것이다. 다만, 연장근로가 아닌 한 1일의 근로시간은 8시간을 초과할 수 없다고 기존 근로기준법에 규정되어 있으므로 이미 52시간을 근로한 근로자에게 휴일에 1일 8시간을 넘는 근로를 시킬 수 없다. 따라서 휴일근로가 가능한 시간은 16시간이 되어 주 68시간이 최대 근로시간이 된 것이다.

9 다음 문단의 순서를 옳게 배열한 것은?

① ⓘ – ⓛ – ⓔ – ⓒ
② ⓘ – ⓒ – ⓔ – ⓛ
③ ⓒ – ⓘ – ⓛ – ⓔ
④ ⓒ – ⓘ – ⓔ – ⓛ
⑤ ⓒ – ⓛ – ⓘ – ⓔ

🔍TIP ⓒ 근로기준법의 변경 기준에 대해 설명하며 차이점을 알아보고자 한다.
　　　 ⓘ 개정 근로기준법과 기존 근로기준법에 따라 허용되는 최대 근로시간이 다른 점을 설명하고 있다.
　　　 ⓛ 기존 근로기준법이 개정 근로기준법과 다른 이유가 휴일근로에 있다고 설명한다.
　　　 ⓔ 기존 근로준법의 최대 근로시간이 68시간인 이유를 설명하고 있다.

10 위 글에 대한 내용을 바르게 적용한 견해는?

> A씨가 일하는 회사의 소정근로시간은 주 4일 10시간 근로이며 월요일부터 목요일만 출근하고 나머지 금,토,일은 휴일이다. 바쁜 경우에는 휴일에 나와 근무하기도 한다.

① 개정 근로기준법을 따를 경우, A씨는 소정근로시간이 1주에 40시간이므로 연장근로는 최대 14시간 가능하다.
② 기존 근로기준법을 따를 경우, 월요일부터 수요일까지 12시간씩 일할 경우 휴일근로 시간은 6시간이다.
③ 금요일 출근하여 10시간 근무했을 경우 근로기준법을 위반하게 된다.
④ 개정 근로기준법에 따를 경우 남은 요일에 허용되는 최대 근로시간은 12시간이다.
⑤ 월요일부터 목요일까지 12시간 근무 후 금요일 6시간 근무를 하게 될 경우 연장근로 시간은 15시간이다.

🔍 TIP ① 1주 40시간이므로 최대 12시간 연장근로가 가능하다.
② 휴일근로시간이 아닌 연장근로 시간이다.
③ 주 50시간으로 52시간을 초과하지 않으므로 위반이 아니다.
⑤ 월요일부터 목요일까지 48시간이며 소정근로시간을 제외한 8시간이 연장시간이다. 여기에 6시간을 더하면 14시간 연장근로 시간이 된다. 그렇게 되면 총 54시간으로 개정 근로기준법에 위반된다.

11 다음 글의 내용이 참일 경우, 반드시 참인 것을 보기에서 고른 것은?

> 해양자원기술 A연구소는 2020년 세계 최초의 해양자원을 통한 전기기술을 개발하였다. 연구소는 해양자원을 통한 전기의 상용화를 위하여 학술대회를 열었는데 연구원들이 학술대회로 자리를 비운 사이 누군가가 해양자원 상용화를 위한 핵심 기술의 기밀자료를 훔쳐 갔다. 경찰은 용의자로 민경, 성아, 지수, 혜민을 지목하였고 학술대회의 상황을 물어 심문하였는데 아래와 같은 답변을 하였다.
>
> 〈답변〉
> 민경 : 학술대회에서 발표한 상용화 아이디어 중 적어도 하나는 참석한 모든 사람들의 관심을 받았습니다. 성아는 범인이 아닙니다.
> 성아 : 학술대회에 참석한 누구나 학술대회에서 발표한 하나 이상의 아이디어에 관심을 가졌습니다. 범인은 지수이거나 혜민입니다.
> 지수 : 학술대회에 참석한 몇몇 사람은 학술대회에서 발표한 상용화 아이디어 중 적어도 하나에 관심이 있었습니다. 혜민은 범인이 아닙니다.
> 혜민 : 학술대회에 참석한 모든 사람들이 어떤 상용화 아이디어에도 관심이 없었습니다. 범인은 민경입니다.
>
> 수사 결과 이들은 각각 참만 말하거나 거짓만을 하는 것으로 나타났다. 또한 네 명 중 한 명만 범인으로 드러났다.

〈보기〉

㉠ 민경과 지수 모두 참말일 수 있다.

㉡ 성아와 지수의 말이 모두 참일 수는 없다.

㉢ 거짓말한 사람이 단 한 명이라면, 범인은 지수이다.

① ㉠

② ㉢

③ ㉠㉡

④ ㉠㉢

⑤ ㉠㉡㉢

이름	관심 갖는 아이디어	참석자	범인
민경	1개이거나 그 이상	모든	성아 ×
성아	1개 이상	모든	지수 또는 혜민
지수	1개이거나 그 이상	몇몇	혜민 ×
혜민	×	모든	민경

㉠ 민경과 지수가 모두 참말일 경우 : 참석자의 몇몇은 모든에 포함된다. 범인은 성아도 혜민도 아닐 경우, 지수 또는 혜민 중 하나이다.

㉡ 성아와 지수의 말이 모두 참일 경우 : 참석자의 몇몇은 모든에 포함되며 아이디어 또한 1개 이상이다. 지수는 혜민이 범인이 아니라고 하였으며 성아는 지수 또는 혜민이라 하였으므로 모두 참일 경우 지수가 범인이 될 수 있다. 따라서 모두 참이 가능하다.

㉢ 거짓말한 사람이 단 한명일 경우 : 참석자들 혜민을 뺀 나머지가 모두 적어도 1개의 아이디어에 관심을 갖는 다고 말했으며 만약 용의자 중 거짓말한 사람이 혜민일 경우, 민경은 범인이 될 수 없다. 또한 성아와 혜민도 범인이 아니므로 지수가 범인이 된다.

12 다음 보고서에 대한 분석으로 적절한 것을 고른 것은?

〈보고서〉

제 목 : 인식론의 '자연화'

이 름 : 철학자 A

내 용 : 자연과학 방법론의 자연과학이 수용하는 존재론에 따라 연구를 수행하는 것을 '자연화'라고 한다. 하지만 심리학을 자연과학의 하나라고 생각하며 인식론의 '자연화'를 주장하기 위하여 다음과 같은 논증을 제시한다.

〈논증〉

㈎ 전통적 인식론은 적어도 다음과 같은 목표를 가진다.

　1. 세계에 관한 믿음을 정당화 한다.

　2. 세계에 관한 믿음을 나타내는 문장을 감각 경험을 나타내는 문장으로 번역한다.

㈏ 전통적 인식론은 두 가지 목표 모두 달성할 수 없다.

㈐ 만약 두 가지 목표 중 어느 하나도 달성할 수 없을 경우, 전통적 인식론은 폐기해야 한다.

㈑ 전통적 인식론은 폐기해야 한다.

㈒ 만약 전통적 인식론이 폐기되면 인식론자는 전통적 인식론 대신 심리학을 연구해야 한다.

㈓ 인식론자는 전통적 인식론 대신 심리학을 연구한다.

〈보기〉

㉠ ㈐의 논증이 없어도 ㈓의 도출이 가능하다.

㉡ ㈑는 어떤 진술들의 결론이며 전체적인 논증의 또 다른 전제이기도 하다.

㉢ ㈎의 '세계에 관한 믿음을 정당화 한다'는 목표가 이뤄질 경우 ㈓는 도출되지 않는다.

㉣ 철학자 A는 심리학을 자연과학의 한 부분으로 생각하며 연구에 대한 논증을 제시하고 있다.

① ㉠㉡

② ㉠㉢

③ ㉡㉢

④ ㉡㉣

⑤ ㉠㉡㉢

✿TIP　㉠ ㈑의 전제가 제시되기 위해서는 전통적 인식론 폐기의 이유인 ㈐가 와야 한다.

　　　㉡ ㈐는 전통적 인식론이 폐기되기 위한 앞선 전제들의 결론이며, ㈓의 도출을 위한 전제이기도 하다.

　　　㉢ ㈎의 두 가지 목표 모두 이뤄줘야 ㈓가 도출되지 않는다.

　　　㉣ 보고서의 내용에서 철학자 A는 심리학을 자연과학의 하나라고 생각한다고 나타나 있다.

13 다음 자료를 보고 12월 1일부터 6일까지의 지역 농산물 유통센터에서 판매된 ○○시의 감귤(box)의 총 판매액으로 옳은 것은?

〈지역 농산물 유통센터 운영사항〉

• 농산물의 판매를 촉진을 위하여 ○○시는 지역 농산물 유통센터를 운영하고 있다. 해당 유통센터는 농산물을 수확 당일 모두 판매하는 것을 목표로 운영한다.
• 유통센터는 당일 판매하지 못한 농산물들을 판매가에서 25 %를 할인하여 다음 날 판매한다.
• 농부 A는 12월 1일부터 5일까지 매일 수확한 감귤 100박스를 수확 당일 ○○시 지역 농산물 유통센터에 공급하였다.
• 농부 A로부터 공급받은 감귤의 당일 판매가는 박스 당 2만 원이며, 매일 판매된 감귤 박스의 수는 아래와 같다.

날짜(일)	1	2	3	4	5	6
판매된 감귤(박스)	70	110	100	100	110	10

※ 단, 수확 당일 판매되지 않은 감귤은 다음 날 모두 판매되었다.

---

① 930만 원
② 940만 원
③ 945만 원
④ 950만 원
⑤ 960만 원

🔍**TIP** 먼저 한 박스당 25% 할인 금액은 $20,000 \times 0.75 = 15,000$원이며 날짜별 판매량은 다음과 같다.

단위(box)	1일	2일	3일	4일	5일	6일
당일판매량	70	80	80	80	90	
이월판매량		30	20	20	20	10
총판매량	70	110	100	100	110	10

• 1일 : $70 \times 20,000 = 140$만 원
• 2일 : $80 \times 20,000 + 30 \times 15,000 = 205$만 원
• 3일 : $80 \times 20,000 + 20 \times 15,000 = 190$만 원
• 4일 : $80 \times 20,000 + 20 \times 15,000 = 190$만 원
• 5일 : $90 \times 20,000 + 20 \times 15,000 = 210$만 원
• 6일 : $10 \times 15,000 = 15$만 원
∴ 총 금액은 $140 + 205 + 190 + 190 + 210 + 15 = 950$만 원 이다.

14 다음 글과 보기를 근거로 판단할 경우, K 씨의 계약 의뢰 날짜와 공고 종료 후 결과통지 날짜를 올바르게 짝지은 것은?

〈OO기업의 통신인프라 도입을 위한 계약 체결 절차〉

순서	단계	소요기간
1	계약 의뢰	1일
2	서류 검토	2일
3	입찰 공고	30일(긴급계약의 경우 10일)
4	공고 종료 후 결과통지	1일
5	입찰서류 평가	7일
6	우선순위 대상자와 협상	5일

※ 1) 소요 기간은 해당 절차의 시작부터 종료까지 걸리는 기간

2) 모든 절차는 하루 단위이며 주말 및 공휴일에도 중단이나 중복 없이 진행

〈보기〉

OO기업의 K 씨는 통신인프라 도입에 대해 6월 23일에 계약 체결을 목표로 하여 계약부서에 긴급으로 계약을 의뢰하려고 한다. 계약은 우선순위 대상자와의 협상이 끝난 날의 다음 날 체결이 이뤄진다고 한다.

	계약 의뢰 날짜	공고 종료 후 결과통지 날짜
①	5월 27일	6월 10일
②	5월 27일	6월 11일
③	5월 28일	6월 10일
④	5월 28일	6월 11일
⑤	5월 28일	6월 12일

🔍TIP 보기에 따르면 날짜는 다음과 같다.

5월							6월						
1	2	3	4	5	6	7	1	2	3	4	5	6	7
8	9	10	11	12	13	14	8	9	10	11	12	13	14
15	16	17	18	19	20	21	15	16	17	18	19	20	21
22	23	24	25	26	27	28	22	23	24	25	26	27	28
29	30	31					29	30					

순서	소요 기간	해당 날짜
계약 의뢰	1일	5월28일
서류 검토	2일	5월29일
입찰공고	긴급계약의 경우로 10일	5월 31일
공고 종료 후 결과통지	1일	6월 10일
입찰서류 평가	7일	6월 11일
우선순위 대상자와 협상	5일	6월 18일
계약 체결일	우선순위 대상자 협상 후 다음날	6월 23일

┃15 ~ 16┃ 다음 자료를 보고 물음에 답하시오.

〈경기도 지역별 자가격리자 및 모니터링 요원 현황(12월 12일 기준)〉

구분	지역명	A	B	C	D
내국인	자가격리자	9,778	1,287	1,147	9,263
	신규 인원	900	70	20	839
	해제 인원	560	195	7	704
외국인	자가격리자	7,796	508	141	7,626
	신규 인원	646	52	15	741
	해제 인원	600	33	5	666
모니터링 요원		10,142	710	196	8,898

※ 해당일 기준 자가격리자 = 전일 기준 자가격리자 + 신규 인원 − 해제 인원

〈회의록〉

• 회의 일시 : 2021.12.12. 14 : 00 ~ 16 : 00
• 회의 장소 : 본청 4층 회의실
• 작성자 : ○ ○ ○
• 작성일 : 2021.12.12.
• 안건 : 감염병 확산 확인 및 모니터링 요원 추가 배치의 건
• 회의내용
 1. 지역별 자가격리자 및 모니터링 요원 현황 확인(2021.12.12. 기준)
  – 과천시 제외 3개의 도시 모두 전일보다 자가격리자가 증가하였다.
 2. 모니터링 요원의 업무 관련 통계 자료 확인(2021.12.12. 기준)
  – 고양시, 과천시, 파주시 모니터링 요원 대비 자가격리자의 비율은 18% 이상이다.
 3. 지역별 모니터링 요원 추가 배치
  – 고양시가 자가격리자 중 외국인 비중이 가장 높다.
  – 고양시에 외국어 구사가 가능한 모니터링 요원의 우선적 배치를 검토한다.

15 자료에 대한 설명으로 옳지 않은 것은?

① 해당 회의는 2021년 12월 12일에 진행되었으며 회의록 작성도 같은 날 작성되었다.
② 해제 인원이 다시 확진이 된 경우에도 다시 신규인원으로 포함된다.
③ 해당일 기준으로 총 자가격리자 수가 가장 많은 지역은 A이다.
④ B지역의 외국인의 전일 기준 자가격리자 수는 내국인의 해제인원보다 294명 더 많다.
⑤ 내국인 신규인원이 가장 적은 지역과 외국인 신규인원이 가장 적은 지역은 같다.

재 확진 된 경우에 대한 설명이 제시되어 있지 않다.

③ 지역별 자가격리자 수

인원(명)	A	B	C	D
자가격리자	17574	1795	1288	16889

④ B지역 전일 기준 자가격리자 수 : 508 − 52 + 33 = 489명

   ∴내국인의 해제인원은 195명이므로 294명 더 많다.

⑤ 내외국인의 신규인원이 가장 적은 곳은 모두 C지역이다.

16 다음 보고서의 내용을 토대로 C와 D에 해당하는 지역구가 바르게 연결된 것은?

	C	D
①	고양	과천
②	파주	고양
③	파주	과천
④	남양주	파주
⑤	남양주	고양

내외국인을 합친 인원

인원(명)	A	B	C	D
자가격리자	17574	1795	1288	16889
신규인원	1546	122	35	1543
해제인원	1160	228	12	1370
모니터링 요원	10142	710	196	8898

㉠ 전일 기준 자가격리자(해당일 기준 자가격리자 + 해제인원 − 신규인원)
  • A : 17574 + 1160 − 1546 = 17188명
  • B : 1795 + 228 − 122 = 1901명
  • C : 1288 + 12 − 35 = 1265명
  • D : 16889 + 1370 − 1543 = 16716명
∴ 전일 기준 대비 자가격리자가 줄어든 곳은 과천시 뿐이므로 B가 과천시이다.
㉡ 외국인 격리자가 가장 많은 곳은 고양시이다. A가 고양시이다.
㉢ 모니터링 요원 대비 자가격리자의 비율
  • A : 10142 ÷ 17574 × 100 = 57.7%
  • B : 710 ÷ 1795 × 100 = 39.5%
  • C : 196 ÷ 1288 × 100 = 15.2%
  • D : 8898 ÷ 16889 × 100 = 52.6%
  ∴ 고양시, 과천시, 파주시는 모두 18% 이상이므로 C는 남양주시이다.

▌17 ~ 19 ▌ 다음 글을 읽고 물음에 답하시오.

1월 1일이 되면 나이 한 살을 먹는다. 전 국민이 모두 단체로 한 살씩 더해지는 것이다. 이는 한국 나이 계산법으로 이처럼 우리나라에서만 사용하고 있으며 법적으로 인정되지 않는다. 하지만 만 나이만이 표준으로 정해져 법적 인정을 받고 있다. 우리나라는 여러 가지 방법으로 나이를 셀 수 있다.

첫째, 한국식 세는 나이이다. 한국에서만 일상적으로 사용하는 나이로 우리나라의 모든 국민들은 해가 바뀌면 한 살씩 더해지는 방식이다. 또한 태어나는 동시에 한 살을 가진다.

둘째, 만 나이이다. 세계 공통으로 사용하는 계산 방법으로 태어났을 당시는 0살로 측정하며 그 후 생일이 돌아올 때마다 한 살을 더해진다. 우리나라에서도 법과 언론 보도, 서류상에 만 나이를 사용하고 있다.

셋째, 연 나이는 많이 사용하지 않지만, 현재 연도에 태어난 연도를 뺀 값이 나이가 되는 것이다. 해가 바뀔 때마다 한 살이 더해지므로 한국 세는 나이와 같지만 태어났을 때는 0살이므로 다르다.

그렇다면 왜 우리나라는 나이 계산법이 왜 다른 것일까? 우리나라에서 사용하는 나이 계산법의 유래는 여러 가지 있지만 고대 중국에서 시작된 방식으로 보고 있다. 아기가 엄마 뱃속에 있는 동안에도 나이를 먹는다고 본 것이기 때문에 태어나면서 한 살이 된다는 주장과 동양에는 0이라는 숫자가 없기 때문에 한 살로 보았다는 주장이 있다. 또 다른 주장은 서양과 달리 동양은 태어난 날보다 새해의 시작일인 1월 1일을 더 중요하게 생각했기 때문이라는 것이다.

[   ] 베트남은 서양식의 만 나이 보편화로 프랑스 식민지 시대 이후 사용하였으며, 일본과 중국, 북한까지 일상생활에도 만 나이를 사용하고 있다. 우리나라는 만 나이의 도입을 1962년에 사용하였지만 일상생활에는 적용되지 않고 있다.

한국식의 세는 나이는 공공기관의 행정 업무, 병원 등 의료기관에서 소통이 원활하게 이루어지지 않아 일상생활에 불편함을 가진다. 또한, 외국인들과의 소통에서도 한국식 나이를 이해하기 어려우며 외국에 나가서도 헷갈리는 경우가 대다수이기 때문이다. 또한 12월에 태어난 아이와 다음해의 1월에 태어난 아이는 한 달 밖에 차이나지 않지만 한 살이라는 차이로 나이가 바뀌어 형과 동생으로 나뉜다.

한국인이 이렇게 나이를 나누는 것은 서열 문제로 즉, 나이가 많은 이유만으로 대접을 받아야 한다는 인식이 크게 자리 잡고 있기 때문이다. 이러한 인식을 바꾸기 위해서는 나이에 가치를 두기보다 경험과 인성을 중요시하고 누구든 친구가 될 수 있다는 문화를 만들어 가는 것이 중요하다.

17 다음 [   ] 에 들어갈 알맞은 문장은?

① 서양의 국가들이 만 나이를 사용하는 이유는 무엇일까?

② 연 나이는 다른 나라에서 어떻게 사용되고 있을까?

③ '0'이 없는 동양의 국가들도 세는 나이를 사용하고 있다.

④ 다른 나라와 같이 나이 사용을 위한 법제화가 필요하다.

⑤ 그렇다면 동양의 다른 나라들은 어떤 방법으로 나이를 세고 있는가?

🔍TIP 위의 문단에서 동양권의 세는 나이에 대해 설명하고 있으며 다음 문단은 한국이 아닌 동양의 나라들은 만 나이를 사용하고 있다고 나와 있다.

18 다음 내용이 주장하는 내용으로 알맞은 것은?

① 다양한 방법으로 나이를 세는 것은 우리의 인식을 바꾼다.

② 나이를 세는 방법보다는 나이에 대한 인식이 바뀌어야 한다.

③ 현재까지 만 나이를 하지 않은 이유는 동양의 문화 때문이다.

④ 나이 계산법을 통해 우리나라 전통 고유의 문화를 확인할 수 있다.

⑤ 우리나라는 만 나이의 도입으로 나이를 세는 방법이 더욱 어려워졌다.

🔍TIP 한국식의 세는 나이의 불편함을 나타내며 우리가 가지고 있는 나이에 대한 인식이 먼저 바뀌어야 한다고 설명하고 있다.

19 위 글에 따라 옳지 않은 것은?

내용	연령
투표 가능 연령	만18세 이상
방역패스 예외 연령	만18세 이하
운전면허 취득 가능 연령	만18세 이상
워킹 홀리데이 신청 연령	만18세 이상 ～ 만30세

※ 2021년 12월 17일을 기준으로 함

　⊙ 찬휘 : 2002년 7월 18일

　ⓛ 종석 : 1990년 5월 13일

　ⓒ 한솔 : 2003년 12월 19일

　ⓔ 성은 : 1991년 12월 21일

　ⓜ 혜미 : 2005년 9월 25일

---

① 종석이와 한솔이는 만으로 14살 차이야.

② 한솔이는 내년 3월 선거에 투표할 수 있어.

③ 찬휘는 종석이의 도움을 받아 운전면허를 취득했어.

④ 워킹 홀리데이를 신청할 수 있는 사람은 찬휘와 성은이 뿐이야.

⑤ 음식점 이용을 위해서는 혜미를 제외한 모두가 방역패스 인증을 해야 해.

⊙ 찬휘 : 2002년 7월 18일(만19세)　　　　　ⓛ 종석 : 1990년 5월 13일(만31세)
ⓒ 한솔 : 2003년 12월 19일(만17세)　　　　　② 성은 : 1991년 12월 21일(만29세)
ⓜ 혜미 : 2005년 9월 25일(만16세)

① 종석이는 만31세, 한솔이는 만17세로 14살 차이다.
② 한솔이는 만17세이므로 이번년도까지는 투표권이 없었다.
③ 찬휘는 만19세로 운전면허 취득이 가능하다.
④ 찬휘는 만19세, 성은이는 만29세로 워킹홀리데이 신청이 가능하다.

20 A지역에 거주하는 사람은 모두 2,000만 명이다. 가구는 4명의 가구로 구성되어 있으며, 가구 중 $\frac{1}{3}$ 만 정수기를 사용한다. 정수기를 사용하는 가구는 2개월에 한 번 정수기 점검을 받을 때, 정수기 직원은 4시간에 3가구를 점검할 수 있다고 한다. 정수기 직원은 하루 8시간, 일주일 5번 근무하고, 1년은 총 52주로 구성되어 있다고 할 경우 A지역의 정수기 직원은 몇 명이 필요한가?(단, 소수 첫째 자리에서 반올림 한다)

① 5,400명
② 5,410명
③ 6,400명
④ 6,410명
⑤ 7,400명

🔍TIP A지역 거주자는 2,000만 명이며 1가구는 4명으로 구성되어 있다.

가구의 $\frac{1}{3}$ 이 정수기를 사용하며 2개월에 한번(1년에 6번) 정수기 점검을 받는다.

따라서, 2,000만 $\times \frac{1}{4} \times \frac{1}{3} \times 6 = 1,000$, 1년에 1,000만 번의 점검이 필요하다.

직원 1명은 4시간에 3가구의 정수기 점검이 가능하다. 따라서 하루에 6가구를 점검할 수 있으며, 일주일에는 5번, 1년은 52주 구성이므로 1명은 1년 동안 1,560가구를 점검한다. 1,000만 번을 점검하기 위해서는 6,410명(소수점 첫째 자리에서 반올림)의 직원이 필요하다.

21 ~ 22 다음은 최저임금제도에 대한 현황을 나타낸 표이다. 이어지는 물음에 답하시오.

(단위 : 원, %, 천 명)

구분	2016년	2017년	2018년	2019년	2020년	2021년
시간급 최저시급	6,030	6,470	7,530	8,350	8,590	8,720
전년 대비 인상률(%)	8.1	7.3	㉠	10.9	㉣	1.5
영향률(%)	23.9	㉡	24	25.9	24.3	25.9
적용대상 근로자 수	18,510	18,734	19,240	㉢	21,678	21,453
수혜 근로자 수	4,420	4,366	4,625	5,376	5,264	5,546

※ 영향률 = $\dfrac{수혜 근로자 수}{적용대상 근로자 수} \times 100$, 최저임금 인상으로 수혜를 받을 것으로 추정되는 근로자 비율

21 제시된 표의 ㉠ ~ ㉣에 들어갈 알맞은 것은?

	㉠	㉡	㉢	㉣
①	16.4	23.3	20,757	2.9
②	16.4	24.3	20,757	2.9
③	17.4	23.3	20,687	1.9
④	17.4	24.3	20,687	1.9
⑤	18.4	23.5	20,557	1.9

🔍**TIP**

구분	2016년	2017년	2018년	2019년	2020년	2021년
시간급 최저시급	6,030	6,470	7,530	8,350	8,590	8,720
전년 대비 인상률(%)	8.1	7.3	16.4	10.9	2.9	1.5
영향률(%)	23.9	23.3	24	25.9	24.3	25.9
적용 대상 근로자 수	18,510	18,734	19,240	20,757	21,678	21,453
수혜 근로자 수	4,420	4,366	4,625	5,376	5,264	5,546

㉠ 전년 대비 인상률(%) = $\dfrac{해당연도시급 - 전년도시급}{전년도시급} \times 100$이므로,

2018년 전년 대비 인상률은 $\dfrac{7,530 - 6,470}{6,470} \times 100 = 16.4$이다.

㉡ 영향률(%) = $\dfrac{수혜 근로자 수}{적용대상 근로자 수} \times 100$ 이므로, 2017년 영향률은 $\dfrac{4,366}{13,734} \times 100 = 23.3$이다.

㉢ 적용 대상 근로자 수 = $\dfrac{수혜 근로자 수}{영향률} \times 100$ 이므로, 2019년 적용 대상 근로자 수는 $\dfrac{5,376}{25.9} \times 100 = $ 20,757이다.

㉣ 전년 대비 인상률(%) = $\dfrac{해당연도시급 - 전년도시급}{전년도시급} \times 100$이므로,

2020년 전년 대비 인상률은 $\dfrac{8,590 - 8,350}{8,350} \times 100 = 2.9$이다.

22 다음 중 자료의 내용과 일치하는 것을 모두 고른 것은?

> ㉠ 수혜 근로자 수는 2017년부터 계속해서 증가하고 있다.
> ㉡ 2015년 최저시급의 차이가 450원일 경우 전년 대비 인상률이 8.1%이다.
> ㉢ 2022년 전년 대비 인상률이 가장 높아지기 위해서는 10,100원 이상이어야 한다.
> ㉣ 적용 대상 근로자 수가 가장 많이 증가한 시기는 2019년으로 1,517,000명이 증가하였다.

① ㉠㉡
② ㉡㉢
③ ㉡㉣
④ ㉡㉢㉣
⑤ ㉠㉡㉢㉣

TIP ㉡ 2015년의 시급은 5,580원으로,

인상률은 $\dfrac{6,030-5,580}{5,580} \times 100 = 8.064\cdots \fallingdotseq 8.1$으로 옳다.

㉣ 연도별 적용 대상 근로자 수(단위 : 천 명)
- 2017년 : $18,734 - 18,510 = 224$
- 2018년 : $19,240 - 18,734 = 506$
- 2019년 : $20,757 - 19,240 = 1,517$
- 2020년 : $21,678 - 20,757 = 921$
- 2021년 : $21,453 - 21,678 = -225$

∴ 가장 많이 증가한 연도는 2019년이며 1,517,000명이다.

㉠ 수혜 근로자 수는 2018년 이후 2019년에 증가하다가 2020년에 감소한다.

㉢ 2018년의 인상률이 16.4%가장 높다. 따라서 2022년의 인상률이 가장 높아지기 위해서는

전년 대비 인상률(%) = $\dfrac{해당연도시급 - 전년도시급}{전년도시급} \times 100$ 에 대입하였을 때, x 는 2022년도 시급이다.

$16.5 = \dfrac{x-8,720}{8,720} \times 100$,

$x = \dfrac{8,720 \times 16.5}{100} + 8,720 = 10,158.8 \fallingdotseq 10,160$원 정도이다.

따라서 10,160원 이상이어야 한다.

23 다음은 유통업체 A ~ F의 계약직 간접 고용 현황에 관한 자료이다. 〈보기〉의 설명 중 옳지 않은 것을 모두 고르면?

〈유통업체 A ~ F의 계약직 간접 고용 현황〉

(단위 : 명, %)

유통업체	사업장	업종	계약직 간접 고용 수(비율)
A	가	은행	384(70.2)
A	나	은행	306(29.5)
B	다	마트	269(36.6)
B	라	은행	256(19.8)
C	마	마트	694(34.3)
C	바	마트	433(41.1)
D	사	은행	718(48.3)
D	아	마트	316(22.6)
E	자	마트	619(73.7)
E	차	마트	557(57.2)
F	카	은행	944(90.5)
F	타	은행	612(32.6)

※ 계약직 간접 고용 비율(%) = $\dfrac{계약직\ 간접\ 고용\ 인원}{계약직\ 간접\ 고용\ 인원\ +\ 계약직\ 직접\ 고용\ 인원} \times 100$

〈보기〉

㉠ 계약직 직접 고용 인원은 '타'가 '사'의 5배 이상이다.
㉡ 유통업체 계약직 간접 고용 비율은 E가 B보다 높다.
㉢ 은행의 계약직 간접 고용 인원은 마트보다 1.5배 이상 많다.
㉣ 계약직 간접 고용 비율이 가장 높은 사업장과 가장 낮은 사업장의 직접 고용 인원의 합은 1,100명 이상이다.

① ㉠㉢
② ㉡㉢
③ ㉡㉣
④ ㉠㉡㉢
⑤ ㉡㉢㉣

ⓛ 유통업체 E가 B보다 16.3% 더 높다.

   • 계약직 간접 고용 유통업체 B의 계약직 직접 고용 인원

   다 : $269 \times (\frac{100}{36.6} - 1) = $ 약 466명

   라 : $256 \times (\frac{100}{19.8} - 1) = $ 약 1,037명

   • 계약직 간접 고용 유통업체 E의 계약직 직접 고용 인원

   자 : $619 \times (\frac{100}{73.7} - 1) = $ 약 221명

   차 : $557 \times (\frac{100}{57.2} - 1) = $ 약 417명

   • 유통업체 B와 E의 간접 고용 비율

   B : $\frac{269 + 256}{269 + 466 + 256 + 1,037} \times 100 = $ 약 26(%)

   E : $\frac{619 + 557}{619 + 221 + 557 + 417} \times 100 = $ 약 64.8(%)

ⓔ 계약직 간접 고용 비율이 가장 높은 사업장 '카'와 가장 낮은 사업장 '라'의 직접 고용 인원의 합을 구하면,

   • 카 : $944 \times (\frac{100}{90.5} - 1) = 99$명(명)

   • 라 : $256 \times (\frac{100}{19.8} - 1) = 1,037$(명)

   ∴ 99 + 1,037 = 1,136(명)

ⓖ '사'의 직접 고용 인원 = $718 \times (\frac{100}{48.3} - 1) = $ 약 769(명)

   '타'의 직접 고용 인원 = $612 \times (\frac{100}{32.6} - 1) = $ 약 1,265(명)

   '타'가 '사'의 5배 이상이 되려면 3,845(명)이 되어야 하므로 5배 미만이다.

ⓒ 마트의 계약직 간접 고용 총 인원은 2,888명이고 은행의 계약직 간접 고용 총 인원은 3,220명이므로 1.5배 미만이다.

24 외환사업부서는 직원들에게 설 선물세트를 주려고 한다. 다음의 자료를 보고 해당 부서가 지불해야 하는 총 비용을 고르시오.

<설 선물세트 선호도 조사>

(단위 : 만 원, 명)

구분	개당 가격	수요
한과	10	5
보리굴비	15	11
한돈	11	8
한우	15	14
곶감	13	4
꿀	12	3

※ 1) 수요 인원 5명마다 해당 선물세트의 가격 할인율은 4%씩 증가한다. 단, 5명 미만은 해당되지 않는다.
   2) 위 조건이 반영되었을 경우 구매 가격이 70만 원 이상인 경우 추가로 3%를 할인해준다.

① 5,525,956원

② 5,589,331원

③ 5,654,800원

④ 5,696,800원

⑤ 5,726,316원

선물세트별 비용은 다음과 같다.
- 한과 : $100,000 \times 5 \times 0.96 = 480,000$(원)
- 보리굴비 : $150,000 \times 11 \times 0.92 = 1,518,000$(원)
  700,000원 이상이므로 3% 추가 할인
  $1,518,000 \times 0.97 = 1,472,460$(원)
- 한돈 : $110,000 \times 8 \times 0.96 = 844,800$(원)
  700,000원 이상이므로 3% 추가 할인
  $844,800 \times 0.97 = 819,456$(원)
- 한우 : $150,000 \times 14 \times 0.92 = 1,932,000$(원)
  700,000원 이상이므로 3% 추가 할인
  $1,932,000 \times 0.97 = 1,874,040$(원)
- 곶감 : $140,000 \times 4 = 520,000$(원)
- 꿀 : $120,000 \times 3 = 360,000$(원)
  ∴ $480,000 + 1,472,460 + 819,456 + 1,874,040 + 520,000 + 360,000 = 5,525,956$(원)

|25 ~ 26| 다음은 12월 19 ~ 20일 환전 고시 환율이다. 이어지는 물음에 답하시오.

(단위 : 원)

날짜	통화	매매기준율	현찰		송금	
			사실 때	파실 때	보내실 때	받으실 때
12월 19일	미국USD(달러)	1,186.00	1,206.75	1,165.25	1,197.60	1,174.40
	유럽연합EUR(유로)	1,342.55	1,369.26	1,315.84	1,355.97	1,329.13
	일본JPY(100엔)	1,044.48	1,055.44	1,030.41	1,053.27	1,048.34
	중국CNY(위안)	185.56	194.83	176.29	187.41	183.71
12월 20일	미국USD(달러)	1,185.50	1,207.69	1,194.31	1,198.19	1,184.22
	유럽연합EUR(유로)	1,344.52	1,370.38	1,326.74	1,341.85	1,327.39
	일본JPY(100엔)	1,044.61	1,062.89	1,026.33	1,054.80	1,034.38
	중국CNY(위안)	185.56	193.71	174.28	189.11	184.16

25 고객이 12월 19일에 원화 통장으로 미국에서 5천 달러를 송금 받고, 같은 통장에서 12월 20일에 일본으로 엔화 90,000엔을 송금하고자 한다. 송금 후 고객의 통장에 남아 있는 금액은?(단, 송금 전 통장은 0원이며 수수료는 고려하지 않는다.)

① 4,924,057원
② 4,922,680원
③ 5,013,462원
④ 5,014,660원
⑤ 5,021,369원

🔍**TIP** 12월 19일 통장으로 달러화를 송금 받을 경우 환율은 1달러에 1,174.40원이다. 따라서 5천 달러를 송금 받는다면 5,000 × 1,174.40 = 5,872,000(원)이 입금된다. 이어 12월 20일에 엔화를 송금할 경우 100엔 기준으로 1,054.80원이다. 따라서 엔화를 송금한다면 900 × 1,054.80 = 949,320(원)을 보내야 한다.
∴ 5,872,000 − 949,320 = 4,922,680(원)

26 박 대리는 12월 20일 원화 통장으로 유로화 3,000유로를 송금받았다. 이를 원화로 환전하여 출금할 수 있는 금액은?(단, 수수료는 고려하지 않는다.)

① 3,495,750원
② 3,552,660원
③ 3,980,220원
④ 3,982,170원
⑤ 4,012,610원

🔍**TIP** 수수료는 고려하지 않으므로 3,000유로를 출금할 수 있다. 12월 20일 팔 때의 환율은 1유로에 1,326.74원이므로 3,000 × 1,326.74 = 3,980,220(원)을 출금할 수 있다.

Answer. 24.① 25.② 26.③

27 N사 신입행원 채용 과정에서 지원자 전체의 15%만이 2차 필기시험을 치렀다. 1차 서류전형을 통과한 남녀 비율이 2 : 3이고 2차 필기시험을 통과한 남녀의 비율이 4 : 6, 2차 필기시험을 통과한 합격자가 180명이라고 할 때 필기시험에 합격한 여자 지원자의 수는 몇 명인가?

① 72명
② 94명
③ 101명
④ 108명
⑤ 116명

QTIP 2차 필기시험 합격자가 총 180명이며 필기시험을 통과한 남녀의 비율이 4 : 6이라고 했으므로,

2차 필기시험 합격 여자 지원자 수 $= 180 \times \dfrac{6}{4+6} = 108$(명)

∴ 108명

28 연말을 맞이하여 N사에서는 뮤지컬 단체 관람을 준비했다. 직원들의 편의를 위해 회사에서부터 공연장까지 단체 버스를 운행하려고 할 때, 14시 30분에 직원을 픽업할 수 있는 버스는 최소 몇 대가 필요한가?(단, 버스 한 대당 60명씩 태울 수 있다)

〈공연 관람 시간〉	
공연 관람 시간	전체 직원 대비 비율(%)
13시	20
15시 30분	35
18시	20
21시 30분	25

※ 1) 전체 직원 수는 560명이다.
　 2) 관람 시간 1시간 전에 직원들을 픽업할 수 있다.

① 2대
② 3대
③ 4대
④ 5대
⑤ 6대

QTIP 관람 시간 한 시간 전에 직원들을 픽업할 수 있다고 했으므로 14시 30분에 픽업하는 버스는 15시 30분 공연을 관람하는 직원들이다. 15시 30분 공연 관람 직원 수를 구하면,

$560 \times \dfrac{35}{100} = 196$(명)이다. 버스 한 대당 50명씩 태울 수 있다고 했으므로 최소 4대가 필요하다.

29 다음은 농협몰 하루특가에서 판매 중인 상품이다. 甲과 乙의 총결제 금액으로 옳은 것은?

〈농협몰 하루특가 판매 상품〉

상품	가격(무게)	비고
대구축협 한우 1++등급 등심	29,900원(300g)	선착순 300명 10% 할인
경북능금농협 문경 사과	15,800원(5kg)	10kg 이상 주문 시 2,000원 할인
고산농협 한돈 수제 떡갈비	22,000원(120g × 5개)	선착순 500명 5% 할인
위미농협 한라봉	19,000원(1.8kg)	3kg 이상 주문 시 1,500원 할인
경북농협 감말랭이	23,800원(1.6kg)	2kg 이상 주문 시 2,000원 할인
북창원농협 단감	21,900원(5kg)	—

※ 1) 기본 배송비는 3,000원, 산간지역은 6,000원
  2) 농협 N카드 결제 시 5% 추가 할인
  3) 100,000원 이상 주문 시 무료 배송

〈보기〉

• 甲은 문경 사과 10kg, 한라봉 1.8kg를 주문하였다. 그리고 한돈 수제 떡갈비를 구매하였는데 선착순 200등 안에 들었다.
• 乙은 감말랭이 1.6kg와 단감 5kg, 한우 등심 600g을 농협 N카드로 결제하였다.

	甲	乙
①	69,500원	100,220원
②	69,500원	100,550원
③	72,500원	100,250원
④	72,500원	100,550원
⑤	72,500원	100,225원

💡TIP
• 甲 총결제 금액 : $(31,600 - 2,000) + 19,000 + (22,000 × 0.95) + 3,000 = 72,500$(원)
• 乙 총결제 금액 : $23,800 + 21,900 + 59,800 = 105,500$(원)에서 농협 N카드로 결제 시 5% 추가 할인되어 $105,500 × 0.95 = 100,225$(원)

30 NH농협은행 A지점은 고객에게 배부할 신년 기념품을 제작하려고 한다. 제작하는 기념품의 총 제작비용을 구하면?

<table>
<tr><td colspan="4" align="center">〈NH농협 신년 기념품〉</td></tr>
<tr><th>구분</th><th>수량(1인 기준)</th><th>개당 제작비용</th><th>비고</th></tr>
<tr><td>마스코트 인형</td><td>1개</td><td>5,000원</td><td>—</td></tr>
<tr><td>벽걸이 달력</td><td>1개</td><td>3,000원</td><td rowspan="4">예상 인원의 10% 여유분 준비</td></tr>
<tr><td>우산</td><td>1개</td><td>5,000원</td></tr>
<tr><td>수건</td><td>2매</td><td>1,000원</td></tr>
<tr><td>3색 볼펜</td><td>1개</td><td>500원</td><td>예상 인원의 20% 여유분 준비</td></tr>
</table>

※ 수령 예상 인원 300명

① 4,567,000원 ② 4,669,000원
③ 4,965,000원 ④ 4,974,600원
⑤ 4,980,000원

TIP • 마스코트 인형 : 5,000(원) × 300(개) = 1,500,000(원)
• 벽걸이 달력 : 3,000(원) × 330(개) = 990,000(원)
• 우산 : 5,000(원) × 330(개) = 1,650,000(원)
• 수건 : 1,000(원) × 660(개) = 660,000(원)
• 3색 볼펜 : 500(원) × 360(개) = 180,000(원)
∴ 1,500,000 + 990,000 + 660,000 + 1,650,000 + 180,000 = 4,980,000(원)

31 다음은 지점별 과일 가격할인율과 할인 시간에 관한 자료이다. 〈표〉에 대한 내용으로 옳은 것을 〈보기〉에서 모두 고르면?

〈표 1〉 지점별 과일 가격 할인율

구분	사과	딸기	바나나	샤인머스캣
A지점	50%	40%	50%	60%
B지점	60%	60%	80%	60%
C지점	70%	80%	50%	60%

〈표 2〉 과일 가격 할인 시간

구분	월	화	수	목	금
사과	13:00 ~ 16:00	15:00 ~ 18:00	—	15:00 ~ 17:00	16:00 ~ 18:00
딸기	13:00 ~ 16:00	—	13:00 ~ 15:00	—	18:00 ~ 20:00
바나나	16:00 ~ 17:00	14:00 ~ 16:30	—	15:30 ~ 17:30	17:00 ~ 19:00
샤인머스캣	17:00 ~ 20:00	—	13:00 ~ 15:00	14:00 ~ 16:00	13:00 ~ 15:30

〈보기〉

甲 : 18시 퇴근 후 딸기를 싸게 사려면 금요일에 들려야겠다.
乙 : 샤인머스캣이랑 바나나를 한 번에 싸게 사려면 수요일과 목요일 13시에 가야겠네.
丙 : 학원이 17시에 끝나는데…. 바나나를 싸게 사려면 목요일과 금요일뿐이네.
丁 : 모든 과일을 할인된 가격으로 사고 싶으면 최소 이틀은 마트에 들려야하네.

① 甲, 乙
② 甲, 丙
③ 乙, 丙
④ 乙, 丁
⑤ 丙, 丁

🔍TIP
• 乙 : 샤인머스캣과 바나나를 한 번에 싸게 사려면 목요일 15시 30분에 가야 구입할 수 있다.
• 丁 모든 과일을 할인된 가격으로 사고 싶으면 월요일 또는 금요일 하루만 마트에 들려도 된다.

32 다음 자료를 보고 유추했을 때 김 대리와 한 대리의 점수 합은 구하면?

N사는 매년 인사평가로 팀 평가를 실시한다. IT전략본부의 甲 팀장은 팀원에 대해 25점 만점을 기준으로 평가 점수를 부여하였다.

㉠ 김 대리는 22점이다.
㉡ 정 대리와 한 대리의 점수 합은 김 대리와 동일하다.
㉢ 이 대리는 김 대리보다 5점이 적다
㉣ 김 대리와 이 대리의 점수 차보다 정 대리와 한 대리의 점수 차가 1점 더 크다.
㉤ 정대리 점수가 한 대리보다 크며, 네 사람의 점수 합은 61점이다.

---

① 30점
② 32점
③ 35점
④ 36점
⑤ 39점

TIP 김 대리 점수를 ⓐ, 이 대리 점수를 ⓑ, 정 대리 점수를 ⓒ, 한 대리 점수를 ⓓ 라고 할 때
㉠에 의해 ⓐ = 22
㉡에 의해 ⓒ + ⓓ = 22, ⓒ = 22 − ⓓ
㉢에 의해 22 − 5 = ⓑ, ⓑ = 17
㉣에 의해 ⓒ − ⓓ = 6
(22 − ⓓ) − ⓓ = 6
22 − 2ⓓ = 6
2ⓓ = 16
ⓓ = 8
ⓒ = 14
∴ 22(김 대리 점수) + 8(한 대리 점수) = 30(점)

33 다음은 정보 검색 연산자에 관한 설명이다. 〈보기〉에서 필요한 자료를 검색하기 위해 김 사원이 사용할 검색 조건으로 옳은 것은?

정보 검색 연산자는 검색과 관련이 있는 두 개 이상의 단어를 조합하여 키워드로 사용할 때를 말한다. 단, 정보 검색 연산자를 사용할 때는 대문자와 소문자의 구분이 없으며 앞뒤로 반드시 공백(Space)을 넣어주어야 한다.

기호	연산자	검색 조건
* &	AND	두 단어가 모두 포함된 자료 검색 예) 수도권 and 서울, 수도권 * 서울
|	OR	두 단어가 모두 포함되거나 하나만 포함된 자료 검색 예) 수도권 or 서울, 수도권 | 서울
– !	NOT	'–', '!' 다음에 오는 단어는 포함하지 않는 자료 검색 예) 수도권 not 서울, 수도권 ! 서울
~ near	인접검색	앞뒤 단어가 가깝게 인접해 있는 자료 검색 예) 수도권 near 서울

〈보기〉

강 부장 : 김 사원, 이번 보고서에는 한국형 스마트 팜에 대해 다룰 예정인데 혹시 관련된 자료를 가지고 있나?

김 사원 : 아뇨, 부장님. 이전에 관련 주제를 다룬 적이 없어서 새로 찾아봐야 할 것 같습니다.

강 부장 : 리서치에 시간이 좀 걸리겠군. 이번에는 우수 사례를 중점적으로 다룰 건데, 전북 진안에 대해서만 상세히 분석하려고 해. 다른 지역과 혼재되지 않도록 주의하고…. 특히 충북 청주에 대한 내용은 따로 준비하고 있으니 더욱 각별히 주의하자고.

김 사원 : 네, 알겠습니다.

① '한국형 스마트 팜 near 충북 청주 * 전북 진안'

② '한국형 스마트 팜 or 충북 청주'

③ '한국형 스마트 팜 and 전북 진안 * 충북 청주'

④ '한국형 스마트 팜 ! 전북 진안'

⑤ '한국형 스마트 팜 * 전북 진안', '한국형 스마트 팜 ! 충북 청주'

🔍 **TIP** 한국형 스마트 팜과 '전북 진안'을 반드시 포함해야 하며 '충북 청주'는 제외해야 하므로 '한국형 스마트 팜'과 '전북 진안'은 검색기호 *(&)를 사용하고 '충북 청주'는 '–(!)'를 사용해야 한다.

〈참가 대학〉

대학	참가번호
A	101101가03
B	101102라09
D	112903아02
G	102904라08
H	120605가02
K	111806바01
O	121107다06
S	112808나05

〈참가 번호 부여 기준〉

참가신청 일자 – 대학 번호 – 학과 코드 – 신청 순서

참가 신청	대학 번호		학과 코드		신청 순서
월일 예) 0921 : 9월 21일 참가 신청	A	01	가	경영학과	• 01부터 시작하여 순서대로 번호 부여 • 참가 신청 일자에 따라 번호 부여
	B	02	나	디자인과	
	D	03	다	관광학과	
	G	04	라	신문방송학과	
	H	05	마	철학과	
	K	06	바	미디어학과	
	O	07	사	광고홍보학과	
	S	08	아	영화예술학과	

예) 092104마03 → 9월 21일에 G대학의 철학과가 3번째로 신청

101308아02 → 10월 13일에 S대학의 영화예술학과가 2번째로 신청

34 공모전에 참가하는 S대학에 대한 설명으로 옳은 것은?

① 2월 8일에 참가 신청을 하였다.

② 8번째로 참가 신청을 하였다.

③ 디자인과 학생들이 신청하였다.

④ 신문방송학과 학생들이 신청하였다.

⑤ 신청 순서는 무작위로 부여되었다.

🔍TIP 112808나05 → 11월 28일에 S대학의 디자인과 학생들이 5번째로 신청

35 D대학과 같은 달에 참가 신청을 한 대학 팀은 몇 개인가?

① 1팀　　　　　　　　　　　② 2팀

③ 3팀　　　　　　　　　　　④ 4팀

⑤ 5팀

🔍TIP　D대학은 11월 29일에 참가 신청을 했으며 같은 달에 참가 신청을 한 대학 팀은 K 대학과 S 대학 두 팀이다.

36 다음은 2022년도에 입사할 신입사원 명부이다. 인사팀 함 대리가 개인정보 보호를 위해 주민등록번호 뒷자리를 *로 바꾸려고 할 때 옳은 수식은?

	A	B	C	D	E
1	2022년도 신입사원 명부				
2	구분	성명	주민등록번호	입사 예정일	부서
3	1	강송이	950619-2224312	2022-01-01	마케팅전략부
4	2	정두정	930316-1346951	2022-01-01	기업고객부
5	3	김하나	930218-2018934	2022-01-01	기업고객부
6	4	박국경	890630-2789571	2022-01-01	디지털전략부
7	5	한다영	970421-1675783	2022-01-01	디지털전략부
8	6	지민아	920715-2024567	2022-01-01	IT기획부
9	7	전석희	890508-1647897	2022-01-01	IT금융부
10	8	박태한	901229-1159314	2022-01-01	마케팅전략부
11	9	강세경	950322-2689457	2022-01-01	인사부
12	10	박세민	960111-1033412	2022-01-01	인사부
13					

① =REPLACE(C3, 8, 7, "*******")　　　② =REPLACE(C3, 9, 6, "******")

③ =TEXT(C3, 8, 7, "*******")　　　　④ =TEXT(C3, 9, 6, "******")

🔍TIP　=REPLACE(기존 데이터, 시작점, 개수, 새로운 데이터)는 기존 데이터의 시작부터 지정한 개수만큼 새로운 데이터로 변경하는 함수로 주민등록번호 뒷자리를 변경할 때 가장 적절하다.

∴ REPLACE(C3 ,8, 7, "*******")

37 인사 담당자 김 대리는 최종 선발을 앞두고 지원자 A 씨가 작년에 음주운전 교통사고로 인해 집행유예 6개월을 선고받은 사실을 알게 되었다. 채용 규정에 따라 A 씨의 채용 취소 사유를 써낼 때 ㉠ ~ ㉤ 중 해당하는 사유는?

〈2022년 상반기 신입사원 채용 안내문〉

① 채용 분야 및 인원

분야	인원	비고
일반	지역별 10명	지역 단위
IT(전산)	13명	전국 단위
IT(기술)	5명	

② 지원 자격
- 학력 및 전공 : 제한 없음
- 연령 및 성별 : 제한 없음
- 병역 : 남자의 경우 병역필 또는 면제자(22.1.31.까지 병역필 가능한자 포함)
- 당사 내규상의 신규채용 결격사유가 없는 자

③ 신규 채용 결격 사유
- 피성년후견인 · 피한정후견인 · 피특정후견인
- ㉠ 파산자로서 복권되지 아니한 자
- ㉡ 금고 이상의 형을 선고 받고 그 집행이 종료되거나 집행을 받지 아니하기로 확정된 후 3년이 경과되지 아니한 자
- ㉢ 금고 이상의 형을 선고 받고 그 집행유예의 기간이 만료된 날부터 1년이 경과되지 아니한 자
- ㉣ 금고 이상의 형의 선고유예를 받고 그 선고유예기간 중에 있는 자
- ㉤ 징계 해직의 처분을 받고 2년이 경과되지 아니한 자
- 법원의 판결 또는 법률에 의하여 자격이 상실 또는 정지된 자
- 병역의무를 기피 중인 자
- 부정한 채용 청탁을 통해 합격된 사실이 확인된 자
- 그 외 채용 전 파렴치 범죄, 폭력 및 경제 관련 범죄, 기타 불량한 범죄를 범하여 직원으로 부적당하다고 인정되는 자

④ 전형 절차

단계	구분	문항 수	시간	비고
2차 필기	인 · 적성평가	객관식 325문항	45분	–
	직무능력평가	객관식 50문항	70분	–
	직무상식평가	객관식 30문항	25분	–
3차 면접	집단 면접	–	–	5~6명이 1조를 이루어 多대多 면접으로 진행
	토의 면접	–	–	주어진 주제 및 상황에 대하여 지원자 간, 팀 간 토의 형식으로 진행

※ 상기 내용은 일부 변경될 수 있음

① ㉠   ② ㉡

③ ㉢   ④ ㉣

⑤ ㉤

🔍TIP   A 씨의 경우 작년 기준으로 집행유예 6개월을 선고 받았으나 만료된 날짜로부터 1년이 경과하지 않았으므로 ㉢에 해당한다.

┃38 ~ 39┃ 귀하는 서울시가 추진하는 '공간정보 플랫폼 고도화 구축 사업' 수행사의 홍보담당자이다. 다음의 회의록을 읽고 물음에 답하시오.

서울시	회의록		회의일자	2021. 11. 7.
	사업명	2021년 서울특별시 공간정보 플랫폼 고도화 구축 사업	문서번호	회의록_1107_01

회의명	온라인 시민참여단 오프라인 간담회	장소	서울시 소서문별관 1관 3층 회의실
작성자	김OO	회의시간	19:00~21:00
참석자	서울시 : 송OO 팀장, 이OO 주무관 온라인 시민참여단 : 유미O, 김미O, 박강O, 김미O, 이O, 김치O, 김누O, 심준O, 류영O, 김의O 수행사 : 김OO(홍보담당자)		

① 회의안건
- 공간정보 플랫폼 설명 및 온라인 시민참여단 활동 방안
- 공간정보 플랫폼 운영을 위한 간담회 : 추천 테마 / 홍보 / 개선사항 등

② 회의내용

1. 서울형 지도태깅 공유마당의 목적 및 방향성

[이　O] 서울형 지도태깅 공유마당의 목적이 불분명함.

[수행사] 목적은 '지도를 통한 소통'을 하는 것이었음. 현재 '보는 지도 또는 만드는 지도'에 대한 방향성을 지속적으로 고민 중임.

[이　O] 보는 지도의 경우 사기업에서 이미 하고 있기 때문에 지도를 만드는 것으로 목적을 잡는 게 좋을 것 같음.

[유미O] 만드는 지도, 보는 지도의 구분이 모호함. 만드는 지도라고 해도 '검색' 등 보는 사람 위주의 인터페이스가 필요함.

[수행사] 2021년 공간정보 플랫폼의 방향성에 대해 분석하고 기획하는 사업계획이 잡혀 있기 때문에, 2021년에는 공간정보 플랫폼의 목적 및 방향성이 명확하게 될 것으로 생각됨.

2. 서울형 지도태깅 공유마당 개선 방향

1) 사용 가이드 강화

[이　O] 가이드가 없어 사용하기 어려움. 기능은 많은 것 같지만 이용하기 어려워 해당 기능을 사용할 수 없음. 특히 테마나 콘텐츠를 등록하기 위해서는 로그인, 시민테마 이동 등을 해야 하는데 그러한 가이드가 없어 자신만의 정보를 등록할 수 있다는 것을 알기 어려움.

[김미O] 가이드가 제공되고 있으나 숨어 있는 느낌임. 사용자가 쉽게 찾을 수 있도록 제공하는 것이 중요함.

[심준O] 처음 방문객을 위해 쉽게 사용할 수 있도록 '앱의 따라하기'와 같은 가이드가 필요함.

[수행사] 도시생활지도 가이드를 시작으로 체계적인 가이드를 제작하여 배포하도록 하겠음.

2) 공유마당 개선 사항

[박강O] 작은 시스템적인 오류가 있음(이미지 중복 등록 / 폴리라인 끊김 등). 콘텐츠를 등록할 때 기등록되어 있는 다른 테마의 정보를 가져와 등록할 수 있는 기능이 있으면 편리할 것 같음. 지도 레퍼런싱을 하는 데 어려움이 있음. 이미지 지도를 레퍼런싱할 수 있는 기능이 강화되었으면 좋겠음. 시민테마는 서브 카데고리를 추가할 수 없는데 이 부분이 개선되었으면 좋겠음.

[수행사] 지도 레퍼런싱의 경우 올해 일반 사용자도 이미지 지도를 타일로 만들 수 있는 기능을 제공할 예정이었지만 전문가와 비전문가의 활용도를 구분할 필요가 있는 부분이 어려움. 올해 시민테마도 서브 카테고리를 등록할 수 있는 기능 구현 예정.

[이　O] 전공자 중심의 맵핑과 일반 사용자 중심의 맵핑으로 구분되면 좋을 것 같음.

[김미O] 배경지도를 네이버 외 다음지도, 구글지도 등을 선택할 수 있으면 좋을 것 같음.

[수행사] 다음지도, 구글지도 등은 좌표 체계가 다르기 때문에 배경지도로 적용하기에는 어려움이 있음.

[박강O] 길 정보에서 선의 방향성에 대한 표출이 있었으면 좋겠음.

[수행사] 지도의 시각화가 지속적으로 개발할 예정이며, 선의 방향성은 2021년 적용 예정임.

3) 공유마당 UI / UX

[심준O] 좌측 테마 선택창의 아이콘이 너무 많아 원하는 정보를 찾기 어려움. 검색을 통해 쉽게 테마에 접근할 수 있는 구성이 필요함.

[이　O] 정보 배열 등의 기능 정리가 필요함.

[류영O] 시민이 가입할 때 관심 분야를 설정할 수 있으면 자신이 원하는 정보를 얻을 수 있어 테마에 대한 접근성이 높아질 것 같음.

[수행사] 현재 운영되는 테마가 너무 많다 보니 테마를 보기 어려운 것이 사실이며, 이를 보완하기 위해 서비스하는 것이 '테마 갤러리'임. 2021년에는 방향성 설정을 통해 접근성을 향상시키는 방안을 모색할 예정임.

[이　O] 등록 버튼만 첫 화면에 나와 있어도 시민이 직접 지도를 만들 수 있다는 점이 보여 좋을 것 같음.

[박강O] 지도 만들기 버튼이 밖으로 나왔으면 좋겠음.

3. 홍보

[김치O] 꾸준히 알리는 것이 중요할 것 같음.

[김누O] 시민이 참여할 수 있다는 의도가 무척 좋은데 접근성이 약해 홍보가 되지 않는 것 같음. 포탈 검색 등을 이용하여 접근성이 조금 더 좋아졌으면 좋겠음.

[박강O] 네이버나 다음의 연계 검색 홍보가 좋지 않을까?

[수행사] 네이버나 다음의 경우 대표 URL(seoul.go.kr)로 검색되어 현실적으로 어려움.

[유미O] 시민참여단 전용 페이스북이나 블로그를 운영하면 좋을 듯함.

[수행사] 블로그는 현실적으로 운영이 어렵고 페이스북을 운영할 예정임.

38 홍보담당자는 회의록의 내용으로 수행사 내부 직원들과 회의를 진행하고 있다. 잘못 이해한 사람은?

① P 사원 : 만드는 지도와 보는 지도의 구분이 모호하고 보는 지도는 참신함이 없다.
② L 사원 : 가이드가 필요해 보이며 도시생활지도 가이드가 제일 먼저 나올 것이다.
③ K 팀장 : 길 정보에서 선에 대한 방향성이 표출되는 기능은 현재 없다.
④ H 대리 : 가입자의 관심 분야를 설정할 수 있는 점에서 접근성이 높다.
⑤ Y 주임 : 시민참여단 전용 페이스북이 운영될 예정이다.

🔍TIP ④ 개선 방향의 공유마당 UI/UX를 보면 "시민이 가입할 때 관심분야를 설정할 수 있으면 자신이 원하는 정보를 얻을 수 있어 테마에 대한 접근성이 높아질 것 같다"고 발언하였고, 수행사는 2021년 접근성을 향상할 방안을 모색할 예정이라고 하였으며 H 대리는 회의록을 잘못 이해하였다.
① 회의록 초반인 목적 및 방향성에서 만드는 지도와 보는 지도의 구분이 모호하며 보는 지도는 이미 사기업에서 하고 있다고 언급되어 있다.
② 개선 방향에서 사용 가이드 강화 부분에는 가이드가 제공되고 있으나 사용자가 쉽게 찾을 수 없다는 지적이 있고 수행사는 도시생활지도 가이드를 시작으로 체계적인 가이드를 제작하여 배포하겠다고 밝혔다.
③ 공유 마당 개선 사항에서 길 정보에서 선에 방향성에 대한 표출이 있었으면 좋겠다는 의견이 있었고 2021년 적용한다고 하였으므로 K 팀장은 바르게 이해하였다.
⑤ 시민참여단 전용 페이스북이나 블로그를 운영하면 좋겠다는 의견에 대하여 블로그는 현실적으로 운영이 어렵고 페이스북 운영 예정이라고 답변하였으므로 Y 주임은 바르게 이해하였다.

39 홍보담당자로서 서울시와의 다음 회의에 준비해야 할 것으로 옳지 않은 것은?

① 도시생활지도 가이드 시안 준비
② 이미지 지도 타일화 기능 시연
③ 구글지도 선택기능 개발
④ 등록 프로세스 변경 계획(안)
⑤ 시민 테마 서브 카테고리 준비

🔍TIP ③ 공유마당 개선사항에서 배경지도를 네이버 외 다음지도, 구글지도 등을 선택할 수 있으면 좋겠다는 의견이 있었다. 수행사는 다음지도, 구글지도와 좌표 체계가 다르기 때문에 배경지도로 적용하기에 어렵다고 하였으므로 구글지도 선택기능 개발은 회의록과 맞지 않는다.
① 핵심내용 진행 예정 사항으로 도시생활지도 가이드 제작 및 배포가 2020년 12월 예정되어 있으므로 다음 회의 때 시안을 준비해야 한다.
② 2020년 12월에 이미지 지도 타일화 기능 제공이 예정되어 있으므로 다음 회의인 2020년 11월에는 해당 기능 시연을 해야 한다.
④ 2021년 등록 버튼 메인 표출을 하기 위해서는 먼저 등록 프로세스 변경이 이루어져야 하므로 이에 대한 절차를 진행해야 한다.
⑤ 2020년 12월 시민 테마 서브 카테고리를 적용해야 하므로 사전에 준비해야 한다.

40 편람의 ㈏를 바탕으로 〈보기〉의 상황을 이해한 내용으로 적절한 것은?

㈎ 보험은 같은 위험을 보유한 다수인이 위험 공동체를 형성하여 보험료를 납부하고 보험 사고가 발생하면 보험금을 지급받는 제도이다. 보험 상품을 구입한 사람은 장래의 우연한 사고로 인한 경제적 손실에 대비할 수 있다. 보험금 지급은 사고 발생이라는 우연적 조건에 따라 결정되는데, 이처럼 보험은 조건의 실현 여부에 따라 받을 수 있는 재화나 서비스가 달라지는 조건부 상품이다.

㈏ 위험 공동체의 구성원이 납부하는 보험료와 지급받는 보험금은 그 위험 공동체의 사고 발생 확률을 근거로 산정된다. 특정 사고가 발생할 확률은 정확히 알 수 없지만 그동안 발생된 사고를 바탕으로 그 확률을 예측한다면 관찰 대상이 많아짐에 따라 실제 사고 발생 확률에 근접 하게 된다. 본래 보험 가입의 목적은 금전적 이득을 취하는 데 있는 것이 아니라 장래의 경제적 손실을 보상받는 데 있으므로 위험 공동체의 구성원은 자신이 속한 위험 공동체의 위험에 상응하는 보험료를 납부하는 것이 공정할 것이다. 따라서 공정한 보험에서는 구성원 각자가 납부하는 보험료와 그가 지급받을 보험금에 대한 기댓값이 일치해야 하며 구성원 전체의 보험료 총액과 보험금 총액이 일치해야 한다. 이때 보험금에 대한 기댓값은 사고가 발생할 확률에 사고 발생 시 수령할 보험금을 곱한 값이다. 보험금에 대한 보험료의 비율(보험료/보험금)을 보험료율이라고 하는데, 보험료율이 사고 발생 확률보다 높으면 구성원 전체의 보험료 총액이 보험금 총액보다 더 많고, 그 반대의 경우에는 구성원 전체의 보험료 총액이 보험금 총액보다 더 적게 된다. 따라서 공정한 보험에서는 보험료율과 사고 발생 확률이 같아야 한다.

㈐ 물론 현실에서 보험사는 영업 활동에 소요되는 비용 등을 보험료에 반영하기 때문에 공정한 보험이 적용되기 어렵지만 기본적으로 위와 같은 원리를 바탕으로 보험료와 보험금을 산정한다. 그런데 보험 가입자들이 자신이 가진 위험의 정도에 대해 진실한 정보를 알려주지 않는 한, 보험사는 보험 가입자 개개인이 가진 위험의 정도를 정확히 파악하여 거기에 상응하는 보험료를 책정하기 어렵다. 이러한 이유로 사고 발생 확률이 비슷하다고 예상되는 사람들로 구성된 어떤 위험 공동체에 사고 발생 확률이 높은 사람들이 동일한 보험료를 납부하고 진입하게 되면, 그 위험 공동체의 사고 발생 빈도가 높아져 보험사가 지급하는 보험금의 총액이 증가한다. 보험사는 이를 보전하기 위해 구성원이 납부해야 할 보험료를 인상할 수밖에 없다. 결국, 자신의 위험 정도에 상응하는 보험료보다 더 높은 보험료를 납부하는 사람이 생기게 되는 것이다. 이러한 문제는 정보의 비대칭성에서 비롯하는데 보험 가입자의 위험 정도에 대한 정보는 보험 가입자가 보험사보다 더 많이 갖고 있기 때문이다. 이를 해결하기 위해 보험사는 보험 가입자의 감춰진 특성을 파악할 수 있는 수단이 필요하다.

㈑ 우리 상법에 규정되어 있는 고지 의무는 이러한 수단이 법적으로 구현된 제도이다. 보험 계약은 보험 가입자의 청약과 보험사의 승낙으로 성립된다. 보험 가입자는 반드시 계약을 체결하기 전에 '중요한 사항'을 알려야 하고, 이를 사실과 다르게 진술해서는 안 된다. 여기서 '중요한 사항'은 보험사가 보험 가입자의 청약에 대한 승낙을 결정하거나 차등적인 보험료를 책정하는 근거가 된다. 따라서 고지 의무는 결과적으로 다수의 사람들이 자신의 위험 정도에 상응하는 보험료보다 더 높은 보험료를 납부해야 하거나, 이를 이유로 아예 보험에 가입할 동기를 상실하게 되는 것을 방지한다.

㈒ 보험 계약 체결 전 보험 가입자가 고의나 중대한 과실로 '중요한 사항'을 보험사에 알리지 않거나 사실과 다르게 알리면 고지 의무를 위반하게 된다. 이러한 경우에 우리 상법은 보험사에 계약 해지권을 부여한다. 보험사는 보험 사고가 발생하기 이전이나 이후에 상관없이 고지 의무 위반을 이유로 계약을 해지할 수 있고, 해지권 행사는 보험사의 일방적인 의사 표시로 가능하다.

해지를 하면 보험사는 보험금을 지급할 책임이 없게 되며, 이미 보험금을 지급했다면 그에 대한 반환을 청구할 수 있다. 일반적으로 법에서 의무를 위반하게 되면 위반한 자에게 그 의무를 이행하도록 강제하거나 손해 배상을 청구할 수 있는 것과 달리, 보험 가입자가 고지 의무를 위반했을 때에는 보험사가 해지권만 행사할 수 있다. 그런데 보험사의 계약 해지권이 제한되는 경우도 있다. 계약 당시에 보험사가 고지 의무 위반에 대한 사실을 알았거나 중대한 과실로 알지 못한 경우에는 보험 가입자가 고지 의무를 위반했어도 보험사의 해지권은 배제된다. 이는 보험 가입자의 잘못보다 보험사의 잘못에 더 책임을 둔 것이라 할 수 있다. 또 보험사가 해지권을 행사할 수 있는 기간에도 일정한 제한을 두고 있는데, 이는 양자의 법률관계를 신속히 확정함으로써 보험 가입자가 불안정한 법적 상태에 장기간 놓여 있는 것을 방지하려는 것이다. 그러나 고지해야 할 '중요한 사항' 중 고지 의무 위반에 해당되는 사항이 보험 사고와 인과 관계가 없을 때에는 보험사는 보험금을 지급할 책임이 있다. 그렇지만 이때에도 해지권은 행사할 수 있다.

(바) 보험에서 고지 의무는 보험에 가입하려는 사람의 특성을 검증함으로써 다른 가입자에게 보험료가 부당하게 전가되는 것을 막는 기능을 한다. 이로써 사고의 위험에 따른 경제적 손실에 대비하고자 하는 보험 본연의 목적이 달성될 수 있다.

〈보기〉

사고 발생 확률이 각각 0.1과 0.2로 고정되어 있는 위험 공동체 A와 B가 있다고 가정한다. A와 B에 모두 공정한 보험이 항상 적용된다고 할 때, 각 구성원이 납부할 보험료와 사고 발생 시 지급받을 보험금을 산정하려고 한다.

※ 단, 동일한 위험 공동체의 구성원끼리는 납부하는 보험료가 같고, 지급받는 보험금이 같다. 보험료는 한꺼번에 모두 납부한다.

---

① 허 주임 : A에서 보험료를 두 배로 높이면 보험금은 두 배가 되지만 보험금에 대한 기댓값은 변하지 않는다.

② 박 사원 : B에서 보험금을 두 배로 높이면 보험료는 변하지 않지만 보험금에 대한 기댓값은 두 배가 된다.

③ 임 대리 : A에 적용되는 보험료율과 B에 적용되는 보험료율을 서로 같다.

④ 손 사원 : A와 B에서 보험금이 서로 같다면 A에서의 보험료는 B에서의 보험료의 두 배이다.

⑤ 하 사원 : A와 B에서의 보험료가 서로 같다면 A와 B에서의 보험금에 대한 기댓값은 서로 같다.

편람 (나)를 바탕으로 〈보기〉에 따라 보험료 A를 $P(A)$, 보험료 B를 $P(B)$라 하고, 보험금을 각각 $Q(A)$, $Q(B)$라고 한다면 보험료율, 사고 발생 확률, 보험금에 대한 기댓값을 정리할 수 있다.

구분	A	B
보험료율	$\dfrac{P(A)}{Q(A)}$	$\dfrac{P(B)}{Q(B)}$
사고 발생 확률	0.1	0.2
보험금에 대한 기댓값	$0.1 \times Q(A)$	$0.2 \times Q(B)$

〈보기〉에서는 또한 "모두 공정한 보험이 항상 적용된다"고 명시하고 있으므로 편람 (나)의 '보험료 = 보험금에 대한 기댓값, 보험료율 = 사고 발생 확률'이라는 내용을 적용할 수 있다. 여기서 보험금에 대한 기댓값은 '사고 발생 확률×보험금'이고, 보험료율은 $\dfrac{보험료}{보험금}$가 된다.

구분	A	B
보험료 = 보험금에 대한 기댓값	$P(A) = 0.1 \times Q(A)$	$P(B) = 0.2 \times Q(B)$
보험료율 = 사고 발생 확률	$\dfrac{P(A)}{Q(A)} = 0.1$	$\dfrac{P(B)}{Q(B)} = 0.2$

하 사원은 A와 B에서의 보험료가 서로 같다면 A와 B에서의 보험금에 대한 기댓값은 서로 같다고 적절히 이해하였다. 즉 보험금에 대한 기댓값=보험료이므로 표에서 보듯이 $P(A) = 0.1 \times Q(A)$와 $P(B) = 0.2 \times Q(B)$의 관계가 성립된다. 하 사원은 $P(A)$와 $P(B)$가 같다는 가정을 하였으므로 $0.1 \times Q(A)$와 $0.2 \times Q(B)$은 같아진다.
① 보험료율 = 사고 발생 확률이므로 A의 보험료율은 0.1로 정해져 있다. 여기서 $P(A) = 0.1 \times Q(A)$이므로 A에서 보험료를 두 배로 높이면 보험금은 두 배가 된다. 허 주임은 보험금에 대한 기댓값은 변하지 않는다고 했으므로 잘못 이해하였다.
② 공정한 보험에서는 보험료와 보험금에 대한 기댓값이 같아야 하므로 박 사원은 잘못 이해하였다.
③ 〈보기〉에는 A의 보험료율은 0.1, B의 보험료율은 0.2로 명시되어 있으므로 임 대리는 잘못 이해하였다.
④ 조건에 따라 A와 B의 보험금이 서로 같다면 B에서의 보험료는 A에서의 보험료의 두 배가 되므로 손 사원은 잘못 이해하였다.

41 다음은 OO농산물품질관리원에서 연구한 정책보고서의 내용이다. 이 글을 근거로 판단할 때, 일반적으로 종자저장에 가장 적합한 함수율을 가진 원종자의 무게가 10g이면 건조종자의 무게는 얼마인가?

> 채종하여 파종할 때까지 종자를 보관하는 것을 '종자의 저장'이라고 하는데, 채종하여 1년 이내 저장하는 것을 단기저장, 2 ~ 5년은 중기저장, 그 이상은 장기저장이라고 한다.
> 종자의 함수율(moisture content)은 종자의 수명을 결정하는 가장 중요한 인자이다. 함수율은 아래와 같이 백분율로 표시한다.
>
> 함수율(%) = $\dfrac{원종자\ 무게 - 건조\ 종자\ 무게}{원종자\ 무게} \times 100$

일반적으로 종자저장에 가장 적합한 함수율은 5 ~ 10%이다. 다만 참나무류 등과 같이 수분이 많은 종자들은 함수율을 약 30% 이상으로 유지해주어야 한다. 또한, 유전자 보존을 위해서는 보통 장기저장을 하는데 이에 가장 적합한 함수율은 4 ~ 6%이다. 일반적으로 온도와 수분은 종자의 저장 기간과 역의 상관관계를 갖는다.

종자는 저장 용이성에 따라 '보통저장성' 종자와 '난저장성' 종자로 구분한다. 보통저장성 종자는 종자수분 5 ~ 10%, 온도 0℃ 부근에서 비교적 장기간 보관이 가능한데 전나무류, 자작나무류, 벚나무류, 소나무류 등 온대 지역의 수종 대부분이 이에 속한다. 하지만 대사작용이 활발하여 산소가 많이 필요한 난저장성 종자는 0℃ 혹은 약간 더 낮은 온도에서 저장하여야 건조되는 것을 방지할 수 있다. 이에 속하는 수종은 참나무류, 칠엽수류 등의 몇몇 온대수종과 모든 열대수종이다.

한편 종자의 저장 방법에는 '건조저장법'과 '보습저장법'이 있다. 건조저장법은 '상온저장법'과 '저온저장법'으로 구분한다. 상온저장법은 일정한 용기 안에 종자를 넣어 창고 또는 실내에서 보관하는 방법으로 보통 가을부터 이듬해 봄까지 저장하며, 1년 이상 보관 시에는 건조제를 용기에 넣어 보관한다. 반면에 저온저장법의 경우 보통저장성 종자는 함수율이 5 ~ 10% 정도 되도록 건조하여 주변에서 수분을 흡수할 수 없도록 밀봉 용기에 저장하여야 한다. 난저장성 종자는 -3℃ 이하에 저장해서는 안 된다.

보습저장법은 '노천매장법', '보호저방법', '냉습적법' 등이 있다. 노천매장법은 양지바르고 배수가 잘되는 곳에 50~100cm 깊이의 구덩이를 파고 종자를 넣은 뒤 땅 표면은 흙을 덮어 겨울 동안 눈이나 빗물이 그대로 스며들 수 있도록 하는 방식이다. 보호저장법은 건사저장법이라고 하는데 참나무류, 칠엽수류 등 수분이 많은 종자가 부패하지 않도록 저장하는 방법이다. 냉습적법은 용기 안에 보습제인 이끼, 모래와 종자를 섞어서 놓고 3 ~ 5℃의 냉장고에 저장하는 방법이다.

① 6g ~ 6.5g

② 7g ~ 7.5g

③ 8g ~ 8.5g

④ 9g ~ 9.5g

⑤ 10g ~ 10.5g

🔍TIP 함수율은 목재 내에 함유하고 있는 수분을 백분율로 나타낸 것이다.

$$함수율 = \frac{원종자\ 무게 - 건조\ 종자\ 무게}{원종자\ 무게} \times 100$$

일반적으로 종자저장에 적합한 함수율은 5 ~ 10%로 제시되어 있으므로 이를 활용하여 건조 종자 무게를 확인할 수 있다. 건조 종자 무게를 X로 두는 경우 5(5) < (10 - X) ÷ 10 × 100 < 10(5)의 식을 만들 수 있다. 이를 통해서 건조 종자 무게는 각각 10 - X = 0.5, 10 - X = 1이므로 건조 종자 무게 X의 범위는 9 < X < 9.5임을 알 수 있다.

42 다음은 지자체와 기업이 제공하는 농민 복지 프로그램이다. 甲이 신청할 수 있는 복지 프로그램은 모두 몇 개인가?(단 제시된 내용만 참고하며, 각각의 프로그램은 다른 사람이 대신 신청할 수 있다)

복지 프로그램	지원 대상
여성 농업인 바우처	• 당해 연도 1월 1일 기준 주민등록상 나이가 만 19세 이상 ~ 만 75세 미만인 자 　※ 2021년의 경우 1946.1.1. ~ 2002.12.31. • 경영주 또는 경영주 외 농업인으로 농업 경영체를 등록한 사람
농업인 무료 법률 구조사업	기준 중위소득 150% 이하인 농업인 및 별도의 소득이 없는 농업인의 배우자, 미성년 직계비속, 주민등록상 동일 세대를 구성하는 직계존속 및 성년의 직계비속
농촌 여성 결혼 이민자 모국 방문 지원 사업	• 농촌 지역 거주 실제 영농종사 여성농업인 • 농촌 지역에 거주하며, 농업을 주업으로 하고 국내거주 3년 이상자로서 경제적인 사정 등으로 모국 방문을 하지 못한 부부 및 그 자녀 　※ 단, 농촌 외의 지역에 거주하는 여성농업인의 경우 「농업소득의 보전에 관한 법률」 시행령 제5조를 충족하는 경우 지원 가능
청년 농업인 영농 정착 지원 사업	• 사업 시행 연도 기준 19세 이상 ~ 45세 미만 　※ 2021년의 경우 1976.1.1. ~ 2002.12.31. • 영농 경력 : 독립경영 3년 이하(독립경영 예정자 포함)
농업인 고교생 자녀 학자금 지원 사업	농어촌지역 및 개발제한구역에 거주하는 농어업인으로 농어업외 소득이 연간 4,800만 원 이하이며, 교육부장관이나 도교육감이 인정하는 고등학교에 재학하는 자녀나 직접 부양하는 손·자녀, 동생이 있는 농어업인
농업인 행복 콜센터	70세 이상 고령·취약·홀몸농업인(조합원)
함께 나누는 프로젝트	저소득층 및 긴급 재난 재해로 현물 지원이 필요한 대상

〈보기〉

甲은 25세 여성이며 다문화 가정 자녀이다. 1년 전 본인 명의의 영농기반을 마련하여 농업에 뛰어들었다. 호기롭게 도전하였으나 바로 얼마 전 태풍이 불어닥치는 바람에 고대하던 농작물이 피해를 입었다. 엎친 데 덮친 격으로 어머니가 크게 다치셨고, 한국으로 이민 온 이후로 단 한 번도 방문하지 못한 고향에 대한 그리움으로 매일 밤 눈물을 훔치고 계신다.

① 1개　　　　　　　　　　　　② 2개
③ 3개　　　　　　　　　　　　④ 4개
⑤ 5개

✿TIP 甲이 신청할 수 있는 프로그램은 여성 농업인 바우처, 농촌 여성 결혼 이민자 모국 방문 지원 사업, 청년 농업인 영농 정착 지원 사업, 함께 나누는 프로젝트 총 4개이다.

43 다음 글을 근거로 판단할 때 '현재 정상적으로 사용 중인 개량하지 않은 일반 비행기'의 식별코드 형식을 옳게 제시한 사람은?

OO국의 항공기 식별코드는 '(현재상태부호)(특수임무부호)(기본임무부호)(항공기종류부호)-(설계번호)(개량형부호)'와 같이 최대 6개 부분(앞부분 4개, 뒷부분 2개)으로 구성된다.

항공기종류부호는 특수 항공기에만 붙이는 부호로, G는 글라이더, H는 헬리콥터, Q는 무인항공기, S는 우주선, V는 수직단거리이착륙기에 붙인다. 항공기종류부호가 생략된 항공기는 일반 비행기이다.

모든 항공기 식별코드는 기본임무부호나 특수임무부호 중 적어도 하나를 꼭 포함하고 있다. 기본임무부호는 항공기가 기본적으로 수행하는 임무를 나타내는 부호이다. A는 지상공격기, B는 폭격기, C는 수송기, E는 전자전기, F는 전투기, K는 공중급유기, L은 레이저탑재항공기, O는 관측기, P는 해상초계기, R은 정찰기, T는 훈련기, U는 다목적기에 붙인다.

특수임무부호는 항공기가 개량을 거쳐 기본임무와 다른 임무를 수행할 때 붙이는 부호이다. 부호에 사용되는 알파벳과 그 의미는 기본임무부호와 동일하다. 항공기가 기본임무와 특수임무를 모두 수행할 수 있을 때에는 두 부호를 모두 표시하며, 개량으로 인하여 더 이상 기본임무를 수행하지 못하게 된 경우에는 특수임무부호만을 표시한다.

현재상태부호는 현재 정상적으로 사용되고 있지 않은 항공기에만 붙이는 부호이다. G는 영구보존처리된 항공기, J와 N은 테스트를 위해 사용되고 있는 항공기에 붙이는 부호이다. J는 테스트 종료 후 정상적으로 사용될 항공기에 붙이는 부호이며, N은 개량을 많이 거쳤기 때문에 이후에도 정상적으로 사용될 계획이 없는 항공기에 붙이는 부호이다.

설계번호는 항공기가 특정 그룹 내에서 몇 번째로 설계되었는지를 나타낸다. 1 ~ 100번은 일반 비행기, 101 ~ 200번은 글라이더 및 헬리콥터, 201 ~ 250번은 무인항공기, 251 ~ 300번은 우주선 및 수직단거리이착륙기에 붙인다. 예를 들어 107번은 글라이더와 헬리콥터 중 7번째로 설계된 항공기라는 뜻이다.

개량형부호는 한 모델의 항공기가 몇 차례 개량되었는지를 보여주는 부호이다. 개량하지 않은 최초의 모델은 항상 A를 부여받으며, 이후에는 개량될 때마다 알파벳 순서대로 부호가 붙게 된다.

---

① 김 연구원 : (기본임무부호) - (설계번호)

② 한 연구원 : (기본임무부호) - (개량형부호)

③ 박 연구원 : (기본임무부호) - (설계번호)(개량형부호)

④ 최 연구원 : (현재상태부호)(특수임무부호) - (설계번호)(개량형부호)

⑤ 우 연구원 : (현재상태부호)(특수임무부호)(항공기종류부호) - (설계번호)(개량형부호)

QTIP 제시된 조건을 다음과 같이 정리할 수 있다.

- ㉠ 식별코드는 최대 6개 부분으로 구성
- ㉡ 모든 항공기 식별코드는 기본임무부호나 특수임무부호 중 적어도 하나를 포함
- ㉢ 기본임무부호는 기본적 수행 임무를 나타냄(12가지)
- ㉣ 특수임무부호는 개량을 거쳐 기본임무와 다른 임무를 수행
- ㉤ 현재상태부호는 현재 정상적으로 사용되고 있지 않은 항공기에만 붙임
- ㉥ 설계번호는 항공기가 특정 그룹 내에서 몇 번째로 설계되었는지를 나타냄
- ㉦ 개량형부호는 한 모델의 항공기가 몇 차례 개량되었는지를 보여줌

'현재 정상적으로 사용 중인 개량하지 않은 일반 비행기의 경우' 정상적으로 사용 중이므로 ㉤에 따라 현재상태부호는 생략한다. 이를 통해 '④ 최 연구원'과 '⑤ 우 연구원'은 제외된다. 개량을 하지 않았으므로 특수임무도 없을 것임을 알 수 있다. 따라서 ㉣에 의해 특수임무부호도 생략한다. ㉡에 따라 기본임무부호 또는 특수임무부호는 반드시 있어야 하므로 기본임무부호는 포함한다.

제시된 조건의 항공기는 일반 항공기이므로 ㉠에 따라 항공기종류부호도 생략한다. 설계번호는 일반항공기이므로 ㉥에 따라 1~100번 중 하나임을 알 수 있다. 이를 통해서 설계번호가 없는 '② 한 연구원'도 제외된다. 개량하지 않은 모델의 경우 항상 A를 부여받으므로 개량형부호도 반드시 포함되어야 한다. 이를 통해서 개량형부호가 없는 '① 김 연구원'도 제외된다. 따라서 이를 충족하는 박 연구원이 옳게 제시하였다.

---

44 다음은 농촌 지역 성평등 전문 강사 교육 과정에 대한 공지다. 공지를 참고하여 일정표를 만들 때 옳지 않은 것은?

> 〈농촌 지역 성평등 전문 강사 교육 과정 공지〉
> 1. '성평등 교육 이해'는 정해진 요일에만 1회 교육이 있으며 월, 수, 목 중에 할 수 있다.
> 2. '인간의 성별과 성차에 대한 이해'는 화요일과 금요일을 제외한 다른 요일에 시행할 수 있으며 수업은 해당 요일에 2회 이상 실시하지 않는다.
> 3. '혐오 프레임 분석 교육'은 10월 11일 이전에만 진행하며, 이틀 연속 수강할 수 있다.
> 4. 농촌지역 성평등 전문 강사 교육은 하루에 한 과목만 들을 수 있고, 주말에는 교육이 없다.
> 5. 전문 강사는 계획한 모든 교육을 반드시 10월 25일 이전에 수료해야 한다.
> ※ 10월 4일(월)부터 3주 동안 성평등 교육 이해 주 3회, 인간의 성별과 성차에 대한 이해 주 3회, 혐오 프레임 분석 교육은 주 2회 실시한다.

① 모든 교육은 주말에 시행되지 않는다.

② 10월 21일에는 '성평등 교육 이해' 과목을 수강할 수 있다.

③ '혐오 프레임 분석 교육'은 첫째 주에만 수강할 수 있다.

④ 매주 목요일 '성평등 교육 이해'를 들은 사람은 '인간의 성별과 성차에 대한 이해 과목'을 금요일에만 수강할 수 있다.

⑤ 첫째 주에 '성평등 교육 이해'를 3회 들은 사람은 '혐오 프레임 분석'을 5일과 8일에 들어야 한다.

TIP 공지에 따라 10월 스케쥴 표를 만들면 다음과 같다.

월	화	수	목	금
4 • 성평등 교육 이해 • 인간의 성별과 성차에 대한 이해 • 혐오 프레임 분석 교육	5 • 혐오 프레임 분석 교육	6 • 성평등 교육 이해 • 인간의 성별과 성차에 대한 이해 • 혐오 프레임 분석 교육	7 • 성평등 교육 이해 • 인간의 성별과 성차에 대한 이해 • 혐오 프레임 분석 교육	8 • 혐오 프레임 분석 교육
11 • 성평등 교육 이해 • 인간의 성별과 성차에 대한 이해	12	13 • 성평등 교육 이해 • 인간의 성별과 성차에 대한 이해	14 • 성평등 교육 이해 • 인간의 성별과 성차에 대한 이해	15
18 • 성평등 교육 이해 • 인간의 성별과 성차에 대한 이해	19	20 • 성평등 교육 이해 • 인간의 성별과 성차에 대한 이해	21 • 성평등 교육 이해 • 인간의 성별과 성차에 대한 이해	22
25	26	27	28	29

'인간의 성별과 성차에 대한 이해' 교육은 월, 수, 목요일에 수강할 수 있다.

45 다음은 OO 통계교육원의 신입사원 교육자료이다. 이 자료를 근거로 가장 옳은 판단을 내린 신입사원은?

㉠ 독일의 통계학자 A는 가계지출을 음식비, 피복비, 주거비, 광열비, 문화비(교육비, 공과금, 보건비, 기타 잡비)의 5개 항목으로 구분해 분석했다. 그 결과 소득의 증가에 따라 총 가계지출 중 음식비 지출 비중은 점차 감소하는 경향이 있지만, 피복비 지출은 소득의 증감에 비교적 영향을 받지 않는다는 사실을 발견했다. 또 주거비와 광열비에 대한 지출 비중은 소득 수준에 관계없이 거의 일정하고, 문화비 지출비중은 소득의 증가에 따라 급속하게 증가한다는 것도 알아냈다. 이러한 사실을 모두 아울러 'A의 법칙'이라고 한다. 특히 이 가운데서 가계지출 중 음식비 지출 비중만을 따로 떼어 내어 'A계수'라고 한다. A계수는 총 가계지출에서 차지하는 음식비의 비중을 백분율로 표시한 것으로, 소득 수준이 높을수록 낮아지고 소득 수준이 낮을수록 높아지는 경향을 보인다.

㉡ 가계지출 중 자녀 교육비의 비중을 나타낸 수치를 'B계수'라고 한다. 지난 1분기 가계소득 하위 20% 가구의 월평균 교육비 지출액은 12만 원으로 가계지출의 10%였다. 반면 가계소득 상위 20% 가구의 월평균 교육비 지출은 72만 원으로 가계소득 하위 20% 가구의 6배에 달했고 가계지출에서 차지하는 비중도 20%였다.

---

① 김 사원 : 가계소득이 증가할 때 A계수와 B계수는 모두 높아질 것이다.
② 이 사원 : 소득이 높은 가계라도 가계구성원 모두가 값비싼 음식을 선호한다면 소득이 낮은 가계 보다 A계수가 높을 수 있다.
③ 허 사원 : A의 법칙에 의하면 소득이 증가할수록 음식비 지출액이 줄어든다고 할 수 있다.
④ 문 사원 : 지난 1분기 가계소득 상위 20% 가구의 월평균 소득은 가계 소득 하위 20% 가구의 월 평균 소득의 3배이다.
⑤ 최 사원 : 지난 1분기 가계소득 분위별 교육비 지출액 현황을 볼 때 가계소득이 낮을수록 교육열 이 높다고 볼 수 있다.

🔍 **TIP** ② 이 사원은 "소득이 높은 가계라도 가계구성원 모두가 값비싼 음식을 선호한다면 소득이 낮은 가계보다 A계수가 높을 수 있다."고 본다. A계수는 총 가계 지출에서 차지하는 음식비의 비율로 보통은 음식이라면 소득 수준이 높을수록 A계수는 낮아지고 소득 수준이 낮을수록 A계수는 높아진다. 그러나 개별 음식 비용이 비싸다면 소득이 높더라도 A계수가 높을 수 있으므로 옳은 판단을 하였다.

① ㉠문단에 따르면 가계소득이 증가할 때 A계수는 일반적으로 낮아지는 경향이 있으나, ②문단에 따르면 B계수 역시 가계소득 하위 20%와 비교했을 때 가계소득 상위 20% 가구의 지출액이 증가하였다.

③ A의 법칙은 소득의 증가에 따라 총 가계지출 중 음식비 지출 비중을 나타내는 것이다. 이에 지출 비중(퍼센트)과 지출액(소비한 금액)은 다른 지표이므로 허 사원의 판단은 추가적으로 숫자가 제시되지 않는다면 알 수 없다.

④ B계수는 가계지출 대비 교육비 지출 비중을 통해 알 수 있다. 제시문에는 가계소득이 주어지지 않았으므로 문 사원의 평가는 주어진 정보만으로 알 수 없다.

⑤ ㉡문단에 따르면 가계소득 상위 20% 가구의 월평균 교육비 지출액과 비중이 가계소득 하위 20% 가구의 6배에 달할 정도로 더 크므로, 소득이 높을수록 교육열이 높을 것임을 예상할 수 있다.

46 귀하는 OO국제협력단의 회의 담당자이다. 귀사의 〈통역경비 산정기준〉과 아래의 〈상황〉을 근거로 판단할 때, 귀사가 A시에서 개최한 설명회에 쓴 총 통역경비는?

〈통역경비 산정기준〉

통역경비는 통역료와 출장비(교통비, 이동보상비)의 합으로 산정한다.

■ 통역료(통역사 1인당)

구분	기본요금(3시간까지)	추가요금(3시간 초과 시)
영어, 아랍어, 독일어	500,000원	100,000원/시간
베트남어, 인도네시아어	600,000원	150,000원/시간

■ 출장비(통역사 1인당)
 - 교통비는 왕복으로 실비 지급
 - 이동보상비는 이동 시간당 10,000원 지급

〈상황〉

귀사는 2021년 3월 9일 A시에서 설명회를 개최하였다. 통역은 영어와 인도네시아어로 진행되었고, 영어 통역사 2명과 인도네시아어 통역사 2명이 통역하였다. 설명회에서 통역사 1인당 영어 통역은 4시간, 인도네시아어 통역은 2시간 진행되었다. A시까지는 편도로 2시간이 소요되며, 개인당 교통비는 왕복으로 100,000원이 들었다.

① 244만 원
② 276만 원
③ 288만 원
④ 296만 원
⑤ 326만 원

🔍 통역료는 통역사 1인 기준으로 영어 통역은 총 4시간 진행하였으므로 기본요금 500,000원에 추가요금 100,000원을 합쳐 600,000원을 지급해야 한다. 인도네시아어 통역사에게는 2시간 진행하였으므로 기본요금 600,000원만 지급한다.
 • 영어, 인도네시아 언어별로 2명에게 통역을 맡겼으므로
  (600,000 + 600,000)×2 = 2,400,000원
 • 출장비의 경우 통역사 1인 기준 교통비는 왕복실비인
  100,000원으로 4회 책정되므로 400,000원
 • 이동보상비는 이동 시간당 10,000원 지급하므로 왕복 4시간을 이동하였으므로
  10,000×4×4 = 160,000원
 총 출장비는 교통비와 이동보상비를 합한 560,000원
 총 통역경비는 2,400,000 + 560,000 = 2,960,000원

47 귀하는 홍보 담당자인 L 사원이다. 아래의 자료를 근거로 판단할 때, L 사원이 선택할 4월의 광고수단은?

- 주어진 예산은 월 3천만 원이며, L 사원은 월별 공고효과가 가장 큰 광고수단 하나만을 선택한다.
- 광고비용이 예산을 초과하면 해당 광고수단은 선택하지 않는다.
- 광고효과는 아래와 같이 계산한다.

$$광고효과 = \frac{총\ 광고\ 횟수 \times 회당\ 광고노출자\ 수}{광고비용}$$

- 광고수단은 한 달 단위로 선택된다.

〈표〉

광고수단	광고 횟수	회당 광고노출자 수	월 광고비용(천 원)
TV	월 3회	100만 명	30,000
버스	일 1회	10만 명	20,000
KTX	일 70회	1만 명	35,000
지하철	일 60회	2천 명	25,000
포털사이트	일 50회	5천 명	30,000

① TV

② 버스

③ KTX

④ 지하철

⑤ 포털사이트

🔍**TIP** L 사원에게 주어진 예산은 월 3천만 원이며, 이를 초과할 경우 광고수단은 선택하지 않는다. 따라서 월 광고비용이 3,500만 원인 KTX는 배제된다.
조건에 따라 광고수단은 한 달 단위로 선택되며 4월의 광고비용을 계산해야 하므로 모든 광고수단은 30일을 기준으로 한다. 조건에 따른 광고 효과 공식을 대입하면 아래와 같이 광고 효과를 산출할 수 있다.

구분	광고횟수(회/월)	회당 광고노출자 수(만 명)	월 광고비용(천 원)	광고효과
TV	3	100	30,000	0.01
버스	30	10	20,000	0.015
KTX	2,100	1	35,000	0.06
지하철	1,800	0.2	25,000	0.0144
포털사이트	1,500	0.5	30,000	0.025

따라서 L 사원은 예산 초과로 배제된 KTX를 제외하고, 월별 광고효과가 가장 좋은 포털사이트를 선택한다.

48 다음 〈표〉는 OO예탁결제원의 성별 · 연령대별 전자금융서비스 인증수단 선호도에 관한 자료이다. 이 자료를 검토한 반응으로 옳지 않은 것은?

〈표〉 성별, 연령대별 전자금융서비스 인증수단 선호도 조사결과

(단위 : %)

구분	인증수단	휴대폰 문자 인증	공인 인증서	아이핀	이메일	전화 인증	신용카드	바이오 인증
성별	남자	72.2	69.3	34.5	23.1	22.3	21.1	9.9
	여자	76.6	71.6	27.0	25.3	23.9	20.4	8.3
연령대	10대	82.2	40.1	38.1	54.6	19.1	12.0	11.9
	20대	73.7	67.4	36.0	24.1	25.6	16.9	9.4
	30대	71.6	76.2	29.8	15.7	28.0	22.3	7.8
	40대	75.0	77.7	26.7	17.8	20.6	23.3	8.6
	50대	71.9	79.4	25.7	21.1	21.2	26.0	9.4
전체		74.3	70.4	30.9	24.2	23.1	20.8	9.2

※ 1) 응답자 1인당 최소 1개에서 최대 3개까지 선호하는 인증수단을 선택함

2) 인증수단 선호도는 전체 응답자 중 해당 인증수단을 선호한다고 선택한 응답자의 비율임

3) 전자금융서비스 인증수단은 제시된 7개로만 한정됨

① 박 주임 : 연령대별 인증수단 선호도를 살펴보면, 30대와 40대 모두 아이핀이 3번째로 높다.

② 이 팀장 : 전체 응답자 중 선호 인증수단을 3개 선택한 응답자 수는 40% 이상이다.

③ 홍 사원 : 선호하는 인증수단으로, 신용카드를 선택한 남성 수는 바이오 인증을 선택한 남성 수의 3배 이하이다.

④ 김 주임 : 20대와 50대 간의 인증수단별 선호도 차이는 공인인증서가 가장 크다.

⑤ 오 팀장 : 선호하는 인증수단으로 이메일을 선택한 20대 모두가 아이핀과 공인인증서를 동시에 선택했다면, 신용카드를 선택한 20대 모두가 아이핀을 동시에 선택한 것이 가능하다.

⑤ 오 팀장은 "선호하는 인증수단으로 이메일을 선택한 20대 모두가 아이핀과 공인인증서를 동시에 선택했다면, 신용카드를 선택한 20대 모두가 아이핀을 동시에 선택하는 것이 가능하다."고 평가했다. 만약 이메일을 선택한 20대 모두가 아이핀과 공인인증서를 동시에 선택했다면 아이핀을 선택한 20대 중에서 11.9%(36.0 − 24.1)는 조건에 따라 타 인증수단을 중복 선호할 수 있다. 신용카드를 선호하는 20대는 16.9%로 11.9%보다 더 크다. 따라서, 신용카드를 선택한 20대 모두가 아이핀을 동시에 선택한다고 평가하는 것은 옳지 않다.

① 박 주임은 "연령대별 인증수단 선호도에서 30대와 40대 모두 아이핀이 3번째로 높다고" 본다. 30대의 인증수단은 공인인증서 → 휴대폰문자 인증 → 아이핀 순으로 선호도가 높다. 40대의 인증수단은 공인인증서 → 휴대폰문자 인증 → 아이핀 순으로 선호도가 높다. 따라서 30대와 40대 모두 아이핀이 3번째로 높으므로 박 주임은 옳게 검토하였다.

Answer. 47.⑤ 48.⑤

② 이 팀장은 "전체 응답자 중 선호 인증수단을 3개 선택한 응답자 수는 40% 이상이다."라고 했다. 인증수단별 하단에 제시된 전체 선호도를 합산하면 252.9가 된다. 7개 인증수단 중 최대 3개까지 중복 응답이 가능하므로 선호 인증수단을 3개 선택한 응답자 수는 최소 40% 이상이 된다. 이 팀장은 옳게 검토하였다.

③ 남성의 인증수단 선호도를 살펴보면, 신용카드를 선택한 남성의 비율은 21.1%로, 바이오인증을 선호하는 9.9%의 3배인 29.7% 이하이다. 따라서 홍 사원은 옳게 검토하였다.

④ 20대와 50대의 인증수단별 선호도 차이는 공인인증서가 79.4 − 67.4 = 12.0으로 가장 큰 수치이므로 김 주임은 옳게 검토하였다.

49 다음은 우리나라 시도별 2019 ~ 2020년 경지 면적, 논 면적, 밭 면적에 대한 자료이다. 이에 대한 설명으로 〈보기〉에서 옳은 것을 모두 고르면?

〈자료 1〉 2019년

(단위 ha, %)

구분	경지 면적(논 면적 + 밭면적)	논 면적	밭 면적
서울특별시	347	150	197
부산광역시	5,408	2,951	2,457
대구광역시	7,472	3,513	3,958
인천광역시	18,244	11,327	6,918
광주광역시	9,252	5,758	3,494
대전광역시	3,742	1,358	2,384
울산광역시	9,977	5,281	4,696
세종특별자치시	7,588	4,250	3,338
경기도	160,181	84,125	76,056
강원도	100,756	33,685	67,071
충청북도	101,900	38,290	63,610
충청남도	210,428	145,785	64,644
전라북도	195,191	124,408	70,784
전라남도	288,249	169,090	119,159
경상북도	260,237	118,503	141,734
경상남도	142,946	81,288	61,658
제주특별자치도	59,039	17	59,022
전 국	1,580,957	829,778	751,179

〈자료 2〉 2020년

구분	경지 면적(논 면적 + 밭면적)	논 면적	밭 면적
서울특별시	343	145	199
부산광역시	5,306	2,812	2,493
대구광역시	7,458	3,512	3,947
인천광역시	18,083	11,226	6,857
광주광역시	9,083	5,724	3,359
대전광역시	3,577	1,286	2,292
울산광역시	9,870	5,238	4,632
세종특별자치시	7,555	4,241	3,314
경기도	156,699	82,790	73,909
강원도	99,258	32,917	66,341
충청북도	100,880	37,970	62,910
충청남도	208,632	145,103	63,528
전라북도	193,791	123,638	70,153
전라남도	286,396	168,387	118,009
경상북도	257,323	117,936	139,387
경상남도	141,889	80,952	60,937
제주특별자치도	58,654	17	58,637
전 국	1,564,797	823,895	740,902

〈보기〉

㉠ 2020년 경지 면적 중 상위 5개 시·도는 전남, 경북, 충남, 전북, 경기이다.

㉡ 울산의 2020년 논 면적은 울산의 2019년 밭 면적의 두 배이다.

㉢ 2019년 대비 2020년 전국 밭 면적의 증감률은 −1.4이다.

㉣ 2019년 논 면적 중 상위 5개 시·도는 전남, 충남, 경북, 전북, 제주이다.

① ㉠㉡　　　　　　　　　　② ㉠㉢

③ ㉡㉢　　　　　　　　　　④ ㉢㉣

⑤ ㉠㉡㉣

TIP 　㉠ 2020년 경지 면적 중 상위 5개 시·도는 전남 > 경북 > 충남 > 전북 > 경기이다.

㉢ 2019년 전국 밭 면적은 751,179ha 이고, 2020년 전국 밭 면적은 740,902ha 이다. 따라서 (740,902ha − 751,179ha) ÷ (740,902ha × 100) = −1.387… ∴ −1.4가 된다.

㉡ 울산의 2020년 논 면적은 5,238ha 이고, 2019년 밭 면적은 4,696ha로 두 배가 되지 않는다.

㉣ 2019년 논 면적 중 상위 5개 시·도는 전남 > 충남 > 전북 > 경북 > 경기이다.

50 화재위험 점수 산정 방법 자료를 보고 〈보기〉와 같은 점수 평가표가 도출되었을 때, 해당 업소의 화재 위험 점수는?

〈화재위험 점수 산정 방법〉

• 산정 방법 : 화재위험 점수 = 기본 점수(화재 강도 점수 + 화재확률 점수) × 업소형태별 가중치
• 평가 점수에 대한 위험수준 환산표

화재강도		화재확률	
위험도	점수	위험도	점수
80 이상	20점	80 이상	20점
60 ~ 79	40점	60 ~ 79	40점
40 ~ 59	60점	40 ~ 59	60점
20 ~ 39	80점	20 ~ 39	80점
20 미만	점수 부여 없이 업소 일시 폐쇄	20 미만	점수 부여 없이 업소 일시 폐쇄

• 업소 형태별 가중치

구분	가중치	구분	가중치
일반음식점	1.00	산후조리원	1.00
휴게음식점	1.00	PC방	1.00
게임제공업	1.00	찜질방	0.90
고시원	0.95	찜질방(100인 이상)	0.95

〈보기〉

• 업소명 : 休 Dream
• 평가일시 : 2021.12.03.
• 결과
  – 화재강도 위험도 : 31
  – 화재확률 위험도 : 48

• 업종 : 고시원
• 담당자 : 김아무개

① 120점
② 127점
③ 133점
④ 140점
⑤ 145점

TIP 화재강도 위험도를 환산하면 80점, 화재확률 위험도를 환산하면 60점이며 해당 업소의 업종은 고시원이므로 가중치 0.95를 적용하면,
화재위험 점수 = (80 + 60) × 0.95 = 133점이 된다.

51 다음과 같은 상황이 반복되지 않도록 사용하는 기술은?

> OO 씨는 웹 사이트에 로그인을 하려고 하지만 입력을 하려는데 비밀번호가 생각나지 않는다. 매년 새로운 비밀번호를 다시 만들지만 기억나지 않아 불편함을 감수하며 비밀번호 찾기를 한다.

① FIDO

② FDS

③ ICO

④ AML

⑤ OLAP

🔍TIP ① FIDO(Fast Identity Online) : 신속한 온라인 인증으로 온라인에서 아이디와 비밀번호 대신 지문, 얼굴 인식, 정맥 등의 생체 인식을 활용하여 편의성과 보안성을 갖춘 인증방식
② FDS(Fraud Detection System) : 이상금융거래탐지시스템으로 결제자의 정보를 수집하여 패턴을 만들고 패턴과 다른 결제를 찾아 결제 경로를 차단하는 보안 방식
③ ICO(Initial Coin Offering) : 암호화폐공개
④ AML(Anti-Money Laundering) : 자금세탁방지제도로 불법자금의 세탁을 적발하고 예방하기 위한 장치의 사법·금융제도와 국제협력을 연결하는 종합관리망
⑤ OLAP(On-Line Analytical Processing) : 대규모의 데이터를 다양한 관점에서 추출하고 분석할 수 있는 기술

52 '마이데이터'에 대한 설명으로 옳지 않은 것은?

① 제3자는 마이데이터를 사용할 때마다 개인의 동의를 받아야 한다.

② 각종 기업과 기관에 흩어져 있는 정보를 한 번에 확인할 수 있다.

③ 자발적인 개인정보 제공을 통해 맞춤 상품 및 서비스 추천이 가능하다.

④ 제도의 기반은 개인신용정보 전송요구권(신용정보법 제33조의2)을 따른다.

⑤ 자신의 정보를 신용 및 자산관리에 수동적으로 활용하는 것이다.

TIP 마이데이터 … 개인이 정보의 주체가 되므로 수동적이 아닌 능동적으로 활용하는 것이다.

53 다음 ㉠에 들어갈 용어는?

> 인공지능(AI)의 기계학습을 통해 원본에 기존의 사진과 영상을 합성하여 가짜 제작물을 만드는 기술이다. 이는 연예인들을 합성한 불법동영상을 시초로 많은 유명인들이 피해를 입었으며 또한 가짜뉴스에 대한 위험성이 제기되기도 하였다. (㉠)의 위험성을 알리기 위한 유명 정치인의 얼굴이 합성된 (㉠)연설 연상을 공개하기도 하였다.

① 딥러닝

② 딥페이크

③ 확장현실

④ 텐서플로

⑤ 프리소프트웨어

TIP 딥러닝과 페이크의 합성어인 딥페이크(Deepfake)에 대한 설명이다.
  ① 딥러닝(Deep learning) : 컴퓨터가 사람처럼 생각하고 배울 수 있는 기술
  ③ 확장현실(XR) : 가상현실과 증강현실, 혼합현실 등 현실과 비슷한 가상공간에서 시공간에서 소통하고 생활할 수 있는 기술
  ④ 텐서플로(Tensorflow) : 딥러닝과 머신러닝 활용을 위해 만들어진 오픈소스 소프트웨어
  ⑤ 프리소프트웨어(Free Software) : 원저작자가 권리를 보류하여 무료로 누구나 사용할 수 있는 공개 소프트웨어

54 다음에서 설명하는 용어는?

> 나이팅게일은 계속되는 전쟁에서 환자 대부분이 전쟁이 아닌 전염병으로 죽는 다는 것을 발견하여 야전 병원의 비위생적인 상황을 개선하려고 노력하였다. 상관들을 설득하기 위한 정보를 수집하고 이를 쉽게 설명하기 위해 그림으로 표현하였다. 따라서 질서가 없는 병원에 규율을 세우고 환자의 사망률을 42%에서 2%로 낮추었다.

① 빅데이터
② 블록 다이어그램
③ 로즈 다이어그램
④ 클래스 다이어그램
⑤ 보로노이 다이어그램

QTIP 로즈 다이어그램 … 원인별 · 월별 사망자 정보를 수집하여 한눈에 볼 수 있는 그래프로 면적 비교를 통해 직관적 이해가 가능하도록 하였다. 이는 빅데이터의 시초라고 할 수 있다.
① 빅데이터 : 대규모의 데이터를 수집하고 분석하여 제공하는 기술
② 블록 다이어그램 : 자료 처리 과정을 구역별로 체계화한 그림
④ 클래스 다이어그램 : 시스템의 논리 설계를 위한 클래스와 관계를 정의한 도식
⑤ 보로노이 다이어그램 : 평면을 분할하는 과정에서 나타나는 그림

55 '빔포밍기술'에 대한 설명으로 옳지 않은 것은?

① 안테나를 통해 신호를 여러 방향으로 보내는 것이다.
② 빠른 정보전달이 가능하며 신호 전송 시 오류가 적다.
③ 사용자 채널 환경에 따라 정보 신호를 다르게 송출할 수 있다.
④ 신호가 특정 방향으로 집중시켜 신호 품질이 향상된다.
⑤ 여러 안테나를 일정 간격으로 배치하여 신호를 송수신한다.

QTIP ① 빔포밍(Beamforming)기술은 여러 안테나를 통해 신호를 한 방향에 집중하여 보내는 것이다.

Answer. 52.⑤ 53.② 54.③ 55.①

56 '공매도'에 대한 설명으로 옳은 것은?

① 가지고 있는 주식을 싼값에 매도하는 것이다.

② 상승장일 경우에 공매도로 수익을 얻을 수 있다.

③ 공매도는 증권시장의 유동성이 떨어지게 하는 단점을 가진다.

④ 중장기전략으로 매매차익이 가장 높을 때 매도한다.

⑤ 공매도 후 주식을 확보하지 못하면 채무불이행의 단점을 가진다.

🔍**TIP** 주가의 하락을 예상하는 종목의 주식을 빌려서 매도한 후, 주가가 실제로 떨어지게 되면 싼 값에 다시 사서 빌린 주식을 갚음으로써, 차익을 얻을 수 있는 매매 기법을 말한다. 이 전략은 초단기에 매매차익을 노릴 때 주로 사용되며, 하락장에서 수익을 낼 시 주로 사용한다.
① 공매도는 주식을 빌려 매도하는 것이다.
② 하락장에서 수익을 얻을 수 있다.
③ 공매도의 장점으로 증권시장의 유동성을 높이는 역할을 한다.
④ 초단기 매매차익 실현을 위해 한다.

57 '블록 세일'에 대한 설명으로 옳지 않은 것은?

① 블록 세일은 다른 말로 '일괄매각'이라고 부른다.

② 블록 세일은 정규 매매 거래시간에 이뤄진다.

③ 사전에 가격과 물량을 정해두고 일정지분을 묶어 매각하는 것이다.

④ 주가에 큰 영향을 주지 않으며 나누어 팔 경우 경영권 분산의 효과를 가진다.

⑤ 매각 주관사는 정해진 물량을 사들인 후 옵션을 넣어 재매각하기도 한다.

🔍**TIP** ② 블록세일은 정규 매매 거래시간 전과 이후의 시간 외 거래 또는 장외 거래로 진행된다.

58 선물거래의 특징으로 옳지 않은 것은?

① 선물계약에 참여하는 사람들은 거래 상대방의 신용상태를 알 수 없다.

② 실제 매매가 이뤄진 경우 현금 흐름에 바로 반영되는 것을 확인할 수 있다.

③ 선물계약 참여자들은 계약금의 일정비율인 초기증거금을 납부해야 거래에 참여할 수 있다.

④ 선물가격 종가로 매일 선물거래의 손익을 계산하여 증거금에서 차감 또는 가산한다.

⑤ 선물가격이 상승할 경우 매입 측에 이익이 발생하고 매도측에는 손실이 발생한다.

QTIP 주식에 대한 설명이다. 선물거래는 발생한 손익이 매일 선물계좌에 더해지거나 차감된다.

① 거래소와 거래하므로 상대방을 알 수 없으며 상대방을 알 수 없기 때문에 신용상태 또한 알기 힘들다. 이는 계약 이행 여부도 확신할 수 없다.

④ 선물거래에서는 일일정산이라고 하는데 계약자가 거래를 청산하기 이전이어도 선물가격 종가로 선물거래 손익을 계산해 증거금에서 차감하거나 가산한다.

⑤ 선물가격이 하락한 경우에는 매도측에 이익이 발생하고 매입 측에는 손실이 발생한다.

59 '총수요곡선'이 우측으로 이동하는 요인으로 옳은 것은?

① 세금 인상으로 인한 소비의 변동
② 기업 경기의 비관적 전망으로 인한 투자지출 감소
③ 정부의 재화 및 서비스 수요량의 감소
④ 주식 시장의 호황으로 지출 증가
⑤ 해외 경제의 불황으로 인한 화폐가치 상승

QTIP 총수요곡선이 우측으로 이동하는 요인
• 세금 인하 및 주식 시장의 호황으로 인한 소비지출 증가
• 기업경기의 낙관적인 전망으로 인한 투자지출의 증가
• 정부의 재화 및 서비스 수요량의 증가
• 해외 경제 호황 및 자국 화폐 가치가 하락하여 순수출의 증가

60 청약이 초과되었을 경우 주관사가 증권발행사로부터 추가로 공모주식을 취득할 수 있는 콜옵션은?

① Green Shoe
② Tapering
③ IPO
④ PMI
⑤ LOI

QTIP ② 테이퍼링 : 양적완화 정책의 규모를 축소해나가는 것
③ IPO(Initioal Public Offering) : 상장을 목적으로 자사의 주식과 경영내용을 공개하는 것
④ PMI(Post Merger Integration) : 합병 후 통합을 통한 기업인수 완료로 M&A 방법 중 하나
⑤ LOI(Letter Of Intent) : 최종 계약이 이뤄지기 전 협약의 대략적인 사항을 문서화 한 것

Answer. 56.⑤ 57.② 58.② 59.④ 60.①

61 다음 빈칸에 알맞은 용어는?

> 메타버스와 NFT와 융합된 (㉠)시장이 급부상중이다. SNS나 메타버스 속 자아에 적극적인 투자를 하는 MZ세대들을 타켓으로 해외 명품 브랜드부터 스타트업까지 메타패션에 뛰어들고 있다. 해외 명품의 경우에는 가상세계에서 입어보며 대리 만족이 가능하며 구매한 (㉠)을 통해 가상 피팅도 가능하다.

① XR

② NFT

③ HMD

④ 라이프로깅

⑤ 디지털 드레스

🔍**TIP** 디지털 드레스 … 컴퓨터 그래픽으로 만든 가상 드레스로 현실에 없는 옷이다. 현재 NFT와 메타버스가 만나 시장을 형성하며 세계적인 패션 브랜드들이 메타패션 시장에 뛰어들었다. 가상 피팅이 가능하거나 아바타만 입을 수 있는 디지털 드레스가 인기로 메타버스 아바타용 옷을 내놓고 있다.
　① XR(eXtended Reality) : 확장현실로 가상현실(VR)과 증강현실(AR)의 기술을 더한 것이다.
　② NFT(Non-Fungible Token) : 대체 불가능한 토큰으로 고유성과 희소성을 가지는 디지털 자산을 뜻한다.
　③ HMD(Head Mounted Display) : 안경처럼 머리에 착용하는 모니터를 말한다.
　④ 라이프로깅 : 개인의 생활 및 정보를 스마트 기기 등에 자동으로 기록하는 것이다.

62 사람의 습관과 행동 데이터를 수집하여 분석하고 이를 예측해 특정 행동을 유도하는 인터넷은?

① ICT

② IoT

③ IoB

④ OTA

⑤ KLUE

🔍**TIP** IoB(Internet Of Behaviors) … 사람의 행동 패턴을 분석하므로 온라인 또는 일상에서 어떤 상품을 사고 어떤 영상을 자주 시청하였는가에 대한 수집한 데이터를 기반으로 하여 사용자에 알맞은 물건 또는 영상을 추천한다.
　① ICT(Information and Communications Technologies) : 정보 전달 및 개발·저장·관리 등의 정보통신 기술
　② IoT(Internet Of Things) : 사물인터넷으로 세상에 존재하는 모든 사물들이 연결되어 구성된 인터넷
　④ OTA(Over The Air) : 소프트웨어의 실시간 업데이트가 가능한 무선통신 기술
　⑤ KLUE(Korean Language Understanding Evaluation Benchmark) : 한국어 기반 인공지능 평가체계

63 다음에서 설명하는 기술은?

> 블록체인 기술을 기반으로 개인의 정보를 분산시켜 보관하며 개인이 자신의 정보를 관리하고 통제할 수 있는 기술이다. 개인이 승인한 정보만 기업과 기관에 제공할 수 있다. 전자증명 서비스와 모바일 서비스 모두 이 기술로 사용하며, 이로 인해 금융 거래를 보다 빠르고 편리하게 사용할 수 있다.

① DID
② DIY
③ GPI
④ Wi-Fi 6
⑤ API

🔍**TIP** 분산식별자(Decentralized Identity)에 대한 설명이다.
  ③ GPI(Genuine Progress Indicator) : 국민총생산, 국내총생산 등에 환경비용과 안전비용 등을 반영하여 측정하는 지표이다.
  ④ Wi-Fi 6 : 기가 속도와 저지연 성능을 구현한 무선 랜(LAN)
  ⑤ API(Application Programming Interface) : 운영체제에서 사용하는 함수

64 '사물인터넷'에 대한 설명으로 옳은 것은?

① 2021년 미래 유망 기술 트랜드로 선정되었다.
② 사람과 직접적으로 연관되므로 윤리적·사회적 논쟁을 야기할 수 있다.
③ 센서나 통신기능을 통하여 데이터를 수집하고 분석한 정보를 전달한다.
④ 사용자의 건강 정보를 실시간으로 확인할 수 있는 서비스를 제공한다.
⑤ 소비자의 데이터를 모아서 실시간 구매 과정을 파악할 수 있다.

🔍**TIP** 사물인터넷 … 사물이 개별적으로 제공하지 못한 기능을 두 가지 이상의 사물이 연결되며 새로운 기능을 제공하는 것을 말한다. 예를 들면, 화장실에서 나가서 침실로 이동할 경우 자동으로 화장실 불이 꺼지며 실내등이 켜지는 기능이다. 나머지는 행동인터넷에 대한 설명이다.

65 '슈퍼앱'에 대한 설명으로 옳은 것을 모두 고른 것은?

> ㉠ 반독점 구조가 심화되어 기존 산업이 타격을 입을 수 있다.
> ㉡ 하나의 어플로 모든 것을 해결 할 수 있어서 편리하다.
> ㉢ 수백 개의 앱에 대한 사용자들의 피로도를 감소시켜준다.
> ㉣ 우리나라의 슈퍼앱으로는 카카오, 네이버 등이 있다.
> ㉤ 슈퍼앱은 전 세계적으로 나타나는 메가트렌드이다.

① ㉠㉡㉢

② ㉠㉢㉣

③ ㉠㉡㉣㉤

④ ㉡㉢㉣㉤

⑤ ㉠㉡㉢㉣㉤

🔍**TIP** 모두 슈퍼앱에 대한 설명이다.

66 다음 기사를 읽고 ㉠에 들어갈 말로 옳은 것은?

> NH농협금융지주는 NH농협은행이 (㉠)로 구현한 인공지능(AI) 은행원을 채용할 계획이라고 밝혔다. AI은행원은 현재 농협은행에 근무 중인 MZ세대 직원들의 얼굴을 합성하였으며 목소리와 입모양이 맞도록 장시간의 학습을 통해 제작됐다. 디지털휴먼 AI은행원은 신규직원 채용 일정에 맞춰 인사발령을 받고 정식 사원처럼 사번도 부여받는다. 또한, 입사동기들과 함께 3개월의 연수 및 수습 과정을 거쳐 임용장을 교부받는다. 이들은 사내 홍보모델 및 SNS로 고객과 소통하는 업무를 할 예정이며 차후 고객을 대상으로 상품설명서를 읽어주는 등 업무 영역이 확대될 것으로 보인다.

① 머신러닝

② 메타버스

③ 딥러닝

④ API

⑤ 챗봇

🔍**TIP** 딥러닝 … 컴퓨터가 사람처럼 생각하며 스스로 학습하는 기술이다.
　① 머신러닝 : 데이터 처리의 경험을 이용한 정보 처리 능력 기술
　② 메타버스 : 현실과 같은 3차원 가상세계
　④ API : 운영체제와 프로그램 간의 통신을 처리하기 위해 호출할 수 있는 명령어
　⑤ 챗봇 : 문자 또는 음성으로 대화하는 기능이 있는 인공지능 컴퓨터 프로그램

67 '빅데이터'의 특징으로 옳지 않은 것은?

① 정확성(Veracity) −분석을 할 때 수집한 데이터가 신뢰성을 가지는지 확인한다.

② 가변성(Variability) − 실시간 저장 · 유통 · 수집 · 분석처리가 가능하다.

③ 속도(Velocity) − 대용량의 데이터를 빠르게 분석하고 처리한다.

④ 크기(Volume) − 물리적 크기를 말하며 테라 바이트, 페타바이트 이상 규모를 가진다.

⑤ 다양성(Variety) −여러 종류의 데이터를 정형화 종류에 따라 분류할 수 있다.

🔍TIP ② 속도에 해당하는 특징이다. 매우 빠른 속도로 디지털 데이터가 생산되므로 실시간 저장 · 유통 · 수집 · 분석 처리가 가능하다. 가변성(Variaivility)은 빅데이터의 새로운V로 데이터가 맥락에 따라 의미가 달라진다는 특징을 가진다. 이 외에도 새로운 V로 정확성(Veracity), 시각화(Visualization)가 있다.

68 다음 블록체인의 유형에 대해 옳은 것은?

> 누구나 계정을 만들고 참여가 가능하며 익명성을 보장하는 장점을 가진다. 하지만 악의적으로 임의의 계정을 많이 생성하거나 합의 알고리즘에 영향을 주는 시빌 공격이 일어날 수 있다.

① 퍼블릭 블록체인

② 프라이빗 블록체인

③ 허가형 블록체인

④ 비허가형 블록체인

⑤ 서비스형 블록체인

🔍TIP ① 퍼블릭 블록체인 : 모두에게 개방에 있어서 누구나 참여할 수 있는 형태의 공개된 시스템이다. 예를 들면, 비트코인과 이더리움 등의 가상통화가 대표적이다.

② 프라이빗 블록체인 : 개방형처럼 누구나 사용할 수 있는 권한을 가진 것이 아니다. 기관 또는 기업이 운영하 며 사전에 허가를 받은 사람만 사용할 수 있기 때문에 상대적으로 속도가 빠르다.

③ 허가형 블록체인 : 블록체인 시스템 또는 블록체인 노드로 참여할 경우 허가가 필요한 시스템이다.

⑤ 서비스형 블록체인 : 특정 블록체인 플랫폼 개발 환경을 자동으로 설정 및 생성을 해주며, 편리한 스마트계 약 코드 개발과 시험 환경을 지원하면서 문제를 해결한다.

69 5G 시대의 핵심 기술 서비스를 모두 고른 것은?

> ⊙ 초고화질(UHD) 동영상
> ⓛ 홀로그램
> ⓒ 고속 무선데이터
> ② 자율주행 자동차
> ⑩ 증강 · 가상현실 기반의 콘텐츠

① ⊙ⓛⓒ
② ⊙ⓒ②
③ ⊙ⓛⓒ②
④ ⊙ⓛ②⑩
⑤ ⊙ⓛⓒ②⑩

💡**TIP** 고속 무선인터넷은 4G의 핵심기술이다.

70 아마존이 사용한 추천 소프트웨어로 이용자들의 소비형태 기록을 분석하여 이를 기반으로 상품을 제안하는 기술은?

① 알고리즘
② 협업필터링
③ 모델링
④ 클러스터링
⑤ 프로파일링

💡**TIP** ① 알고리즘 : 어떤 문제를 해결하기 위한 절차와 방법, 명령어
② 모델링 : 데이터를 활용하여 그에 알맞은 모델을 만드는 것
④ 클러스터링 : 비슷한 데이터를 한데 묶어 그룹화 한 알고리즘
⑤ 프로파일링 : 고객에 대한 특징과 특성을 알아내는 것, 모델링 방법 중 하나

71 상품의 가격 변화에 따라서 실직 소득이 변화하며 상품의 소비량에도 변화가 일어난다. 예를 들어 상품 가격이 떨어지면 소비자의 실질소득이 증가하여 상품 구매력이 늘어나는 것은?

① 소득 효과

② 대체 효과

③ 가격 효과

④ 기펜재

⑤ 정상재

> TIP ② 대체효과 : 제품 간의 가격 변화로 비싸진 제품은 구매량이 감소하고, 상대적으로 저렴해진 제품은 구매량이 증가하는 효과
> ③ 가격효과 : 상품가격의 변화가 수요량에 미치는 효과
> ④ 기펜재 : 가격 하락(상승)이 수요량의 하락(상승)을 가져오는 재화
> ⑤ 정상재 : 소득이 증가(감소)하면 수요가 증가(감소)하는 재화

72 근로자가 이직하거나 퇴직할 경우 받은 퇴직급여를 향후에 연금화가 가능하도록 하는 퇴직염금제도는?

① DB(Defined Benefit) : 확정급여형 퇴직금

② DC(Defined Contribution) : 확정기여형 퇴직금

③ CB(Convertible Bond) : 전환사채

④ IRP(Individual Retirement Pension) : 개인형 퇴직연금

⑤ MFN(Most Favored Nation Treatment) : 최혜국 대우

> TIP ④ IRP(Individual Retirement Pension) : 개인형 퇴직연금
> ① DB(Defined Benefit) : 확정급여형 퇴직연금
> ② DC(Defined Contribution) : 확정기여형 퇴직연금
> ③ CB(Convertible Bond) : 전환사채
> ⑤ MFN(Most Favored Nation Treatment) : 최혜국 대우

73 '변액보험'에 대한 설명으로 옳은 것은?

① 국책 금융기관에서 보장하는 보험이다.

② 보험계약 당사자에 의해 보험가액이 약정되지 않은 보험이다.

③ 금융시장의 변동에 따라 신축성과 현실성을 반영하기 위한 생명보험이다.

④ 보험료를 낮게 산정하여 보험료 운용과 관한 배당을 지급하지 않는다.

⑤ 보장기능 · 저축기능 · 뮤추얼펀드의 형식이 혼합된 구조의 보험으로 투자성과에 따라 원금이 손실되거나 원금 이상의 보험금이 발생할 수 있다.

TIP ① 정책보험
② 미평가보험
③ 유니버설 보험
④ 무배당 보험

74 농협의 교육지원부문 사업으로 옳은 것은?

① 축산지도사업

② 서민금융 활성화 사업

③ 산지유통혁신 사업

④ 영농자재 공급사업

⑤ 농업인의 복지증진 사업

TIP ② 농협의 금융부문 사업
①③④는 농협의 경제부문 사업
※ 교육지원사업
ㄱ 농 · 축협 육성 · 발전지도, 영농 및 회원 육성 · 지도
ㄴ 농업인 복지증진
ㄷ 농촌사랑, 또 하나의 마을 만들기 운동
ㄹ 농정활동 및 교육사업 · 사회공헌 및 국제협력활동 등

75 협동조합의 7대 원칙이 아닌 것은?

> ㉠ 자발적이고 개방적인 조합원 제도
> ㉡ 조합원의 정치적 참여
> ㉢ 조합원에 의한 민주적 관리
> ㉣ 자율과 독립
> ㉤ 교육·훈련 및 정보 제공
> ㉥ 협동조합 간의 협동
> ㉦ 지역사회에 대한 기여

① ㉡
② ㉢
③ ㉡㉢
④ ㉥㉤
⑤ ㉡㉢㉦

☞TIP 조합원의 경제적 참여가 올바른 원칙이다.

※ **협동조합 7대 원칙**

㉠ **자발적이고 개방적인 조합원 제도** : 협동조합은 자발적이며 성(性)·사회·인종·정치·종교적 차별이 없이 열려있는 조직이다.

㉡ **조합원에 의한 민주적 관리** : 조합원은 동등한 투표권(1일1표)를 가지며 민주적인 방식으로 조직·운영한다.

㉢ **조합원의 경제적 참여** : 협동조합의 자본은 공정하게 조성되고 민주적으로 통제되며 자본금의 일부는 조합의 공동재산이다.

㉣ **자율과 독립** : 협동조합이 다른 조직과 약정을 맺거나 외부에서 자본을 조달할 때 조합원에 의한 민주적 관리가 보장되며 협동조합의 자율성이 유지되어야 한다.

㉤ **교육·훈련 및 정보 제공** : 조합원, 선출된 임원, 경영자, 직원들에게 교육과 훈련을 제공하며 젊은 세대와 여론 지도층에게 협동의 본질과 장점에 대한 정보를 제공한다.

㉥ **협동조합 간의 협동** : 국내외 공동 협력 사업을 전개함으로써 협동조합 운동의 힘을 강화하고, 조합원에게 효과적으로 봉사한다.

㉦ **지역사회에 대한 기여** : 조합원의 동의를 토대로 조합이 속한 지역사회의 지속 가능한 발전을 위해 노력한다.

76 농업 · 농촌운동의 시작 순서가 올바르게 연결된 것은?

> ㉠ 식사랑농사랑운동
> ㉡ 새농민운동
> ㉢ 농도불이운동
> ㉣ 신토불이운동
> ㉤ 또 하나의 마을 만들기
> ㉥ 국민과 함께하는 도농상생 활성화
> ㉦ 농촌사랑운동

① ㉠－㉢－㉡－㉦－㉥－㉣－㉤
② ㉡－㉣－㉢－㉦－㉠－㉤－㉥
③ ㉡－㉣－㉦－㉠－㉤－㉢－㉥
④ ㉢－㉣－㉠－㉡－㉤－㉥－㉦
⑤ ㉢－㉤－㉠－㉡－㉣－㉦－㉥

🔍**TIP** 한국의 농업 · 농촌운동의 흐름
   ㉠ 새농민운동(1964 ∼ 현재)
   ㉡ 신토불이운동(1989)
   ㉢ 농도불이운동(1996 ∼ 2002)
   ㉣ 농촌사랑운동(2003 ∼ 현재)
   ㉤ 식사랑농사랑운동(2011 ∼ 2015)
   ㉥ 또 하나의 마을 만들기(2016 ∼ 현재)
   ㉦ 국민과 함께하는 도농상생 활성화(2020 ∼ 현재)

77 다음에서 명하는 용어는?

> 선진국 또는 다국적 기업의 자본과 기술로 열대 · 아열대 기후 지역에서 원주민의 값싼 노동력이 더해져 대규모로 경작하는 농업방식으로 대표적인 작물은 커피, 카카오, 사탕수수, 담배, 차 등이 있다.

① 직파재배   ② 팜 스테이
③ 플랜테이션   ④ 푸드테크
⑤ 애그플레이션

🔍**TIP** ① **직파재배** : 농경지에 직접 씨를 뿌려 재배하는 방법
   ② **팜 스테이** : 농촌 · 문화 · 관광이 결합된 농촌체험 여행
   ④ **푸드테크** : 식품산업과 ICT를 접목한 기술
   ⑤ **애그플레이션** : 곡물 가격이 상승하며 물가가 덩달아 상승하는 현상

78 '스마트 팜'에 대한 설명으로 옳지 않은 것은?

① 노동력과 에너지 등을 효율적으로 관리할 수 있다.

② 사물 인터넷, 빅데이터, 인공지능 등의 기술을 사용하여 생육 환경을 적정히 유지한다.

③ 작물 생육정보 및 환경정보에 대한 데이터를 기반으로 한다.

④ 스마트 팜 응용 분야에 따라 스마트 온실, 스마트 축사 등으로 사용된다.

⑤ 재배대를 쌓아올려 좁은 공간에서도 많은 양의 농작물 재배가 가능하다.

🔍TIP ⑤ 에어로 팜(Aera Farm)에 대한 설명이다. 에어로 팜은 식물공장으로 햇빛 대신 특수LED를 사용하고 특수 제작된 천에 작물을 키우는 방식이다.

79 농업활동을 통해 환경보전 및 농촌 공동체 유지, 먹거리 안전 등 공익 기능을 증진할 수 있도록 농업인에게 보조금을 지원하는 제도는?

① 공익직불제   ② 논농업직불제

③ 공공비축제도   ④ 농산물가격 지지제도

⑤ 농산물품질인증제

🔍TIP ② 논농업직불제 : 논농사를 짓는 개별 농가에게 정부가 지원함으로써 공익적 기능을 유지하도록 하는 제도
③ 공공비축제도 : 정부가 일정량의 쌀을 시가로 매입하여 시가로 방출하는 제도
④ 농산물가격 지지제도 : 농산물 가격이 대폭 하락되었을 때 생산자의 피해를 방지하기 위해 정부가 농산물 실제 가격을 보장하는 제도
⑤ 농산물품질인증제 : 농산물 품질이 우수한 것을 엄선하고 인증하는 제도

80 두 나라 간의 교역량과 물가변동을 반영하여 산출한 환율은?

① 명목환율   ② 실질환율

③ 실효환율   ④ 균형환율

⑤ 실질실효환율

🔍TIP ⑤ 실질실효환율 : 교역상대국의 환율을 교역량으로 가중평균하고 물가변동을 감안해 산출한 것
① 명목환율 : 외환시장에 매일 나타나는 국제 통화 간 환율
② 실질환율 : 명목환율에 두 나라 간 구매력 변동을 반영하여 조정한 환율
③ 실효환율 : 자국통화와 교역 상대국 통화의 모든 관계를 타나낸 환율
④ 균형환율 : 국가의 기초경제 여건을 반영하여 대내외 모든 부문의 균형을 유지할 수 있게 하는 환율

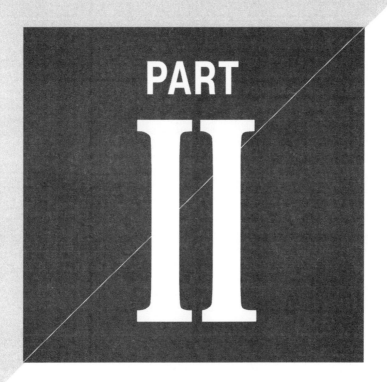

PART II

직무능력평가

의사소통능력

(1) 의사소통

사람들 간에 생각이나 감정, 정보, 의견 등을 교환하는 총체적인 행위로, 직장생활에서의 의사소통은 조직과 팀의 효율성과 효과성을 성취할 목적으로 이루어지는 구성원 간의 정보와 지식 전달 과정이라고 할 수 있다. 의사소통의 기능은 공동의 목표를 추구해 나가는 집단 내의 기본적 존재 기반이며 성과를 결정한다.

(2) 의사소통의 종류

① 언어적인 것 : 대화, 전화통화, 토론 등

② 문서적인 것 : 메모, 편지, 기획안 등

③ 비언어적인 것 : 몸짓, 표정 등

(3) 의사소통을 저해하는 요인

정보의 과다, 메시지의 복잡성 및 메시지 간의 경쟁, 상이한 직위와 과업 지향형, 신뢰의 부족, 의사소통을 위한 구조상의 권한, 잘못된 매체의 선택, 폐쇄적인 의사소통 분위기 등이다.

(4) 의사소통능력

의사소통능력은 직장생활에서 문서나 상대방이 하는 말의 의미를 파악하는 능력, 자신의 의사를 정확하게 표현하는 능력, 간단한 외국어 자료를 읽거나 외국인의 의사표시를 이해하는 능력을 포함한다.

(5) 의사소통능력 개발을 위한 방법

① 사후검토와 피드백을 활용한다.

② 명확한 의미를 가진 이해하기 쉬운 단어를 선택하여 이해도를 높인다.

③ 적극적으로 경청한다.

④ 메시지를 감정적으로 곡해하지 않는다.

출제경향

의사소통능력은 업무를 수행함에 있어 문서를 읽거나 상대방의 말을 듣고 뜻한 바를 파악, 자신의 의사를 정확하게 표현·전달하는 능력이다. NCS를 시행하는 대부분의 공기업에서 기본으로 포함하는 영역으로 모듈형이 주로 출제된다. 주로 문서이해능력과 문서작성능력이 출제되는 편이며 최근에는 안내문 등 난이도가 있는 자료를 제시하고 독해능력을 묻는 문제가 자주 출제되고 있다.

하위능력별 출제 유형

문서이해능력 ◆◆◆◆◆
업무 관련성이 높은 문서에 대한 독해 능력과 업무와 관련된 내용을 메모하는 문제 등이며, 언어논리의 독해와 유사하다.

문서작성능력 ◆◆◆◆◇
공문서, 기안서, 매뉴얼 등 특정 양식에 대해 작성 시 주의사항 및 빈칸 채우기 등의 유형으로 구성된다.

경청능력 ◆◆◇◇◇
제시된 상황에 적절한 경청 방법에 대한 문제로 구성된다.

의사표현능력 ◆◆◇◇◇
제시된 상황에 대해 적절한 의사표현을 고르는 문제로 구성된다.

기초외국어능력 ◆◇◇◇◇
외국과 우리나라의 문화차이에 의해 발생하는 상황에 대한 문제로 구성된다.

하위능력별 출제 빈도

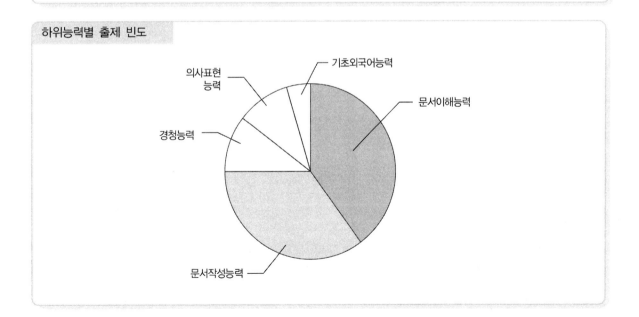

문서이해능력

(1) 문서

제안서, 보고서, 기획서, 이메일, 팩스 등 문자로 구성된 것으로 상대방에게 의사를 전달하여 설득하는 것을 목적으로 한다.

(2) 문서이해능력

직업현장에서 자신의 업무와 관련된 문서를 읽고, 내용을 이해하고 요점을 파악할 수 있는 능력을 말한다.

(3) 문서의 종류

구분	내용
공문서	정부기관에서 공무를 집행하기 위해 작성하는 문서로, 단체 또는 일반회사에서 정부기관을 상대로 사업을 진행할 때 작성하는 문서도 포함된다. 엄격한 규격과 양식이 특징이다.
기획서	아이디어를 바탕으로 기획한 프로젝트에 대해 상대방에게 전달하여 시행하도록 설득하는 문서이다.
기안서	업무에 대한 협조를 구하거나 의견을 전달할 때 작성하는 사내 공문서이다.
보고서	특정한 업무에 관한 현황이나 진행 상황, 연구ㆍ검토 결과 등을 보고하고자 할 때 작성하는 문서이다. 보고서는 영업보고서, 결산보고서, 일일업무보고서, 주간업무보고서, 출장보고서, 회의 보고서가 있다.
설명서	상품의 특성이나 작동 방법을 소비자에게 설명하기 위해 작성하는 문서로 상품소개서와 제품설명서가 있다.
보도자료	정부기관이나 기업체 등이 언론을 상대로 자신들의 정보를 기사화 되도록 하기 위해 보내는 자료이다.
자기소개서	개인이 자신의 성장과정이나, 입사 동기, 포부 등에 대해 구체적으로 기술하여 자신을 소개하는 문서이다.
비즈니스 레터 (E - Mail)	사업상의 이유로 고객에게 보내는 편지다.
비즈니스 메모	업무상 확인해야 할 일을 메모형식으로 작성하여 전달하는 글이다. 전화, 회의, 업무를 적는다.

(4) 문서이해의 절차

문서의 목적 이해 → 문서 작성 배경ㆍ주제 파악 → 정보 확인 및 현안문제 파악 → 문서 작성자의 의도 파악 및 자신에게 요구되는 행동 분석 → 목적 달성을 위해 취해야 할 행동 고려 → 문서 작성자의 의도를 도표나 그림 등으로 요약ㆍ정리

문서작성능력

(1) 문서작성의 구성요소

① 작성되는 문서에 대상과 목적, 시기, 기대효과 등을 포함

② 짜임새 있는 골격, 이해하기 쉬운 구조와 세련되고 인상적인 레이아웃

③ 객관적이고 논리적인 내용과 명료하고 설득력 있는 문장

(2) 문서의 종류에 따른 작성방법

구분	내용
공문서	• 육하원칙이 드러나도록 써야 한다. • 날짜는 반드시 연도와 월, 일을 언급하며, 날짜 다음에 괄호를 사용할 때는 마침표를 찍지 않는다. • 대외문서이며, 장기간 보관되기 때문에 정확하게 기술해야 한다. • 내용이 복잡할 경우 ' – 다음 – ', ' – 아래 – '와 같은 항목을 만들어 구분한다. • 한 장에 담아내는 것을 원칙으로 하며, 마지막엔 반드시 '끝'자로 마무리 한다.
설명서	• 정확하고 간결하게 작성한다. • 이해하기 어려운 전문용어의 사용은 삼가고, 복잡한 내용은 도표화 한다. • 명령문보다는 평서문을 사용하고, 동어 반복보다는 다양한 표현을 구사하는 것이 바람직하다.
기획서	• 상대를 설득하여 기획서가 채택되는 것이 목적이므로 상대가 요구하는 것이 무엇인지 고려하여 작성하며, 기획의 핵심을 잘 전달하였는지 확인한다. • 분량이 많을 경우 전체 내용을 한눈에 파악할 수 있도록 목차구성을 신중히 한다. • 효과적인 내용 전달을 위한 표나 그래프를 적절히 활용하고 산뜻한 느낌을 줄 수 있도록 한다. • 인용한 자료의 출처 및 내용이 정확해야 하며 제출 전 충분히 검토한다.
보고서	• 도출하고자 한 핵심 내용을 구체적이고 간결하게 작성한다. • 내용이 복잡할 경우 도표나 그림을 활용하고, 참고자료는 정확하게 제시한다. • 제출하기 전에 최종점검을 하며 질의를 받을 것에 대비한다.

(3) 문서작성의 원칙

① 간결체 사용 : 문장은 짧고 간결하게 작성한다.

② 상대방이 이해하기 쉽게 쓴다.

③ 불필요한 한자의 사용을 자제한다.

④ 문장은 긍정문의 형식을 사용한다.

⑤ 간단한 표제를 붙인다.

⑥ 두괄식 구성 : 문서의 핵심 내용을 먼저 쓰도록 한다.

(4) 문서작성 시 주의사항

① 육하원칙에 의해 작성한다.
② 문서 작성시기가 중요하다.
③ 한 사안은 한 장의 용지에 작성한다.
④ 반드시 필요한 자료만 첨부한다.
⑤ 금액, 수량, 일자 등은 기재에 정확성을 기한다.
⑥ 경어나 단어사용 등 표현에 신경 쓴다.
⑦ 문서작성 후 반드시 최종적으로 검토한다.

(5) 효과적인 문서작성 요령

구분	내용
내용이해	전달하고자 하는 내용과 핵심을 정확하게 이해해야 한다.
목표설정	전달하고자 하는 목표를 분명하게 설정한다.
구성	내용 전달 및 설득에 효과적인 구성과 형식을 고려한다.
자료수집	목표를 뒷받침할 자료를 수집한다.
핵심전달	단락별 핵심을 하위목차로 요약한다.
대상파악	대상에 대한 이해와 분석을 통해 철저히 파악한다.
보충설명	예상되는 질문을 정리하여 구체적인 답변을 준비한다.
문서표현의 시각	그래프, 그림, 사진 등을 적절히 사용하여 이해를 돕는다.

하위능력 03 경청능력

(1) 경청의 중요성

경청은 다른 사람의 말을 주의 깊게 들으며 공감하는 능력으로 경청을 통해 상대방을 한 개인으로 존중하고 성실한 마음으로 대하게 되며, 상대방의 입장에 공감하고 이해할 수 있다.

(2) 적극적 경청과 소극적 경청

구분	내용
적극적 경청	• 상대방의 이야기에 주의집중하고 있음을 행동을 통해 표현하며 듣는 것을 의미한다. • 상대방의 이야기 중 이해가 되지 않는 부분이나 자신이 이해한 것이 맞는지 확인하며 상대방 이야기에 공감할 수도 있다.
소극적 경청	상대방의 이야기에 특별히 반응하지 않고 수동적으로 듣는 것을 의미한다. 상대방의 발언 중 화제를 돌리거나 말을 가로채는 등의 행위를 하지 않는 것을 말한다.

(3) 경청을 방해하는 습관

짐작하기, 대답할 말 준비하기, 걸러내기, 판단하기, 다른 생각하기, 조언하기, 언쟁하기, 옳아야만 하기, 슬쩍 넘어가기, 비위 맞추기 등

(4) 기본 태도

① 비판·충고적인 태도를 버린다.
② 비언어적 표현에도 신경 쓴다.
③ 상대방이 말하는 동안 경청하는 것을 표현한다.
④ 대화 시 흥분하지 않는다.

(5) 효과적인 경청방법

구분	내용
준비하기	강연이나 프레젠테이션 이전에 나누어주는 자료를 읽어 미리 주제를 파악하고 등장하는 용어를 익혀둔다.
주의 집중	말하는 사람의 모든 것에 집중해서 적극적으로 듣는다.
예측하기	다음에 무엇을 말할 것인가를 추측하려고 노력한다.
나와 관련짓기	상대방이 전달하고자 하는 메시지를 나의 경험과 관련지어 생각해 본다.
질문하기	질문은 듣는 행위를 적극적으로 하게 만들고 집중력을 높인다.
요약하기	주기적으로 상대방이 전달하려는 내용을 요약한다.
반응하기	피드백을 통해 의사소통을 점검한다.

의사표현능력

(1) 의사표현의 개념

화자가 자신의 생각과 감정을 청자에게 음성언어나 신체언어로 표현하는 행위이다.

(2) 의사표현의 종류

① **공식적 말하기** : 사전에 준비된 내용을 대중을 대상으로 말하는 것으로 연설, 토의, 토론 등이 있다.

② **의례적 말하기** : 사회 · 문화적 행사에서와 같이 절차에 따라 하는 말하기로 식사, 주례, 회의 등이 있다.

③ **친교적 말하기** : 친근한 사람들 사이에서 자연스럽게 주고받는 대화 등을 말한다.

(3) 의사표현의 방해요인

① **연단공포증** : 연단에 섰을 때 가슴이 두근거리거나 땀이 나고 얼굴이 달아오르는 등의 현상으로 충분한 분석과 준비, 더 많은 말하기 기회 등을 통해 극복할 수 있다.

② **말** : 말의 장단, 고저, 발음, 속도, 쉼 등을 포함한다.

③ **음성** : 목소리와 관련된 것으로 음색, 고저, 명료도, 완급 등을 의미한다.

④ **몸짓** : 비언어적 요소로 화자의 외모, 표정, 동작 등이다.

⑤ **유머** : 말하기 상황에 따른 적절한 유머를 구사할 수 있어야 한다.

(4) 상황과 대상에 따른 의사표현법

① **잘못을 지적할 때** : 모호한 표현을 삼가고 확실하게 지적하며, 당장 꾸짖고 있는 내용에만 한정한다.

② **칭찬할 때** : 자칫 아부로 여겨질 수 있으므로 센스 있는 칭찬이 필요하다.

③ **부탁할 때** : 먼저 상대방의 사정을 듣고 응하기 쉽게 구체적으로 부탁하며 거절을 당해도 싫은 내색을 하지 않는다.

④ **요구를 거절할 때** : 먼저 사과하고 응해줄 수 없는 이유를 설명한다.

⑤ **명령할 때** : 강압적인 말투보다는 '○○을 이렇게 해주는 것이 어떻겠습니까?'와 같은 식으로 부드럽게 표현하는 것이 효과적이다.

⑥ **설득할 때** : 일방적으로 강요하기보다는 먼저 양보해서 이익을 공유하겠다는 의지를 보여주는 것이 좋다.

⑦ **충고할 때** : 충고는 가장 최후의 방법이다. 반드시 충고가 필요한 상황이라면 예화를 들어 비유적으로 깨우쳐주는 것이 바람직하다.

⑧ **질책할 때** : 샌드위치 화법(칭찬의 말 + 질책의 말 + 격려의 말)을 사용하여 청자의 반발을 최소화 한다.

(5) 원활한 의사표현을 위한 지침

① 올바른 화법을 위해 독서를 하라.

② 좋은 청중이 되라.

③ 칭찬을 아끼지 마라.

④ 공감하고, 긍정적으로 보이게 하라.

⑤ 겸손은 최고의 미덕임을 잊지 마라.

⑥ 과감하게 공개하라.

⑦ 뒷말을 숨기지 마라.

⑧ 첫마디 말을 준비하라.

⑨ 이성과 감성의 조화를 꾀하라.

⑩ 대화의 룰을 지켜라.

⑪ 문장을 완전하게 말하라.

(6) 설득력 있는 의사표현을 위한 지침

① 'Yes'를 유도하여 미리 설득 분위기를 조성하라.

② 대비 효과로 분발심을 불러 일으켜라.

③ 침묵을 지키는 사람의 참여도를 높여라.

④ 여운을 남기는 말로 상대방의 감정을 누그러뜨려라.

⑤ 하던 말을 갑자기 멈춤으로써 상대방의 주의를 끌어라.

⑥ 호칭을 바꿔서 심리적 간격을 좁혀라.

⑦ 끄집어 말하여 자존심을 건드려라.

⑧ 정보전달 공식을 이용하여 설득하라.

⑨ 상대방의 불평이 가져올 결과를 강조하라.

⑩ 권위 있는 사람의 말이나 작품을 인용하라.

⑪ 약점을 보여 주어 심리적 거리를 좁혀라.

⑫ 이상과 현실의 구체적 차이를 확인시켜라.

⑬ 자신의 잘못도 솔직하게 인정하라.

⑭ 집단의 요구를 거절하려면 개개인의 의견을 물어라.

⑮ 동조 심리를 이용하여 설득하라.

⑯ 지금까지의 노고를 치하한 뒤 새로운 요구를 하라.

⑰ 담당자가 대변자 역할을 하도록 하여 윗사람을 설득하게 하라.

⑱ 겉치레 양보로 기선을 제압하라.

⑲ 변명의 여지를 만들어 주고 설득하라.

⑳ 혼자 말하는 척하면서 상대의 잘못을 지적하라.

기초외국어능력

(1) 기초외국어능력의 개념

기초외국어능력은 외국어로 된 간단한 자료를 이해하거나, 외국인과의 전화응대와 간단한 대화 등 외국인의 의사표현을 이해하고, 자신의 의사를 기초외국어로 표현할 수 있는 능력이다.

(2) 기초외국어능력의 필요성

국제화 · 세계화 시대에 다른 나라와의 무역을 위해 우리의 언어가 아닌 국제적인 통용어를 사용하거나 그들의 언어로 의사소통을 해야 하는 경우가 생길 수 있다.

(3) 외국인과의 의사소통에서 피해야 할 행동

① 상대를 볼 때 흘겨보거나, 노려보거나, 아예 보지 않는 행동

② 팔이나 다리를 꼬는 행동

③ 표정이 없는 것

④ 다리를 흔들거나 펜을 돌리는 행동

⑤ 맞장구를 치지 않거나 고개를 끄덕이지 않는 행동

⑥ 생각 없이 메모하는 행동

⑦ 자료만 들여다보는 행동

⑧ 바르지 못한 자세로 앉는 행동

⑨ 한숨, 하품, 신음소리를 내는 행동

⑩ 다른 일을 하며 듣는 행동

⑪ 상대방에게 이름이나 호칭을 어떻게 부를지 묻지 않고 마음대로 부르는 행동

(4) 기초외국어능력 향상을 위한 공부법

① 외국어공부의 목적부터 정하라.

② 매일 30분씩 눈과 손과 입에 밸 정도로 반복하라.

③ 실수를 두려워하지 말고 기회가 있을 때마다 외국어로 말하라.

④ 외국어 잡지나 원서와 친해져라.

⑤ 소홀해지지 않도록 라이벌을 정하고 공부하라.

⑥ 업무와 관련된 주요 용어의 외국어는 꼭 알아두자.

⑦ 출퇴근 시간에 외국어 방송을 보거나, 듣는 것만으로도 귀가 트인다.

⑧ 어린이가 단어를 배우듯 외국어 단어를 암기할 때 그림카드를 사용해 보라.

⑨ 가능하면 외국인 친구를 사귀고 대화를 자주 나눠 보라.

예제 01 문제이해능력

다음은 신용카드 약관의 주요내용이다. 규정 약관을 제대로 이해하지 못한 사람은?

[부가서비스]

카드사는 법령에서 정한 경우를 제외하고 상품을 새로 출시한 후 1년 이내에 부가
서비스를 줄이거나 없앨 수가 없다. 또한 부가서비스를 줄이거나 없앨 경우에는
그 세부내용을 변경일 6개월 이전에 회원에게 알려주어야 한다.

[중도 해지 시 연회비 반환]

연회비 부과기간이 끝나기 이전에 카드를 중도해지하는 경우 남은 기간에 해당하
는 연회비를 계산하여 10 영업일 이내에 돌려줘야 한다. 다만, 카드 발급 및 부가
서비스 제공에 이미 지출된 비용은 제외된다.

[카드 이용한도]

카드 이용한도는 카드 발급을 신청할 때에 회원이 신청한 금액과 카드사의 심사
기준을 종합적으로 반영하여 회원이 신청한 금액 범위 이내에서 책정되며 회원의
신용도가 변동되었을 때에는 카드사는 회원의 이용한도를 조정할 수 있다.

[부정사용 책임]

카드 위조 및 변조로 인하여 발생된 부정사용 금액에 대해서는 카드사가 책임을
진다. 다만, 회원이 비밀번호를 다른 사람에게 알려주거나 카드를 다른 사람에게
빌려주는 등의 중대한 과실로 인해 부정사용이 발생하는 경우에는 회원이 그 책임
의 전부 또는 일부를 부담할 수 있다.

---

① 혜수 : 카드사는 법령에서 정한 경우를 제외하고는 1년 이내에 부가서비스를 줄일 수 없어.
② 진성 : 카드 위조 및 변조로 인하여 발생된 부정사용 금액은 일괄 카드사가 책임을 지게 돼.
③ 영훈 : 회원의 신용도가 변경되었을 때 카드사가 이용한도를 조정할 수 있어.
④ 영호 : 연회비 부과기간이 끝나기 이전에 카드를 중도해지하는 경우에는 남은 기간에 해당
하는 연회비를 카드사는 돌려줘야 해.

출제의도
주어진 약관의 내용을 읽고 그에 대한
상세 내용의 정보를 이해하는 능력을
측정하는 문항이다.

해설
부정사용에 대해 고객의 과실이 있으
면 회원이 그 책임의 전부 또는 일부
를 부담할 수 있다.

》 ②

예제 02 문서작성능력

다음은 들은 내용을 구조적으로 정리하는 방법이다. 순서에 맞게 배열하면?

> ㉠ 관련 있는 내용끼리 묶는다.
> ㉡ 묶은 내용에 적절한 이름을 붙인다.
> ㉢ 전체 내용을 이해하기 쉽게 구조화한다.
> ㉣ 중복된 내용이나 덜 중요한 내용을 삭제한다.

① ㉠㉡㉢㉣　　　　　　② ㉠㉡㉣㉢
③ ㉡㉠㉣㉢　　　　　　④ ㉡㉠㉢㉢

예제 03 문서작성능력

다음 중 공문서 작성에 대한 설명으로 가장 적절하지 못한 것은?

① 공문서나 유가증권 등에 금액을 표시할 때에는 한글로 기재하고 그 옆에 괄호를 넣어 숫자로 표기한다.
② 날짜는 숫자로 표기하되 연도, 월, 일의 글자는 생략하고 그 자리에 온점(.)을 찍어 표시한다.
③ 첨부물이 있는 경우에는 붙임 표시문 끝에 1자 띄우고 "끝."이라고 표시한다.
④ 공문서의 본문이 끝났을 경우에는 1자를 띄우고 "끝."이라고 표시한다.

예제 04 의사표현능력

당신은 팀장님께 업무 지시내용을 수행하고 결과물을 보고 드렸다. 하지만 팀장님께서는 "최 대리, 업무를 이렇게 처리하면 어떡하나? 누락된 부분이 있지 않은가."라고 말하였다. 이에 대해 당신이 행할 수 있는 가장 부적절한 대처 자세는?

① "죄송합니다. 제가 잘 모르는 부분이라 이수혁 과장님께 부탁을 했는데 과장님께서 실수를 하신 것 같습니다."

② "주의를 기울이지 못해 죄송합니다. 어느 부분을 수정보완하면 될까요?"

③ "지시하신 내용을 제가 충분히 이해하지 못하였습니다. 내용을 다시 한 번 여쭤보아도 되겠습니까?"

④ "부족한 내용을 보완하는 자료를 취합하기 위해서 하루정도가 더 소요될 것 같습니다. 언제까지 재작성하여 드리면 될까요?"

출제의도

상사가 잘못을 지적하는 상황에서 어떻게 대처해야 하는지를 묻는 문항이다.

해설

상사가 부탁한 지시사항을 다른 사람에게 부탁하는 것은 옳지 못하며 설사 그렇다고 해도 그 일의 과오에 대해 책임을 전가하는 것은 지양해야 할 자세이다.

》 ①

예제 05 경청능력

다음은 면접스터디 중 일어난 대화이다. 민아의 고민을 해소하기 위한 조언으로 가장 적절한 것은?

> 영주 : 민아 씨, 어디 아파요? 표정이 안 좋아 보여요.
> 민아 : 제가 원서 넣은 공단이 내일 면접이어서요. 그동안 스터디를 통해서 면접 연습을 많이 했는데도 벌써부터 긴장이 되네요.
> 영주 : 민아 씨는 자기 의견도 명확히 피력할 줄 알고 조리 있게 설명을 잘 하시니 걱정 안하셔도 될 것 같아요. 아, 손에 꽉 쥐고 계신 건 뭔가요?
> 민아 : 아, 제가 예상 답변을 정리해서 모아둔 거예요. 내용은 거의 외웠는데 이렇게 쥐고 있지 않으면 불안해서…
> 영주 : 그 정도로 준비를 철저히 하셨으면 걱정할 이유 없을 것 같아요.
> 민아 : 그래도 압박면접이거나 예상치 못한 질문이 들어오면 어떻게 하죠?
> 영주 : _____

① 시선을 적절히 처리하면서 부드러운 어투로 말하는 연습을 해보는 건 어때요?

② 공식적인 자리인 만큼 옷차림을 신경 쓰는 게 좋을 것 같아요.

③ 당황하지 말고 질문자의 의도를 잘 파악해서 침착하게 대답하면 되지 않을까요?

④ 예상 질문에 대한 답변을 좀 더 정확하게 외워보는 건 어떨까요?

출제의도

상대방이 하는 말을 듣고 질문 의도에 따라 올바르게 답하는 능력을 측정하는 문항이다.

해설

민아는 압박질문이나 예상치 못한 질문에 대해 걱정을 하고 있으므로 침착하게 대응하라고 조언을 해주는 것이 좋다.

》 ③

출제예상문제

1 다음은 NH농협의 회의실 사용에 대한 안내문이다. 안내문의 내용을 올바르게 이해한 것은?

■ 이용 안내

임대 시간	기본 2시간, 1시간 단위로 연장
요금 결제	이용일 7일 전까지 결제(7일 이내 예약 시에는 예약 당일 결제)
취소 수수료	• 결제완료 후 계약을 취소 시 취소수수료 발생 • 이용일 기준 7일 이전 : 전액 환불 • 이용일 기준 6일 ~ 3일 이전 : 납부금액의 10% • 이용일 기준 2일 ~ 1일 이전 : 납부금액의 50% • 이용일 당일 : 환불 없음
회의실/일자 변경	• 사용가능한 회의실이 있는 경우, 사용일 1일 전까지 가능 (담당자 전화 신청 필수) • 단, 회의실 임대일 변경, 사용시간 단축은 취소수수료 기준 동일 적용
세금계산서	• 세금계산서 발행을 원하실 경우 반드시 법인 명의로 예약하여 사업자등록번호 입력 • 현금영수증 발행 후에는 세금계산서 변경 발행 불가

■ 회의실 이용 시 준수사항

※ 회의실 사용자는 NH농협의 승인 없이 다음 행위를 할 수 없습니다.

• 공중에 대하여 불쾌감을 주거나 또는 통로, 기타 공용시설에 간판, 광고물의 설치, 게시, 부착 또는 각종 기기의 설치 행위
• 폭발물, 위험성 있는 물체 또는 인체에 유해하고 불쾌감을 줄 우려가 있는 물품 반입 및 보관 행위
• NH농협의 동의 없이 시설물의 이동, 변경 배치 행위
• NH농협의 동의 없이 장비, 중량물을 반입하는 등 제반 금지 행위
• 공공질서 및 미풍양식을 위해하는 행위
• 알코올성 음료의 판매 및 식음 행위
• 흡연 행위 및 음식물 등 반입 행위
• 임대의 위임 또는 재임대

① 임대일 4일 전에 예약이 되었을 경우 이용요금 결제는 회의실 사용 당일에 해야 한다.

② 회의실 임대 예약 날짜를 변경할 경우, 3일 전 변경을 신청하면 10%의 수수료가 발생한다.

③ 이용 당일 임대 회의실을 변경하고자 하면 이용 요금 50%를 추가 지불해야 한다.

④ 팀장 개인 명의로 예약하여 결제해도 세금계산서를 발급받을 수 있다.

⑤ 회의 중 빔 프로젝터가 급히 필요할 경우 NH농협의 승인 없이 반입하여 사용해도 된다.

🔍 TIP 최소수수료 규정과 동일하게 적용되어 3일 이전이므로 납부금액의 10% 수수료가 발생하게 된다.

　　① 임대일 4일 전에 예약이 되었을 경우 이용요금 결제는 회의실 사용 당일이 아닌 예약 당일에 해야 한다.

　　③ 이용 당일에는 환불이 없으므로 100%의 이용 요금을 추가로 지불해야 한다.

　　④ 세금계산서 발행을 원할 경우 반드시 법인 명의로 예약해야 한다고 규정되어 있다.

　　⑤ 준수사항 네 번째 항목에 'NH농협의 동의 없이 장비, 중량물을 반입하는 등 제반 금지 행위'라고 명시되어 있다.

4차 산업혁명이 문화예술에 영향을 끼치는 사회적 변화 요인으로는 급속한 고령화 사회와 1인 가구의 증가 등 인구구조의 변화와 문화 다양성 사회로의 진전, 디지털 네트워크의 발전 등을 들 수 있다. 이로 인해 문화예술 소비층이 시니어와 1인 중심으로 변화하고 있으며 문화 복지대상도 어린이, 장애인, 시니어로 확장되고 있다. 디지털 기기 사용이 일상화 되면서 문화향유 범위도 이전의 음악, 미술, 공연 중심에서 모바일 창작과 게임, 놀이 등으로 점차 확대되고 특히 고령화가 심화됨에 따라 높은 문화적 욕구를 지닌 시니어 층이 새로운 기술에 관심을 보이고 자신들의 건강한 삶을 위해 테크놀로지 수용에 적극적인 모습을 보이면서 문화예술 향유 계층도 다양해질 전망이다. 유쾌함과 즐거움 중심의 일상적 여가는 스마트폰을 통한 스낵컬처적 여가활동이 중심이 되겠지만 지식과 경험을 획득하고 삶의 의미를 찾고 성취감을 느끼고 싶어 하는 진지한 여가에 대한 열망도 점차 높아질 것으로 관측된다.

기술의 발전과 더불어 근로시간의 축소 등으로 여가시간이 늘어나면서 일과 여가의 균형을 맞추려는 워라밸(Work and Life Balance) 현상이 자리 잡아가고 있다. 문화관광연구원에서 실시한 국민인식조사에 따르면 기존에 문화여가를 즐기지 않던 사람들이 문화여가를 즐기기 시작하고 있다고 답한 비율이 약 47%로 나타난 것은 문화여가를 여가활동의 일부로 인식하는 국민수준이 높아지고 있다는 것을 보여준다. 또한, 경제적 수준이나 지식수준에 상관없이 문화예술 활동을 다양하게 즐기는 사람들이 많아지고 있다고 인식하는 비율이 38%로 나타났다. 이는 문화가 국민 모두가 향유해야 할 보편적 가치로 자리잡아가고 있다는 것을 말해 준다.

디지털 · 스마트 문화가 일상문화의 많은 부분을 차지하는 중요 요소로 자리 잡으면서 일상적 여가 뿐 아니라 콘텐츠 유통, 창작활동 등에 많은 변화를 가져오고 있다. 이러한 디지털 기기의 사용이 문화산업 분야에서는 소비자 및 향유자들의 적극적인 참여로 그 가능성에 주목하고 있으나, 순수문화예술 부분은 아직까지 홍보의 부차적 수단 정도로 활용되고 있어 기대감은 떨어지고 있다.

---

2 다음 중 윗글의 제목으로 가장 적절한 것은?

① 4차 산업혁명이 변화시킬 노인들의 삶
② 4차 산업혁명이 문화예술에 미치는 영향
③ 4차 산업혁명에 의해 나타나는 사회적 부작용
④ 순수문화예술과 디지털기기의 접목
⑤ 문화여가 활용 실태와 변화의 방향

🔍**TIP** 글의 첫 문장에서 4차 산업혁명이 문화예술에 미치는 영향은 어떤 것들이 있는지를 소개하였으며, 이어지는 내용은 모두 그러한 영향들에 대한 부연설명이라고 볼 수 있다. 후반부에서 언급된 문화여가와 디지털기기의 일상화 등에 대한 내용 역시 4차 산업혁명이 사회에 깊숙이 관여해 있는 모습을 보여준다는 점에서 문화예술에 미치는 4차 산업혁명의 영향을 뒷받침하는 것이라고 볼 수 있다.
① 노인들의 삶에 변화가 있을 것이라는 언급을 하고 있으나, 이는 글의 일부분에 해당하는 내용이므로 제목으로 선정할 수는 없다.
③ 4차 산업혁명에 의해 나타나는 사회적 부작용에 대하여 언급하지는 않았다.
④⑤ 역시 글 전체를 포괄하는 제목으로는 부족한 내용을 언급하고 있다.

3 다음 중 윗글을 통해 알 수 있는 필자의 의견과 일치하지 않는 설명은?

① 4차 산업혁명은 문화의 다양성을 가져다 줄 것으로 기대된다.

② 디지털기기는 순수문화예술보다 문화산업 분야에 더 적극적인 변화를 일으키고 있다.

③ 4차 산업혁명으로 인해 문화를 향유하는 사회 계층이 다양해질 것이다.

④ 문화는 특별한 계층만이 향유할 수 있다는 인식이 줄어들고 있다.

⑤ 스마트폰의 보급으로 인해 내적이고 진지한 여가 시간에 대한 욕구는 줄어들 것이다.

✎**TIP** 지식과 경험을 획득하고 삶의 의미를 찾고 성취감을 느끼고 싶어 하는 진지한 여가에 대한 열망도 점차 높아질 것으로 관측된다는 설명을 통해 내적이고 진지한 여가 시간에 대한 욕구가 줄어들 것이라는 것은 필자의 의견과 다른 것임을 알 수 있다.

① 필자는 4차 산업혁명의 영향으로 문화예술 활동을 다양하게 즐기는 사람들이 많아지고 있다는 언급을 하고 있다.

② 순수문화예술 부분에서는 스마트폰 등 디지털기기가 아직 홍보 수단 정도의 기능에 머물러 있다고 설명하였다.

③ 문화 자체의 다양성뿐 아니라 문화를 누리는 대상 층 역시 어린이, 장애인, 시니어 등으로 점차 다양화될 것을 전망하고 있다.

④ 문화는 국민 모두가 향유해야 할 보편적 가치로 자리잡아가고 있다는 설명을 통해 알 수 있다.

|4~5| 다음 글을 읽고 이어지는 물음에 답하시오.

경쟁의 승리는 다른 사람의 재산권을 침탈하지 않으면서 이기는 경쟁자의 능력, 즉 경쟁력에 달려 있다. 공정경쟁에서 원하는 물건의 소유주로부터 선택을 받으려면 소유주가 원하는 대가를 치를 능력이 있어야 하고 남보다 먼저 신 자원을 개발하거나 신 발상을 창안하려면 역시 그렇게 해낼 능력을 갖추어야 한다. 다른 기업보다 더 좋은 품질의 제품을 더 값싸게 생산하는 기업은 시장경쟁에서 이긴다. 우수한 자질을 타고났고, 탐사 또는 연구개발에 더 많은 노력을 기울인 개인이나 기업은 새로운 자원이나 발상을 대체로 남보다 앞서서 찾아낸다.

개인의 능력은 천차만별인데, 그 차이는 타고나기도 하고 후천적 노력에 의해 결정되기도 한다. 능력이 후천적 노력만의 소산이라면 능력의 우수성에 따라 결정되는 경쟁 결과를 불공정하다고 불평하기는 어렵다. 그런데 능력의 많은 부분은 타고난 것이거나 부모에게서 직간접적으로 물려받은 유무형적 재산에 의한 것이다. 후천적 재능 습득에서도 그 성과는 보통 개발자가 타고난 자질에 따라 서로 다르다. 타고난 재능과 후천적 능력을 딱 부러지게 구분하기도 쉽지 않은 것이다.

어쨌든 내가 능력 개발에 소홀했던 탓에 경쟁에서 졌다면 패배를 승복해야 마땅하다. 그러나 순전히 타고난 불리한 때문에 불이익을 당했다면 억울함이 앞선다. 이 점을 내세워 타고난 재능으로 벌어들이는 소득은 그 재능 보유자의 몫으로 인정할 수 없다는 필자의 의견에 동의하는 학자도 많다. 자신의 재능을 발휘하여 경쟁에서 승리하였다 하더라도 해당 재능이 타고난 것이라면 승자의 몫이 온전히 재능 보유자의 것일 수 없고 마땅히 사회에 귀속되어야 한다는 말이다.

그런데 재능도 노동해야 발휘할 수 있으므로 재능 발휘를 유도하려면 그 노고를 적절히 보상해주어야 한다. 이론상으로는 재능 발휘로 벌어들인 수입에서 노고에 대한 보상만큼은 재능보유자의 소득으로 인정하고 나머지만 사회에 귀속시키면 된다.

그렇다면, (㉠   )

4 윗글을 읽고 나눈 다음 대화의 ⊙~⑩ 중, 글의 내용에 따른 합리적인 의견 제기로 볼 수 없는 것은 어느 것인가?

> A : "타고난 재능과 후천적 노력에 대하여 어떻게 보아야 할지에 대한 필자의 의견이 담겨 있는 글입니다."
> B : "맞아요. 앞으로는 ⊙ 선천적인 재능에 대한 경쟁이 더욱 치열해질 것 같습니다."
> A : "그런데 우리가 좀 더 확인해야 할 것은, ⓛ 과연 얼마만큼의 보상이 재능 발휘 노동의 제공에 대한 몫이냐 하는 점입니다."
> B : "그와 함께, ⓒ 얻어진 결과물에서 어떻게 선천적 재능에 의한 부분을 구별해낼 수 있을까에 대한 물음 또한 과제로 남아 있다고 볼 수 있겠죠."
> A : "그뿐이 아닙니다. ② 타고난 재능이 어떤 방식으로 사회에 귀속되어야 공정한 것인지, ⑩ 특별나게 열심히 재능을 발휘할 유인은 어떻게 찾을 수 있을지에 대한 고민도 함께 이루어져야 하겠죠."

① ⊙

② ⓛ

③ ⓒ

④ ②

⑤ ⑩

🔍**TIP** 타고난 재능은 인정하지 않고 재능을 발휘한 노동의 부분에 대해서만 그 소득을 인정하게 된다면 특별나게 열심히 재능을 발휘할 유인을 찾기 어려워 결국 그 재능은 상당 부분 사장되고 말 것이다. 따라서 이러한 사회에서 ⊙과 같이 선천적 재능 경쟁이 치열해진다고 보는 의견은 글의 내용에 따른 논리적인 의견 제기로 볼 수 없다.

5 윗글에서 필자가 주장하는 내용과 견해가 다른 것은?

① 경쟁에서 승리하기 위해서는 능력이 필요하다.

② 능력에 의한 경쟁 결과가 불공정하다고 불평할 수 없다.

③ 선천적인 능력이 우수한 사람은 경쟁에서 이길 수 있는 확률이 높다.

④ 후천적인 능력이 모자란 결과에 대해서는 승복해야 한다.

⑤ 타고난 재능에 의해 얻은 승자의 몫은 일정 부분 사회에 환원해야 한다.

🔍**TIP** 필자가 언급하는 '능력'은 선천적인 것과 후천적인 것이 있다고 말하고 있으며, 후천적인 능력에 따른 결과에는 승복해야 하지만 선천적인 능력에 따른 결과에 대해서는 일정 부분 사회에 환원하는 것이 마땅하다는 것이 필자의 주장이다. 따라서 능력에 의한 경쟁 결과가 반드시 불평의 여지가 없이 공정하다고만은 볼 수 없다는 것이 필자의 견해라고 할 수 있다.

Answer. 4.① 5.②

6 다음은 정보공개제도에 대하여 설명하고 있는 글이다. 이 글의 내용을 제대로 이해하지 못한 것은?

☞ 정보공개란?
「정보공개제도」란 공공기관이 직무상 작성 또는 취득하여 관리하고 있는 정보를 수요자인 국민의 청구에 의하여 열람·사본·복제 등의 형태로 청구인에게 공개하거나 공공기관이 자발적으로 또는 법령 등의 규정에 의하여 의무적으로 보유하고 있는 정보를 배포 또는 공표 등의 형태로 제공하는 제도를 말한다. 전자를 「청구공개」라 한다면, 후자는 「정보제공」이라 할 수 있다.

☞ 정보공개 청구권자
대한민국 모든 국민, 외국인(법인, 단체 포함)
– 국내에 일정한 주소를 두고 거주하는 자, 국내에 사무소를 두고 있는 법인 또는 단체
– 학술·연구를 위하여 일시적으로 체류하는 자

☞ 공개 대상 정보
공공기관이 직무상 또는 취득하여 관리하고 있는 문서(전자문서를 포함), 도면, 사진, 필름, 테이프, 슬라이드 및 그 밖에 이에 준하는 매체 등에 기록된 사항

☞ 공개 대상 정보에 해당되지 않는 예(행정안전부 유권해석)
– 업무 참고자료로 활용하기 위해 비공식적으로 수집한 통계자료
– 결재 또는 공람절차 완료 등 공식적 형식 요건 결여한 정보
– 관보, 신문, 잡지 등 불특정 다수인에게 판매 및 홍보를 목적으로 발간된 정보
– 합법적으로 폐기된 정보
– 보유·관리하는 정보만이 대상이므로 공공기관은 정보를 새로 작성(생성)하거나 취득하여 공개할 의무는 없음

☞ 비공개 정보(공공기관의 정보공개에 관한 법률 제9조)
– 법령에 의해 비밀·비공개로 규정된 정보
– 국가안보·국방·통일·외교관계 등에 관한 사항으로 공개될 경우 국가의 중대한 이익을 해할 우려가 있다고 인정되는 정보
– 공개될 경우 국민의 생명·신체 및 재산의 보호에 현저한 지장을 초래할 우려가 있다고 인정되는 정보
– 진행 중인 재판에 관련된 정보와 범죄의 예방, 수사, 공소의 제기 등에 관한 사항으로서 공개될 경우 그 직무수행을 현저히 곤란하게 하거나 피고인의 공정한 재판을 받을 권리를 침해한다고 인정되는 정보
– 감사·감독·검사·시험·규제·입찰계약·기술개발·인사관리·의사결정과정 또는 내부검토과정에 있는 사항 등으로서 공개될 경우 업무의 공정한 수행이나 연구·개발에 현저한 지장을 초래한다고 인정되는 정보
– 당해 정보에 포함되어 있는 이름·주민등록번호 등 개인에 관한 사항으로서 공개될 경우 개인의 사생활의 비밀·자유를 침해할 수 있는 정보
– 법인·단체 또는 개인(이하 "법인 등"이라 한다)의 경영·영업상 비밀에 관한 사항으로서 공개될 경우 법인 등의 정당한 이익을 현저히 해할 우려가 있다고 인정되는 정보
– 공개될 경우 부동산 투기·매점매석 등으로 특정인에게 이익 또는 불이익을 줄 우려가 있다고 인정되는 정보

① 공공기관은 국민이 원하는 정보를 요청자의 요구에 맞추어 작성, 배포해 주어야 한다.

② 공공기관의 정보는 반드시 국민의 요구가 있어야만 공개하는 것은 아니다.

③ 공공의 이익에 저해가 된다고 판단되는 정보는 공개하지 않을 수 있다.

④ 공식 요건을 갖추지 않은 미완의 정보는 공개하지 않을 수 있다.

⑤ 관광차 한국에 잠시 머물러 있는 외국인은 정보 공개 요청의 권한이 없다.

TIP '보유 · 관리하는 정보만이 대상이므로 공공기관은 정보를 새로 작성(생성)하거나 취득하여 공개할 의무는 없음'
이라고 언급되어 있으므로 정보 요청자의 요구에 맞게 새로 작성하여 공개할 의무는 없다.
② 공공기관이 자발적, 의무적으로 공개하는 것을 '정보제공'이라고 하며 요청에 의한 공개를 '청구공개'라 한다.
③ 법에 의해 보호받는 비공개 정보가 언급되어 있다.
④ 결재 또는 공람절차 완료 등 공식적 형식 요건 결여한 정보는 공개 대상 정보가 아니다.
⑤ 학술 · 연구의 목적도 아니며, 국내에 일정한 거주지가 없는 외국인은 정보 공개 요청 대상이 되지 않는다.

7 다음 글에서 제시한 '자유무역이 가져다주는 이득'과 거리가 먼 것은?

> 오늘날 세계경제의 개방화가 진전되면서 국제무역이 계속해서 크게 늘어나고 있다. 국가 간의 무역 규모는 수출과 수입을 합한 금액이 국민총소득(GNI)에서 차지하는 비율로 측정할 수 있다. 우리나라의 2014년 '수출입의 대 GNI 비율'은 99.5%로 미국이나 일본 등의 선진국과 비교할 때 매우 높은 편에 속한다.
>
> 그렇다면 국가 간의 무역은 왜 발생하는 것일까? 가까운 곳에서 먼저 예를 찾아보자. 어떤 사람이 복숭아를 제외한 여러 가지 과일을 재배하고 있다. 만약 이 사람이 복숭아가 먹고 싶을 때 이를 다른 사람에게서 사야만 한다. 이와 같은 맥락에서 나라 간의 무역도 부존자원의 유무와 양적 차이에서 일차적으로 발생할 수 있다. 헌데 이러한 무역을 통해 얻을 수 있는 이득이 크다면 왜 선진국에서조차 완전한 자유무역이 실행되고 있지 않을까? 세계 각국에 자유무역을 확대할 것을 주장하는 미국도 자국의 이익에 따라 관세 부과 등의 방법으로 무역에 개입하고 있는 실정이다. 그렇다면 비교우위에 따른 자유무역이 교역 당사국 모두에게 이익을 가져다준다는 것은 이상에 불과한 것일까?
>
> 세계 각국이 보호무역을 취하는 것은 무엇보다 자국 산업을 보호하기 위한 것이다. 비교우위가 없는 산업을 외국기업과의 경쟁으로부터 어느 정도의 경쟁력을 갖출 때까지 일정 기간 보호하려는 데 그 목적이 있는 것이다.
>
> 우리나라의 경우 쌀 농업에서 특히 보호주의가 강력히 주장되고 있다. 우리의 주식인 쌀을 생산하는 농업이 비교우위가 없다고 해서 쌀을 모두 외국에서 수입한다면 식량안보 차원에서 문제가 될 수 있으므로 국내 농사를 전면적으로 포기할 수 없다는 논리이다.
>
> 교역 당사국 각자는 비교우위가 있는 재화의 생산에 특화해서 자유무역을 통해 서로 교환할 경우 기본적으로 거래의 이득을 보게 된다. 자유무역은 이러한 경제적 잉여의 증가 이외에 다음과 같은 측면에서도 이득을 가져다준다.

① 각국 소비자들에게 다양한 소비 기회를 제공한다.

② 비교우위에 있는 재화의 수출을 통한 규모의 경제를 이루어 생산비를 절감할 수 있다.

③ 비교우위에 의한 자유무역의 이득은 결국 한 나라 내의 모든 경제주체가 누리게 된다.

④ 경쟁을 활성화하여 경제 전체의 후생 수준을 높일 수 있다.

⑤ 각국의 기술 개발을 촉진해주는 긍정적인 파급 효과를 발휘하기도 한다.

🔍**TIP** 비교우위에 의한 자유무역의 이득은 한 나라 내의 모든 경제주체가 혜택을 본다는 것을 뜻하지 않는다. 자유무역의 결과 어느 나라가 특정 재화를 수입하게 되면, 소비자는 보다 싼 가격으로 이 재화를 사용할 수 있게 되므로 이득을 보지만 이 재화의 국내 생산자는 손실을 입게 된다.
  ① 동일한 종류의 재화라 하더라도 나라마다 독특한 특색이 있게 마련이다. 따라서 자유무역은 각국 소비자들에게 다양한 소비 기회를 제공한다.
  ② 어느 나라가 비교우위가 있는 재화를 수출하게 되면 이 재화의 생산량은 세계시장을 상대로 크게 늘어난다. 이 경우 규모의 경제를 통해 생산비를 절감할 수 있게 된다.
  ④ 독과점의 폐해를 방지하려면 진입장벽을 없애 경쟁을 촉진하여야 한다. 따라서 자유무역은 경쟁을 활성화하여 경제 전체의 후생 수준을 높일 수 있다.
  ⑤ 자유무역은 나라간의 기술 이동이나 아이디어의 전파를 용이하게 하여 각국의 기술 개발을 촉진해주는 긍정적인 파급 효과를 발휘하기도 한다.

8 다음 글의 이후에 이어질 만한 내용으로 가장 거리가 먼 것은?

철도교통의 핵심 기능인 정거장의 위치 및 역간 거리는 노선, 열차평균속도, 수요, 운송수입 등에 가장 큰 영향을 미치는 요소로 고속화, 기존선 개량 및 신선 건설시 주요 논의의 대상이 되고 있으며, 과다한 정차역은 사업비를 증가시켜 철도투자를 저해하는 주요 요인으로 작용하고 있다.

한편, 우리나라의 평균 역간거리는 고속철도 46km, 일반철도 6.7km, 광역철도 2.1km로 이는 외국에 비해 59 ~ 84% 짧은 수준이다. 경부고속철도의 경우 천안·아산역 ~ 오송역이 28.7km, 신경주역 ~ 울산역이 29.6km 떨어져 있는 등 1990년 기본계획 수립 이후 오송, 김천·구미, 신경주, 울산역 등 다수의 역 신설로 인해 운행 속도가 저하되어 표정속도가 선진국의 78% 수준이며, 경부선을 제외한 일반철도의 경우에도 표정속도가 45 ~ 60km/h 수준으로 운행함에 따라 타 교통수단 대비 속도경쟁력이 저하된 실정이다. 또한, 추가역 신설에 따른 역간 거리 단축으로 인해 건설비 및 운영비의 대폭 증가도 불가피한 바, 경부고속철도의 경우 오송역 등 4개 역 신설로 인한 추가 건설비는 약 5,000억 원에 달한다. 운행시간도 당초 서울 ~ 부산 간 1시간 56분에서 2시간 18분으로 22분 지연되었으며, 역 추가 신설에 따른 선로분기기, 전환기, 신호기 등 시설물이 추가로 설치됨에 따라 유지보수비 증가 등 과잉 시설의 한 요인으로 작용했다. 이러한 역간 거리와 관련하여 도시철도의 경우 도시철도건설규칙에서 정거장 간 거리를 1km 이상으로 규정함으로써 표준 역간거리를 제시하고 있으나, 고속철도, 일반철도 및 광역철도의 정거장 위치와 역간 거리는 교통수요, 정거장 접근거리, 운행속도, 여객 및 화물열차 운행방법, 정거장 건설 및 운영비용, 선로용량 등 단일 차량과 단일 정차패턴이 기본인 도시철도에 비해 복잡한 변수를 내포함으로써 표준안을 제시하기가 용이하지 않았으며 관련 연구가 매우 부족한 상황이다.

① 외국인 노선별 역간 거리 비교
② 역간 거리가 철도 운행 사업자에게 미치는 영향 분석
③ 역간 거리 연장을 어렵게 하는 사회적인 요인 파악
④ 신설 노선 적정 역간 거리 유지 시 기대효과 및 사회적 비용 절감 요소 분석
⑤ 역세권 개발과 부동산 시장과의 상호 보완요인 파악

🔍**TIP** 필자는 현재 우리나라의 역간 거리가 타 비교대상에 비해 짧게 형성되어 있어 운행 속도 저하에 따른 속도경쟁력 약화를 문제점으로 지적하고 있다. 따라서 역간 거리가 현행보다 길어야 한다는 주장을 뒷받침할 수 있는 선택지 ① ~ ④와 같은 내용을 언급할 것으로 예상할 수 있다. 다만, 역세권 문제나 부동산 시장과의 연계성 등은 주제와의 관련성이 있다고 볼 수 없다.

9 다음 글을 읽고 화자의 견해로 미루어 짐작할 수 있는 것은?

신화를 문학의 하나로 보는 장르론적 사유(思惟)에서 벗어나 담론적 실천으로 바라보는 시각에서 신화는 그것과 연루된 인지와 행위를 다른 어떤 담론보다도 적극적으로 호명하는 장치를 갖고 있다. 다시 말해 신화가 있는 곳에 믿음이 있고 행위가 있으며, 이는 곧 신화가 갖는 강력한 지표성을 말해준다. 이러한 지표성으로 인해 우리는 신화가 우리의 삶에 미치는 직접적인 영향을 더욱 생생하게 경험할 수 있게 된다. 그러나 신화의 지표성은 신화를 개념화하는 것을 더욱 어렵게 만든다.

개념이 확정되는 것은 그것이 의미체계 어딘가에 제자리를 잡는 것을 말한다. 확고한 의미체계로 이루어진 담론이 그것과 지표적으로 연루된 현실의 간섭을 받는다면 그러한 세계는 그 확고함을 유지하기가 어려울 것이다. 신화의 개념은 그것이 갖는 지표성으로 인해 의미체계 안에서 늘 불안정한 위상을 갖는다. 그 때문에 신화는 강력한 담론이면서도 늘 해체의 위험에 노출되어 있다. 신화의 해체는 다음의 두 가지로 나타난다고 정리할 수 있을 것이다.

먼저, 신화는 탈신화적 해체에 노출된다. 이를 뮈토스(Mythos, 신화 체계)와 로고스(Logos, 이성 체계) 간에 이루어지는 상호작용으로 파악할 수 있다. 즉, 신화에 내포된 믿음은 맹목적인 것이지만, 신화는 그것을 합리적인 것으로 위장한다. 혹은 탈신화를 통해 얻어진 합리성이라 하더라도, 그것이 어느 순간 맹목적인 믿음의 모습으로 돌변하기도 한다. 그러므로 신화는 늘 명사가 아닌 동사의 모습으로 나타난다. 언제나 이러한 해체의 역동적인 움직임이 수반되기에 신화는 '신화함'이거나 '신화됨'으로 나타나는 것이다. 아울러 그러한 움직임에 대한 반작용을 필연적으로 함의한 역설적 동사인 것이다.

다음으로, 신화는 사유(思惟)의 한 형태로 문학이나 언어의 경계를 넘어서 존재한다. 기호 작용이라 규정됨으로써 그것은 존재론적이면서 인식론적인 모든 현상에 골고루 침투한다. 신화가 없는 곳은 문화가 없는 곳이고 인간이 없는 곳이다. 한마디로 신화는 필연적인 것이다.

신화의 이러한 특성 때문에 신화는 더욱 위험하고, 잠재적이며 때로는 무의식적인 것처럼 보인다. 그러나 바로 이 때문에 우리는 신화를 더욱 노출시키고, 실재화시키며, 의식화시킬 필요가 있다. 이것이 앞서 말한 탈신화일 터인데, 그러한 사유는 우리의 문화를 맹목으로 얼룩진 부패한 모습이 아닌 활발한 모습으로 숙성된 발효한 모습으로 거듭나게 할 것이다.

① 신화는 기존의 차원을 넘어선 보다 깊이 있는 사색을 통해 거듭나야 한다.
② 신화는 문학 외의 다양한 예술적 차원에서 사유되어야 한다.
③ 문학은 신화를 담론적 시각으로 바라보는 하나의 수단이다.
④ 신화를 노출함으로써 저마다의 문화를 더욱 수용할 수 있게 된다.
⑤ 신화를 해체의 위험에서 구출할 수 있는 것은 다양한 형태의 구전이다.

🔍 **TIP** 제시문에서 신화는 문학적 장르에 한정되어 있음을 지적하고 보다 다양한 사유를 통해 문화를 활발한 모습으로 거듭나게 할 수 있다.

10 다음 글의 문맥을 참고할 때, 빈 칸에 들어갈 단어로 가장 적절한 것은?

> 최근 과학기술 평준화 시대에 접어들며 의약품과 의료기술 성장은 인구 구조의 고령화를 촉진하여 노인인구의 급증은 치매를 포함한 신경계 질환 (   ) 증가에 영향을 주고 있다. 따라서 질병치료 이후의 재활, 입원 기간 동안의 삶의 질 등 노년층의 건강한 생활에 대한 사회적 관심이 증가되고 있다. 사회적 통합 기능이 특징인 음악은 사람의 감정과 기분에 강한 영향을 주는 매체로 단순한 생활 소음과는 차별되어 아동기, 청소년기의 음악교과 활동뿐만 아니라 다양한 임상 분야와 심리치료 현장에서 활용되고 있다. 일반적으로 부정적 심리상태를 안정시키는 역할로 사용되던 음악은 최근 들어 구체적인 인체 부위의 생리적 기전(Physiological Mechanisms)에 미치는 효과에 관심을 갖게 되었다.

① 유병률

② 전염률

③ 발병률

④ 점유율

⑤ 질병률

💡**TIP** 문맥으로 보아 전염률, 점유율, 질병률은 전혀 관계가 없다. 유병률과 발병률은 다른 의미이며, 이 차이를 구분하는 것이 문제 해결의 관건이 될 수 있다. 유병률은 전체 인구 중 특정한 장애나 질병 또는 심리신체적 상태를 지니고 있는 사람들의 분율로서, 어느 시점 또는 어느 기간에 해당 장애나 질병, 심리신체적 상태를 지니고 있는 사람의 수를 전체 인구 수로 나누어 계산한다. 유병률은 이전부터 해당 장애가 있었든 아니면 해당 장애가 새로 생겼든 간에 현재 그 장애를 앓고 있는 모든 사람을 뜻하는 반면, 발병률 또는 발생률(incidence rate 또는 incidence)은 일정 기간 동안에 모집단 내에서 특정 질병을 새롭게 지니게 된 사람의 분율을 뜻한다. 유병은 집단 내의 개체 간 차이를 반영하는 현상이라는 점에서 발생과 구별된다. 발생은 한 개체 내에서 일어난 특정 상태의 변화를 말한다.

11 다음 글의 문맥으로 보아 밑줄 친 단어의 쓰임이 올바른 것은?

우리나라의 저임금근로자가 소규모사업체 또는 자영업자에게 많이 고용되어 있기 때문에 최저임금 의 급하고 과도한 인상은 많은 자영업자의 추가적인 인건비 인상을 ㉠표출할 것이다. 이것은 최저임금위원회의 심의 과정에서 지속적으로 논의된 사안이며 ㉡급박한 최저임금 인상에 대한 가장 강력한 반대 논리이기도 하다. 아마도 정부가 최저임금 결정 직후에 매우 포괄적인 자영업 지원 대책을 발표한 이유도 이것 때문으로 보인다. 정부의 대책에는 기존의 자영업 지원대책을 비롯하여 1차 분배를 개선하기 위한 장·단기적인 대책과 단기적 충격 완화를 위한 현금지원까지 포함되어 있다. 현금지원의 1차적인 목적은 자영업자 보호이지만 최저임금제도가 근로자 보호를 위한 제도이기 때문에 궁극적인 목적은 근로자의 고용 안정 도모이다. 현금지원에 고용안정자금이라는 꼬리표가 달린 이유도 이 때문일 것이다.

정부의 현금지원 발표 이후 이에 대한 비판이 쏟아졌다. 비판의 요지는 자영업자에게 최저임금 인상으로 인한 추가적인 인건비 부담을 현금으로 지원할거면 최저임금을 덜 올리고 현금지원 예산으로 근로 장려세제를 ㉢축소하면 되지 않느냐는 것이다. 그러나 이는 두 정책의 대상을 ㉣혼동하기 때문에 제기되는 주장이라고 판단된다. 최저임금은 1차 분배 단계에서 임금근로자를 보호하기 위한 제도적 틀이고 근로 장려세제는 취업의 의지가 낮은 노동자의 노동시장 참여를 ㉤유보하기 위해 고안된 사회부조(2차 분배)라는 점을 기억해야 할 것이다. 물론 현실적으로 두 정책의 적절한 조합이 필요할 것이다.

① ㉠

② ㉡

③ ㉢

④ ㉣

⑤ ㉤

🔍**TIP** '구별하지 못하고 뒤섞어서 생각함'을 이르는 '혼동'은 올바르게 사용된 단어이며, '혼돈'으로 잘못 쓰지 않도록 주의한다.

① 최저임금 인상이 자영업자의 추가적인 인건비 인상을 발생시키는 원인이 된다는 내용이므로 '표출'이 아닌 '초래'하는 것이라고 표현해야 한다.

② 앞의 내용으로 보아 급하고 과도한 최저임금인상에 대한 수식어가 될 것이므로 '급격한'이 올바른 표현이다.

③ 최저임금인상 대신 그만큼에 해당하는 근로 장려세제를 '확대'하는 것의 의미를 갖는 문장이다.

⑤ 취업 의지가 낮은 노동자들을 노동시장으로 참여시킨다는 의미가 포함된 문장이므로 그대로 둔다는 의미의 '유보'가 아닌, '유인'이 적절한 표현이 된다.

12 다음 글의 중심 화제로 적절한 것은?

전통은 물론 과거로부터 이어 온 것을 말한다. 이 전통은 대체로 그 사회 및 그 사회의 구성원인 개인의 몸에 배어 있는 것이다. 그러므로 스스로 깨닫지 못하는 사이에 전통은 우리의 현실에 작용하는 경우가 있다. 그러나 과거에서 이어 온 것을 무턱대고 모두 전통이라고 한다면, 인습이라는 것과의 구별이 서지 않을 것이다. 우리는 인습을 버려야 할 것이라고는 생각하지만, 계승해야 할 것이라고는 생각하지 않는다. 여기서 우리는, 과거에서 이어 온 것을 객관화하고, 이를 비판하는 입장에 서야 할 필요를 느끼게 된다. 그 비판을 통해서 현재의 문화 창조에 이바지할 수 있다고 생각되는 것만을 우리는 전통이라고 불러야 할 것이다. 이같이, 전통은 인습과 구별될뿐더러, 또 단순한 유물과도 구별되어야 한다. 현재의 문화를 창조하는 일과 관계가 없는 것을 우리는 문화적 전통이라고 부를 수가 없기 때문이다.

① 전통의 본질

② 인습의 종류

③ 문화 창조의 본질

④ 외래 문화 수용 자세

⑤ 과거에 대한 비판

TIP 전통은 과거로부터 이어온 것 중 현재의 문화 창조에 이바지할 수 있는 것만을 말한다. 인습이나 유물은 현재 문화 창조에 이바지할 수 없으므로 전통과는 구별되어야 한다는 것이 글의 중심 내용이다.

▌13 ～ 14 ▌ 다음은 NH농협은행의 '신나는 직장인 대출' 상품의 안내문이다. 이를 보고 이어지는 물음에 답하시오.

〈신나는 직장인 대출〉

- 상품 특징 : 공무원, 사립학교 교직원, 당행 선정 우량기업 임직원 대상 신용대출상품
- 대출 대상
- 공무원, 사립학교 교직원, 당행 선정 우량기업에 3개월 이상 정규직으로 재직 중인 급여소득자
- 단, 인터넷 또는 모바일을 통한 영업점 무방문 대출은 재직기간 1년 이상이고, 소득금액증명원 상 최근 귀속년도 소득금액으로 소득확인이 가능한 고객(대출신청일 현재 동일사업장 국민건강보험 가입이력이 1년 이상이어야 하며, 자격유지 기준 변동사항인 휴직, 이직, 합병 등이 있는 경우에는 신청이 불가)
- 대출 기간 : 일시 상환대출 1년 이내(1년 단위로 연장 가능), 할부 상환 대출 5년 이내
- 대출 한도 : 최대 2억 5천만 원 이내(단, 인터넷 또는 모바일을 통한 영업점 무방문 대출은 최대 1억 원 이내
- 대출 금리

기준금리	우대금리	최종금리
연리 2.00%	연리 0.40%(최대)	연리 1.60 ~ 2.00%

※ 1) 당행 기준금리 1년 고정
   2) 하나로고객(골드 이상) 0.20%p, 급여이체 0.10%p, 신용카드 이용(3개월)100만 원 이상 0.10%p 등
   3) 연체이자율은 연체기간에 관계없이 연체일수×(채무자 대출 금리＋3%)÷365

- 고객부담수수료

5천만 원 이하	5천만 원 초과 ~ 1억 원 이하	1억 원 초과 ~ 2억 원 이하	2억 원 초과
없음	7만 원	15만 원	20만 원

- 필요서류
- 실명확인증표
- 재직증명서 또는 전자공무원증
- 고용보험 가입확인서(필요시)
- 소득확인서류
- 기타 필요시 요청 서류

---

13 위 대출 상품의 대출 금리에 대하여 올바르게 판단한 설명이 아닌 것은 어느 것인가?

① 1억 원 대출 시 최소 적용 가능한 연 이자액은 160만 원이다.

② 1개월 연체한 경우와 6개월 연체한 경우의 연체이자율은 동일하다.

③ 3개월 신용카드 월 평균 사용금액이 30만 원인 경우, 적어도 1.90%까지의 금리 적용이 가능하다.

④ 골드레벨 하나로고객이 급여이체도 NH농협은행을 통하여 하고 있을 경우, 적어도 1.70%까지의 금리 적용이 가능하다.

⑤ 연체이자율은 골드레벨 하나로고객 혜택만 있는 고객과 급여이체 혜택만 있는 고객이 서로 동일하지 않다.

TIP 3개월 신용카드 월 평균 사용금액이 30만 원인 경우 총 사용금액이 100만 원 이하이므로 우대금리가 적용되지 않아 다른 혜택 사항이 없을 경우 적어도 1.90%의 금리가 적용되지 않는다.

① 모든 우대금리 혜택 사항에 적용될 경우, 1.60%의 금리가 적용되므로 이자액은 160만 원이 된다.

② 연체이자율은 연체기간에 관계없이 적용된다.

④ 골드레벨 하나로고객이 급여이체도 NH은행은행을 통하여 하고 있을 경우, 0.20%p와 0.10%p가 우대되므로 1.70%까지 금리 적용이 가능하다.

⑤ 연체이자율은 원래의 '채무자 대출 금리'를 기준으로 하므로 다른 조건에 변동이 없을 경우, 골드레벨 하나로고객 혜택만 있는 고객과 급여이체 혜택만 있는 고객이 서로 동일하지 않다.

14 다음은 NH농협은행의 '신나는 직장인 대출' 상품을 알아보기 위한 고객과 은행 직원과의 질의응답 내용이다. 응답 내용이 상품 안내문의 내용과 부합되지 않는 것은 어느 것인가?

Q. 석달 전에 우리 아들이 공무원이 되었는데요, 인터넷으로 신청을 하면 영업점 무방문 대출이 될 테니 8천만 원 정도 대출은 가능하겠네요?
A. ① 네 고객님, 영업점 무방문 대출의 경우는 최대 1억 원 한도입니다. 8천만 원 대출은 가능하시겠어요.

Q. 저는 사립학교 행정실에 5년 째 근무하는 직원입니다. 2억 원 정도 대출을 받고 싶은데 급여이체 계좌를 N은행으로 옮기면 금리가 2% 이하로 적용될 수 있지요?
A. ② 네 가능합니다. 그런 경우 1.90%의 금리를 적용받으시겠네요.

Q. 안내문을 보니 저는 우대금리 혜택 사항에 모두 해당이 되는데요, 연체이자율은 3.60%가 되는 게 맞겠네요?
A. ③ 아닙니다. 우대금리가 최대 적용되신다면 최종 1.60%의 금리이신데요, 여기에 3%가 추가되어 연체이자율은 4.60%가 적용됩니다.

Q. 서류를 준비해서 은행을 방문하려 하는데요, 재직증명서만 있으면 4대 보험 가입 확인과 소득 확인이 될 테니 재직증명서만 떼 가면 되겠지요?
A. ④ 고용보험 가입확인서는 필요한 경우에만 요청 드리고 있는데요, 소득확인서류는 별도로 준비해 오셔야 합니다.

Q. 3년차 공무원입니다. 스마트폰으로 대출 신청을 하려고 하는데요, 이 경우에는 대출 수수료가 10만 원을 넘진 않는 거죠?
A. ⑤ 맞습니다. 고객님과 같은 경우에는 대출 금액에 따라 수수료가 다른데요, 없을 수도 있고, 있더라도 최대 7만 원입니다.

Answer. 13.③ 14.①

🔍**TIP** 인터넷, 모바일 등 영업점 무방문 대출의 경우 대출금액은 최대 1억 원 한도로 규정되어 있으나, '재직기간 1
년 이상'이라는 대출 대상 조건이 명시되어 있으므로 적절한 응답 내용이 아니다.
② 사립학교 교직원에 해당되며, 한도 금액 2억 5천만 원 이내이며, 급여이체 시 0.1%p의 우대금리 적용으로
최종 1.90%의 금리를 적용받게 된다.
③ 연체이자율은 '채무자 대출 금리+3%'이므로 1.60%+3% = 4.60%가 된다.
④ 소득확인서류는 별도로 요청되는 서류이다.
⑤ 영업점 무방문 대출이므로 최대 1억 원까지 대출이 가능한 경우이다. 따라서 대출 수수료는 없거나(5천만
원 이하), 7만 원(1억 원 이하)이 된다.

15 다음은 은행의 보수적인 금융행태의 원인에 대하여 설명하는 글이다. 다음 글에서 지적한 가장 핵심적인 은행의 보수적인 모습으로 적절한 것은 어느 것인가?

> 외환위기 이후 구조조정 과정에서 은행은 생존을 위해서는 양호한 경영실적을 올리는 것이 중요하다는 것을 절감하였다. 특히 단기수익을 중시하는 성향이 높은 외국인의 지분 확대는 은행의 단기수익성 제고에 대한 부담을 가중시켰다. 이에 따라 은행은 상대적으로 위험부담이 적고 수익창출이 용이한 가계대출을 중심으로 대출을 증가시키게 되었다. 2000년대 초반 가계대출의 예대마진이 중소기업대출보다 높았던 데다 부동산시장이 활황세를 나타냄에 따라 은행은 가계대출을 증가시킴으로써 수익을 향상시킬 수 있었다. 중소기업대출의 예대마진이 가계대출을 상회한 2000년대 중반 이후에도 부동산시장의 호조와 상대적으로 낮은 연체율 등에 힘입어 은행은 가계대출 중심의 대출행태를 지속하였다.
> 단기수익 중시의 단견주의(Short Termism)는 은행 임직원의 행태에도 큰 영향을 미쳤다. 대체로 3년 정도가 임기인 은행장은 장기 비전을 가지고 은행을 경영하기보다는 단기수익을 극대화할 수 있는 영업전략을 선택할 수밖에 없게 되었다. 또한 직원에 대한 핵심성과지표(KPI)가 수익성 및 여수신 유치실적 등 단기성과 중심으로 구성되어 있어 위험성이 높지만 성장 가능성이 높은 유망한 중소·벤처 기업에 대한 대출보다는 주택담보대출과 같이 상대적으로 안전하고 손쉬운 대출을 취급하려는 유인이 높아졌다.

① 내부 임직원에 대한 구태의연한 평가방식
② 은행장의 무모한 경영 전략 수립
③ 대기업에 집중된 기업대출 패턴
④ 수익성 추구의 단기성과주의
⑤ 지급준비율 인상을 통한 현금 보유 확대

🔍**TIP** 외환위기 이후 생존을 위해 경영실적을 올려야 했던 것이 결과적으로 은행으로 하여금 마진율이 높고 리스크가 적은 가계대출 위주의 영업을 지향하게 했던 것이므로 이러한 단기성과주의가 가장 핵심적인 은행의 보수적 금융행태라고 할 수 있다.

16 다음 글에 대한 내용으로 가장 적절하지 않은 것은?

> 지속되는 불황 속에서도 남 몰래 웃음 짓는 주식들이 있다. 판매단가는 저렴하지만 시장점유율을 늘려 돈을 버는 이른바 '박리다매', '저가 실속형' 전략을 구사하는 종목들이다. 대표적인 종목은 중저가 스마트폰 제조업체에 부품을 납품하는 업체이다. A증권에 따르면 전 세계적으로 200달러 이하 중저가 스마트폰이 전체 스마트폰 시장에서 차지하는 비중은 2015년 11월 35%에서 지난 달 46%로 급증했다. 세계 스마트폰 시장 1등인 B전자도 최근 스마트폰 판매량 가운데 40% 가량이 중저가 폰으로 분류된다. 중저가용에 집중한 중국 C사와 D사의 2분기 세계 스마트폰 시장점유율은 전 분기 대비 각각 43%, 23%나 증가해 B전자나 E전자 10%대 초반 증가율보다 월등히 앞섰다. 이에 따라 국내외 스마트폰 업체에 중저가용 부품을 많이 납품하는 F사, G사, H사, I사 등이 조명 받고 있다.
>
> 주가가 바닥을 모르고 내려간 대형 항공주와는 대조적으로 저가항공주 주가는 최근 가파른 상승세를 보였다. J항공을 보유한 K사는 최근 두 달 새 56% 상승세를 보였다. 같은 기간 L항공을 소유한 M사 주가도 25% 가량 올랐다. 저가항공사 점유율 상승이 주가 상승으로 이어지는 것으로 보인다. 국내선에서 저가항공사 점유율은 2012년 23.5%에서 지난 달 31.4%까지 계속 상승해왔다. 홍길동 ○○증권 리서치센터 장은 "글로벌 복합위기로 주요국에서 저성장 · 저투자 기조가 계속되는 데다 개인들은 부채 축소와 고령화에 대비해야 하기 때문에 소비를 늘릴 여력이 줄었다."며 "값싸면서도 멋지고 질도 좋은 제품이 계속 주목받을 것"이라고 말했다.

① '박리다매' 주식은 F사, G사, H사, I사의 주식이다.
② 저가항공사 점유율은 계속 상승세를 보이고 있는 반면 대형 항공주는 주가 하락세를 보였다.
③ 글로벌 복합위기와 개인들의 부채 축소, 고령화 대비에 따라 값싸고 질 좋은 제품이 주목받을 것이다.
④ B전자가 주력으로 판매하는 스마트폰이 중저가 폰에 해당한다.
⑤ 저가항공사의 주가 상승은 국내선에서 저가항공사의 점유율 증가와 관련이 있다.

✎TIP B전자는 세계 스마트폰 시장 1등이며, 최근 중저가 폰의 판매량이 40% 나타났지만 B전자가 주력으로 판매하는 폰이 중저가 폰인지는 알 수 없다.

17 은행 상담 직원은 인터넷 뱅킹 관련 고객과 상담을 진행 중이다. 다음과 같은 고객의 말을 듣고 직원이 응답한 보기의 내용 중, 바람직한 경청의 자세에 입각한 응대 내용이 아닌 것은 어느 것인가?

> 고객 : "전 왜 인터넷 뱅킹을 그렇게 많이들 하고 있는지 도무지 이해할 수가 없어요. 돈과 관련된 일은 창구에 와서 직원에게 직접 의뢰를 해야지 어떻게 기계에 의존한다는 거지요? 그러다가 실수나 오작동이라도 하는 날엔 내 돈을 어디 가서 찾는단 말이에요?
> 다른 건 몰라도 돈 문제는 사람이 해결하는 게 맞는 방법이라고 봐요."
>
> 직원 : (   )

① "그렇게 생각하실 수 있습니다. 그럼 고객님께서는 오늘도 창구에서 송금 업무를 보실 거란 말씀이지요?"

② "저도 처음에 실수한 경험이 있어서 고객님 마음 이해가 됩니다."

③ "그러시군요. 그러면 혹시 지금 스마트폰도 사용하지 않으신가요? 인터넷을 이용한 쇼핑 같은 것도 잘 안 하실 것 같은데……."

④ "물론 고객님 말씀하시는 문제가 충분히 발생할 수 있기는 합니다."

⑤ "그럼 고객님, 혹시 인터넷 뱅킹의 편리한 점에 대해서는 알아보신 적 있으신지 여쭤도 될까요?"

💡 **TIP** 올바른 경청을 방해하는 대표적 요인 중 하나가 상대방 의견을 듣고 섣부른 판단을 하는 일이다. 직원은 고객의 의견을 듣고 다른 일까지 넘겨짚어 판단하고 있으므로 바람직한 경청의 자세에 부합되지 않는다고 볼 수 있다.
  ① 상대방 말의 내용을 요약하는 자세
  ② 나의 상황과 관련지어 생각하는 자세
  ④ 상대방의 주장에 일단 긍정하는 반응을 보이는 자세
  ⑤ 상대방의 주장을 듣고 질문하는 자세

18

> ㉠ 왜냐하면 현대예술이 주목하는 것들 또한 인간과 세계의 또 다른 본질적인 부분이기 때문이다. 실제로 이런 가능성은 다양한 분야에서 실현되고 있다.
>
> ㉡ 오늘날에는 다양한 미감(美感)들이 공존하고 있다. 일상 세계에서는 '가벼운 미감'이 향유되는가 하면, 다른 한편에서는 전통예술과는 매우 다른 현대예술의 반미학적 미감 또한 넓게 표출되고 있다. 그러면 이들 사이의 관계를 어떻게 받아들일 것인가
>
> ㉢ 오늘날 현대무용은 성립 시기에 배제했던 고전발레의 동작을 자기 속에 녹여 넣고 있으며, 현대 음악도 전통적 리듬과 박자를 받아들여 풍성한 표현 형식을 얻고 있다.
>
> ㉣ 먼저 순수예술의 미감에 대해서 생각해 보자. 현대예술은 의식보다는 무의식을, 필연보다는 우연을, 균제보다는 파격을, 인위성보다는 자연성을 내세운다. 따라서 얼핏 보면 전통예술과 현대예술은 서로 대립하는 것처럼 보이지만, 이 둘은 겉보기와는 달리 상호 보완의 가능성을 품고 있다.

① ㉠－㉡－㉢－㉣
② ㉡－㉢－㉠－㉣
③ ㉡－㉣－㉠－㉢
④ ㉢－㉠－㉡－㉣
⑤ ㉣－㉢－㉠－㉡

🔍**TIP** 제시문을 가장 자연스럽게 배열하면 다음과 같다. ㉡ 다양한 미감들의 공존(화제 제시) → ㉣ 순수예술에서 현대예술과 전통예술의 상호보완 가능성 → ㉠ 현대예술과 전통예술이 상호보완 가능성을 품는 이유 → ㉢ 현대예술과 전통예술의 상호보완이 실현된 예

19

> ㉠ 오늘날까지 인류가 알아낸 지식은 한 개인이 한 평생 체험을 거듭할지라도 그 몇 만분의 일도 배우기 어려운 것이다.
>
> ㉡ 가령, 무서운 독성을 가진 콜레라균을 어떠한 개인이 먹어 보아서 그 성능을 증명하려 하면, 그 사람은 그 지식을 얻기 전에 벌써 죽어 버리고 말게 될 것이다.
>
> ㉢ 지식은 그 종류와 양이 무한하다.
>
> ㉣ 또 지식 중에는 체험으로써 배우기에는 너무 위험한 것도 많다.
>
> ㉤ 그러므로 체험만으로써 모든 지식을 얻으려는 것은 매우 졸렬한 방법일 뿐 아니라, 거의 불가능한 일이라 하겠다.

① ㉢ – ㉠ – ㉣ – ㉡ – ㉤
② ㉢ – ㉣ – ㉠ – ㉡ – ㉤
③ ㉠ – ㉢ – ㉡ – ㉤ – ㉣
④ ㉠ – ㉡ – ㉣ – ㉤ – ㉢
⑤ ㉠ – ㉢ – ㉣ – ㉡ – ㉣

🔍 **TIP** 제시문을 가장 자연스럽게 배열하면 다음과 같다. ㉢ 무한한 지식의 종류와 양→㉠ 인간이 얻을 수 있는 지식의 한계→㉣ 체험으로써 배우기 어려운 지식→㉡ 체험으로 배우기 위험한 지식의 예→㉤ 체험으로써 모든 지식을 얻기란 불가능함

20 다음 〈불만 고객 응대 서비스 매뉴얼〉을 참고할 때, 상담 직원이 고객과 나눈 대화 중 매뉴얼에 입각한 답변이라고 볼 수 없는 것은?

〈불만 고객 응대 서비스 매뉴얼〉

▲ 경청
- 고객이 불만족한 사유를 듣는다.
- 끝까지 전부 듣고 반드시 메모한다.
- 절대로 피하지 않는다.
- 변명하거나 논쟁하지 않는다.

▲ 원인 파악
- 고객 불만의 원인을 알아야 한다.
- 원인파악이 충분치 못하면 불평하는 고객을 납득시킬 수 없으며, 그에 대한 올바른 대책을 세울 수 없다.

▲ 해결책 강구
- 고객의 불만에 관심을 나타내 고객을 이해하려고 노력한다.
  - ☞ 담당 직원이 처리하기 어려운 경우 : 담당 직원 직접 처리 → 책임자가 즉각 처리 → 책임자가 별도 공간에서 처리
  - ☞ 불만이 심한 경우
- 응대자를 바꾼다. 윗사람을 내세워 다시금 처음부터 들어보고 정중하게 사과한다.
- 장소를 바꾼다. 고객이 큰소리로 불만을 늘어놓게 되면 다른 고객에게도 영향을 미치므로 별도 공간으로 안내하여 편안하게 이야기를 주고받는다.
- 따끈한 차를 대접하고 시간적 여유를 갖는다. 감정을 이성적으로 바꿀 수 있는 시간도 벌고 불평불만 해소 대응책 강구의 여유도 갖는다.

▲ 불만 해소
- 반드시 성의 있는 태도로 불만을 해소시킨다.
- 감정을 표시하지 않고 조용하고 성의 있는 태도로 응대한다.

▲ 종결
- 처리 결과를 알려주고 효과를 검토한다.
- 감정적으로 적당히 처리하여 넘어가는 임시방편이 되어서는 안 되며 반드시 피드백하여 업무에 반영하도록 한다.

고객 : "그렇게는 안 된다고 몇 번을 말해야 알아들어요? 어떻게 고객의 요청에 이런 일처리 방식으로 응대할 수 있지요?"

직원 : ① "죄송합니다, 고객님. 그런 방법에 따라 주실 수 없는 이유를 설명해 주신다면 제가 다른 방법을 찾아서 권해드려 보겠습니다."

고객 : "그럼 내가 이렇게 직접 찾아오기까지 했는데, 오늘 안 되면 나한테 어떻게 하라는 겁니까?"

직원 : ② '고객님께서 내일 점심시간에 필요하신 서류라고 하셨으니 늦어도 내일 오전 10시까지는 반드시 처리해 드리겠습니다. 고객님께서도 서류를 받으신 후에 이상 없으셨는지 저에게 편하신 방법으로 알려주신다면 업무에 큰 도움 되겠습니다."

고객 : "아니, 이봐요, 내가 보니까 은행 마감 시간 전에 일처리를 끝내 줄 수 있을 것 같지가 않군요. 처리 시간을 앞당길 수 있도록 책임자를 좀 불러줘야겠어요."

직원 : ③ "죄송합니다만 고객님, 이 건에 대해서는 고객님의 상황을 제가 가장 잘 알고 있으니 담당자인 제가 어떻게든 마무리를 지어드리도록 하겠습니다. 잠시만 더 기다려 주세요."

고객 : "아니 도대체 왜 나만 불이익을 당하라는 거지요? 내 얘기는 그렇게 무시해도 됩니까?"

직원 : ④ "고객님, 우선 왜 그러시는지 저에게 차근차근 말씀을 좀 해 주실 수 있으신지요? 고객님의 말씀을 들어보고 제가 처리해 드리도록 하겠습니다."

고객 : "이거 봐요. 당신들 내부적인 업무도 중요하겠지만 지금 내가 여기서 1시간 넘게 기다리고 있었는데, 옆 부서에 가서 신청해야 할 서류도 있는 내가 당신들 쓸데없는 얘기 하는 것까지 지켜보고 있어야 한단 말입니까?"

직원 : ⑤ "어머, 고객님, 1시간이 넘으셨다고요? 이쪽으로 들어오세요. 너무 오래 기다리시게 해 죄송합니다. 옆 부서에서 신청하실 서류를 여기서 처리하실 수 있도록 도와드릴게요.

🔍💡 고객에게 불친절하거나 불손한 응대법을 사용하고 있지는 않으나, 책임자의 권한으로 보다 신속히 처리될 수 있는 다급한 업무인 경우, 굳이 담당자가 원칙에만 입각하여 경직된 업무 태도를 보이는 것은 매뉴얼의 내용과도 부합되지 않는다고 볼 수 있으므로, 책임자에게 즉각적인 처리를 요청하는 것이 더욱 바람직한 상황이라고 판단할 수 있다.
  ① 고객의 불평에 직접적으로 대응하기보다 불평의 원인을 찾으려는 바람직한 자세로 볼 수 있다.
  ② 적절한 업무 처리를 고객에게 통보하고 있으며, 처리결과에 대한 사후 관리까지 신경 쓰는 자세를 보이고 있으므로 바람직하다고 볼 수 있다.
  ④ 고객의 불만족 사유를 다 들어보려는 태도를 보이고 있으므로 바람직한 경청의 자세라고 할 수 있다.
  ⑤ 고객의 불만 사항에 적극적인 자세를 보이며 고객의 입장에서 해결책을 강구해 준 경우로 고객 이해를 바탕으로 한 바람직한 업무 자세로 평가할 수 있다.

21 다음은 N사의 단독주택용지 수의계약 공고문 중 일부이다. 공고문의 내용을 바르게 이해한 것은?

〈○○ 블록형 단독주택용지(1필지) 수의계약 공고〉

1. 공급대상토지

면적(㎡)	세대수(호)	평균규모(㎡)	용적률(%)	공급가격(천원)	계약보증금(원)	사용가능 시기
25,479	63	400	100% 이하	36,944,550	3,694,455,000	즉시

2. 공급일정 및 장소

일정	2019년 1월 11일 오전 10시부터 선착순 수의계약 (토·일요일 및 공휴일, 업무시간 외는 제외)
장소	N사 ○○지역본부 1층

3. 신청자격

아래 두 조건을 모두 충족한 자
• 실수요자 : 공고일 현재 주택법에 의한 주택건설사업자로 등록한 자
• 3년 분할납부(무이자) 조건의 토지매입 신청자

※ 납부 조건 : 계약체결 시 계약금 10%, 중도금 및 잔금 90%(6개월 단위 6회 납부)

4. 계약체결 시 구비서류

• 법인등기부등본 및 사업자등록증 사본 각 1부
• 법인인감증명서 1부 및 법인인감도장(사용인감계 및 사용인감)
• 대표자 신분증 사본 1부(위임 시 위임장 1부 및 대리인 신분증 제출)
• 주택건설사업자등록증 1부
• 계약금 납입영수증

---

① 계약이 체결되면 즉시 해당 토지에 단독주택을 건설할 수 있다.

② 계약체결 후 첫 번째 내야 할 중도금은 5,250,095,000원이다.

③ 규모 400㎡의 단독주택용지를 일반 수요자에게 분양하는 공고이다.

④ 계약에 대한 보증금이 공급가격보다 더 높아 실수요자에게 부담을 줄 우려가 있다.

⑤ 토지에 대한 계약은 계약체결 시 구비서류를 갖춰 신청한 사람 중 최고가 입찰액을 작성한 사람에게 이루어진다.

💡**TIP** '부지 용도가 단독주택용지이고 토지사용 가능시기가 '즉시'라는 공고를 통해 계약만 이루어지면 즉시 이용이 가능한 토지임을 알 수 있다.

② 계약체결 후 남은 금액은 공급가격에서 계약금을 제외한 33,250,095,000원이다. 이를 무이자로 3년간 6회에 걸쳐 납부해야 하므로 첫 번째 내야 할 중도금은 5,541,682,500원이다.
③ 규모 400㎡의 단독주택용지를 주택건설업자에게 분양하는 공고이다.
④ 계약금은 공급가격의 10%로 보증금이 더 적다.
⑤ 본 계약은 선착순 수의계약이다.

Answer. 20.③ 21.①

22 농협은행의 각종 인사제도와 관련한 다음 내용에 드러나 있지 않은 것은 어느 것인가?

> 사회적 기업은 *취약 계층에게 사회서비스 또는 일자리 등을 제공하여 지역주민의 삶의 질을 높이는 등의 사회적 목적을 추구하면서 재화 및 서비스의 생산·판매 등 영업활동을 수행하는 기업이다. 그래서 흔히 "빵을 팔기 위해 고용하는 것이 아니라, 고용하기 위해 빵을 파는 기업"이라고도 일컫기도 한다.
>
> 주요 특징으로는 취약 계층에 일자리 및 사회서비스 제공 등의 사회적 목적 추구, 영업활동 수행 및 수익의 사회적 목적 재투자, 민주적인 의사결정구조 구비 등을 들 수 있다. 기업의 주요 활동이라 함은 상품이나 서비스의 생산 및 판매, 일자리 제공, 사회적 서비스 제공 등을 말하며, 사회적 목적의 실현 및 사회적 책임 수행 등을 기업 활동의 동기로 한다. 사회적 기업은 전통적 비영리 기관과 전통적 영리 기업의 중간 형태로서 사회적 책임과 영리활동을 동시에 추구하는 형태이다.
>
> 사회적 기업을 분류하자면, 일자리 제공형은 조직의 주된 목적이 취약 계층에게 일자리를 제공하고 사회서비스 제공형은 조직의 주된 목적이 취약 계층에게 사회서비스를 제공한다. 혼합형은 일자리 제공형과 사회서비스 제공형이 결합된 유형이며, 기타형은 사회적 목적의 실현여부를 고용비율과 사회서비스 제공비율 등으로 판단하기 곤란한 사회적 기업을 말한다.
>
> 마지막으로 지역사회 공헌형은 지역사회 주민의 삶의 질 향상에 기여하는 기업을 말한다. 사회적 기업의 목적으로는 취약 계층에게 일자리 또는 사회서비스 제공하여 지역사회 발전 및 공익을 증진하는 것, 민주적 의사결정구조(서비스 수혜자, 근로자, 지역주민 등 이해관계자 참여)와 수익 및 이윤 발생 시 사회적 목적 실현을 위한 재투자(상법 상 회사, 이윤 ⅔이상)가 있다. 조직형태는 비영리법인·단체, 조합, 상법 상 회사 등 다양하게 인정하고 유급근로자를 고용한다.
>
> ※ 취약계층 : 저소득자, 고령자, 장애인, 성매매피해자, 장기실업자, 경력단절여성 등

① 사회적 기업은 영리 추구 활동을 배제하지 않는다.
② 사회적 기업은 재정적 지원을 정부나 대기업체로부터 받아서 활동을 수행한다.
③ 사회적 기업 활동의 가장 큰 목적은 발생된 이윤의 사회 재투자에 있다.
④ 지역사회 주민의 삶의 질 향상을 위한 사회적 기업은 사회서비스 제공형 기업이다.
⑤ 사회적 기업은 비영리법인의 형태로만 유지된다.

🔍**TIP** 사회적 기업이 영리 추구 활동을 전혀 배제하는 것은 아니며, 창출된 수익이나 이윤을 운용하는 방식이 일반 기업과 다른 것이다.
② 재정 지원을 받는다는 언급은 없다.
③ 사회적 기업 활동의 가장 큰 목적은 취약계층에게 일자리와 사회서비스를 제공하는 데 있다.
④ 지역사회 주민의 삶의 질 향상을 위한 기업은 지역사회 공헌형 사회적 기업이다.
⑤ 사회적 기업의 조직형태는 비영리법인·단체, 조합, 상법 상 회사 등 다양하게 인정된다.

23 다음 글에서 추론할 수 있는 내용만을 모두 고른 것은?

> '도박사의 오류'라고 불리는 것은 특정 사건과 관련 없는 사건을 관련 있는 것으로 간주했을 때 발생하는 오류이다. 예를 들어, 주사위 세 개를 동시에 던지는 게임을 생각해 보자. 첫 번째 던지기 결과는 두 번째 던지기 결과에 어떤 영향도 미치지 않으며, 이런 의미에서 두 사건은 서로 상관이 없다. 마찬가지로 10번의 던지기에서 한 번도 6의 눈이 나오지 않았다는 것은 11번째 던지기에서 6의 눈이 나온다는 것과 아무런 상관이 없다. 그럼에도 불구하고, 우리는 "10번 던질 동안 한 번도 6의 눈이 나오지 않았으니, 이번 11번째 던지기에는 6의 눈이 나올 확률이 무척 높다."라고 말하는 경우를 종종 본다. 이런 오류를 '도박사의 오류 A'라고 하자. 이 오류는 지금까지 일어난 사건을 통해 미래에 일어날 특정 사건을 예측할 때 일어난다.
>
> 하지만 반대 방향도 가능하다. 즉, 지금 일어난 특정 사건을 바탕으로 과거를 추측하는 경우에도 오류가 발생한다. 다음 사례를 생각해보자. 당신은 친구의 집을 방문했다. 친구의 방에 들어가는 순간, 친구는 주사위 세 개를 던지고 있었으며 그 결과 세 개의 주사위에서 모두 6의 눈이 나왔다. 이를 본 당신은 "방금 6의 눈이 세 개가 나온 놀라운 사건이 일어났다는 것에 비춰볼 때, 내가 오기 전에 너는 주사위 던지기를 무척 많이 했음에 틀림없다."라고 말한다. 당신은 방금 놀라운 사건이 일어났다는 것을 바탕으로 당신 친구가 과거에 주사위 던지기를 많이 했다는 것을 추론한 것이다. 하지만 이것도 오류이다. 당신이 방문을 여는 순간 친구가 던진 주사위들에서 모두 6의 눈이 나올 확률은 매우 낮다. 하지만 이 사건은 당신 친구가 과거에 주사위 던지기를 많이 했다는 것에 영향을 받은 것이 아니다. 왜냐하면 문을 열었을 때 처음으로 주사위 던지기를 했을 경우에 문제의 사건이 일어날 확률과, 문을 열기 전 오랫동안 주사위 던지기를 했을 경우에 해당 사건이 일어날 확률은 동일하기 때문이다. 이 오류는 현재에 일어난 특정 사건을 통해 과거를 추측할 때 일어난다. 이를 '도박사의 오류 B'라고 하자.

> ㉠ 甲이 당첨 확률이 매우 낮은 복권을 구입했다는 사실로부터 그가 구입한 그 복권은 당첨되지 않을 것이라고 추론하는 것은 도박사의 오류 A이다.
> ㉡ 乙이 오늘 구입한 복권에 당첨되었다는 사실로부터 그가 오랫동안 꽤 많은 복권을 구입했을 것이라고 추론하는 것은 도박사의 오류 B이다.
> ㉢ 丙이 어제 구입한 복권에 당첨되었다는 사실로부터 그가 구입했던 그 복권의 당첨 확률이 매우 높았을 것이라고 추론하는 것은 도박사의 오류 A도 아니며 도박사의 오류 B도 아니다.

① ㉠
② ㉡
③ ㉠㉢
④ ㉡㉢
⑤ ㉠㉡㉢

🔍**TIP** ㉠ 사건의 확률로 미래를 예측 → 도박사의 오류가 아니다.
　　㉡ 도박사의 오류 B(확률이 낮은 사건이 일어난 것은 시행을 많이 해봤을 것이다)가 맞다.
　　㉢ 도박사의 오류는 특정사건을 예측하거나 과거를 추측하는 문제이지 확률이 높고 낮음을 추론하는 것이 아니다. 도박사의 오류 A, B 둘 다 아니다.

24 다음은 「개인정보 보호법」과 관련한 사법 행위의 내용을 설명하는 글이다. 다음 글을 참고할 때, '공표' 조치에 대한 올바른 설명이 아닌 것은?

「개인정보 보호법」 위반과 관련한 행정처분의 종류에는 처분 강도에 따라 과태료, 과징금, 시정조치, 개선권고, 징계권고, 공표 등이 있다. 이 중, 공표는 행정질서 위반이 심하여 공공에 경종을 울릴 필요가 있는 경우 명단을 공표하여 사회적 낙인을 찍히게 함으로써 경각심을 주는 제재 수단이다.

「개인정보 보호법」 위반 행위가 은폐 · 조작, 과태료 1천만 원 이상, 유출 등 다음 7가지 공표기준에 해당하는 경우, 위반행위자, 위반 행위 내용, 행정처분 내용 및 결과를 포함하여 개인정보 보호위원회의 심의 · 의결을 거쳐 공표한다.

> ※ 공표기준
> 1. 1회 과태료 부과 총 금액이 1천만 원 이상이거나 과징금 부과를 받은 경우
> 2. 유출 · 침해사고의 피해자 수가 10만 명 이상인 경우
> 3. 다른 위반 행위를 은폐 · 조작하기 위하여 위반한 경우
> 4. 유출 · 침해로 재산상 손실 등 2차 피해가 발생하였거나 불법적인 매매 또는 건강 정보 등 민감 정보의 침해로 사회적 비난이 높은 경우
> 5. 위반 행위 시점을 기준으로 위반 상태가 6개월 이상 지속된 경우
> 6. 행정처분 시점을 기준으로 최근 3년 내 과징금, 과태료 부과 또는 시정조치 명령을 2회 이상 받은 경우
> 7. 위반 행위 관련 검사 및 자료제출 요구 등을 거부 · 방해하거나 시정조치 명령을 이행하지 않음으로써 이에 대하여 과태료 부과를 받은 경우

공표절차는 과태료 및 과징금을 최종 처분할 때 ▲ 대상자에게 공표 사실을 사전 통보, ▲ 소명자료 또는 의견 수렴 후 개인정보보호위원회 송부, ▲ 개인정보보호위원회 심의 · 결, ▲ 홈페이지 공표 순으로 진행된다.

공표는 행정안전부장관의 처분 권한이지만 개인정보보호위원회의 심의 · 의결을 거치게 함으로써 「개인정보 보호법」 위반자에 대한 행정청의 제재가 자의적이지 않고 공정하게 행사되도록 조절해 주는 장치를 마련하였다.

① 공표는 「개인정보 보호법」 위반에 대한 가장 무거운 행정 조치이다.
② 행정안전부장관이 공표를 결정한다고 해서 반드시 최종 공표 조치가 취해져야 하는 것은 아니다.
③ 공표 조치가 내려진 대상자는 공표와 더불어 반드시 1천만 원 이상의 과태료를 납부하여야 한다.
④ 공표 조치를 받는 대상자는 사전에 이를 통보받게 된다.
⑤ 반복적이거나 지속적인 위반 행위에 대한 제재는 공표 조치의 취지에 포함된다.

🔍TIP 1천만 원 이상의 과태료가 내려지게 되면 공표 조치의 대상이 되나, 모든 공표 조치 대상자들이 과태료를 1천만 원 이상 납부해야 하는 것은 아니다. 과태료 금액에 의한 공표 대상자 이외에도 공표 대상에 포함될 경우가 있으므로 반드시 1천만 원 이상의 과태료가 공표 대상자에게 부과된다고 볼 수는 없다.

① 행정처분의 종류를 처분 강도에 따라 구분하였으며, 이에 따라 가장 무거운 조치가 공표인 것으로 판단할 수 있다.

② 제시글의 마지막 부분에서 언급하였듯이 개인정보보호위원회 심의 · 의결을 거쳐야 하므로 행정안전부장관의 결정이 최종적인 것이라고 단언할 수는 없다.

④ 과태료 또는 과징금 처분 시에 공표 사실을 대상자에게 사전 통보하게 된다.

⑤ 공표기준의 5번째와 6번째 내용은 반복적이거나 지속적인 위반 행위에 대한 제재를 의미한다고 볼 수 있다.

25 다음 글을 순서대로 바르게 배열한 것은?

> ㉠ 적응의 과정은 북쪽의 문헌이나 신문을 본다든지 텔레비전, 라디오를 시청함으로써 이루어질 수 있는 극복의 원초적 단계이다.
>
> ㉡ 이질성의 극복을 위해서는 이질화의 원인을 밝히고 이를 바탕으로 해서 그것을 극복하는 단계로 나아가야 한다. 극복의 문제도 단계를 밟아야 한다. 일차적으로는 적응의 과정이 필요하다.
>
> ㉢ 남북의 언어가 이질화되었다고 하지만 사실은 그 분화의 연대가 아직 반세기에도 미치지 않았고 맞춤법과 같은 표기법은 원래 하나의 뿌리에서 갈라진 만큼 우리의 노력 여하에 따라서는 동질성의 회복이 생각 밖으로 쉬워질 수 있다.
>
> ㉣ 문제는 어휘의 이질화를 어떻게 극복할 것인가에 귀착된다. 우리가 먼저 밟아야 할 절차는 이질성과 동질성을 확인하는 일이다.

① ㉡ - ㉠ - ㉢ - ㉣

② ㉡ - ㉢ - ㉣ - ㉠

③ ㉢ - ㉣ - ㉡ - ㉠

④ ㉣ - ㉡ - ㉢ - ㉠

⑤ ㉣ - ㉢ - ㉡ - ㉠

🔍TIP ㉠은 적응의 과정을 ㉡은 이질성의 극복 방안, ㉢은 동질성 회복이 쉽다는 이야기로 ㉣은 이질화의 극복에 대한 문제 제기를 하고 있다. 그러므로 ㉢→㉣→㉡→㉠이 가장 자연스럽다.

26 다음은 T전자회사가 기획하고 있는 '전자제품 브랜드 인지도에 관한 설문조사'를 위하여 작성한 설문지의 표지 글이다. 다음 표지 글을 참고할 때, 설문조사의 항목에 포함되기에 가장 적절하지 않은 것은?

[전자제품 브랜드 인지도에 관한 설문조사]

안녕하세요? T전자회사 홍보팀입니다.

저희 T전자에서는 고객들에게 보다 나은 제품을 제공하기 위하여 전자제품 브랜드 인지도에 대한 고객 분들의 의견을 청취하고자 합니다. 전자제품 브랜드에 대한 여러분의 의견을 수렴하여 더 좋은 제품과 서비스를 공급하고자 하는 것이 이 설문조사의 목적입니다. 바쁘시더라도 잠시 시간을 내어 본 설문조사에 응해주시면 감사하겠습니다. 응답해 주신 사항에 대한 철저한 비밀 보장을 약속드립니다. 감사합니다.

T전자회사 홍보팀 담당자 홍길동
전화번호 : 1588-0000

① 귀하는 T전자회사의 브랜드인 'Think-U'를 알고 계십니까?
  ㉠ 예   ㉡ 아니오

② 귀하가 주로 이용하는 전자제품은 어느 회사 제품입니까?
  ㉠ T전자회사   ㉡ R전자회사   ㉢ M전자회사

③ 귀하에게 전자제품 브랜드 선택에 가장 큰 영향을 미치는 요인은 무엇입니까?
  ㉠ 광고   ㉡ 지인 추천   ㉢ 기존 사용 제품   ㉣ 기타 (   )

④ 귀하가 일상생활에 가장 필수적이라고 생각하시는 전자제품은 무엇입니까?
  ㉠ TV   ㉡ 통신기기   ㉢ 청소용품   ㉣ 주방용품

⑤ 귀하는 전자제품의 품목별 브랜드를 달리 선택하는 편입니까?
  ㉠ 예   ㉡ 아니오

💡**TIP** 설문조사지는 조사의 목적에 적합한 결과를 얻을 수 있는 문항으로 작성되어야 한다. 제시된 설문조사는 보다 나은 제품과 서비스 공급을 위하여 브랜드 인지도를 조사하는 것이 목적이므로, 자사 자사의 제품이 고객들에게 얼마나 인지되어 있는지, 어떻게 인지되었는지, 전자제품의 품목별 선호 브랜드가 동일한지 여부 등 인지도 관련 문항이 포함되어야 한다.

④ 특정 제품의 필요성을 묻고 있으므로 자사의 브랜드 인지도 제고와의 연관성이 낮아 설문조사 항목으로 가장 적절하지 않다.

27 다음 제시된 글의 내용과 일치하는 것을 모두 고른 것은?

> 유물(遺物)을 등록하기 위해서는 명칭을 붙인다. 이때 유물의 전반적인 내용을 알 수 있도록 하는 것이 바람직하다. 따라서 명칭에는 그 유물의 재료나 물질, 제작기법, 문양, 형태가 나타난다. 예를 들어 도자기에 청자상감운학문매병(靑瓷象嵌雲鶴文梅瓶)이라는 명칭이 붙여졌다면, '청자'는 재료를, '상감'은 제작기법을, '운학문'은 문양을, '매병'은 그 형태를 각각 나타낸 것이다. 이러한 방식으로 다른 유물에 대해서도 명칭을 붙이게 된다.
>
> 유물의 수량은 점(點)으로 계산한다. 작은 화살촉도 한 점이고 커다란 철불(鐵佛)도 한 점으로 처리한다. 유물의 파편이 여럿인 경우에는 일괄(一括)이라 이름 붙여 한 점으로 계산하면 된다. 귀걸이와 같이 쌍(雙)으로 된 것은 한 쌍으로, 하나인 경우에는 한 짝으로 하여 한 점으로 계산한다. 귀걸이 한 쌍은, 먼저 그 유물번호를 적고 그 뒤에 각각 (2-1), (2-2)로 적는다. 뚜껑이 있는 도자기나 토기도 한 점으로 계산하되, 번호를 매길 때는 귀걸이의 예와 같이 하면 된다.
>
> 유물을 등록할 때는 그 상태를 잘 기록해 둔다. 보존상태가 완전한 경우도 많지만, 일부가 손상된 유물도 많다. 예를 들어 유물의 어느 부분이 부서지거나 깨졌지만 그 파편이 남아 있는 상태를 파손(破損)이라고 하고, 파편이 없는 경우를 결손(缺損)이라고 표기한다. 그리고 파손된 것을 붙이거나 해서 손질했을 때 이를 수리(修理)라 하고, 결손된 부분을 모조해 원상태로 재현했을 때는 복원(復原)이라는 용어를 사용한다.

> ㉠ 도자기 뚜껑의 일부가 손상되어 파편이 떨어진 유물의 경우, 뚜껑은 파편과 일괄하여 한 점이지만 도자기 몸체와는 별개이므로 전체가 두 점으로 계산된다.
> ㉡ 조선시대 방패의 한 귀퉁이가 부서져나가 그 파편을 찾을 수 없다면, 수리가 아닌 복원의 대상이 된다.
> ㉢ 위 자료에 근거해 볼 때, 청자화훼당초문접시(靑瓷花卉唐草文皿)는 그 명칭에 비추어 청자상감운학문매병과 동일한 재료 및 문양을 사용하였으나, 그 제작기법과 형태에 있어서 서로 다른 것으로 추정된다.
> ㉣ 박물관이 소장하고 있는 한 쌍의 귀걸이 중 한 짝이 소실되는 경우에도 그 박물관 전체 유물의 수량이 줄어들지는 않을 것이다.
> ㉤ 일부가 결손된 철불의 파편이 어느 지방에서 발견되어 그 철불을 소장하던 박물관에서 함께 소장하게 된 경우, 그 박물관이 소장하는 전체 유물의 수량은 늘어난다.

① ㉠
② ㉡㉢
③ ㉡㉣
④ ㉠㉢㉤
⑤ ㉡㉣㉤

🔍**TIP** ㉠ 뚜껑과 도자기 몸체는 한 점으로 분류된다.
　　　㉡ 파편을 찾을 수 없으면 결손이고 결손은 복원의 대상이 된다.
　　　㉢ 재료만 동일하고 제작기법, 문양, 형태는 모두 다르다.
　　　㉣ 한 쌍일 때도 한 점, 한 짝만 있을 때도 한 점으로 계산된다.
　　　㉤ 파편이 발견되면 기존의 철불과 일괄로 한 점 처리된다.

Answer. 26.④ 27.③

28 다음 글에서 추론할 수 있는 내용으로 옳은 것만을 고른 것은?

예술과 도덕의 관계, 더 구체적으로는 예술작품의 미적 가치와 도덕적 가치의 관계는 동서양을 막론하고 사상사의 중요한 주제들 중 하나이다. 그 관계에 대한 입장들로는 '극단적 도덕주의', '온건적 도덕주의', '자율성주의'가 있다. 이 입장들은 예술작품이 도덕적 가치판단의 대상이 될 수 있느냐는 물음에 각기 다른 대답을 한다.

극단적 도덕주의 입장은 모든 예술작품을 도덕적 가치판단의 대상으로 본다. 이 입장은 도덕적 가치를 가장 우선적인 가치이자 가장 포괄적인 가치로 본다. 따라서 모든 예술 작품은 도덕적 가치에 의해서 긍정적으로 또는 부정적으로 평가된다. 또한 도덕적 가치는 미적 가치를 비롯한 다른 가치들보다 우선한다. 이러한 입장을 대표하는 사람이 바로 톨스토이이다. 그는 인간의 형제애에 관한 정서를 전달함으로써 인류의 심정적 통합을 이루는 것이 예술의 핵심적 가치라고 보았다.

온건적 도덕주의는 오직 일부 예술작품만이 도덕적 판단의 대상이 된다고 보는 입장이다. 따라서 일부의 예술작품들에 대해서만 긍정적인 또는 부정적인 도덕적 가치판단이 가능하다고 본다. 이 입장에 따르면, 도덕적 판단의 대상이 되는 예술작품의 도덕적 가치와 미적 가치는 서로 독립적으로 성립하는 것이 아니다. 그것들은 서로 내적으로 연결되어 있기 때문에 어떤 예술작품이 가지는 도덕적 장점이 그 예술작품의 미적 장점이 된다. 또한 어떤 예술작품의 도덕적 결함은 그 예술작품의 미적 결함이 된다.

자율성주의는 어떠한 예술작품도 도덕적 가치판단의 대상이 될 수 없다고 보는 입장이다. 이 입장에 따르면, 도덕적 가치와 미적 가치는 서로 자율성을 유지한다. 즉, 도덕적 가치와 미적 가치는 각각 독립적인 영역에서 구현되고 서로 다른 기준에 의해 평가된다는 것이다. 결국 자율성주의는 예술작품에 대한 도덕적 가치판단을 범주착오에 해당하는 것으로 본다.

㉠ 자율성주의는 극단적 도덕주의와 온건한 도덕주의가 모두 범주착오를 범하고 있다고 볼 것이다.

㉡ 극단적 도덕주의는 모든 도덕적 가치가 예술작품을 통해 구현된다고 보지만 자율성주의는 그렇지 않을 것이다.

㉢ 온건한 도덕주의에서 도덕적 판단의 대상이 되는 예술작품들은 모두 극단적 도덕주의에서도 도덕적 판단의 대상이 될 것이다.

---

① ㉠
② ㉡
③ ㉠㉢
④ ㉡㉢
⑤ ㉠㉡㉢

🔍**TIP** ㉠ 자율성주의는 예술작품에 대한 도덕적 가치판단을 범주착오에 해당하는 것으로 보기 때문에 극단적 도덕주의와 온건적 도덕주의 모두를 범주착오로 본다.

㉡ 모든 도덕적 가치가 예술작품을 통해 구현된다는 말은 언급한 적이 없다.

㉢ 극단적 도덕주의는 모든 예술작품을, 온건적 도덕주의는 일부 예술작품을 도덕적 판단의 대상으로 본다.

29 다음에 설명된 '자연적'의 의미를 바르게 적용한 것은?

> 미덕은 자연적인 것이고 악덕은 자연적이지 않은 것이라는 주장보다 더 비철학적인 것은 없다. 자연이라는 단어가 다의적이기 때문이다. '자연적'이라는 말의 첫 번째 의미는 '기적적'인 것의 반대로서, 이런 의미에서는 미덕과 악덕 둘 다 자연적이다. 자연법칙에 위배되는 현상인 기적을 제외한 세상의 모든 사건이 자연적이다. 둘째로, '자연적'인 것은 '흔하고 일상적'인 것을 의미하기도 한다. 이런 의미에서 미덕은 아마도 가장 '비자연적'일 것이다. 적어도 흔하지 않다는 의미에서의 영웅적인 덕행은 짐승 같은 야만성만큼이나 자연적이지 못할 것이다. 세 번째 의미로서, '자연적'은 '인위적'에 반대된다. 행위라는 것 자체가 특정 계획과 의도를 지니고 수행되는 것이라는 점에서, 미덕과 악덕은 둘 다 인위적인 것이라 할 수 있다. 그러므로 '자연적이다', '비자연적이다'라는 잣대로 미덕과 악덕의 경계를 그을 수 없다.

① 수재민을 돕는 것은 첫 번째와 세 번째 의미에서 자연적이다.
② 논개의 살신성인 행위는 두 번째와 세 번째 의미에서 자연적이지 않다.
③ 내가 산 로또 복권이 당첨되는 일은 첫 번째와 두 번째 의미에서 자연적이지 않다.
④ 벼락을 두 번이나 맞고도 살아남은 사건은 첫 번째와 두 번째 의미에서 자연적이다.
⑤ 개가 낯선 사람을 보고 짖는 것은 두 번째 의미에서는 자연적이지 않지만, 세 번째 의미에서는 자연적이다.

🔍**TIP** 첫 번째 의미 – 기적적인 것의 반대
두 번째 의미 – 흔하고 일상적인 것
세 번째 의미 – 인위적의 반대
① 기적적인 것의 반대는 맞으나 인위적인 것의 반대는 아니다.
② 흔하고 일상적인 것이 아니고, 인위적인 행위에 해당한다.
③ 기적적인 것의 반대이므로 맞으나 흔하고 일상적인 것은 아니다.
④ 기적적인 것의 반대이므로 맞으나 흔하고 일상적인 것은 아니다.
⑤ 흔하고 일상적인 것이며, 인위적인 것의 반대가 맞다.

다음 글의 문맥상 빈칸에 들어갈 말로 가장 적절한 것은?

여름이 빨리 오고 오래 가다보니 의류업계에서 '쿨링'을 컨셉으로 하는 옷들을 앞다퉈 내놓고 있다. 그물망 형태의 옷감에서 냉감(冷感)을 주는 멘톨(박하의 주성분)을 포함한 섬유까지 접근방식도 제각각이다. 그런데 가까운 미래에는 미생물을 포함한 옷이 이 대열에 합류할지도 모르겠다. 박테리아 같은 미생물은 여름철 땀냄새의 원인이라는데 어떻게 옷에 쓰일 수 있을까.

생물계에서 흡습형태변형은 널리 관찰되는 현상이다. 솔방울이 대표적인 예로 습도가 높을 때는 비늘이 닫혀있어 표면이 매끈한 덩어리로 보이지만 습도가 떨어지면 비늘이 삐죽삐죽 튀어나온 형태로 바뀐다. 밀이나 보리의 열매(낱알) 끝에 달려 있는 까끄라기도 습도가 높을 때는 한 쌍이 거의 나란히 있지만 습도가 낮아지면 서로 벌어진다. 이런 현상은 한쪽 면에 있는 세포의 길이(크기)가 반대 쪽 면에 있는 세포에 비해 습도에 더 민감하게 변하기 때문이다. 즉 습도가 낮아져 세포 길이가 짧아지면 그쪽 면을 향해 휘어지는 것이다.

MIT의 연구자들은 미생물을 이용해서도 이런 흡습형태변형을 구현할 수 있는지 알아보기로 했다. 즉 습도에 영향을 받지 않는 재질인 천연라텍스 천에 농축된 대장균 배양액을 도포해 막을 형성했다. 대장균은 별도의 접착제 없이도 소수성 상호작용으로 라텍스에 잘 달라붙는다. 라텍스 천의 두께는 150 ~ 500㎛(마이크로미터. 1㎛는 100만분의 1m)이고 대장균 막의 두께는 1 ~ 5㎛다. 이 천을 상대습도 15%인 건조한 곳에 두자 대장균 세포에서 수분이 빠져나가며 대장균 막이 도포된 쪽으로 휘어졌다. 이 상태에서 상대습도 95%인 곳으로 옮기자 천이 서서히 펴지며 다시 평평해졌다. 이 과정을 여러 차례 반복해도 같은 현상이 재현됐다.

연구자들은 원자힘현미경(AFM)으로 대장균 막을 들여다봤고 상대습도에 따라 크기(부피)가 변한다는 사실을 확인했다. 즉 건조한 곳에서는 대장균 세포부피가 30% 정도 줄어드는데, 이 효과가 천에서 세포들이 나란히 배열된 쪽을 수축시키는 현상으로 나타나 그 방향으로 휘어지는 것이다. 연구자들은 이런 흡습형태변형이 대장균만의 특성인지 미생물의 일반 특성인지 알아보기 위해 몇 가지 박테리아와 단세포 진핵생물인 효모에 대해서도 같은 실험을 해봤다. 그 결과 정도의 차이는 있었지만 패턴은 동일했다.

다음으로 연구자들은 양쪽 면에 미생물이 코팅된 천이 쿨링 소재로 얼마나 효과적인지 알아보기로 했다. 연구팀은 흡습형태변형이 효과를 낼 수 있도록 독특한 형태로 옷을 디자인했다. 즉, _____

그 결과 공간이 생기면서 땀의 배출을 돕는다. 측정 결과 미생물이 코팅된 천으로 만든 옷을 입을 경우 같은 형태의 일반 천으로 만든 옷에 비해 피부 표면 공기의 온도가 2도 정도 낮아 쿨링 효과가 있는 것으로 나타났다.

① 체온이 높은 등 쪽으로 천이 휘어지게 되는 성질을 이용해 평상시에는 옷이 바깥쪽으로 더 튀어 나오도록 디자인했다.

② 미생물이 코팅된 천이 땀으로 인한 습도의 영향을 잘 받을 수 있도록 옷의 안쪽 면에 부착하여 옷의 바깥쪽과는 완전히 다른 환경을 유지할 수 있도록 디자인했다.

③ 땀이 많이 나는 등 쪽에 칼집을 낸 형태로 만들어 땀이 안 날 때는 평평하다가 땀이 나면 피부 쪽 면의 습도가 높아져 미생물이 팽창해 천이 바깥쪽으로 휘어지도록 디자인했다.

④ 땀이 나서 습도가 올라가면 등 쪽의 세포 길이가 짧아질 것을 고려해 천이 안쪽으로 휘어져 공간 이 생길 수 있도록 디자인했다.

⑤ 땀이 흐르는 등과 천 사이에 일정한 공간이 유지될 수 있도록 천에 미생물 코팅 면을 부착해 공 간 사이로 땀이 흘러내리며 쿨링 효과를 일으킬 수 있도록 디자인했다.

🔍**TIP** 흡습형태변형은 한쪽 면에 있는 세포의 길이(크기)가 반대 쪽 면에 있는 세포에 비해 습도에 더 민감하게 변 하여, 습도가 낮아져 세포 길이가 짧아지면 그쪽 면을 향해 휘어지는 것을 의미한다고 언급되어 있다. 따라서 등에 땀이 나면 세포 길이가 더 짧은 바깥쪽으로 옷이 휘어지게 되므로 등 쪽 면에 공간이 생기게 되는 원리 를 이용한 것임을 알 수 있다.

31 다음 글을 통해 추론할 수 있는 내용으로 가장 적절한 것은?

카발리는 윌슨이 모계 유전자인 mtDNA 연구를 통해 발표한 인류 진화 가설을 설득력 있게 확인시켜 줄 수 있는 실험을 제안했다. 만약 mtDNA와는 서로 다른 독립적인 유전자 가계도를 통해서도 같은 결 론에 도달할 수 있다면 윌슨의 인류 진화에 대한 가설을 강화할 수 있다는 것이다.

이에 언더힐은 Y염색체를 인류 진화 연구에 이용하였다. 그가 Y염색체를 연구에 이용한 이유가 있다. 그것은 Y염색체가 하나씩 존재하는 특성이 있어 재조합을 일으키지 않고, 그 점은 연구 진행을 수월하게 하기 때문이다. 그는 Y염색체를 사용한 부계 연구를 통해 윌슨이 밝힌 연구결과와 매우 유사한 결과를 도출했다. 언더힐의 가계도도 윌슨의 가계도와 마찬가지로 아프리카 지역의 인류 원조 조상에 뿌리를 두 고 갈라져 나오는 수형도였다. 또 그 수형도는 인류학자들이 상상한 장엄한 떡갈나무가 아니라 윌슨이 분석해 놓은 약 15만 년밖에 안 된 키 작은 나무와 매우 유사하였다.

별개의 독립적인 연구로 얻은 두 자료가 인류의 과거를 똑같은 모습으로 그려낸다면 그것은 대단한 설 득력을 지닌다. mtDNA와 같은 하나의 영역만이 연구된 상태에서는 그 결과가 시사적이기는 해도 결정 적이지는 않다. 그 결과의 양상은 단지 DNA의 특정 영역에 일어난 특수한 역사만을 반영하는 것일 수도 있기 때문이다. 하지만 언더힐을 Y염색체에서 유사한 양상을 발견함으로써 그 불완전성은 크게 줄어들었 다. 15만 년 전에 아마도 전염병이나 기후 변화로 인해 유전자 다양성이 급격하게 줄어드는 현상이 일어 났을 것이다.

① 윌슨의 mtDNA 연구결과는 인류 진화 가설에 대한 결정적인 증거였다.

② 부계 유전자 연구와 모계 유전자 연구를 통해 얻은 각각의 인류 진화 수형도는 매우 비슷하다.

③ 윌슨과 언더힐의 연구결과는 현대 인류 조상의 기원에 대한 인류학자들의 견해를 뒷받침한다.

④ 언더힐은 우리가 갖고 있는 Y염색체 연구를 통해 인류가 아프리카에서 유래했다는 것을 부정했다.

⑤ 언더힐이 Y염색체를 인류 진화 연구에 이용한 것은 염색체 재조합으로 인해 연구가 쉬워졌기 때문이다.

🔍 TIP ① mtDNA와 같은 하나의 영역만이 연구된 상태에서는 그 결과가 시사적이기는 해도 결정적이지는 않다.

③ 그 수형도는 인류학자들이 상상한 장엄한 떡갈나무가 아니라 윌슨이 분석해 놓은 약 15만 년밖에 안 된 키 작은 나무와 매우 유사하였다.

④ 언더힐의 가계도도 윌슨의 가계도와 마찬가지로 아프리카 지역의 인류 원조 조상에 뿌리를 두고 갈라져 나오는 수형도였다.

⑤ Y염색체가 하나씩 존재하는 특성이 있어 재조합을 일으키지 않고, 그 점은 연구 진행을 수월하게 하기 때문이다.

32 다음 글의 내용과 부합하는 것은?

'청렴(淸廉)'은 현대 사회에서 좁게는 반부패와 동의어로 사용되며 넓게는 투명성과 책임성 등을 포괄하는 통합적 개념으로 사용되고 있다. 유학자들은 청렴을 효제와 같은 인륜의 덕목보다는 하위에 두었지만 군자라면 마땅히 지켜야 할 일상의 덕목으로 중시하였다. 조선의 대표적 유학자였던 이황과 이이는 청렴을 사회 규율이자 개인 처세의 지침으로 강조하였다. 특히 공적 업무에 종사하는 사람이라면 사회 규율로서의 청렴이 개인의 처세와 직결된다는 점에 유념해야 한다고 보았다.

청렴에 대한 논의는 정약용의 「목민심서」에서 본격적으로 나타난다. 정약용은 청렴이야말로 목민관이 지켜야 할 근본적인 덕목이며 목민관의 직무는 청렴이 없이는 불가능하다고 강조하였다. 정약용은 청렴을 당위의 차원에서 주장하는 기존의 학자들과 달리 행위자 자신에게 실질적 이익이 된다는 점을 들어 설득하고자 한다. 그는 청렴은 큰 이득이 남는 장사라고 말하면서, 지혜롭고 욕심이 큰 사람은 청렴을 택하지만 지혜가 짧고 욕심이 작은 사람은 탐욕을 택한다고 설명한다. 정약용은 "지자(知者)는 인(仁)을 이롭게 여긴다."라는 공자의 말을 빌려 "지혜로운 자는 청렴함을 이롭게 여긴다."라고 하였다. 비록 재물을 얻는 데 뜻이 있더라도 청렴함을 택하는 것이 결과적으로는 지혜로운 선택이라고 정약용은 말한다. 목민관의 작은 탐욕은 단기적으로 보면 눈앞의 재물을 취하여 이익을 얻을 수 있겠지만 궁극에는 개인의 몰락과 가문의 불명예를 가져올 수 있기 때문이다.

정약용은 청렴을 지키는 것은 두 가지 효과가 있다고 보았다. 첫째, 청렴은 다른 사람에게 긍정적 효과를 미친다. 목민관이 청렴할 경우 백성을 비롯한 공동체 구성원에게 좋은 혜택이 돌아갈 것이다. 둘째, 청렴한 행위를 하는 것은 목민관 자신에게도 좋은 결과를 가져다준다. 청렴은 그 자신의 덕을 높이는 것일 뿐 아니라 자신의 가문에 빛나는 명성과 영광을 가져다줄 것이다.

① 정약용은 청렴이 목민관이 반드시 지켜야 할 덕목임을 당위론 차원에서 정당화하였다.

② 정약용은 탐욕을 택하는 것보다 청렴을 택하는 것이 이롭다는 공자의 뜻을 계승하였다.

③ 정약용은 청렴한 사람은 욕심이 작기 때문에 재물에 대한 탐욕에 빠지지 않는다고 보았다.

④ 정약용은 청렴이 백성에게 이로움을 줄 뿐 아니라 목민관 자신에게도 이로운 행위라고 보았다.

⑤ 이황과 이이는 청렴을 개인의 처세에 있어 주요 지침으로 여겼으나 사회 규율로는 보지 않았다.

🔍TIP
① 정약용은 청렴을 당위의 차원에서 주장하는 기존의 학자들과 달리 행위자 자신에게 실질적 이익이 된다는 점을 들어 설득하고자 하였다.

② 정약용은 "지자(知者)는 인(仁)을 이롭게 여긴다."라는 공자의 말을 빌려 "지혜로운 자는 청렴함을 이롭게 여긴다."라고 하였다.

③ 청렴은 큰 이득이 남는 장사라고 말하면서, 지혜롭고 욕심이 큰 사람은 청렴을 택하지만 지혜가 짧고 욕심이 작은 사람은 탐욕을 택한다고 설명한다.

⑤ 이황과 이이는 청렴을 사회 규율이자 개인 처세의 지침으로 강조하였다.

33 다음은 농협은행에서 판매하는 한 상품에 대한 설명이다. 밑줄 친 단어의 한자가 옳지 않은 것은?

---

1. 상품 특징
주택을 ㉠담보(擔保)로 거래기여도 등에 따른 우대 ㉡금리(金利)를 적용받고자 하는 고객 및 다양한 ㉢상환(償還)방식을 원하는 고객을 위한 담보대출상품

2. ㉣대출(大出) 대상
주택을 담보로 자금이 필요한 개인 고객

3. 대출 기간
• 일시 상환 : 10년 이내
• 원(리)금 균등 할부 상환 : 33년 이내(대출 기간의 1/3이내에서 최고 10년 이내 ㉤거치(据置) 가능
• 일시·할부(적용 비율 50 : 50) 동시 적용 상환 : 33년 이내(대출 기간의 1/3 이내에서 최고 10년 이내 거치 가능)

---

① ㉠

② ㉡

③ ㉢

④ ㉣

⑤ ㉤

🔍TIP 제시문에서 사용된 대출은 돈이나 물건 따위를 빌려주거나 빌린다는 의미의 대출이며, 한자로는 貸出이 옳다. 大出은 물건을 밖으로 많이 내는 것을 의미한다.

34 다음 글을 통해 추론할 수 있는 것은?

> '핸드오버'란 이동단말기가 이동함에 따라 기존 기지국에서 이탈하여 새로운 기지국으로 넘어갈 때 통화가 끊기지 않도록 통화 신호를 새로운 기지국으로 넘겨주는 것을 말한다. 이런 핸드오버는 이동단말기, 기지국, 이동전화교환국 사이의 유무선 연결을 바탕으로 실행된다. 이동단말기가 기지국에 가까워지면 그 둘 사이의 신호가 점점 강해지는 데 반해, 이동단말기와 기지국이 멀어지면 그 둘 사이의 신호는 점점 약해진다. 이 신호의 세기가 특정값 이하로 떨어지게 되면 핸드오버가 명령되어 이동단말기와 새로운 기지국 간의 통화 채널이 형성된다. 이 과정에서 이동전화교환국과 기지국 간 연결에 문제가 발생하면 핸드오버가 실패하게 된다.
>
> 핸드오버는 이동단말기와 기지국 간 통화 채널 형성 순서에 따라 '형성 전 단절 방식'과 '단절 전 형성 방식'으로 구분될 수 있다. FDMA와 TDMA에서는 형성 전 단절 방식을, CDMA에서는 단절 전 형성 방식을 사용한다. 형성 전 단절 방식은 이동단말기와 새로운 기지국 간의 통화 채널이 형성되기 전에 기존 기지국과의 통화 채널을 단절하는 것을 말한다. 이와 반대로 단절 전 형성 방식은 이동단말기와 기존 기지국 간의 통화 채널이 단절되기 전에 새로운 기지국과의 통화 채널을 형성하는 방식이다. 이런 핸드오버 방식의 차이는 각 기지국이 사용하는 주파수 간 차이에서 비롯된다. 만약 각 기지국이 다른 주파수를 사용하고 있다면, 이동단말기는 기존 기지국과의 통화 채널을 미리 단절한 뒤 새로운 기지국에 맞는 주파수를 할당 받은 후 통화 채널을 형성해야 한다. 그러나 각 기지국이 같은 주파수를 사용하고 있다면, 그런 주파수 조정이 필요 없으며 새로운 통화 채널을 형성하고 나서 기존 통화 채널을 단절할 수 있다.

① 단절 전 형성 방식의 각 기지국은 서로 다른 주파수를 사용한다.

② 형성 전 단절 방식은 단절 전 형성 방식보다 더 빨리 핸드오버를 명령할 수 있다.

③ 이동단말기와 기존 기지국 간의 통화 채널이 단절되면 핸드오버가 성공한다.

④ CDMA에서는 하나의 이동단말기가 두 기지국과 동시에 통화 채널을 형성할 수 있지만 FDMA에서는 그렇지 않다.

⑤ 이동단말기 A와 기지국 간 신호 세기가 이동단말기 B와 기지국 간 신호 세기보다 더 작다면 이동단말기 A에서는 핸드오버가 명령되지만 이동단말기 B에서는 핸드오버가 명령되지 않는다.

✎TIP ① 단절 전 형성 방식은 이동단말기와 기존 기지국 간의 통화 채널이 단절되기 전에 새로운 기지국과의 통화 채널을 형성하는 방식이다.
　　　각 기지국이 같은 주파수를 사용하고 있다면, 그런 주파수 조정이 필요 없으며 새로운 통화 채널을 형성하고 나서 기존 통화 채널을 단절할 수 있다.
　② 신호의 세기가 특정값 이하로 떨어지게 되면 핸드오버가 명령되어 이동단말기와 새로운 기지국 간의 통화 채널이 형성된다. 형성 전 단절 방식과 단절 전 형성 방식의 차이와는 상관 없다.
　③ 새로운 기지국 간의 통화 채널이 형성되어야 함도 포함되어야 한다.
　⑤ 핸드오버는 신호 세기가 특정값 이하로 떨어질 때 발생하는 것이지 이동단말기와 기지국 간 상대적 신호 세기와는 관계가 없다.

35 다음 글을 통해 알 수 있는 것은?

> 고전주의적 관점에서는 보편적 규칙에 따라 고전적 이상에 일치시켜 대상을 재현한 작품에 높은 가치를 부여한다. 반면 낭만주의적 관점에서는 예술가 자신의 감정이나 가치관, 문제의식 등을 자유로운 방식으로 표현한 것에 가치를 부여한다.
>
> 그렇다면 예술작품을 감상할 때에는 어떠한 관점을 취해야 할까? 예술작품을 감상한다는 것은 예술가를 화자로 보고, 감상자를 청자로 설정하는 의사소통 형식으로 가정할 수 있다. 고전주의적 관점에서는 재현 내용과 형식이 정해지기 때문에 화자인 예술가가 중심이 된 의사소통 행위가 아니라 청자가 중심이 된 의사소통 행위라 할 수 있다. 즉, 예술작품 감상에 있어서 청자인 감상자는 보편적 규칙과 경험적 재현 방식을 통해 쉽게 예술작품을 수용하고 이해할 수 있게 된다. 그런데 의사소통 상황에서 청자가 중요시되지 않는 경우도 흔히 발견된다. 가령 스포츠 경기를 볼 때 주변 사람과 관련 없이 자기 혼자서 탄식하고 환호하기도 한다. 또한 독백과 같이 특정한 청자를 설정하지 않는 발화 행위도 존재한다. 낭만주의적 관점에서 예술작품을 이해하고 감상하는 것도 이와 유사하다. 낭만주의적 관점에서는, 예술작품을 예술가가 감상자를 고려하지 않은 채 자신의 생각이나 느낌을 자유롭게 표현한 것으로 보아야만 작품의 본질을 오히려 잘 포착할 수 있다고 본다.
>
> 낭만주의적 관점에서 올바른 작품 감상을 위해서는 예술가의 창작의도나 창작관에 대한 이해가 필요하다. 비록 관람과 감상을 전제하고 만들어진 작품이라 하더라도 그 가치는 작품이 보여주는 색채나 구도 등에 대한 감상자의 경험을 통해서만 파악되는 것이 아니다. 현대 추상회화 창시자의 한 명으로 손꼽히는 몬드리안의 예술작품을 보자. 구상적 형상 없이 선과 색으로 구성된 몬드리안의 작품들은, 그가 자신의 예술을 발전시켜 나가는 데 있어서 관심을 쏟았던 것이 무엇인지를 알지 못하면 이해하기 어렵다.

① 고전주의적 관점과 낭만주의적 관점의 공통점은 예술작품의 재현 방식이다.
② 고전주의적 관점에서 볼 때, 예술작품을 감상하는 것은 독백을 듣는 것과 유사하다.
③ 낭만주의적 관점에서 볼 때, 예술작품 창작의 목적은 감상자 위주의 의사소통에 있다.
④ 낭만주의적 관점에서 볼 때, 예술작품의 창작의도에 대한 충분한 소통은 작품 이해를 위해 중요하다.
⑤ 고전주의적 관점에 따르면 예술작품의 본질은 예술가가 자신의 생각이나 느낌을 창의적으로 표현하는 데 있다.

🔍**TIP** ① 고전주의적 관점에서는 보편적 규칙에 따라 고전적 이상에 일치시켜 대상을 재현한 작품에 높은 가치를 부여한다. 반면 낭만주의적 관점에서는 예술가 자신의 감정이나 가치관, 문제의식 등을 자유로운 방식으로 표현한 것에 가치를 부여한다.
② 독백과 같이 특정한 청자를 설정하지 않는 발화 행위도 존재한다. 낭만주의적 관점에서 예술작품을 이해하고 감상하는 것도 이와 유사하다.
③ 고전주의적 관점에서는 재현 내용과 형식이 정해지기 때문에 화자인 예술가가 중심이 된 의사소통 행위가 아니라 청자가 중심이 된 의사소통 행위라 할 수 있다.
⑤ 낭만주의적 관점에서는, 예술작품을 예술가가 감상자를 고려하지 않은 채 자신의 생각이나 느낌을 자유롭게 표현한 것으로 보아야만 작품의 본질을 오히려 잘 포착할 수 있다고 본다.

💡Answer. 34.④ 35.④

36 다음 글의 내용과 부합하지 않는 것은?

1776년 애덤 스미스가 '국부론(The Wealth of Nations)'을 펴낼 때는 산업혁명이 진행되는 때여서, 그는 공장과 새로운 과학기술에 매료되었다. 공장에서 각 부품을 잘 연결해 만든 기계에 연료를 투입하면 동륜(動輪)이 저절로 돌아가는 것이 신기했던 애덤 스미스는 시장경제도 커다란 동륜처럼 생각해서 그것을 구동하는 원리를 찾은 끝에 '자기 이득(self-interest)'이라는 에너지로 작동하는 시장경제의 작동원리를 발견했다. 이는 개인이 자기 자신의 이득을 추구하기만 하면 '보이지 않는 손'에 의해 공동체 이익을 달성할 수 있다는 원리다. 이것은 모두가 잘살기 위해서는 자신의 이득을 추구하기에 앞서 공동체 이익을 먼저 생각해야 한다는 당시 교회의 가르침에 견주어볼 때 가히 혁명적 발상이었다. 경제를 기계로 파악한 애덤 스미스의 후학들인 고전학파 경제학자들은 우주의 운행원리를 '중력의 법칙'과 같은 뉴턴의 물리학 법칙으로 설명하듯, 시장경제의 작동원리를 설명해주는 '수요 공급의 법칙'을 비롯한 수많은 경제 법칙을 찾아냈다.

경제를 기계로 보았던 18세기 고전학파 경제학자들의 전통은 200년이나 시난 지금까지도 내려오고 있다. 경제예측을 전문으로 하는 이코노미스트들은 한 나라 거시경제를 여러 개 부문으로 구성된 것으로 상정하고, 각 부문 사이의 인과관계를 수식으로 설정하고, 에너지인 독립변수를 입력하면 국내총생산량이 얼마일지 계산할 수 있을 것으로 본다. 그래서 매년 연말이 되면 다음 해 국내총생산이 몇 % 증가할 것인지 소수점 첫째 자리까지 계산해서 발표하고, 매스컴에서는 이를 충실하게 게재하고 있다.

경제를 기계처럼 보는 인식은 기업의 생산량을 자본과 노동의 함수로 상정하고 있는 경제원론 교과서에 나오는 생산함수에서도 볼 수 있는데 기업이 얼마의 자본(기계)과 얼마의 노동을 투입하면 얼마의 제품을 생산할 수 있다고 설명한다. 하지만 이러한 인식에서 기업의 생산 과정 중 인간인 기업가의 위험부담 의지나 위기를 기회로 만드는 창의적 역할이 작용할 여지는 없다. 기계는 인간의 의지와 관계없이 만들어진 원리에 따라서 자동으로 작동하는 것이기 때문이다.

우리나라가 60년대 말에 세계은행(IBRD)에 제철소 건립에 필요한 차관을 요청했을 때 당시 후진국 개발 차관 담당자였던 영국인 이코노미스트가 후진국에서 일관제철소 건설은 불가능하다면서 차관 제공을 거절한 것은 기계론적 기업관으로 보면 이해할 수 있는데, 우리나라 기술 수준으로 보아 아무리 포항제철에 자본(기계)과 노동을 투입해도 철강이 생산되지 않을 것은 분명해 보였을 것이기 때문이다. 박태준 포철 회장이 생존해 있을 때 박 회장은 그 영국인을 만나서 "아직도 후진국에서 일관제철소 건설은 불가능하다고 생각하느냐?"라고 질문하였고 그는 여전히 "그렇다"고 대답했다고 한다. 박 회장이 세계적 종합제철소로 부상한 포항제철을 예로 들면서 한국은 가능했지 않았느냐고 반론을 제기하자, 그 사람은 "박태준이라는 인적 요인을 참작하지 못했다"고 실토했다는 이야기는 기업가와 기업가 정신의 중요성을 웅변적으로 보여주고 있다.

① 애덤 스미스는 시장 경제를 움직이는 작동 원리를 발견하였다.
② 고전학파 경제학자들은 경제를 기계처럼 보았다.
③ 일정량의 제품 생산을 투입되는 자본과 노동의 함수로 설명하는 것이 기업가 정신의 핵심이다.
④ 기업가와 기업가 정신 측면에서의 생산량 예측은 자본 및 노동 투입량만으로 계산하기 어렵다.
⑤ 포철의 종합제철소 건설은 고전학파 경제학자들의 관점을 뛰어넘은 결과였다.

37 다음 글을 읽고 이 글을 뒷받침할 수 있는 주장으로 가장 적합한 것은?

X선 사진을 통해 폐질환 진단법을 배우고 있는 의과대학 학생을 생각해 보자. 그는 암실에서 환자의 가슴을 찍은 X선 사진을 보면서, 이 사진의 특징을 설명하는 방사선 전문의의 강의를 듣고 있다. 그 학생은 가슴을 찍은 X선 사진에서 늑골뿐만 아니라 그 밑에 있는 폐, 늑골의 음영, 그리고 그것들 사이에 있는 아주 작은 반점들을 볼 수 있다. 하지만 처음부터 그럴 수 있었던 것은 아니다. 첫 강의에서는 X선 사진에 대한 전문의의 설명을 전혀 이해하지 못했다. 그가 가리키는 부분이 무엇인지, 희미한 반점이 과연 특정질환의 흔적인지 전혀 알 수가 없었다. 전문의가 상상력을 동원해 어떤 가상적 이야기를 꾸며내는 것처럼 느껴졌을 뿐이다. 그러나 몇 주 동안 이론을 배우고 실습을 하면서 지금은 생각이 달라졌다. 그는 문제의 X선 사진에서 이제는 늑골뿐 아니라 폐와 관련된 생리적인 변화, 흉터나 만성 질환의 병리학적 변화, 급성질환의 증세와 같은 다양한 현상들까지도 자세하게 경험하고 알 수 있게 될 것이다. 그는 전문가로서 새로운 세계에 들어선 것이고, 그 사진의 명확한 의미를 지금은 대부분 해석할 수 있게 되었다. 이론과 실습을 통해 새로운 세계를 볼 수 있게 된 것이다.

---

① 관찰은 배경지식에 의존한다.
② 과학에서의 관찰은 오류가 있을 수 있다.
③ 과학 장비의 도움으로 관찰 가능한 영역은 확대된다.
④ 관찰정보는 기본적으로 시각에 맺혀지는 상에 의해 결정된다.
⑤ X선 사진의 판독은 과학 데이터 해석의 일반적인 원리를 따른다.

38 다음은 주간회의를 끝마친 영업팀이 작성한 회의록이다. 다음 회의록을 통해 유추해 볼 수 있는 내용으로 적절하지 않은 것은?

[영업팀 10월 회의록]

회의일시	2021. 10. 11. 10:00 ~ 11:30	회의장소	5층 대회의실
참석자	팀장 이하 전 팀원		
회의안건	• 3/4분기 실적 분석 및 4/4사분기 실적 예상 • 본부장/팀장 해외 출장 관련 일정 수정 • 10월 바이어 내방 관련 계약 준비상황 점검 및 체류 일정 점검 • 월 말 부서 등반대회 관련 행사 담당자 지정 및 준비사항 확인		

안건별
F/up
사항
	• 3/4분기 매출 및 이익 부진 원인 분석 보고서 작성(오 과장)
	• 항공 일정 예약 변경 확인(최 대리)
	• 법무팀 계약서 검토 상황 재확인(박 대리)
	• 바이어 일행 체류 일정(최 대리, 윤 사원)
	  – 호텔 예약 및 차량 이동 스케줄 수립
	  – 업무 후 식사, 관광 등 일정 수립
	• 등반대회 진행 담당자 지정(민 과장, 서 사원)
	  – 참가 인원 파악
	  – 배정 예산 및 회사 지원 물품 수령 등 유관부서 협조 의뢰
	  – 이동 계획 수립 및 회식 장소 예약		

협조부서	총무팀, 법무팀, 회계팀		

① 오 과장은 회계팀에 의뢰하여 3/4분기 팀 집행 비용에 대한 자료를 확인해 볼 것이다.

② 최 대리와 윤 사원은 바이어 일행의 체류 기간 동안 업무 후 식사 등 모든 일정을 함께 보내게 될 것이다.

③ 윤 사원은 바이어 이동을 위하여 차량 배차 지원을 총무팀에 의뢰할 것이다.

④ 민 과장과 서 사원은 담당한 업무를 수행하기 위하여 회계팀과 총무팀의 협조를 의뢰하게 될 것이다.

⑤ 총무팀은 본부장과 팀장의 변경된 항공 일정에 따른 예약 상황을 영업팀 최 대리에게 통보해 줄 것이다.

TIP 최 대리와 윤 사원은 바이어 일행 체류 일정을 수립하는 업무를 담당하게 되었으며, 이것은 적절한 계획 수립을 통하여 일정이나 상황에 맞는 인원을 배치하는 일이 될 것이므로, 모든 일정에 담당자가 동반하여야 한다고 판단할 수는 없다.

① 3/4분기 매출 부진 원인 분석 보고서 작성은 오 과장이 담당한다. 따라서 오 과장은 매출과 비용 집행 관련 자료를 회계팀으로부터 입수하여 분석할 것으로 판단할 수 있다.

③ 최 대리와 윤 사원은 바이어 일행의 체류 일정에 대한 업무를 담당하여야 하므로 총무팀에 차량 배차를 의뢰하게 된다.

④ 민 과장과 서 사원은 등반대회 진행을 담당하게 되었으므로 배정된 예산을 수령하기 위하여 회계팀, 회사에서 지원하는 물품을 수령하기 위하여 총무팀의 업무 협조를 의뢰하게 될 것으로 판단할 수 있다.

⑤ 본부장과 팀장의 변경된 항공 일정 예약은 최 대리 담당이므로 항공편 예약을 주관하는 총무팀과 업무 협조가 이루어질 것으로 판단할 수 있다. (참고) 일반적으로 출장 관련 항공편 예약 업무는 대부분 기업체의 총무팀, 총무부 등의 조직 소관 업무이다.

39 다음은 N사의 신입사원 채용에 관한 안내문의 일부 내용이다. 다음 내용을 근거로 할 때, N사가 안내문의 내용에 부합되게 취할 수 있는 행동이라고 볼 수 없는 것은?

- 모든 응시자는 1인 1개 분야만 지원할 수 있습니다.
- 응시희망자는 지역제한 등 응시자격을 미리 확인하고 응시원서를 접수하여야 하며, 응시원서의 기재사항 착오·누락, 공인 어학능력시험 점수·자격증·장애인·취업 지원 대상자 가산 점수·가산비율 기재 착오, 연락불능 등으로 발생되는 불이익은 일체 응시자의 책임으로 합니다.
- 입사지원서 작성내용은 추후 증빙서류 제출 및 관계기관에 조회할 예정이며 내용을 허위로 입력한 경우에는 합격이 취소됩니다.
- 응시자는 시험장소 공고문, 답안지 등에서 안내하는 응시자 주의사항에 유의하여야 하며, 이를 준수하지 않을 경우에 본인에게 불이익이 될 수 있습니다.
- 원서 접수 결과 지원자가 채용 예정 인원 수와 같거나 미달하더라도 적격자가 없는 경우 선발하지 않을 수 있습니다.
- 시험 일정은 사정에 의하여 변경될 수 있으며 변경내용은 7일 전까지 당사 채용 홈페이지를 통해 공고할 계획입니다.
- 제출된 서류는 본 채용 목적 이외에는 사용하지 않으며, 채용 절차의 공정화에 관한 법령에 따라 최종합격자 발표일 이후 180일 이내에 반환 청구를 할 수 있습니다.
- 최종합격자 중에서 신규 임용 후보자 등록을 하지 않거나 관계법령에 의한 신체검사에 불합격한 자 또는 당사 인사 규정 제21조에 의한 응시자격 미달자는 신규 임용 후보자 자격을 상실하고 차순위자를 추가합격자로 선발할 수 있습니다.
- 임용은 교육성적을 포함한 채용시험 성적순으로 순차적으로 임용하되, 장애인 또는 경력자의 경우 성적순위에도 불구하고 우선 임용될 수 있습니다.
- ※ 당사 인사 규정 제22조 제2항에 의거 신규 임용 후보자의 자격은 임용 후보자 등록일로부터 1년으로 하며, 필요에 따라 1년의 범위 안에서 연장될 수 있습니다.

---

① 동일한 응시자가 기계직과 운영직에 동시 응시를 한 사실이 뒤늦게 발견되어 임의로 기계직 응시 관련 사항 일체를 무효처리하였다.

② 대학 졸업예정자로 채용된 A 씨는 마지막 학기 학점이 부족하여 졸업이 미뤄지는 바람에 채용이 취소되었다.

③ 50명 선발이 계획되어 있었고, 45명이 지원을 하였으나 42명만 선발하였다.

④ 최종합격자 중 신규 임용 후보자 자격을 상실한 자가 있어 불합격자 중 임의의 인원을 추가 선발하였다.

⑤ 채용시험 성적이 합격권이 아닌 경력자 B 씨를 채용하였다.

🔍**TIP** 결원이 생겼을 때에는 그대로 추가 선발 없이 채용을 마감할 수 있으며, 추가합격자를 선발할 경우 반드시 차순위자를 선발하여야 한다.
　　① 모든 응시자는 1인 1개 분야만 지원할 수 있다.
　　② 입사지원서 작성 내용과 다르게 된 결과이므로 취소 처분이 가능하다.
　　③ 지원자가 채용예정인원 수와 같거나 미달하더라도 적격자가 없는 경우 선발하지 않을 수 있다.
　　⑤ 장애인 또는 경력자의 경우 성적순위에도 불구하고 우선 임용될 수 있다.

40 다음 글의 내용과 부합하는 것을 〈보기〉에서 모두 고른 것은?

> (가) "회원이 카드를 분실하거나 도난당한 경우에는 즉시 서면으로 신고하여야 하고 분실 또는 도난당한 카드가 타인에 의하여 부정 사용되었을 경우에는 신고접수일 이후의 부정사용액에 대하여 는 전액을 보상하나, 신고접수한 날의 전날부터 15일 전까지의 부정사용액에 대하여는 금 2백만 원의 범위 내에서만 보상하고, 16일 이전의 부정사용액에 대하여는 전액 지급할 책임이 회원에게 있다."고 신용카드 발행회사 회원규약에 규정하고 있는 경우, 위와 같은 회원규약을 신의성실의 원칙에 반하는 무효의 규약이라고 볼 수 없다.
>
> (나) 카드의 월간 사용한도액이 회원 본인의 책임한도액이 되는 것은 아니므로 부정사용액 중 월간 사용한도액의 범위 내에서만 회원의 책임이 있는 것은 아니다.
>
> (다) 신용카드업법에 의하면 "신용카드 가맹점은 신용카드에 의한 거래를 할 때마다 신용카드 상의 서명과 매출전표 상의 서명이 일치하는지를 확인하는 등 당해 신용카드가 본인에 의하여 정당하게 사용되고 있는지 여부를 확인하여야 한다."라고 규정하고 있다. 따라서 가맹점이 위와 같은 주의의무를 게을리 하여 손해를 자초하거나 확대하였다면, 그 과실의 정도에 따라 회원의 책임을 감면해 주는 것이 거래의 안전을 위한 신의성실의 원칙상 정당하다.

〈보기〉

ⓐ 신용카드사는 회원에 대하여 카드의 분실 및 도난 시 서면신고 의무를 부과하고, 부정사용액에 대한 보상액을 그 분실 또는 도난당한 카드의 사용 시기에 따라 상이하게 정할 수 있다.

ⓑ 카드의 분실 또는 도난 사실을 서면으로 신고접수한 날의 전날까지의 부정사용액에 대해서는 자신의 월간 카드 사용한도액의 범위를 초과하여 회원이 책임을 질 수 있다.

ⓒ 월간 사용한도액이 회원의 책임한도액이 되므로 부정사용액 중 원간사용한도액의 범위 내에는 회원의 책임이 있다.

ⓓ 신용카드 가맹점이 신용카드의 부정사용 여부를 확인하지 않은 경우에는 가맹점 과실의 경중을 묻지 않고 회원의 모든 책임이 면제된다.

① ㄱㄴ   ② ㄱㄷ

③ ㄴㄷ   ④ ㄴㄹ

⑤ ㄷㄹ

🔍**TIP** ㄷ 카드의 월간 사용한도액이 회원 본인의 책임한도액이 되는 것은 아니므로 부정사용액 중 월간 사용한도액의 범위 내에서만 회원의 책임이 있는 것은 아니다.

ㄹ 신용카드가맹점이 신용카드의 부정사용 여부를 확인하지 않은 경우에는 그 과실의 정도에 따라 회원의 책임을 감면해 주는 것이지, 회원의 모든 책임이 면제되는 것은 아니다.

문제해결능력

(1) 문제와 문제 해결의 정의

문제란 업무를 수행함에 있어서 답을 요구하는 질문이나 의논하여 해결해야 되는 사항이며, 문제 해결은 목표와 현상을 분석하고 이 결과를 토대로 과제를 도출하여 최적의 해결책을 찾아 실행·평가해 가는 활동이다.

(2) 문제의 분류

구분	창의적 문제	분석적 문제
문제제시방법	현재 문제가 없더라도 보다 나은 방법을 찾기 위한 문제 탐구 → 문제 자체가 명확히지 않음	현재의 문제점이나 미래의 문제로 예견될 것에 대한 문제 남구 → 문제 자체가 명확함
해결 방법	창의력에 의한 많은 아이디어의 작성을 통해 해결	분석, 논리, 귀납과 같은 논리적 방법을 통해 해결
해답 수	해답의 수가 많으며, 많은 답 가운데 보다 나은 것을 선택	답의 수가 적으며 한정되어 있음
주요특징	주관적, 직관적, 감각적, 정성적, 개별적, 특수성	객관적, 논리적, 정량적, 이성적, 일반적, 공통성

(2) 발생형 문제(보이는 문제)

① 정의 : 현재 직면하여 해결하기 위해 고민하는 문제이다. 원인이 내재되어 있기 때문에 원인지향적인 문제라고도 한다.

② 일탈문제 : 어떤 기준을 일탈함으로써 생기는 문제를 말한다.

③ 미달문제 : 어떤 기준에 미달하여 생기는 문제를 말한다.

(3) 탐색형 문제(찾는 문제)

① 정의 : 현재의 상황을 개선하거나 효율을 높이기 위한 문제이다. 방치할 경우 큰 손실이 따르거나 해결할 수 없는 문제로 나타나게 된다.

② 잠재문제 : 문제가 잠재되어 있어 인식하지 못하다가 확대되어 해결이 어려운 문제를 말한다.

③ 예측문제 : 현재로는 문제가 없으나 현 상태의 진행 상황을 예측하여 찾아야 앞으로 일어날 수 있는 문제가 보이는 문제를 말한다.

④ 발견문제 : 현재로서는 담당 업무에 문제가 없으나 선진기업의 업무 방법 등 보다 좋은 제도나 기법을 발견하여 개선시킬 수 있는 문제를 말한다.

(4) 설정형 문제(미래 문제)

장래의 경영전략을 생각하는 것으로 앞으로 어떻게 할 것인가 하는 문제이다. 문제 해결에 창조적인 노력이 요구되어 창조적 문제라고도 한다.

문제해결능력은 업무를 수행함에 있어 발생하는 복잡하고 다양한 문제를 바르게 인식하고 해결하는 능력이다. 상황을 제시하고 해결절차를 적용하는 문제가 주로 출제되는 편이며, 창의적인 사고를 묻는 사고력 문제가 출제된다.

하위능력별 출제 유형

사고력 ◆◆◆◆◇
제시된 상황에 대해서 어떻게 풀이를 할 것인가에 대한 방법 모색과 근본적인 원인을 파악해야 하며, 기존과는 다른 관점으로 문제에 접근할 수 있어야 한다.

문제처리능력 ◆◆◆◆◆
전체 자료에서 필요한 요소를 분리할 수 있는지 여부가 중요하며, 우선순위를 통하여 빠르게 해결할 수 있어야 한다.

하위능력별 출제 빈도

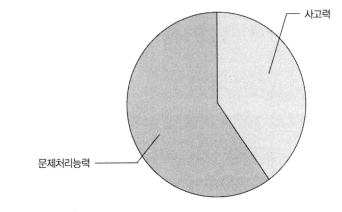

사고력

문제처리능력

(1) 창의적 사고
개인이 가지고 있는 경험과 지식을 통해 새로운 가치 있는 아이디어를 산출하는 사고능력이다.

(2) 창의적 사고의 특징
① 정보와 정보의 조합
② 사회나 개인에게 새로운 가치 창출
③ 창조적인 가능성

(3) 발산적 사고
창의적 사고를 위해 필요한 것으로 자유연상법, 강제연상법, 비교발상법 등을 통해 개발할 수 있다.

구분	내용
자유연상법	생각나는 대로 자유롭게 발상 **예** 브레인스토밍
강제연상법	각종 힌트에 강제적으로 연결 지어 발상 **예** 체크리스트
비교발상법	주제의 본질과 닮은 것을 힌트로 발상 **예** NM법, Synectics

(4) 논리적 사고
① 정의 : 사고의 전개에 있어 전후의 관계가 일치하고 있는가를 살피고 아이디어를 평가하는 사고능력이다.
② 논리적 사고를 위한 5가지 요소 : 생각하는 습관, 상대 논리의 구조화, 구체적인 생각, 타인에 대한 이해, 설득
③ 논리적 사고 개발 방법
  • 피라미드 구조 : 하위의 사실이나 현상부터 사고하여 상위의 주장을 만들어가는 방법
  • So What기법 : '그래서 무엇이지?' 하고 자문자답하여 주어진 정보로부터 가치 있는 정보를 이끌어 내는 사고 기법

(5) 비판적 사고
① 정의 : 어떤 주제나 주장에 대해서 적극적으로 분석하고 종합하며 평가하는 능동적인 사고이다.
② 비판적 사고 개발 태도 : 비판적 사고를 개발하기 위해서는 지적 호기심, 객관성, 개방성, 융통성, 지적 회의성, 지적 정직성, 체계성, 지속성, 결단성, 다른 관점에 대한 존중과 같은 태도가 요구된다.
③ 비판적 사고를 위한 태도
  • 문제의식 : 비판적인 사고를 위해서 가장 먼저 필요한 것은 바로 문제의식이다. 자신이 지니고 있는 문제와 목적을 확실하고 정확하게 파악하는 것이 비판적인 사고의 시작이다.
  • 고정관념 타파 : 지각의 폭을 넓히는 일은 정보에 대한 개방성을 가지고 편견을 갖지 않는 것으로 고정관념을 타파하는 일이 중요하다.

문제처리능력과 문제해결절차

(1) 문제처리능력

목표와 현상을 분석하고 이를 토대로 문제를 도출하여 최적의 해결책을 찾아 실행·평가하는 능력이다.

(2) 문제해결절차

① 문제 인식
- 문제 해결과정 중 'What'을 결정하는 단계로 환경 분석 → 주요 과제 도출 → 과제 선정의 절차를 통해 수행된다.
- 3C 분석 : 환경 분석 방법의 하나로 사업환경을 구성하고 있는 요소인 자사(Company), 경쟁사(Competitor), 고객(Customer)을 분석하는 것이다.
- SWOT 분석 : 기업내부의 강점과 약점, 외부환경의 기회와 위협요인을 분석·평가하여 문제 해결방안을 개발하는 방법이다.

		내부환경요인	
		강점(Strengths)	약점(Weaknesses)
외부환경요인	기회 (Opportunities)	SO 내부강점과 외부기회 요인을 극대화	WO 외부기회를 이용하여 내부약점을 강점으로 전환
	위협 (Threat)	ST 외부위협을 최소화하기 위해 내부강점을 극대화	WT 내부약점과 외부위협을 최소화

② 문제 도출
- 선정된 문제를 분석하여 해결해야 할 것이 무엇인지를 명확히 하는 단계로, 문제 구조 파악 → 핵심 문제 선정 단계를 거쳐 수행된다.
- Logic Tree : 문제의 원인을 파고들거나 해결책을 구체화할 때 제한된 시간 안에서 넓이와 깊이를 추구하는 데 도움이 되는 기술로 주요 과제를 나무모양으로 분해·정리하는 기술이다.

③ 원인 분석 : 문제 도출 후 파악된 핵심 문제에 대한 분석을 통해 근본 원인을 찾는 단계로 Issue 분석 → Data 분석 → 원인 파악의 절차로 진행된다.

④ 해결안 개발 : 원인이 밝혀지면 이를 효과적으로 해결할 수 있는 다양한 해결안을 개발하고 최선의 해결안을 선택하는 것이 필요하다.

⑤ 실행 및 평가 : 해결안 개발을 통해 만들어진 실행계획을 실제 상황에 적용하는 활동으로 실행계획 수립 → 실행 → Follow - Up의 절차로 진행된다.

(3) 문제 해결에 필요한 기본적 사고

① **전략적 사고** : 문제와 해결방안이 상위 시스템과 어떻게 연결되어 있는지를 생각한다.

② **분석적 사고** : 전체를 각각의 요소로 나누어 그 의미를 도출하고 우선순위를 부여하여 구체적인 문제 해결 방법을 실행한다.

③ **발상의 전환** : 인식의 틀을 전환하여 새로운 관점으로 바라보는 사고를 지향한다.

④ **내·외부자원의 활용** : 기술, 재료, 사람 등 필요한 자원을 효과적으로 활용한다.

(4) 문제 해결의 장애요소

① 문제를 철저하게 분석하지 않는 경우

② 고정관념에 얽매이는 경우

③ 쉽게 떠오르는 단순한 정보에 의지하는 경우

④ 너무 많은 자료를 수집하려고 노력하는 경우

(5) 문제 해결 방법

① **소프트 어프로치** : 문제 해결을 위해서 직접적인 표현보다는 무언가를 시사하거나 암시를 통하여 의사를 전달하여 문제 해결을 도모하고자 한다.

② **하드 어프로치** : 상이한 문화적 토양을 가지고 있는 구성원을 가정하고, 서로의 생각을 직설적으로 주장하고 논쟁이나 협상을 통해 서로의 의견을 조정해 가는 방법이다.

③ **퍼실리테이션(Facilitation)** : 촉진을 의미하며 어떤 그룹이나 집단이 의사결정을 잘 하도록 도와주는 일을 의미한다.

예제 01 문제처리능력

D사 신입사원으로 입사한 귀하는 신입사원 교육에서 업무 수행과정에서 발생하는 문제 유형 중 설정형 문제를 하나씩 찾아오라는 지시를 받았다. 이에 대해 귀하는 교육받은 내용을 다시 복습하려고 한다. 설정형 문제에 해당하는 것은?

① 현재 직면하여 해결하기 위해 고민하는 문제
② 현재의 상황을 개선하거나 효율을 높이기 위한 문제
③ 앞으로 어떻게 할 것인가 하는 문제
④ 원인이 내재되어 있는 원인지향적인 문제

출제의도
업무 수행 중 문제가 발생하였을 때 문제 유형을 구분하는 능력을 측정하는 문항이다.

해설
업무 수행과정에서 발생하는 문제 유형으로는 발생형 문제, 탐색형 문제, 설정형 문제가 있으며 ①④는 발생형 문제이며 ②는 탐색형 문제, ③이 설정형 문제이다.
》 ③

예제 02 사고력

M사 홍보팀에서 근무하고 있는 귀하는 입사 5년차로 창의적인 기획안을 제출하기로 유명하다. S 부장은 이번 신입사원 교육 때 귀하에게 창의적인 사고란 무엇인지 교육을 맡아달라고 부탁하였다. 창의적인 사고에 대한 귀하의 설명으로 옳지 않은 것은?

① 창의적인 사고는 새롭고 유용한 아이디어를 생산해 내는 정신적인 과정이다.
② 창의적인 사고는 특별한 사람들만이 할 수 있는 대단한 능력이다.
③ 창의적인 사고는 기존의 정보들을 특정한 요구조건에 맞거나 유용하도록 새롭게 조합시킨 것이다.
④ 창의적인 사고는 통상적인 것이 아니라 기발하거나, 신기하며 독창적인 것이다.

출제의도
창의적 사고에 대한 개념을 정확히 파악하고 있는지를 묻는 문항이다.

해설
흔히 사람들은 창의적인 사고에 대해 특별한 사람들만이 할 수 있는 대단한 능력이라고 생각하지만 그리 대단한 능력이 아니며 이미 알고 있는 경험과 지식을 해체하여 다시 새로운 정보로 결합하여 가치 있는 아이디어를 산출하는 사고라고 할 수 있다.
》 ②

예제 03 문제처리능력

L사에서 주력 상품으로 밀고 있는 TV의 판매 이익이 감소하고 있는 상황에서 귀하는 B부장으로부터 3C분석을 통해 해결방안을 강구해 오라는 지시를 받았다. 다음 중 3C에 해당하지 않는 것은?

① Customer　　　　　　② Company
③ Competitor　　　　　　④ Content

출제의도
3C의 개념과 구성요소를 정확히 숙지하고 있는지를 측정하는 문항이다.

해설
3C 분석에서 사업 환경을 구성하고 있는 요소인 자사(Company), 경쟁사(Competitor), 고객을 3C(Customer)라고 한다. 3C 분석에서 고객 분석에서는 '고객은 자사의 상품·서비스에 만족하고 있는지'를, 자사 분석에서는 '자사가 세운 달성목표와 현상 간에 차이가 없는지'를 경쟁사 분석에서는 '경쟁기업의 우수한 점과 자사의 현상과 차이가 없는지'에 대한 질문을 통해서 환경을 분석하게 된다.

》 ④

예제 04 문제처리능력

C사는 최근 국내 매출이 지속적으로 하락하고 있어 사내 분위기가 심상치 않다. 이에 대해 Y 부장은 이 문제를 극복하고자 문제처리 팀을 구성하여 해결방안을 모색하도록 지시하였다. 문제처리 팀의 문제해결절차를 올바른 순서로 나열한 것은?

① 문제 인식 → 원인 분석 → 해결안 개발 → 문제 도출 → 실행 및 평가
② 문제 도출 → 문제 인식 → 해결안 개발 → 원인 분석 → 실행 및 평가
③ 문제 인식 → 원인 분석 → 문제 도출 → 해결안 개발 → 실행 및 평가
④ 문제 인식 → 문제 도출 → 원인 분석 → 해결안 개발 → 실행 및 평가

출제의도
실제 업무 상황에서 문제가 일어났을 때 해결절차를 알고 있는지를 측정하는 문항이다.

해설
일반적인 문제해결절차는 '문제 인식 → 문제 도출 → 원인 분석 → 해결안 개발 → 실행 및 평가'로 이루어진다.

》 ④

출제예상문제

1   오 부장, 최 차장, 박 과장, 남 대리, 조 사원, 양 사원 6명은 주간회의를 진행하고 있다. 둥근 테이블에 둘러 앉아 회의를 하는 사람들의 위치가 다음과 같을 때, 조 사원의 양 옆에 위치한 사람으로 짝지어진 것은?

• 최 차장과 남 대리는 마주보고 앉았다.
• 박 과장은 오 부장의 옆에 앉았다.
• 오 부장은 회의의 진행을 맡기로 하였다.
• 남 대리는 양 사원이 앉은 기준으로 오른쪽에 앉았다.

---

① 양 사원, 최 차장
② 양 사원, 남 대리
③ 박 과장, 최 차장
④ 오 부장, 양 사원
⑤ 남 대리, 오 부장

🔍TIP 둥글게 앉은 자리를 일렬로 펼쳐 생각해 볼 수 있다.

최 차장과 남 대리가 마주보고 앉았다는 것은 이 두 사람을 기준으로 양쪽으로 두 개의 자리씩 있다는 것이 된다. 또한 오 부장과 박 과장이 나란히 앉아 있으므로 오 부장과 박 과장은 최 차장과 남 대리가 둘로 가른 양쪽 중 어느 한쪽을 차지하고 앉아 있게 된다.

남 대리가 양 사원의 오른쪽에 앉았다고 했으므로 양 사원의 왼쪽은 남은 조 사원이 앉게 되는 경우만 있게 됨을 알 수 있다. 따라서 오 부장과 박 과장의 정확한 자리만 결정되지 않았으며, 이를 오 부장을 중심으로 시계 방향으로 순서대로 정리하면, 오 부장 – 박 과장 – 남 대리 – 양 사원 – 조 사원 – 최 차장의 순서 또는 오 부장 – 남 대리 – 양 사원 – 조 사원 – 최 차장 – 박 과장의 순서가 됨을 알 수 있다. 결국 조 사원의 양 옆에는 두 가지 경우에 모두 양 사원과 최 차장이 앉아 있게 된다.

2 홍보팀에서는 신입사원 6명(A, B, C, D, E, F)을 선배 직원 3명(갑, 을, 병)이 각각 2명씩 맡아 문서 작성 및 결재 요령에 대하여 1주일 간 교육을 실시하고 있다. 다음 조건을 만족할 때, 신입사원과 교육을 담당한 선배 직원의 연결에 대한 설명이 올바른 것은?

- B와 F는 같은 조이다.
- 갑은 A에게 문서작성 요령을 가르쳐 주었다.
- 을은 C와 F에게 문서작성 및 결재 요령에 대하여 가르쳐 주지 않았다.

---

① 병은 A를 교육한다.

② D는 을에게 교육을 받지 않는다.

③ C는 갑에게 교육을 받는다.

④ 을은 C를 교육한다.

⑤ 갑과 병 중에 E를 교육하는 사람이 있다.

주어진 조건에서 확정 조건은 다음과 같다.

B, F	A, ( )	C, D, E 중 2명
( )	갑	( )

그런데 세 번째 조건에서 을은 C와 F에게 교육을 하지 않았다고 하였으므로 F가 있는 조와 이미 갑이 교육을 하는 조를 맡지 않은 것이 된다. 따라서 맨 오른쪽은 을이 되어야 하고 남는 한 조인 B, F조는 병이 될 수밖에 없다. 또한, 이 경우, 을이 C를 교육하지 않았다고 하였으므로 을의 조는 D와 E가 남게 되며, C는 A와 한 조가 되어 결국 다음과 같이 정리될 수 있다.

B, F	A, C	D, E
병	갑	을

따라서 선택지 ③에서 설명된 'C는 갑에게 교육을 받는다.'가 정답이 된다.

3 다음 내용을 근거로 판단할 때 참말을 한 사람은 누구인가?

> A 동아리 학생 5명은 각각 B 동아리 학생들과 30회씩 가위바위보 게임을 하였다. 각 게임에서 이길 경우 5점, 비길 경우 1점, 질 경우 −1점을 받는다. 게임이 모두 끝나자 A 동아리 학생 5명은 자신들이 얻은 합산 점수를 다음과 같이 말하였다.
>
> • 갑 : 내 점수는 148점이다.
> • 을 : 내 점수는 145점이다.
> • 병 : 내 점수는 143점이다.
> • 정 : 내 점수는 140점이다.
> • 무 : 내 점수는 139점이다.
>
> 이들 중 한 명만 참말을 하고 있다.

① 갑   ② 을
③ 병   ④ 정
⑤ 무

🔍**TIP** 가위바위보를 해서 모두 이기면 $30 \times 5 = 150$점이 된다.
여기서 한 번 비기면 총점에서 4점이 줄고, 한 번 지면 총점에서 6점이 줄어든다.
만약 29번 이기고 1번 지게 되면 $(29 \times 5) + (-1) = 144$점이 된다.
즉, 150점에서 −6, 또는 −4를 통해서 나올 수 있는 점수를 가진 사람만이 참말을 하는 것이다. 정의 점수 140점은 1번 지고, 1번 비길 경우 나올 수 있다. $(28 \times 5) + 1 - 1 = 140$

4 갑사, 을사, 병사는 A, B, C 3개 운동 종목에 대한 3사 간의 경기를 실시하였으며, 결과는 다음 표와 같다. 이에 대한 설명으로 올바르지 않은 것은? (단, 무승부인 경기는 없다고 가정한다)

구분	갑	을	병
A 종목	4승 6패	7승 3패	4승 6패
B 종목	7승 3패	2승 8패	6승 4패
C 종목	5승 5패	3승 7패	7승 3패

① 갑사가 병사로부터 거둔 A 종목 경기 승수가 1승뿐이었다면 을사는 병사에 압도적인 우세를 보였다.

② 을사의 B 종목 경기 8패가 나머지 두 회사와의 경기에서 절반씩 거둔 결과라면 갑사와 병사의 상대 전적은 갑사가 더 우세하다.

③ 갑사가 세 종목에서 거둔 승수 중 을사와 병사로부터 각각 적어도 2승 이상씩을 거두었다면, 적어도 을사는 병사보다 A 종목의, 병사는 을사보다 C 종목의 상대 전적이 더 우세하다.

④ 갑사는 C 종목에서 을사, 병사와의 상대 전적이 동일하여 우열을 가릴 수 없다.

⑤ 승과 패에 부여된 승점이 세 종목 모두 동일하다면 세 종목 전체의 성적은 병사, 갑사, 을사 순으로 높다.

TIP 3개 회사는 각 종목 당 다른 회사와 5번씩 경기를 가졌으며 이에 따른 승수와 패수의 합은 항상 10이 된다. 갑사가 C 종목에서 거둔 5승과 5패는 어느 팀으로부터 거둔 것인지 알 수 있는 근거가 없어 을사, 병사와 상대 전적이 동일하다고 말할 수 없다. 또한, 특정 팀과 5회 경기를 하여 무승부인 결과는 없는 것이므로 상대 전적이 동일한 두 팀이 생길 수는 없다.

① 병사의 6패 중 나머지 5패를 을사로부터 당한 것이 된다. 따라서 을사와의 전적은 0승 5패의 압도적인 결과가 된다.

② 갑사와 병사의 승수 중 각각 4승씩을 제외한 나머지 승수가 상대방으로부터 거둔 승수가 된다. 따라서 갑사는 병사로부터 3승을, 병사는 갑사로부터 2승을 거둔 것이 되어 갑사의 상대 전적이 병사보다 더 우세하게 된다.

③ 을사의 A 종목 3패 중 적어도 2패 이상이 갑사에게 당한 것이 되고 나머지 패수가 병사에게 당한 것이 되므로 을사는 병사보다 A 종목의 상대 전적이 더 우세하다. 이와 같은 논리로 살펴보면 병사의 C 종목 3패 중 1패 또는 0패가 을사와의 경기 결과가 되어 병사는 을사보다 C 종목 상대 전적이 더 우세하게 된다.

⑤ 승과 패에 대하여 부여되는 승점이 세 종목 모두 동일하므로 승수와 패수의 합을 단순 비교하여 순위를 결정할 수 있다. 따라서 17승 13패를 거둔 병사가 가장 높은 성적을 거두었으며 2위는 16승 14패를 거둔 갑사, 가장 낮은 성적을 거둔 을사는 12승 18패가 된다.

5 다음 기사문을 참고할 때, 2016년의 과징금 수납액은 얼마인가? (단, 금액은 반올림하여 억 원 단위로 표시한다)

공정거래위원회가 지난해 기업에 부과한 과징금을 직권 취소한 금액이 1500억 원을 넘어서며 2년 연속 기업에 대한 환급금액이 3,000억 원대를 기록한 것으로 나타났다.

19일 국회예산정책처에 따르면 지난해 공정위가 환급해준 과징금 규모는 3,303억 9,500만 원으로 2015년에 이어 2년 연속 3,000억 원대를 기록했다. 지난해 과징금 예산액의 52.5%에 달하는 규모이다. 예산 규모의 절반이 넘는 과징금을 기업들에게 돌려준 것이다.

공정위가 기업에 돌려준 과징금 규모는 2012년에는 130억 원 정도였으나 2013년에는 그 두 배인 302억 원으로 뛰었고, 2014년에는 2,518억 원으로 껑충 뛰었다. 2015년에는 3,572억 원으로 사상 최대 수준을 기록했다.

공정위는 불공정거래 행위를 저지른 기업들에게 과징금을 부과하지만, 기업들이 소송을 제기해 공정위가 패소할 경우에는 과징금을 이자까지 쳐서 돌려줘야만 한다. 환급해준 3,303억 원 중 1,775억 원은 패소로 인해 돌려준 환급금이다. 나머지 1,528억 원은 직권취소로 인해 돌려준 환급금이다. 직권취소는 법원의 최종 판결이 나오기 전에 공정위가 과징금 부과 결정을 취소하는 것으로, 패소로 인한 소송비용 부담을 줄이기 위한 고육지책이다. 사실상 패소나 마찬가지다.

지난 2010년부터 2015년까지 공정위에 제기된 공정거래법상 과징금 부과 관련 불복소송 제기 현황에 대해 분석한 결과, 불복사건은 총 220건으로 6년간 평균 43%의 불복률이 나타났다. 이는 2005 ~ 2009년의 연평균 불복률(26%)의 1.6배에 달한다. 환급액이 늘어날 경우 과징금 예산액 대비 수납률이 낮아지는 부작용이 나타난다. 2016년도에는 과징금 수납률이 59.9%에 그쳤다.

① 3,120억 원
② 3,340억 원
③ 3,500억 원
④ 3,625억 원
⑤ 3,770억 원

🔍 **TIP** 주어진 글의 마지막 문장에서 과징금 수납률은 '과징금 예산액 대비 실제 수납액'으로 계산됨을 알 수 있다.
과징금 수납률은 59.9%이며, 과징금 예산액은 앞부분 내용에서 알아낼 수 있다.
3,303억 9,500만 원의 환급금이 과징금 예산액의 52.5%라고 언급하고 있으므로 과징금 예산액은 3,303억 9,500만 원÷0.525=약 6,293억 원이 된다.
따라서 6,293억 원의 59.9%인 6,293×0.599=약 3,770억 원이 과징금 수납액이 된다.

6   다음은 N기업의 채용 시험에 응시한 최종 6명의 평가 결과를 나타낸 자료이다. 다음 중 응시자 A와 D의 면접 점수가 동일하며, 6명의 면접 평균 점수가 17.5점일 경우, 최종 채용자 2명 중 어느 한 명이라도 변경될 수 있는 조건으로 올바른 설명은 어느 것인가?

〈평가 결과표〉

응시자 \ 분야	어학	컴퓨터	실무	NCS	면접	평균
A	( )	14	13	15	( )	( )
B	12	14	( )	10	14	12.0
C	10	12	9	( )	18	11.8
D	14	14	( )	17	( )	( )
E	( )	20	19	17	19	18.6
F	10	( )	16	( )	16	( )
계	80	( )	( )	84	( )	( )
평균	( )	14.5	14.5	( )	( )	( )

※ 평균 점수가 높은 두 명을 최종 채용자로 결정함

① E의 '컴퓨터' 점수가 5점 낮아질 경우
② A의 '실무' 점수가 최고점, D의 '실무' 점수가 13점일 경우
③ F의 '어학' 점수가 최고점일 경우
④ B의 '실무'와 'NCS' 점수가 모두 최고점일 경우
⑤ C의 '실무' 점수가 최고점일 경우

TIP A와 D의 면접 점수(x로 치환)가 동일하므로 $14 + 18 + 19 + 16 + 2x = 17.5 \times 6 = 105$가 된다. 따라서 A와 D의 면접 점수는 19점이 된다. 이를 통해 문제의 표를 정리하면 다음과 같다.

분야 응시자	어학	컴퓨터	실무	NCS	면접	평균
A	16	14	13	15	19	15.4
B	12	14	10	10	14	12.0
C	10	12	9	10	18	11.8
D	14	14	20	17	19	16.8
E	18	20	19	17	19	18.6
F	10	13	16	15	16	14
계	80	87	87	84	105	88.6
평균	13.3	14.5	14.5	14	17.5	14.8

따라서 2명의 최종 채용자는 D와 E가 된다. 그러므로 ②와 같은 조건의 경우에는 A와 D의 평균 점수가 각각 16.8점과 15.4점이 되어 최종 채용자가 A와 E로 바뀌게 된다.
① E의 평균 점수가 17.6점이 되어 여전히 1위의 성적이므로 채용자는 변경되지 않는다.
③ F의 평균 점수가 16점이 되므로 채용자는 변경되지 않는다.
④ B의 평균 점수가 16점이 되므로 채용자는 변경되지 않는다.
⑤ C의 평균 점수가 14점이 되므로 채용자는 변경되지 않는다.

▍7 ~ 8 ▍다음 SWOT 분석에 대한 설명과 사례를 보고 이어지는 물음에 답하시오.

〈SWOT 분석방법〉

구분		내부환경요인	
		강점 (Strengths)	약점 (Weaknesses)
외부 환경요인	기회 (Opportunities)	SO 내부강점과 외부기회 요인을 극대화	WO 외부기회를 이용하여 내부약점을 강점으로 전환
	위협 (Threats)	ST 강점을 이용한 외부환경 위협의 대응 및 전략	WT 내부약점과 외부위협을 최소화

〈사례〉

S	편의점 운영 노하우 및 경험 보유, 핵심 제품 유통채널 차별화로 인해 가격 경쟁력 있는 제품 판매 가능
W	아르바이트 직원 확보 어려움, 야간 및 휴일 등 시간에 타 지역 대비 지역주민 이동이 적어 매출 증가 어려움
O	주변에 편의점 개수가 적어 기본 고객 확보 가능, 매장 앞 휴게 공간 확보로 소비 유발 효과 기대
T	지역주민의 생활패턴에 따른 편의점 이용률 저조, 근거리에 대형 마트 입점 예정으로 매출 급감 우려 존재

7 다음 중 위의 SWOT 분석방법을 올바르게 설명하지 못한 것은?

① 외부환경요인 분석 시에는 자신을 제외한 모든 것에 대한 요인을 기술하여야 한다.

② 구체적인 요인부터 시작하여 점차 객관적이고 상식적인 내용으로 기술한다.

③ 같은 데이터도 자신에게 미치는 영향에 따라 기회요인과 위협요인으로 나뉠 수 있다.

④ 외부환경요인 분석에는 SCEPTIC 체크리스트가, 내부환경요인 분석에는 MMMITI 체크리스트가 활용될 수 있다.

⑤ 내부환경 요인은 경쟁자와 비교한 나의 강점과 약점을 분석하는 것이다.

8 다음 중 위의 SWOT 분석 사례에 따른 전략으로 적절하지 않은 것은?

① 가족들이 남는 시간을 투자하여 인력 수급 및 인건비 절감을 도모하는 것은 WT 전략으로 볼 수 있다.

② 저렴한 제품을 공급하여 대형 마트 등과의 경쟁을 극복하고자 하는 것은 SW 전략으로 볼 수 있다.

③ 다년간의 경험을 활용하여 지역 내 편의점 이용 환경을 더욱 극대화시킬 수 있는 방안을 연구하는 것은 SO 전략으로 볼 수 있다.

④ 매장 앞 공간을 쉼터로 활용해 지역 주민 이동 시 소비를 유발하도록 하는 것은 WO 전략으로 볼 수 있다.

⑤ 고객 유치 노하우를 바탕으로 사은품 등 적극적인 홍보활동을 통해 편의점 이용에 대한 필요성을 부각시키는 것은 ST 전략으로 볼 수 있다.

🔍TIP 저렴한 제품을 공급하는 것은 자사의 강점(S)이며, 이를 통해 외부의 위협요인인 대형 마트와의 경쟁(T)에 대응하는 것은 ST 전략이 된다.

① 직원 확보 문제 해결과 매출 감소에 대응하는 인건비 절감 등의 효과를 거둘 수 있어 약점과 위협요인을 최소화하는 WT 전략이 된다.

③ 자사의 강점과 외부환경의 기회 요인을 이용한 SO 전략이 된다.

④ 자사의 기회요인인 매장 앞 공간을 이용해 지역 주민 이동 시 쉼터를 이용할 수 있도록 활용하는 것은 매출 증대에 기여할 수 있으므로 WO 전략이 된다.

⑤ 고객 유치 노하우는 자사의 강점을 이용한 것이며, 이를 통해 편의점 이용률을 제고하는 것은 위협요인을 제거하는 것이 되므로 ST 전략이 된다.

9 김 과장은 다음 달로 예정되어 있는 해외 출장 일정을 확정하려 한다. 다음 상황의 조건을 만족할 경우 김 과장의 출장 일정에 대한 설명으로 올바른 것은 어느 것인가?

> 김 과장은 다음 달 3박 4일 간의 해외 출장이 계획되어 있다. 회사에서는 출발일과 복귀일에 업무 손실을 최소화할 수 있도록 가급적 평일에 복귀하도록 권장하고 있고, 출장 기간에 토요일과 일요일이 모두 포함되는 일정은 지양하도록 요구한다. 이번 출장에서는 매우 중요한 계약 건이 이루어져야 하기 때문에 김 과장은 출장 복귀 바로 다음 날 출장 결과 보고를 하고자 한다. 다음 달의 첫째 날은 금요일이며 마지막 주 수요일과 13일은 김 과장이 빠질 수 없는 회사 업무 일정이 잡혀 있다.

① 금요일에 출장을 떠나는 일정도 가능하다.
② 김 과장은 월요일이나 화요일에 출장 결과 보고를 할 수 있다.
③ 김 과장이 출발일로 잡을 수 있는 날짜는 모두 4개이다.
④ 김 과장은 마지막 주에 출장을 가게 될 수도 있다.
⑤ 다음 달 15일 이후가 이전보다 출발 가능한 일수가 더 많다.

🔍**TIP** 다음 달의 첫째 날이 금요일이므로 아래와 같은 달력을 그려 볼 수 있다.

일	월	화	수	목	금	토
					1	2
3	4	5	6	7	8	9
10	11	12	13	14	15	16
17	18	19	20	21	22	23
24	25	26	27	28	29	30

3박 4일 일정이므로 평일에 복귀해야 하며 주말이 모두 포함되는 일정을 피하기 위해서는 출발일이 일, 월, 화요일이어야 한다. 또한 출장 결과 보고를 위해서는 금요일에 복귀하게 되는 화요일 출발 일정도 불가능하다. 따라서 일요일과 월요일에만 출발이 가능하다. 그런데 27일과 13일이 출장 일정에 포함될 수 없으므로 10, 11, 24, 25일은 제외된다. 따라서 3, 4, 17, 18일에 출발하는 4가지 일정이 가능하다.
⑤ 출발 가능한 일수는 15일 기준으로 이전과 이후에 동일하게 이틀씩이다.

10 영업부서에서는 주말을 이용해 1박 2일의 워크숍을 다녀올 계획이며, 워크숍 장소로 선정된 N연수원에서는 다음과 같은 시설 이용료와 식사에 대한 견적서를 보내왔다. 다음 내용을 참고할 때, 250만 원의 예산으로 주문할 수 있는 저녁 메뉴가 될 수 없는 것은?

〈N연수원 워크숍 견적서〉

• 참석 인원 : 총 35명(회의실과 운동장 추가 사용 예정)
• 숙박요금 : 2인실 기준 50,000원/룸(모두 2인실 사용)
• 회의실 : 250,000원/40인 수용
• 운동장 : 130,000원
• 1층 식당 석식 메뉴

식사류	설렁탕	7,000원	1인분
	낙지볶음	8,000원	
	비빔밥	6,500원	
안주류	삼겹살	10,000원	1인분
	골뱅이 무침	9,000원	2인분
	마른안주	11,000원	3인 기준
	과일안주	12,000원	3인 기준
주류	맥주	4,500원	1병
	소주	3,500원	1병

---

① 낙지볶음 30인분과 설렁탕 5인분, 삼겹살 55인분과 마른안주 10개, 맥주와 소주 각각 40병
② 식사류 1인분씩과 삼겹살 60인분, 맥주와 소주 각각 30병
③ 삼겹살 60인분과 마른안주, 과일안주 각각 12개, 맥주와 소주 각각 30병
④ 식사류 1인분씩과 삼겹살 60인분, 골뱅이 무침 10개와 맥주 50병
⑤ 식사류 25인분과 삼겹살 50인분, 과일안주 15개와 맥주 30병

🔍TIP 35명이므로 2인실을 이용할 경우 총 18개의 방이 필요하게 된다. 또한 회의실과 운동장을 사용하게 되므로 식사를 제외한 총 소요비용은 900,000 + 250,000 + 130,000 = 1,280,000원이 되어 식사비용으로 총 1,220,000원을 사용할 수 있다.
따라서 낙지볶음 30인분과 설렁탕 5인분, 삼겹살 55인분과 마른안주 10개, 맥주와 소주 각각 40병은 240,000+35,000+500,000+110,000+180,000+140,000=1,255,000원이 되어 예산을 초과하게 된다.
② 삼겹살 60인분과 맥주, 소주 각각 30병은 740,000원이 되므로 식사류 어느 메뉴를 주문해도 예산을 초과하지 않게 된다.
③ 600,000+132,000+144,000+135,000+105,000=1,116,000원이 되어 주문이 가능하다.
④ 삼겹살 60인분, 골뱅이 무침 10개와 맥주 50병은 915,000원이므로 역시 식사류 어느 것을 주문해도 예산을 초과하지 않게 된다.
⑤ 삼겹살 50인분, 과일안주 15개와 맥주 30병은 총 815,000원으로, 25인분의 식사 메뉴와 관계없이 주문이 가능하다.

Answer. 9.③ 10.①

11 다음은 인플레이션을 감안하지 않은 명목이자율과 물가변동을 감안한 실질이자율에 대한 설명이다. 다음 설명을 참고할 때, 〈보기〉의 경우 A 씨의 1년 후의 실질이자율은 얼마가 되는가?

누군가가 "이자율이 상승하는 경우 저축을 늘리겠는가?"라는 질문을 했다고 해 보자. 얼핏 생각할 때, 그 대답은 "예"일 것 같지만 보다 정확한 답은 "알 수 없다"이다. 질문 자체가 정확하지 않기 때문이다. 즉, 질문에서 얘기하는 이자율이 명목이자율인지 아니면 실질이자율인지가 불분명하기 때문이다.

만약 질문한 사람이 명목이자율을 염두에 두고 있었다면, 다시 그 사람에게 "물가상승률은 어떻습니까?"라고 되물어야 할 것이다. 명목이자율에서 물가상승률을 뺀 실질이자율이 어느 수준인지가 예금에 대한 의사 결정에 영향을 미치기 때문이다.

현실에서는 예금을 통해 번 이자 소득에 세금이 부과된다. 우리나라의 경우 이자 소득세율은 15.4%이다. 따라서 명목이자율이 물가상승률보다 커 실질이자율이 양(+)의 값을 갖는다 하더라도, 이자 소득세를 납부한 후의 실질이자율은 음(−)의 값을 가질 수도 있다. 물론 이러한 경우 예금을 하면 구매력 차원에서 따졌을 때 오히려 손해를 보게 된다.

〈보기〉

현재 우리나라 금융기관에서 취급하고 있는 1년 만기 정기예금의 연평균 명목이자율은 2.1%이다. A 씨는 1억 원을 1년 동안 예금할 예정이며, 만기 시점인 1년 후의 물가는 1% 상승했다고 가정한다.

---

① 약 0.56%

② 약 0.77%

③ 약 0.95%

④ 약 2.10%

⑤ 약 2.24%

TIP 1억 원을 1년 동안 예금하면 이자 소득은 210만 원이 된다. 이자 소득의 15.4%에 해당하는 세금 32만 3,400원을 제하면 실제로 예금주가 받게 되는 이자는 177만 6,600원이다. 즉, 세후 명목이자율은 1.77%를 조금 넘는 수준에 지나지 않는다. 만기가 돌아오는 1년 후에 물가가 1.0% 상승했다고 가정했으므로 세후 실질이자율은 1.77% − 1.0% = 0.77%가 된다.

12 뉴타운에 새로 개점한 NH농협은행 ○○지점장은 은행의 수익을 향상시키기 위해 여러 가지 방안을 모색하지만 묘수가 떠오르지 않아 기업컨설팅회사에 자문을 구했더니 은행 주변 환경을 조사하여 방법을 찾아보라는 조언을 받았다. 조언을 받고 지점장은 은행 주변의 환경을 조사하였더니 다음과 같이 4개의 블록별로 정리할 수 있었다. 은행에서 판매하는 각종 대출상품을 각 블록에 매치하여 마케팅을 한다고 할 경우 지점장의 마케팅 전략으로 옳지 않은 것은?

A블록 : 30평형대 아파트 단지, 30 ~ 40대가 주로 거주하며 회사원이 대부분이고 전세자가 많다.
B블록 : 40평형대 아파트 단지, 주로 50대 이상이 거주하며 기업을 경영하거나 자영업을 하는 사람들이 많고, 대부분 부부들만 거주한다.
C블록 : 준거주지와 준상업지역으로 음식점, 커피숍 등 상가 밀집지역이다.
D블록 : 학원가와 소규모 사무실이 대부분이며 주간에는 주로 직원들이 근무하고 야간에는 학생들이 활동하는 지역이다.

㉠ 우량기업 직장인을 대상으로 대출 한도 및 대출 금리를 우대하는 신용대출 상품인 「튼튼 직장인 대출」을 적극 홍보한다.
㉡ 은퇴 이후 주요 소득원인 연금소득이 있는 고객에게 주요 가계 지출시 우대금리를 제공하는 시니어전용 대출상품인 「100세 플랜 연금 대출」 상품을 적극 홍보한다.
㉢ 소규모 사업자의 사업경영에 필요한 자금을 시장금리보다 낮은 이자율로 지원하는 「소상공인 정책자금」 상품을 홍보한다.
㉣ 주택도시보증공사의 전세보증금반환보증과 전세자금대출특약보증의 결합상품으로서 전세자금을 지원하고, 반환보증을 통해 전세계약 만료 시 전세보증금을 안전하게 돌려받아 대출금을 상환할 수 있도록 하는 「전세금 안심 대출」 상품을 홍보한다.
㉤ 사업자등록증이 있는 개인사업자에게 담보여신에 추가하여 최대 1억 5천만 원까지 무보증신용여신을 지원하는 「성공 비즈니스 대출」 상품을 홍보한다.

---

① A블록 아파트 단지는 「튼튼 직장인 대출」 상품을 적극 홍보한다.
② B블록 아파트 단지는 거주자 연령대를 감안하여 「100세 플랜 연금 대출」 상품을 홍보하는 게 유리하다.
③ C블록은 상가 형성지역이므로 「소상공인 정책자금」 상품을 수시로 홍보한다.
④ D블록은 학원가와 소규모 사무실이 형성되어 있으므로 농협은행을 주 거래로 하고 거래실적이 높은 학원이나 업체를 대상으로 「성공 비즈니스 대출」 상품을 홍보한다.
⑤ A블록 아파트 단지는 전세자가 많으므로 「전세금 안심 대출」 상품을 홍보하는 게 유리하다.

✎**TIP** A블록 : 30평형대 아파트 단지, 30 ~ 40대가 주로 거주하며 회사원이 대부분이고 전세자가 많다.
전세자가 많다는 것은 이미 전세를 살고 있다는 것이므로 전세금 안심 대출을 홍보할 필요가 없다.

13 다음은 농협은행에서 가입할 수 있는 펀드의 국내투자유형별 등급을 나타낸 표이다. 보기의 대화에서 고객에게 알맞은 유형은 무엇인가?

최고 위험 공격투자형	투자자금 대부분을 주식, 주식형 펀드 또는 파생상품 등의 위험자산에 투자할 의향이 있는 유형
높은 위험적극투자형	투자자금의 상당 부분을 주식, 주식형 펀드 또는 파생상품 등의 위험자산에 투자할 의향이 있는 유형
중간 위험위험중립형	예·적금보다 높은 수익을 기대할 수 있다면 일정수준의 손실위험을 감수할 수 있는 유형
낮은 위험안정추구형	예·적금보다 높은 수익을 위해 자산 중 일부를 변동성 높은 상품에 투자할 의향이 있는 유형
최저 위험안정형	예금 또는 적금 수준의 수익률을 기대하며 투자원금에 손실이 발생하는 것을 원하지 않는 유형

〈보기〉

직원 : 안녕하십니까? 무엇을 도와드릴까요?

고객 : 네, 펀드에 가입하려고 왔는데요.

직원 : 아, 그러시군요. 그럼 혹시 생각해 두신 펀드가 있으신가요?

고객 : 아니요, 아직 딱히 정한 펀드는 없고 다만 목돈을 마련하고 싶어서요. 일반 예·적금보다 높은 수익을 낼 수 있는 펀드면 좋겠는데….

직원 : (위의 국내투자유형별 등급 표를 보여주며) 네, 이건 현재 저희 은행에서 가입하실 수 있는 펀드를 투자유형별 등급을 나타낸 표인데요, 그렇다면 혹시 이 유형은 어떠세요? 이 유형은 고객님의 투자 자금 상당 부분을 주식이나 주식형 펀드 또는 그 외 파생상품 등 위험 자산에 투자하는 건데요, 위험 자산에 투자하다보니 아무래도 원금 손실이 클 수도 있지만 반면 높은 수익률도 기대할 수 있는 상품군(群)입니다.

고객 : 음…, 제가 어느 정도 원금 손실을 감수할 생각은 있지만 아직 그렇게까지 투자하기는 좀 부담스러워요.

① 최고 위험 공격투자형

② 높은 위험 적극투자형

③ 중간 위험 위험중립형

④ 낮은 위험 안정추구형

⑤ 최저 위험 안정형

💡 〈보기〉의 대화에서 고객은 예·적금보다 높은 수익을 낼 수 있으면서 어느 정도 원금 손실을 감수할 생각이 있다고 했으므로 중간 위험의 위험중립형에 해당한다고 볼 수 있다.

14 다음 명제가 모두 참일 때 항상 옳은 것은?

> • 예금 메뉴를 이용하는 모든 고객은 조회 메뉴를 이용한다.
> • 조회 메뉴를 이용하는 어떤 고객은 이체 메뉴를 이용한다.
> • 펀드 메뉴를 이용하는 모든 고객은 조회 메뉴를 이용한다.
> • 펀드 메뉴와 예금 메뉴를 둘 다 이용하는 고객이 있다.

① 이체 메뉴를 이용하는 모든 고객은 예금 메뉴를 이용하지 않는다.

② 펀드 메뉴를 이용하는 어떤 고객은 이체 메뉴를 이용한다.

③ 예금 메뉴, 조회 메뉴, 펀드 메뉴를 모두 이용하는 고객이 있다.

④ 예금 메뉴를 이용하는 고객 중에는 이체 메뉴를 이용하는 고객이 있다.

⑤ 조회 메뉴를 이용하는 어떤 고객은 펀드 메뉴를 이용하지 않는다.

🔍 TIP 명제가 항상 참이면 그 대우도 항상 참이다.

예금 메뉴, 조회 메뉴, 펀드 메뉴를 모두 이용하는 고객이 있다.

• 예금 메뉴를 이용하는 모든 고객은 조회 메뉴를 이용한다. (명제)

→ 조회 메뉴를 이용하는 모든 고객은 예금 메뉴를 이용한다. (역)

　예금 메뉴를 이용하지 않는 어떤 고객은 조회 메뉴를 이용하지 않는다. (이)

　조회 메뉴를 이용하지 않는 어떤 고객은 예금 메뉴를 이용하지 않는다. (대우)

• 조회 메뉴를 이용하는 어떤 고객은 이체 메뉴를 이용한다. (명제)

→ 이체 메뉴를 이용하는 어떤 고객은 조회 메뉴를 이용한다. (역)

　조회 메뉴를 이용하지 않는 모든 고객은 이체 메뉴를 이용하지 않는다. (이)

　이체 메뉴를 이용하지 않는 모든 고객은 조회 메뉴를 이용하지 않는다. (대우)

• 펀드 메뉴를 이용하는 모든 고객은 조회 메뉴를 이용한다. (명제)

→ 조회 메뉴를 이용하는 모든 고객은 펀드 메뉴를 이용한다. (역)

　펀드 메뉴를 이용하지 않는 어떤 고객은 조회 메뉴를 이용하지 않는다. (이)

　조회 메뉴를 이용하지 않는 어떤 고객은 펀드 메뉴를 이용하지 않는다. (대우)

▎15 ~ 16 ▎ 다음은 NH농협은행이 발급하는 '올바른 Travel카드'에 대한 서비스 안내 사항이다. 다음을 읽고 이어지는 물음에 답하시오.

〈특별 할인 서비스〉

• 중국 비자 발급센터에서 비자 발급 수수료 결제 시 50% 청구 할인

• 연 1회 / 최대 3만 원까지 할인

※ 1) 전월 이용 실적 30만 원 이상 시 제공

   2) 본 서비스는 카드 사용 등록하신 달에는 제공되지 않으며, 그 다음 달부터 서비스 조건 충족 시 제공됩니다.

〈여행 편의 서비스〉

인천공항 제1여객터미널(1T) 및 제2여객터미널(2T)에 지정된 K BOOKS(케이북스) 매장에서 △△카드 올바른 TRAVEL카드를 제시하시면, 서비스 이용 가능 여부 확인 후 아래 이용권 중 희망하시는 이용권을 제공해 드립니다.

구분	세부내용
인천공항 고속도로 무료 이용	소형차(경차, 승용차, 12인승 승합차)에 한하여 인천공항 고속도로 톨게이트(신공항 톨게이트/북인천 톨게이트)에 무료 이용권 제출 시, 통행료 무료 혜택이 제공됩니다. 단, 소형차에 한하며, 중형/대형 차량의 경우는 적용이 불가합니다.
인천공항 리무진 버스 무료 이용 (1만 원 권)	[제1여객터미널] 인천공항 1층 입국장 7번 승차장 앞 리무진 버스 옥외 통합매표소에서 무료 이용권 제출 시, 리무진 버스 승차권으로 교환됩니다. 단, 1만 원 이하 승차에 한하며 1만 원 초과 시 차액은 회원별도 부담입니다. 또한 1만 원 미만 승차권 교환 시 잔액은 환불되지 않습니다.
코레일공항철도 직통열차 무료 이용	공항철도 인천국제공항역 직통열차 안내데스크에서 무료 이용권 제출 시 직통열차 승차권으로 교환됩니다.

〈해외이용 안내〉

해외이용금액은 국제브랜드사가 부과하는 수수료(UnionPay 0.6%)를 포함하여 매출표 접수일의 △△은행 고시 1회차 전신환매도율 적용 후, △△은행 카드가 부과하는 해외서비스수수료(0.25%)가 포함된 금액이 청구되며, 올바른 Travel카드 이용 시 UnionPay 수수료 0.03%, 당사 해외서비스수수료의 0.1% 할인 혜택이 주어집니다.

> • 해외이용 시 기본 청구금액 $= a + b + c$
> • 해외이용대금(a) : 해외이용금액(미화) × 농협은행 고시 1회차 전신환매도율
> • 국제브랜드수수료(b) : 해외이용금액(미화) × (UnionPay 0.6%) × 농협은행 고시 1회차 전신환매도율
> • 해외서비스수수료(c) : 해외이용금액(미화) × 0.25% × 농협은행 고시 1회차 전신환매도율

15 다음 중 위 카드 상품에 대한 안내 사항을 올바르게 이해한 것은 어느 것인가?

① "올 여름 북경 방문 시 올바른 Travel카드 덕분에 비자 수수료 비용을 절반만 지불했으니 겨울 상해 출장 시에도 올바른 Travel카드를 이용해야겠다."

② "제공받은 인천공항 리무진버스 무료 이용권으로 집까지 오는 리무진을 공짜로 이용할 수 있겠군. 지난번엔 집까지 9,500원의 요금이 나오던데 500원을 돌려받을 수도 있네."

③ "공항 리무진버스 요금이 난 12,000원이고 아들 녀석은 8,000원이니까 함께 이용하게 되면 인천공항 리무진버스 무료 이용권이 1장 있어도 추가로 1만 원을 더 내야하는구나."

④ "K BOOKS에서 책을 두 권 이상 사면 서비스 이용권을 2장 받게 되는군. 어차피 볼 책인데 다양한 혜택을 보면 좋을 테니 기왕이면 3권을 사서 종류별 이용권을 다 받아봐야겠다."

⑤ "이달 말에 청도에 있는 친구 집에 놀러 가려 하는데 올바른 Travel카드를 신청해서 비자 발급 수수료 혜택을 봐야겠네. 약 1주일 정도면 비자가 나온다니 시간도 충분하겠군."

🔍**TIP** 12,000원의 요금에 무료 이용권을 사용하면 차액 2,000원을 지불해야 하므로 아들의 8,000원과 함께 1만 원의 추가 요금을 지불해야 한다.

　① 올바른 Travel카드로 중국 비자 수수료 청구 할인을 받을 수 있는 것은 연 1회로 제한되어 있다.

　② 1만 원 미만 승차권 교환 시 잔액은 환불되지 않는다.

　④ 3가지 이용권 중 희망하는 것을 제공받는다고 언급되어 있으므로 구매한 책의 권수에 따라 이용권을 많이 제공받는 것이 아니다.

　⑤ 카드 등록 해당 월에는 중국 비자 수수료 할인 서비스가 제공되지 않으며 등록 익월부터 적용된다.

16 M 씨는 미국 여행 시 올바른 Travel카드를 이용하여 U\$ 500짜리의 물건을 구매하였다. 구매 당일의 농협은행 전신환매도 환율이 1U\$ = 1,080원이라면, M 씨가 올바른 Travel카드를 이용함으로 인해 얻는 할인 혜택 금액을 원화로 환산하면 얼마인가?

① 1,030원 　　　　　　　　　　　② 980원

③ 883원 　　　　　　　　　　　④ 702원

⑤ 682원

🔍**TIP** 주어진 해외이용 시 청구금액 산정 방법에 따라 혜택 전 원화 환산 청구금액은 다음과 같다.

- $a : 500 \times 1,080 = 540,000$원
- $b : 500 \times 1,080 \times 0.006 = 3,240$원
- $c : 500 \times 1,080 \times 0.0025 = 1,350$원
- $a+b+c = 544,590$원

올바른 Travel카드 이용 시, b와 c 금액에서 할인 혜택이 주어져 각각 $500 \times 1,080 \times 0.0057 = 3,078$원과 $500 \times 1,080 \times 0.0015 = 810$원이 된다.

따라서 혜택 받은 금액은 $(3,240 - 3,078) + (1,350 - 810) = 162 + 540 = 702$원이 된다.

혜택이 적용되는 할인율인 0.03%와 0.1%를 더하여 $500 \times 1,080 \times 0.0013 = 702$원으로 간단하게 계산할 수도 있다.

💡 Answer. 15.③ 16.④

17 다음은 농협은행에서 진행하고 있는 NH직장인월복리적금 상품에 대한 내용의 일부이다. 다음의 내용을 참고할 때 상품에 대한 설명으로 적절하지 않은 것은?

〈NH 직장인 적금〉

가. 상품 특징
급여이체 및 교차거래 실적에 따라 금리가 우대되는 직장인 전용 적금 상품

나. 가입 대상
만 18세 이상 개인
※ 단, 개인사업자 제외

다. 가입 기간
12개월 이상 36개월 이내(월 단위)

라. 가입 금액
초입금 및 매회 입금 1만 원 이상 원단위(계좌당), 분기당 3백만 원 이내(1인당)
※ 단, 계약기간 3/4 경과 후 적립할 수 있는 금액은 이전 적립누계액의 1/2 이내

마. 이자 지급 방식
입금액마다 입금일부터 만기일 전일까지 기간에 대하여 약정금리로 계산한 이자를 월복리로 계산하여 지급
※ 단, 중도해지금리 및 만기 후 금리는 단리로 계산

바. 우대 금리 : 최고 0.8%p
• 가입 기간 동안 1회 이상 당행으로 건별 50만 원 이상 급여를 이체한 고객이 다음에 해당할 경우

조건내용	우대 금리
당행 입출식통장으로 3개월 이상 급여이체실적	0.3%p
당행 신용/체크카드의 결제실적이 100만 원 이상인 경우	0.2%p
당행 주택청약종합저축(청약저축, 청년우대형 포함) 또는 적립식 펀드 중 한 개 이상 신규가입 시	0.2%p

• 인터넷(스마트)뱅킹 또는 올원뱅크로 이 적금에 가입할 경우 0.1%p

사. 유의사항
• 우대 금리는 만기해지 계좌에 대해 계약기간 동안 적용함
• 급여이체 실적 인정기준
 − 당행에서 입금된 급여이체 : 월 누계금액 50만 원 이상
 − 창구 입금 : 급여코드를 부여받은 급여 입금분
 − 인터넷뱅킹 입금 : 개인사업자 또는 법인이 기업인터넷뱅킹을 통해 대량입금이체(또는 다계좌이체)에서 급여코드로 입금한 급여
 − 타행에서 입금된 급여이체 : 입금 건당 50만 원 이상
 − '급여, 월급, 봉급, 상여금, 보너스, 성과급, 급료, 임금, 수당, 연금' 문구를 포함한 급여이체 입금분
 − 전자금융공동망을 통한 입금분 중 급여코드를 부여받아 입금된 경우
 − 급여이체일을 전산등록 후 해당 일에 급여이체 실적이 있는 경우, 급여이체일 ± 1영업일에 이체된 급여를 실적으로 인정
  ※ 공휴일 및 토요일 이체 시 실적 불인정
 − 급여이체일 등록 시 재직증명서, 근로소득원천징수영수증, 급여명세표 中 하나를 지참 후 당행 영업점 방문
• 자동이체일이 말일이면서 휴일인 경우 다음 달 첫 영업일에 자동이체 처리

① 만 25세의 직장인 A는 해당 상품을 이용할 수 있다.

② 직장인 B가 해당 상품 가입 기간을 12개월로 설정한 후 1월부터 9월까지 50만 원씩 꾸준히 적금하였을 때 남은 기간 동안 최대로 적립할 수 있는 금액은 250만 원이다.

③ 농협은행으로 건별 50만 원 이상 급여실적이 있는 직장인 C가 해당 상품 가입 기간 동안 농협은행의 적립식 펀드를 신규 가입했다면 만기해지 시 우대금리가 가산된다.

④ 직장인 D 씨가 인터넷으로 해당 상품을 가입하고 급여연금 우대 조건까지 충족했다면 만기 해지 시 1.9%p의 금리가 적용된다.

⑤ 직장인 E는 스마트뱅킹을 통해 해당 상품을 해지할 수 있다.

QTIP 자동이체일이 말일이면서 휴일인 경우 다음 달 첫 영업일에 자동이체 처리된다.
   ① 만 18세 이상의 개인이라면 가입대상이다. 단, 개인사업자는 제외한다.
   ② 초입금 및 매회 입금 1만 원 이상, 분기별 3백만 원 이내로 제한한다.
   ③ 급여이체일을 전산등록 한 후 해당 일에 급여이체 실적이 있어도 공휴일 및 토요일에 이체할 시 실적으로 불인정된다.
   ④ 급여이체일 등록 시 재직증명서, 근로소득원천징수영수증, 급여명세표 中 하나를 지참하여 당행 영업점에 방문하여야 한다.

18 영식이는 자신의 업무에 필요하다고 생각하여 국제인재개발원에서 수강할 과목을 선택하려고 한다. 영식이가 선택할 과목에 대해 주변의 지인 A ～ E가 다음과 같이 진술하였는데 이 중 한 사람의 진술을 거짓이고 나머지 사람들의 진술은 모두 참인 것으로 밝혀졌다. 영식이가 반드시 수강할 과목만으로 바르게 짝지어진 것은?

> • A : 영어를 수강할 경우 중국어도 수강한다.
> • B : 영어를 수강하지 않을 경우, 일본어도 수강하지 않는다.
> • C : 영어와 중국어 중 적어도 하나를 수강한다.
> • D : 일본어를 수강할 경우에만 중국어를 수강한다.
> • E : 일본어를 수강하지만 영어는 수강하지 않는다.

① 일본어
② 영어
③ 일본어, 중국어
④ 일본어, 영어
⑤ 일본어, 영어, 중국어

Answer. 17.② 18.③

- A : 영어 → 중국어
- B : ~영어 → ~일본어, 일본어 → 영어
- C : 영어 또는 중국어
- D : 일본어 ↔ 중국어
- E : 일본어

㉠ B는 참이고 E는 거짓인 경우
  - 영어와 중국어 중 하나는 반드시 수강한다(C).
  - 영어를 수강할 경우 중국어를 수강(A), 일본어를 수강(D)
  - 중국어를 수강할 경우 일본어를 수강(D), 영어를 수강(E는 거짓이므로) → 중국어도 수강(A)
  - 그러므로 B가 참인 경우 일본어, 중국어, 영어 수강

㉡ B가 거짓이고 E가 참인 경우
  - 일본어를 수강하고 영어를 수강하지 않으므로(E) 반드시 중국어를 수강한다(C)
  - 중국어를 수강하므로 일본어를 수강한다(D)
  - 그러므로 E가 참인 경우 일본어, 중국어 수강
  - 영식이가 반드시 수강할 과목은 일본어, 중국어이다.

19 다음 글의 내용과 날씨를 근거로 판단할 경우 甲이 여행을 다녀온 시기로 가능한 것은?

〈내용〉

- 甲은 선박으로 '포항 → 울릉도 → 독도 → 울릉도 → 포항' 순으로 3박 4일의 여행을 다녀왔다.
- '포항 → 울릉도' 선박은 매일 오전 10시, '울릉도 → 포항' 선박은 매일 오후 3시에 출발하며, 편도 운항에 3시간이 소요된다.
- 울릉도에서 출발해 독도를 돌아보는 선박은 매주 화요일과 목요일 오전 8시에 출발하여 당일 오전 11시에 돌아온다.
- 최대 파고가 3m 이상인 날은 모든 노선의 선박이 운항되지 않는다.
- 甲은 매주 금요일에 술을 마시는데, 술을 마신 다음날은 멀미가 심해 선박을 탈 수 없다.
- 이번 여행 중 甲은 울릉도에서 호박엿 만들기 체험을 했는데, 호박엿 만들기 체험은 매주 월·금요일 오후 6시에만 할 수 있다.

〈날씨〉

(㉙ : 최대 파고)

日	月	火	水	木	金	土
16	17	18	19	20	21	22
㉙ 1.0m	㉙ 1.4m	㉙ 3.2m	㉙ 2.7m	㉙ 2.8m	㉙ 3.7m	㉙ 2.0m
23	24	25	26	27	28	29
㉙ 0.7m	㉙ 3.3m	㉙ 2.8m	㉙ 2.7m	㉙ 0.5m	㉙ 3.7m	㉙ 3.3m

① 19일(水) ~ 22일(土)

② 20일(木) ~ 23일(日)

③ 23일(日) ~ 26일(水)

④ 25일(火) ~ 28일(金)

⑤ 26일(水) ~ 29일(土)

TIP
① 19일 수요일 오후 1시 울릉도 도착, 20일 목요일 독도 방문, 22일 토요일은 복귀하는 날인데 甲은 매주 금요일에 술을 마시므로 멀미로 인해 선박을 이용하지 못한다. 또한 금요일 오후 6시 호박엿 만들기 체험도 해야 한다.

② 20일 목요일 오후 1시 울릉도 도착, 독도는 화요일과 목요일만 출발하므로 불가능

③ 23일 일요일 오후 1시 울릉도 도착, 24일 월요일 호박엿 만들기 체험, 25일 화요일 독도 방문, 26일 수요일 포항 도착

④ 25일 화요일 오후 1시 울릉도 도착, 27일 목요일 독도 방문, 28일 금요일 호박엿 만들기 체험은 오후 6시인데, 복귀하는 선박은 오후 3시 출발이라 불가능

⑤ 26일 수요일 오후 1시 울릉도 도착, 27일 목요일 독도 방문, 28일 금요일 호박엿 만들기 체험, 매주 금요일은 술을 마시므로 다음날 선박을 이용하지 못하며, 29일은 파고가 3m를 넘어 선박이 운항하지 않아 불가능

20 다음은 가계대출 상품설명서 중 '개인신용정보의 제공 · 조회 및 연체정보 등록'에 대한 내용이다. 다음을 참고했을 때 〈사례〉에서 진수의 '연체 등' 정보가 등록되는 시기는 언제인가?

〈개인신용정보의 제공 · 조회 및 연체정보 등록〉

• 개인신용정보 제공 · 조회

　다음의 신용정보들은 한국신용정보원 「신용정보관리규약」에 따라 종합신용정보집중기관인 한국신용정보원에 제공, 집중, 활용된다.

－ 개인식별정보 : 성명, 주민등록번호, 직업

－ '연체 등' 정보 : 대출금 등의 연체사실

－ 신용거래정보 : 대출 현황, 보증 현황 등

• '연체 등' 정보 등록

－ 대출원금, 이자 등을 3개월 이상 연체한 경우에는 3개월이 되는 날을 등록 사유 발생일로 하여 그 때로부터 10일 이내에 '연체 등' 정보거래처로 등록된다.

－ 「신용정보관리규약」 개정으로 '연체 등' 정보 등록 기준이 변경될 수 있다.

－ '연체 등' 정보가 등록되면 금융거래제약 등 불이익을 받을 수 있다.

> (예시) 원금 또는 이자를 납입해야 할 날 : 5월 10일
> • 연체발생일 : 5월 11일
> • 등록 사유 발생일 : 8월 11일
> ※ 통장대출 형식의 한도거래대출의 경우에는 한도초과일 다음 날부터 3개월 후에 '연체 등' 정보가 등록된다.

• '연체 등' 정보 거래처로 등록된 후 연체금액을 상환하여 등록 사유가 해제되는 경우에도 등록 기간 및 금액에 따라 해제기록이 1년 동안 남아있을 수 있어 동 기록으로 인해 금융상 불편이 초래될 수 있음에 유의하기 바람

• 단기연체 정보 등록

　"연체기간 5영업일 이상, 연체금액 10만 원 이상"의 단기연체가 발생하는 경우도 신용 조회 회사를 통해 금융회사 간에 연체정보가 공유되어 신용등급 하락의 원인이 될 뿐만 아니라 신용카드 사용정지 등 금융거래가 제한되어 예상치 못한 불편이 발생할 수 있으므로 신중한 관리가 필요함

〈사례〉

　진수는 작년 농협은행에서 2억 원의 가계대출을 받았고 올해 1월 5일 대출원금을 납입해야 함에도 불구하고 3개월 이상 연체하여 결국 '연체 등' 정보가 등록될 예정이다.

---

① 1월 5일　　　　　　　　　　② 4월 1일

③ 1월 6일　　　　　　　　　　④ 4월 9일

⑤ 4월 20일

💡**TIP**　연체발생일이 1월 6일이고, 등록 사유 발생일이 4월 6일이다. '연체 등' 정보가 등록되는 날은 등록 사유 발생일 그때로부터 10일 이내이다.

21 다음 주어진 조건을 모두 고려했을 때 옳은 것은?

〈조건〉

• A, B, C, D, E의 월급은 각각 10만 원, 20만 원, 30만 원, 40만 원, 50만 원 중 하나이다.
• A의 월급은 C의 월급보다 많고, E의 월급보다는 적다.
• D의 월급은 B의 월급보다 많고, A의 월급도 B의 월급보다 많다.
• C의 월급은 B의 월급보다 많고, D의 월급보다는 적다.
• D는 가장 많은 월급을 받지는 않는다.

---

① 월급이 세 번째로 많은 사람은 A이다.
② E와 C의 월급은 20만 원 차이가 난다.
③ B와 E의 월급의 합은 A와 C의 월급의 합보다 많다.
④ 월급이 제일 많은 사람은 E이다.
⑤ 월급이 가장 적은 사람은 C이다.

🔍 TIP 두 번째 조건을 부등호로 나타내면, C < A < E
　　　　세 번째 조건을 부등호로 나타내면, B < D, B < A
　　　　네 번째 조건을 부등호로 나타내면, B < C < D
　　　　다섯 번째 조건에 의해 다음과 같이 정리할 수 있다.
　　　　∴ B < C < D, A < E
　　① 주어진 조건만으로는 세 번째로 월급이 많은 사람이 A인지, D인지 알 수 없다.
　　② B < C < D, A < E이므로 월급이 가장 많은 E는 월급을 50만 원을 받고, A와 D는 각각 40만 원 또는 30만 원을 받으며, C는 20만 원을, B는 10만 원을 받는다. E와 C의 월급은 30만 원 차이가 난다.
　　③ B의 월급은 10만 원, E의 월급은 50만 원이므로 합하면 60만 원이다.
　　　　C의 월급은 20만 원을 받지만, A는 40만 원을 받는지 30만 원을 받는지 알 수 없으므로 B와 E의 월급의 합은 A와 C의 월급의 합보다 많을 수도 있고, 같을 수도 있다.
　　⑤ 월급이 가장 적은 사람은 B이다.

다음 글을 근거로 유추할 경우 옳은 내용만을 바르게 짝지은 것은?

- 9명의 참가자는 1번부터 9번까지의 번호 중 하나를 부여 받고, 동시에 제비를 뽑아 3명은 범인, 6명은 시민이 된다.
- '1번의 오른쪽은 2번, 2번의 오른쪽은 3번, …, 8번의 오른쪽은 9번, 9번의 오른쪽은 1번'과 같이 번호 순서대로 동그랗게 앉는다.
- 참가자는 본인과 바로 양 옆에 앉은 사람이 범인인지 시민인지 알 수 있다.
- "옆에 범인이 있다."라는 말은 바로 양 옆에 앉은 2명 중 1명 혹은 2명이 범인이라는 뜻이다.
- "옆에 범인이 없다."라는 말은 바로 양 옆에 앉은 2명 모두 범인이 아니라는 뜻이다.
- 범인은 거짓말만 하고, 시민은 참말만 한다.

- ㉠ 1, 4, 6, 7, 8번의 진술이 "옆에 범인이 있다."이고, 2, 3, 5, 9번의 진술이 "옆에 범인이 없다."일 때, 8번이 시민임을 알면 범인들을 모두 찾아낼 수 있다.
- ㉡ 만약 모두가 "옆에 범인이 있다."라고 진술한 경우, 범인이 부여받은 번호의 조합은 (1, 4, 7) / (2, 5, 8) / (3, 6, 9) 3가지이다.
- ㉢ 한 명만이 "옆에 범인이 없다."라고 진술한 경우는 없다.

① ㉡

② ㉢

③ ㉠㉡

④ ㉠㉢

⑤ ㉠㉡㉢

Q TIP ㉠ "옆에 범인이 있다."고 진술한 경우를 ○, "옆에 범인이 없다."고 진술한 경우를 ×라고 하면

1	2	3	4	5	6	7	8	9
○	×	×	○	×	○	○	○	×
							시민	

- 9번이 범인이라고 가정

  9번은 '옆에 범인이 없다.'고 진술하였으므로 8번과 1번 중에 범인이 있어야 한다. 그러나 8번이 시민이므로 1번이 범인이 된다. 1번은 "옆에 범인이 있다."라고 진술하였으므로 2번과 9번에 범인이 없어야 한다. 그러나 9번이 범인이므로 모순이 되어 9번은 범인일 수 없다.

- 9번이 시민이라고 가정

  9번은 "옆에 범인이 없다."라고 진술하였으므로 1번도 시민이 된다. 1번은 "옆에 범인이 있다."라고 진술하였으므로 2번은 범인이 된다. 2번은 "옆에 범인이 없다."라고 진술하였으므로 3번도 범인이 된다. 8번은 시민인데 "옆에 범인이 있다."라고 진술하였으므로 9번은 시민이므로 7번은 범인이 된다. 그러므로 범인은 2, 3, 7번이고 나머지는 모두 시민이 된다.

㉡ 모두가 "옆에 범인이 있다."라고 진술하면 시민 2명, 범인 1명의 순으로 반복해서 배치되므로 옳은 설명이다.

㉢ 다음과 같은 경우가 있음으로 틀린 설명이다.

1	2	3	4	5	6	7	8	9
○	○	○	○	○	○	○	×	○
범인	시민	시민	범인	시민	범인	시민	시민	시민

23 다음의 (가), (나)는 100만 원을 예금했을 때 기간에 따른 이자에 대한 표이다. 이에 대한 설명으로 옳은 것은? (단, 예금할 때 약정한 이자율은 변하지 않는다)

구분	1년	2년	3년
(가)	50,000원	100,000원	150,000원
(나)	40,000원	81,600원	124,864원

⊙ (가)는 단순히 원금에 대한 이자만을 계산하는 이자율이 적용되었다.
ⓒ (가)의 경우, 매년 물가가 5% 상승할 경우(원금＋이자)의 구매력을 모든 기간에 같다.
ⓒ (나)의 경우, 매년 증가하는 이자액은 기간이 길어질수록 커진다.
ⓔ (나)와 달리 (가)와 같은 이자율 계산 방법은 현실에서는 볼 수 없다.

① ㉠㉢
② ㉠㉣
③ ㉡㉣
④ ㉡㉢
⑤ ㉠㉡㉢

🔍TIP ㉡ (가)의 경우 매년 물가가 5% 상승하면 두 번째 해부터 구매력은 점차 감소한다.
㉣ 금융 기관에서는 단리 뿐 아니라 복리 이자율이 적용되는 상품 또한 판매하고 있다.

24 다음은 농협은행에서 판매하는 일부 펀드상품과 그 특징 및 투자등급을 나타낸 표이다. 보기에 나와 있는 병수에게 적당한 상품은 무엇인가?

〈표 1〉 농협은행에서 판매되는 펀드상품과 그 특징

상품명	특징	투자등급
흥국배당 우선주 증권자투자 신탁1호	• 모투자신탁 90% 이상, 모투자신탁-주식 80% 이상, 채권 20% 이하 • 미국 주식시장에 상장된 우선주 및 배당주를 주된 투자대상으로 하여 안정적인 장기 성과 추구	1등급, 최고 위험
KTB공모주분리과세 증권투자 신탁	• 자산 총액 60% 이상을 국내 채권에 투자하고 그 밖에 주식 등에 투자하여 발생하는 자본소득 및 이자소득을 획득 • 주식 60% 이상, 채권 40% 이하	2등급, 높은 위험
모아주고 막아주는 증권투자 신탁1호	• 채권 60% 이상, 주식 30% 이하로 투자하여 주식부문은 코스피 지수의 일방적 추종을 배제하고 시장기회 판단 시에만 진입하여 주도주 단기 트레이딩 • 주식 30% 이하, 채권 60% 이상	3등급, 중간 위험
유진 챔피언 단기 증권자투자 신탁	• 국내 어음을 주된 투자대상자산으로 하는 단기 채권형 상품으로 60% 이상을 국내 어음에 투자하고 일부 자산은 단기성 자금에 투자하여 비교지수 대비 초과수익을 추구하는 상품 • 어음에 60% 이상 투자, 채권 및 유동화증권에 40% 이하 투자	4등급, 낮은 위험
단기국공채 증권투자 신탁	• 투자신탁재산의 60% 이상을 국내 채권에 투자하여 이자수익 및 자본수익을 추구하는 것을 목적으로 하며 특히 채권 중 국공채에 투자신탁재산의 50%를 초과하여 투자 • 채권 60% 이상, 자산유동화증권 40% 이하	5등급, 최저 위험

〈표 2〉 투자등급

최고 위험 공격투자형	투자자금 대부분을 주식, 주식형 펀드 또는 파생상품 등의 위험자산에 투자할 의향이 있는 유형
높은 위험 적극투자형	투자자금의 상당 부분을 주식, 주식형 펀드 또는 파생상품 등의 위험자산에 투자할 의향이 있는 유형
중간 위험 위험중립형	예·적금보다 높은 수익을 기대할 수 있다면 일정수준의 손실위험을 감수할 수 있는 유형
낮은 위험 안정추구형	예·적금보다 높은 수익을 위해 자산 중 일부를 변동성 높은 상품에 투자할 의향이 있는 유형
최저 위험 안정형	예금 또는 적금 수준의 수익률을 기대하며 투자원금에 손실이 발생하는 것을 원하지 않는 유형

<보기>

젊었을 때부터 펀드에 가입해 큰 재미를 보았던 병수는 40대 중반이 된 지금도 여유자금이 있으면 곧바로 펀드에 가입한다. 주로 원금의 80 ~ 90%를 다우나 나스닥과 같은 해외 증시에 상장된 주식들에 많이 투자했던 병수는 이러한 공격적인 투자방식이 큰 손실을 가져올 수도 있지만 반대로 다른 펀드에 비해 많은 수익도 가져다 줄 수 있다는 점을 잘 안다. 그렇기 때문에 주변에서는 좀 더 안정적인 성향의 투자를 권하기도 하지만 병수는 오늘도 고위험 성향을 가진 펀드를 찾아보고 있다.

① 흥국배당 우선주 증권자 투자 신탁1호
② KTB공모주분리과세 증권투자 신탁
③ 모아주고 막아주는 증권투자 신탁1호
④ 유진 챔피언 단기 증권자투자신탁
⑤ 단기국공채 증권투자신탁

💡TIP 보기에 나와 있는 병수의 투자성향을 등급으로 나타내면 1등급 최고위험인 공격투자형에 해당한다. 따라서 〈표 1〉에 제시된 상품들 중에서 병수에게 적당한 상품은 '흥국배당 우선주 증권자 투자 신탁1호' 상품이라고 할 수 있다.

25 갑, 을, 병, 정, 무 다섯 사람은 일요일부터 목요일까지 5일 동안 각각 이틀 이상 아르바이트를 한다. 다음 조건을 모두 충족시켜야 할 때, 다음 중 항상 옳지 않은 것은?

> ⊙ 가장 적은 수가 아르바이트를 하는 요일은 수요일뿐이다.
> ⓒ 갑은 3일 이상 아르바이트를 하는데 병이 아르바이트를 하는 날에는 쉰다.
> ⓒ 을과 정 두 사람만이 아르바이트 일수가 같다.
> ⓔ 병은 평일에만 아르바이트를 하며, 연속으로 이틀 동안만 한다.
> ⓜ 무는 항상 갑이나 병과 같은 요일에 함께 아르바이트를 한다.

① 어느 요일이든 아르바이트 인원수는 확정된다.
② 갑과 을, 병과 정의 아르바이트 일수를 합한 값은 같다.
③ 두 사람만이 아르바이트를 하는 요일이 확정된다.
④ 어떤 요일이든 아르바이트를 하는 인원수는 짝수이다.
⑤ 일요일에 아르바이트를 하는 사람은 항상 같다.

🔍**TIP** 아르바이트 일수가 갑은 3일, 병은 2일임을 알 수 있다. 무는 갑이나 병이 아르바이트를 하는 날 항상 함께 한다고 했으므로 5일 내내 아르바이트를 하게 된다. 을과 정은 일, 월, 화, 목 4일간 아르바이트를 하게 된다. 병에 따라 갑이 아르바이트를 하는 요일이 달라지므로 아르바이트 하는 요일이 확정되는 사람은 세 명이다.
① 수요일에는 2명, 나머지 요일에는 4명으로 인원수는 확정된다.
② 갑은 3일, 을은 4일, 병은 2일, 무는 5일 이므로 갑과 을, 병과 정의 아르바이트 일수를 합한 값은 7로 같다.
④ 일별 인원수는 4명 또는 2명으로 모두 짝수이다.
⑤ 일요일에는 갑, 을, 정, 무 네 명으로 어느 경우에도 같다.

26 다음은 '갑'지역의 친환경농산물 인증심사에 대한 자료이다. 2022년부터 인증심사원 1인당 연간 심사할 수 있는 농가수가 상근직은 400호, 비상근직은 250호를 넘지 못하도록 규정이 바뀐다고 할 때, 〈조건〉을 근거로 예측한 내용 중 옳지 않은 것은?

〈2021년 '갑' 지역의 인증기관별 인증현황〉

(단위 : 호, 명)

인증기관	심사 농가수	승인 농가수	인증심사원		
			상근	비상근	합
A	2,540	542	4	2	6
B	2,120	704	2	3	5
C	1,570	370	4	3	7
D	1,878	840	1	2	3
계	8,108	2,456	11	10	21

※ 1) 인증심사원은 인증기관 간 이동이 불가능하고 추가고용을 제외한 인원변동은 없음
   2) 각 인증기관은 추가 고용 시 최소인원만 고용함

〈조건〉
• 인증기관의 수입은 인증수수료가 전부이고, 비용은 인증심사원의 인건비가 전부라고 가정한다.
• 인증수수료 : 승인농가 1호당 10만 원
• 인증심사원의 인건비는 상근직 연 1,800만 원, 비상근직 연 1,200만 원이다.
• 인증기관별 심사 농가수, 승인 농가수, 인증심사원 인건비, 인증수수료는 2021년과 2022년에 동일하다.

① 2021년에 인증기관 B의 수수료 수입은 인증심사원 인건비보다 적다.
② 2022년 인증기관 A가 추가로 고용해야 하는 인증심사원은 최소 2명이다.
③ 인증기관 D가 2022년에 추가로 고용해야 하는 인증심사원을 모두 상근으로 충당한다면 적자이다.
④ 만약 정부가 '갑'지역에 2021년 추가로 필요한 인증심사원을 모두 상근으로 고용하게 하고 추가로 고용되는 상근 심사원 1인당 보조금을 연 600만 원씩 지급한다면 보조금 액수는 연간 5,000만 원 이상이다.
⑤ 인증기관 C는 인증심사원을 추가로 고용할 필요가 없다.

✎TIP A지역에는 (4 × 400호)＋(2 × 250호) = 2,100이므로 440개의 심사 농가 수에 추가의 인증심사원이 필요하다. 그런데 모두 상근으로 고용할 것이고 400호 이상을 심사할 수 없으므로 추가로 2명의 인증심사원이 필요하다. 그리고 같은 원리로 B지역도 2명, D지역에서는 3명의 추가의 상근 인증심사원이 필요하다. 따라서 총 7명을 고용해야 하며 1인당 지급되는 보조금이 연간 600만 원이라고 했으므로 보조금 액수는 4,200만 원이 된다.

27 다음 글과 〈법률 규정〉을 근거로 판단할 때, 옳은 것은?

> 가. 채권은 특정인(채권자)이 다른 특정인(채무자)에게 일정한 행위를 요구할 수 있는 권리(임차권, 손해배상채권, 매수인의 매도인에 대한 소유권이전등기청구권 등)이다. 물권은 채권과 달리 특정한 물건에 대한 권리(소유권, 지상권※, 전세권※, 저당권 등)이므로, 그 권리를 제3자에게도 주장할 수 있다. 가령 甲의 부동산 위에 乙이 지상권을 취득한 후 丙이 소유권을 취득한 경우, 지상권은 물건에 대한 권리이므로, 乙은 丙에 대해서 지상권을 주장할 수 있다.
>
> 나. 동일한 물건 위에 여러 개의 물권이 성립하는 경우, 먼저 성립한 권리가 나중에 성립한 권리에 우선한다. 부동산 물권을 취득하기 위해서는 원칙적으로 자신의 명의로 등기가 이루어져야 한다. 다만 경매 기타 법률규정에 의하여 부동산에 관한 물권을 취득하는 경우에는 등기를 요하지 아니한다.
>
> 다. 동일물에 관하여 물권과 채권이 병존하는 경우에는 그 성립시기를 불문하고 물권이 원칙적으로 우선한다. 가령 甲이 자신의 부동산을 乙에게 매도하기로 약정한 후 다시 丙에게 이중으로 매도하여 그 명의로 소유권이전등기를 해 준 경우, 부동산에 대한 소유권이전채권을 가지는 데 불과한 乙은 丙보다 먼저 甲과 매매계약을 체결하였다는 이유로 부동산에 대한 소유권을 주장할 수 없다. 다만 임차권은 임차인이 임대인에게 임차목적물(토지, 건물 등)에 대한 사용·수익을 청구할 수 있는 권리(채권)이지만, 임차권이 등기가 되면 그 등기 이후에 성립한 물권보다 우선하는 효력이 있다.
>
> ※ 1) 지상권 : 타인의 토지에 건물, 기타 공작물을 소유하기 위하여 그 토지를 사용할 수 있는 물권
> 　 2) 전세권 : 전세금을 지급하고 타인의 부동산을 점유하여 그 부동산의 용도에 따라 사용·수익하고, 그 부동산 전부에 대하여 후순위 권리자, 기타 채권자보다 전세금을 우선 변제 받을 수 있는 물권

> **〈법률 규정〉**
>
> 제00조
> 경매 절차에서 경매목적물을 매각(경락) 받은 매수인(경락인)은 매각대금(경매대금)을 다 낸 때에 경매목적물에 대한 소유권을 취득한다.
>
> 제00조
> 제1항 매각된 목적물(경매목적물)에 설정된 모든 저당권은 매각으로 소멸한다.
> 제2항 지상권·전세권 및 등기된 임차권은 저당권에 대항할 수 없는 경우에는 매각으로 소멸된다.
> 제3항 제2항의 경우 외의 지상권·전세권 및 등기된 임차권은 매수인이 인수한다. 다만 그중 전세권의 경우에는 전세권자가 배당요구를 하면 매각으로 소멸된다.

① 乙이 甲소유의 토지에 저당권을 취득한 후 丙이 저당권을 취득하였다. 그 토지가 경매 절차에서 丁에게 매각된 경우, 乙의 저당권도 소멸한다.

② 乙이 甲소유의 토지를 임차한 후 丙이 그 토지에 대해 지상권을 취득한 경우, 乙이 자신의 임차권을 등기하지 않았더라도 乙의 임차권이 丙의 지상권보다 우선한다.

③ 乙이 甲소유의 부동산에 전세권을 취득한 후 丙이 저당권을 취득하였다. 그 부동산이 경매로 매각된 경우, 乙이 배당요구를 하지 않더라도 그의 전세권은 소멸한다.

④ 乙이 甲소유의 토지를 임차하여 그 임차권을 등기한 후 丙이 그 토지에 저당권을 취득하였다. 그 토지가 경매 절차에서 丁에게 매각된 경우, 乙의 임차권은 소멸한다.

⑤ 乙이 甲소유의 부동산에 저당권을 취득한 후 그 부동산이 경매 절차에서 丙에게 매각된 경우, 丙이 매각대금을 다 낸 때에도 부동산에 대한 소유권을 취득하기 위해서는 자신의 명의로 등기가 이루어져야 한다.

> **TIP** ① 매각된 목적물에 설정된 모든 저당권은 매각으로 소멸하므로 乙의 저당권도 소멸한다.
> ② 임차권이 등기가 되면 그 등기 이후에 성립한 물권보다 우선하는 효력이 있지만, 乙이 자신의 임차권을 등기하지 않았으면 丙의 지상권이 물권이므로 채권인 乙의 임차권보다 우선한다.
> ③ 전세권의 경우 전세권자가 배당요구를 하면 매각으로 소멸된다. 따라서 乙이 배당요구를 하지 않으면 그의 전세권은 매수인이 인수한다.
> ④ 등기된 임차권은 매수인이 인수한다. 乙이 임차권을 등기하였으므로 매수인인 丁은 乙의 등기된 임차권을 인수한다.
> ⑤ 부동산 물권을 취득하기 위해서는 원칙적으로 자신의 명의로 등기가 이루어져야 하지만, 경매 기타 법률규정에 의하여 부동산에 관한 물권을 취득하는 경우에는 등기를 요하지 아니한다.

28 다음은 영업사원인 윤석 씨가 오늘 미팅해야 할 거래처 직원들과 방문해야 할 업체에 관한 정보이다. 다음의 정보를 모두 반영하여 하루의 일정을 짠다고 할 때 순서가 올바르게 배열된 것은? (단, 장소 간 이동 시간은 없는 것으로 가정한다)

〈거래처 직원들의 요구 사항〉

- A거래처 과장 : 회사 내부 일정으로 인해 미팅은 10시 ~ 12시 또는 16 ~ 18시까지 2시간 정도 가능합니다.
- B거래처 대리 : 12시부터 점심식사를 하거나, 18시부터 저녁식사를 하시죠. 시간은 2시간이면 될 것 같습니다.
- C거래처 사원 : 외근이 잡혀서 오전 9시부터 10시까지 1시간만 가능합니다.
- D거래처 부장 : 외부 일정으로 18시부터 저녁식사만 가능합니다.

〈방문해야 할 장소와 가능 시간〉

- E서점 : 14 ~ 18시, 소요 시간은 2시간
- F은행 : 12 ~ 16시, 소요 시간은 1시간
- G미술관 관람 : 하루 3회(10시, 13시, 15시), 소요 시간은 1시간

① C거래처 사원 – A거래처 과장 – B거래처 대리 – E서점 – G미술관 – F은행 – D거래처 부장
② C거래처 사원 – A거래처 과장 – F은행 – B거래처 대리 – G미술관 – E서점 – D거래처 부장
③ C거래처 사원 – G미술관 – F은행 – B거래처 대리 – E서점 – A거래처 과장 – D거래처 부장
④ C거래처 사원 – A거래처 과장 – B거래처 대리 – F은행 – G미술관 – E서점 – D거래처 부장
⑤ C거래처 사원 – A거래처 과장 – G미술관 – B거래처 대리 – F은행 – E서점 – D거래처 부장

✿TIP C거래처 사원(9시 ~ 10시) – A거래처 과장(10시 ~ 12시) – B거래처 대리(12시 ~ 14시) – F은행(14시 ~ 15시) – G미술관(15시 ~ 16시) – E서점(16시 ~ 18시) – D거래처 부장(18시 ~)

① E서점까지 들리면 16시가 되는데, 그 이후에 G미술관을 관람할 수 없다.
② F은행까지 들리면 13시가 되는데, B거래처 대리 약속은 18시에 가능하다.
③ G미술관 관람을 마치고 나면 11시가 되는데 F은행은 12시에 가야 한다. 1시간 기다려서 F은행 일이 끝나면 13시가 되는데, B거래처 대리 약속은 18시에 가능하다.
⑤ A거래처 과장을 만나고 나면 1시간 기다려서 G미술관 관람을 하여야 하며, 관람을 마치면 14시가 되어 B거래처 대리를 18시에 만나게 될 수밖에 없는데 그렇게 되면 D거래처 부장은 만날 수 없다.

29 다음의 내용에 따라 두 번의 재배정을 한 결과, 병이 홍보팀에서 수습 중이다. 다른 신입사원과 최종 수습부서를 바르게 연결한 것은?

신입사원을 뽑아서 1년 동안의 수습 기간을 거치게 한 후, 정식사원으로 임명을 하는 한 회사가 있다. 그 회사는 올해 신입사원으로 2명의 여자 직원 갑과 을, 그리고 2명의 남자 직원 병과 정을 뽑았다. 처음 4개월의 수습기간 동안 갑은 기획팀에서, 을은 영업팀에서, 병은 총무팀에서, 정은 홍보팀에서 각각 근무하였다. 그 후 8개월 동안 두 번의 재배정을 통해서 신입사원들은 다른 부서에서도 수습 중이다. 재배정할 때마다 다음의 세 원칙 중 한 가지 원칙만 적용되었고, 같은 원칙은 다시 적용되지 않았다.

〈원칙〉

1. 기획팀에서 수습을 거친 사람과 총무팀에서 수습을 거친 사람은 서로 교체해야 하고, 영업팀에서 수습을 거친 사람과 홍보팀에서 수습을 거치 사람은 서로 교체한다.
2. 총무팀에서 수습을 거친 사람과 홍보팀에서 수습을 거친 사람만 서로 교체한다.
3. 여성 수습사원만 서로 교체한다.

① 갑 - 총무팀   ② 을 - 영업팀
③ 을 - 총무팀   ④ 정 - 영업팀
⑤ 정 - 총무팀

TIP 사원과 근무부서를 표로 나타내면

배정부서	기획팀	영업팀	총무팀	홍보팀
처음 배정 부서	갑	을	병	정
2번째 배정 부서				
3번째 배정 부서				병

㉠ 규칙 1을 2번째 배정에 적용하고 규칙 2를 3번째 배정에 적용하면 기획팀↔총무팀 / 영업팀↔홍보팀이므로 갑↔병 / 을↔정, 규칙 2까지 적용하면 다음과 같다.

배정부서	기획팀	영업팀	총무팀	홍보팀
처음 배정 부서	갑	을	병	정
2번째 배정 부서	병	정	갑	을
3번째 배정 부서			을	갑

㉡ 규칙 3을 먼저 적용하고 규칙 2를 적용하면

배정부서	기획팀	영업팀	총무팀	홍보팀
처음 배정 부서	갑	을	병	정
2번째 배정 부서	을	갑	병	정
3번째 배정 부서	을	갑	정	병

30 다음은 N은행의 외화 송금 수수료에 대한 규정이다. 수수료 규정을 참고할 때, 외국에 있는 친척과 〈보기〉와 같이 3회에 걸쳐 거래를 한 A 씨가 지불한 총 수수료 금액은 얼마인가?

		국내 간 외화 송금(KEB이체)	실시간 국내 송금(결제원이체)
외화자금 국내이체 수수료 (당 · 타발)		U$5,000 이하 : 5,000원 U$10,000 이하 : 7,000원 U$10,000 초과 : 10,000원	U$10,000 이하 : 5,000원 U$10,000 초과 : 10,000원
		인터넷뱅킹 : 5,000원 실시간 이체 : 타발 수수료는 없음	
해외로 외화 송금	송금 수수료	• U$500 이하 : 5,000원 • U$2,000 이하 : 10,000원 • U$5,000 이하 : 15,000원 • U$20,000 이하 : 20,000원 • U$20,000 초과 : 25,000원 ※ 인터넷뱅킹 이용 시 건당 3,000 ~ 5,000원	
		해외 및 중계은행 수수료를 신청인이 부담하는 경우 국외 현지 및 중계은행의 통화별 수수료를 추가로 징구	
	전신료	8,000원 ※ 인터넷뱅킹 및 자동이체 : 5,000원	
	조건변경 전신료	8,000원	
해외/타행에서 받은 송금		건당 10,000원	

〈보기〉

㉠ 외국으로 U$3,500 송금 / 인터넷뱅킹 최저 수수료 적용
㉡ 외국으로 U$600 송금 / 은행 창구
㉢ 외국에서 U$2,500 입금

① 32,000원　　　　　　　　　　② 34,000원
③ 36,000원　　　　　　　　　　④ 38,000원
⑤ 40,000원

🔍TIP　㉠ 인터넷뱅킹을 통한 해외 외화 송금이므로 금액에 상관없이 건당 최저 수수료 3,000원과 전신료 5,000원 발생 → 합 8,000원
　　　　㉡ 은행 창구를 통한 해외 외화 송금이므로 송금 수수료 10,000원과 전신료 8,000원 발생 → 합 18,000원
　　　　㉢ 금액에 상관없이 건당 수수료가 발생하므로 → 10,000원
　　　　따라서 총 지불한 수수료는 8,000 + 18,000 + 10,000 = 36,000원이다.

31 다음 글의 내용이 참이라고 할 때 〈보기〉의 문장 중 반드시 참인 것만을 바르게 나열한 것은?

> 우리는 사람의 인상에 대해서 "선하게 생겼다." 또는 "독하게 생겼다."라는 판단을 할 뿐만 아니라 사람의 인상을 중요시한다. 오래 전부터 사람의 얼굴을 보고 그 사람의 길흉을 판단하는 관상의 원리가 있었다. 관상의 원리를 어떻게 받아들여야 할까?
>
> 관상의 원리가 받아들일 만하다면, 얼굴이 검붉은 사람은 육체적 고생을 하기 마련이다. 그런데 우리는 주위에서 얼굴이 검붉지만 육체적 고생을 하지 않고 편하게 살아가는 사람을 얼마든지 볼 수 있다. 관상의 원리가 받아들일 만하다면, 우리가 사람의 얼굴에 대해서 갖는 인상이란 한갓 선입견에 불과한 것이 아니다. 사람의 인상이 평생에 걸쳐 고정되어 있다고 할 수 있는 경우에만 관상의 원리는 받아들일 만하다. 또한 관상의 원리가 받아들일 만하지 않다면, 관상의 원리에 대한 과학적 근거를 찾으려는 노력은 헛된 것이다. 실제로 많은 사람들이 관상의 원리가 과학적 근거를 가질 것이라고 기대한다. 그런데 우리는 자주 관상가의 판단이 받아들일 만하다고 느끼고, 그런 느낌 때문에 관상의 원리가 과학적 근거를 가질 것이라고 기대하는 것이다. 관상의 원리가 실제로 과학적 근거를 갖는지의 여부는 논외로 하더라도, 관상의 원리에 대하여 과학적 근거가 있을 것이라고 기대하는 사람은 관상의 원리에 의존하는 것이 우리의 삶에 위안을 주는 필요조건 중의 하나라고 믿는다.

〈보기〉

㉠ 관상의 원리는 받아들일 만한 것이 아니다.
㉡ 우리가 사람의 얼굴에 대해서 갖는 인상이란 선입견에 불과하다.
㉢ 사람의 인상은 평생에 걸쳐 고정되어 있다고 할 수 있다.
㉣ 관상의 원리에 대한 과학적 근거를 찾으려는 노력은 헛된 것이다.
㉤ 관상의 원리가 과학적 근거를 갖는다고 기대하는 사람들은 우리가 관상의 원리에 의존하면 삶의 위안을 얻을 것이라고 믿는다.

① ㉠㉣
② ㉡㉤
③ ㉣㉤
④ ㉠㉡㉣
⑤ ㉡㉢㉢

🔍TIP 얼굴이 검붉은 사람은 육체적 고생을 한다고 하나 얼굴이 검붉은 사람이 편하게 사는 것을 보았다.

→ ㉠ 관상의 원리는 받아들일 만한 것이 아니다. (참)
• 선입견이 있으면 관상의 원리를 받아들일 만하다.
• 사람의 인상이 평생에 걸쳐 고정되어 있다고 할 수 있는 경우에만 관상의 원리를 받아들일 만하다.
• 관상의 원리가 받아들일 만하지 않다면 관상의 원리에 대한 과학적 근거를 찾으려는 노력은 헛된 것이다.

→ ㉣ 관상의 원리에 대한 과학적 근거를 찾으려는 노력은 헛된 것이다. (참)

㉤ 관상의 원리가 과학적 근거를 갖는다고 기대하는 사람들은 우리가 관상의 원리에 의존하면 삶의 위안을 얻을 것이라고 믿는다. → 관상의 원리에 대하여 과학적 근거가 있을 것이라고 기대하는 사람은 우리의 삶에 위안을 얻기 위해 관상의 원리에 의존한다고 믿는다.

💡 Answer. 30.③ 31.①

32 다음 글에서 추론할 수 있는 내용만을 바르게 나열한 것은?

> 빌케와 블랙은 얼음이 녹는점에 있다 해도 이를 완전히 물로 녹이려면 상당히 많은 열이 필요함을 발견하였다. 당시 널리 퍼진 속설은 얼음이 녹는점에 이르면 즉시 녹는다는 것이었다. 빌케는 쌓여있는 눈에 뜨거운 물을 끼얹어 녹이는 과정에서 이 속설에 오류가 있음을 알게 되었다. 눈이 녹는점에 있음에도 불구하고 많은 양의 뜨거운 물은 눈을 조금밖에 녹이지 못했기 때문이다.
>
> 블랙은 1757년에 이 속설의 오류를 설명할 수 있는 실험을 수행하였다. 블랙은 따뜻한 방에 두 개의 플라스크 A와 B를 두었는데, A에는 얼음이, B에는 물이 담겨 있었다. 얼음과 물은 양이 같고 모두 같은 온도, 즉 얼음의 녹는점에 있었다. 시간이 지남에 따라 B에 있는 물의 온도는 계속해서 올라갔다. 하지만 A에서는 얼음이 녹으면서 생긴 물과 녹고 있는 얼음의 온도가 녹는점에서 일정하게 유지되었는데 이 상태는 얼음이 완전히 녹을 때까지 지속되었다. 얼음을 녹이는 데 필요한 열량은 같은 양의 물의 온도를 녹는점에서 화씨 140도까지 올릴 수 있는 정도의 열량과 같았다. 블랙은 이 열이 실제로 온도계에 변화를 주지 않기 때문에 이를 '잠열(潛熱)'이라 불렀다.

> ㉠ A의 온도계로는 잠열을 직접 측정할 수 없었다.
> ㉡ 얼음이 녹는점에 이르러도 완전히 녹지 않는 것은 잠열 때문이다.
> ㉢ A의 얼음이 완전히 물로 바뀔 때까지, A의 얼음물 온도는 일정하게 유지된다.

① ㉠   ② ㉡
③ ㉠㉢   ④ ㉡㉢
⑤ ㉠㉡㉢

💡**TIP** 블랙은 이 열이 실제로 온도계에 변화를 주지 않기 때문에 이를 '잠열(潛熱)'이라 불렀다.
　　→ ㉠ A의 온도계로는 잠열을 직접 측정할 수 없었다. (참)
　　　　눈이 녹는점에 있음에도 불구하고 많은 양의 뜨거운 물은 눈을 조금밖에 녹이지 못했다. 이는 잠열 때문이다.
　　→ ㉡ 얼음이 녹는점에 이르러도 완전히 녹지 않는 것은 잠열 때문이다. (참)
　　　　A에서는 얼음이 녹으면서 생긴 물과 녹고 있는 얼음의 온도가 녹는점에서 일정하게 유지되었는데 이 상태는 얼음이 완전히 녹을 때까지 지속되었다.
　　→ ㉢ A의 얼음이 완전히 물로 바뀔 때까지, A의 얼음물 온도는 일정하게 유지된다. (참)

33 쓰레기를 무단 투기하는 사람을 찾기 위해 고심하던 아파트 관리인 세상 씨는 다섯 명의 입주자 A, B, C, D, E를 면담했다. 이들은 각자 다음과 같이 이야기를 했다. 이 가운데 두 사람의 이야기는 모두 거짓인 반면, 세 명의 이야기는 모두 참이라고 한다. 다섯 명 가운데 한 명이 범인이라고 할 때 쓰레기를 무단 투기한 사람은 누구인가?

> • A : 쓰레기를 무단 투기하는 것을 나와 E만 보았다. B의 말은 모두 참이다.
> • B : 쓰레기를 무단 투기한 것은 D이다. D가 쓰레기를 무단 투기하는 것을 E가 보았다.
> • C : D는 쓰레기를 무단 투기하지 않았다. E의 말은 참이다.
> • D : 쓰레기를 무단 투기하는 것을 세 명의 주민이 보았다. B는 쓰레기를 무단 투기하지 않았다.
> • E : 나와 A는 쓰레기를 무단 투기하지 않았다. 나는 쓰레기를 무단 투기하는 사람을 아무도 보지 못했다.

① A   ② B
③ C   ④ D
⑤ E

🔍TIP ㉠ A가 참인 경우
• E는 무단 투기하는 사람을 못 봤다고 했으므로 E의 말은 거짓이 된다.
• A는 B가 참이라고 했으므로 B에 의해 D가 범인이 된다.
• 그러나 C는 D가 무단 투기하지 않았다고 했으므로 C도 거짓이 된다.
• 거짓말을 한 주민이 C, E 두 명이 되었으므로 D의 말은 참이 된다.
• 그러나 D는 쓰레기를 무단 투기하는 사람을 세 명이 주민이 보았다고 했는데 A는 본인과 E만 보았다고 했으므로 D는 범인이 될 수 없다.
㉡ A가 거짓인 경우
• A의 말이 거짓이면 B의 말도 모두 거짓이 된다.
• 거짓말을 한 사람이 A, B이므로 C, D, E는 참말을 한 것이 된다.
• C에 의하면 D는 범인이 아니다.
• D에 의하면 B는 범인이 아니다.
• E에 의하면 A는 범인이 아니다.
따라서 C가 범인이다.

34 직장인 갑은 3년 전 농협은행에서 '더 나은 미래 예금'이란 상품에 가입했고 얼마 전 가입 기간이 다 지났음을 알았다. 다음은 현재 농협은행에 대한 갑의 거래실적과 해당 상품에 대한 간략한 설명이다. 갑은 이 상품에서 최대 몇 %의 우대금리를 받게 되는가?

갑은 3년 전 농협은행에서 '더 나은 미래 예금'이란 상품에 가입할 때까지 한 번도 농협은행과 거래를 하지 않다가 이 상품의 가입을 통해 농협은행의 최초 거래 고객이 되었다. 그는 이때 추가 우대금리를 받을 수 있다는 직원의 말에 농협은행 채움카드(체크카드)를 신청했고 가입 기간이 지난 현재까지 약 120만 원의 이용 실적을 쌓았다. 또한 같은 이유로 현재까지 더 나은 미래 통장에서 농협은행 적립식 펀드로 매달 10만 원씩 자동이체를 신청했고 NH투자증권 Asset 글로벌 증권 통장의 증권계좌를 통해 증권 거래를 한다.

〈더 나은 미래 예금〉

1. 상품 특징
   카드, 펀드, 증권 등 교차 거래실적에 따라 우대금리를 제공하는 예금 상품
2. 가입대상
   개인(가입좌수 제한 없음)
3. 가입 기간
   1년 ~ 3년 월 단위
4. 가입금액
   100만 원 이상
5. 적립방법
   정기예금
6. 우대금리(모든 거래 실적은 예금가입일부터 만기월 전전월말까지의 거래실적에 한한다)
   • 특별우대 – 가입시점 농협은행 최초 거래 고객 특별우대금리 0.2%
   • 복합거래 카드 농협은행 채움카드(신용, 체크) 100만 원 이상 이용 시 0.1%
   • 복합거래 펀드 더 나은 미래 통장에서 농협은행 적립식 펀드로 자동이체 시 0.1%
   • 복합거래 증권 NH투자증권(Asset 통장 및 Asset 글로벌 증권 통장의 증권계좌) 거래실적이 있는 경우 0.1%

① 최대 0.1%   ② 최대 0.2%
③ 최대 0.3%   ④ 최대 0.4%
⑤ 최대 0.5%

✎TIP 갑은 '더 나은 미래 예금'이란 상품의 가입을 통해 농협은행의 최초 거래 고객이 되었고(0.2%) 이때 농협은행 채움카드(체크카드)를 신청해 가입 기간이 지난 현재까지 약 120만 원의 이용 실적을 쌓았으며(0.1%) 현재까지 더 나은 미래 통장에서 농협은행 적립식 펀드로 매달 10만 원씩 자동이체를 하고 있다(0.1%). 그리고 NH투자증권 Asset 글로벌 증권 통장의 증권계좌를 통해 증권 거래까지 함(0.1%)으로써 그는 최대 0.5%의 우대금리를 받을 수 있다.

35 다음 조건을 참고할 때, 5명이 입고 있는 옷의 색깔을 올바르게 설명하고 있는 것은?

> - 갑, 을, 병, 정, 무 5명은 각기 빨간색, 파란색, 검은색, 흰색 옷을 입고 있으며 같은 색 옷을 입은 사람은 2명이다.
> - 병과 정은 파란색과 검은색 옷을 입지 않았다.
> - 을과 무는 흰색과 빨간색 옷을 입지 않았다.
> - 갑, 을, 병, 정은 모두 다른 색 옷을 입고 있다.
> - 을, 병, 정, 무는 모두 다른 색 옷을 입고 있다.

① 병과 정은 같은 색 옷을 입고 있다.

② 정이 흰색 옷을 입고 있다면 병은 무와 같은 색 옷을 입고 있다.

③ 무가 파란색 옷을 입고 있다면 갑은 검은색 옷을 입고 있다.

④ 병이 빨간색 옷을 입고 있다면 갑은 흰색 옷을 입고 있다.

⑤ 을이 검은색 옷을 입고 있다면 파란색 옷을 입은 사람은 2명이다.

✎TIP 주어진 조건을 표로 정리하면 다음과 같다.

경우	갑	을	병	정	무
㉠	검은색	파란색	빨간색	흰색	검은색
㉡	파란색	검은색	흰색	빨간색	파란색

따라서 보기 ⑤에서 언급한 바와 같이 을이 검은색 옷을 입고 있다면 갑과 무는 파란색 옷을 입고 있는 것이 되므로 파란색 옷을 입고 있는 사람은 2명이 된다.

36 다음 조건이 참이라고 할 때 항상 참인 것을 고르면?

> - 민수는 A기업에 다닌다.
> - 영어를 잘하면 업무 능력이 뛰어난 것이다.
> - 영어를 잘하지 못하면 A기업에 다닐 수 없다.
> - A기업은 우리나라 대표 기업이다.

① 민수는 업무 능력이 뛰어나다.
② A기업에 다니는 사람들은 업무 능력이 뛰어나지 못하다.
③ 민수는 영어를 잘하지 못한다.
④ 민수는 수학을 매우 잘한다.
⑤ 업무 능력이 뛰어난 사람은 A기업에 다니는 사람이 아니다.

🔍**TIP** 주어진 조건을 잘 풀어보면 민수는 A기업에 다닌다, 영어를 잘하면 업무 능력이 뛰어나다, 업무 능력이 뛰어나지 못하면 영어를 못한다, 영어를 못하는 사람은 A기업에 다니지 않는다, A기업 사람은 영어를 잘한다. 전체적으로 연결시켜 보면 '민수 → A기업에 다닌다. → 영어를 잘한다. → 업무 능력이 뛰어나다.' 이므로 '민수는 업무 능력이 뛰어나다.'는 결론을 도출할 수 있다.

37 A, B, C, D, E, F가 달리기 경주를 하여 보기와 같은 결과를 얻었다. 1등부터 6등까지 순서대로 나열한 것은?

> ⊙ A는 D보다 먼저 결승점에 도착하였다.
> ⓒ E는 B보다 더 늦게 도착하였다.
> ⓒ D는 C보다 먼저 결승점에 도착하였다.
> ⓒ B는 A보다 더 늦게 도착하였다.
> ⑩ E가 F보다 더 앞서 도착하였다.
> ⓗ C보다 먼저 결승점에 들어온 사람은 두 명이다.

① A - D - C - B - E - F
② A - D - C - E - B - F
③ F - E - B - C - D - A
④ B - F - C - E - D - A
⑤ C - D - B - E - F - A

🔍**TIP** ⊙과 ⓒ에 의해 A - D - C 순서이다.
ⓗ에 의해 나머지는 모두 C 뒤에 들어왔다는 것을 알 수 있다.
ⓒ과 ⑩에 의해 B - E - F 순서이다.
따라서 A - D - C - B - E - F 순서가 된다.

38 다음 조건을 만족할 때, 영호의 비밀번호에 쓰일 수 없는 숫자는 어느 것인가?

- 영호는 회사 컴퓨터에 비밀번호를 설정해 두었으며, 비밀번호는 1 ~ 9까지의 숫자 중 중복되지 않는 네 개의 숫자이다.
- 네 자리의 비밀번호는 오름차순으로 정리되어 있으며, 네 자릿수의 합은 20이다.
- 가장 큰 숫자는 8이며, 짝수가 2개, 홀수가 2개이다.
- 짝수 2개는 연이은 자릿수에 쓰이지 않았다.

① 2   ② 3

③ 4   ④ 5

⑤ 6

TIP 오름차순으로 정리되어 있으므로 마지막 숫자가 8이다. 따라서 앞의 세 개의 숫자는 1 ~ 7까지의 숫자들이며, 이를 더해 12가 나와야 한다. 8을 제외한 세 개의 숫자가 4이하의 숫자만으로 구성되어 있다면 12가 나올 수 없으므로 5, 6, 7 중 하나 이상의 숫자는 반드시 사용되어야 한다. 또한 짝수와 홀수가 각각 2개씩이어야 한다.

- 세 번째 숫자가 7일 경우
  앞 두 개의 숫자의 합은 5가 되어야 하므로 1, 4 또는 2, 3이 가능하여 1478, 2378의 비밀번호가 가능하다.
- 세 번째 숫자가 6일 경우
  앞 두 개의 숫자는 모두 홀수이면서 합이 6이 되어야 하므로 1, 5가 가능하나, 이 경우 1568의 네 자리는 짝수가 연이은 자릿수에 쓰였으므로 비밀번호 생성이 불가능하다.
- 세 번째 숫자가 5일 경우
  앞 두 개의 숫자의 합은 7이어야 하며 홀수와 짝수가 한 개씩 이어야 한다. 따라서 3458이 가능하다.

결국 가능한 비밀번호는 1478, 2378, 3458의 세 가지가 되어 이 비밀번호에 쓰일 수 없는 숫자는 6이 되는 것을 알 수 있다.

39 다음 글의 내용이 참일 때 최종 선정되는 단체는 어디인가?

문화체육관광부는 우수 문화예술 단체 A, B, C, D, E 중 한 곳을 선정하여 지원하려 한다. 문화체육관광부의 금번 선정 방침은 다음 두 가지이다. 첫째, 어떤 형태로든 지원을 받고 있는 단체는 최종 후보가 될 수 없다. 둘째, 최종 선정 시 올림픽 관련 단체를 엔터테인먼트 사업(드라마, 영화, 가요) 단체보다 우선한다.

A 단체는 자유무역협정을 체결한 필리핀에 드라마 콘텐츠를 수출하고 있지만 올림픽과 관련한 사업은 하지 않는다. B 단체는 올림픽의 개막식 행사를, C 단체는 올림픽의 폐막식 행사를 각각 주관하는 단체이다. E 단체는 오랫동안 한국 음식문화를 세계에 보급해 온 단체이다. A와 C 단체 중 적어도 한 단체가 최종 후보가 되지 못한다면, 대신 B와 E 중 적어도 한 단체는 최종 후보가 된다. 반면 게임 개발로 각광을 받는 단체인 D가 최종 후보가 된다면, 한국과 자유무역협정을 체결한 국가와 교역을 하는 단체는 모두 최종 후보가 될 수 없다.

후보 단체들 중 가장 적은 부가가치를 창출한 단체는 최종 후보가 될 수 없고, 최종 선정은 최종 후보가 된 단체 중에서만 이루어진다.

문화체육관광부의 조사 결과, 올림픽의 개막식 행사를 주관하는 모든 단체는 이미 보건복지부로부터 지원을 받고 있다. 그리고 위 문화예술 단체 가운데 한국 음식문화 보급과 관련된 단체의 부가가치 창출이 가장 저조하였다.

① A   ② B

③ C   ④ D

⑤ E

🔍**TIP** ① A 단체는 자유무역협정을 체결한 필리핀에 드라마 콘텐츠를 수출하고 있지만 올림픽과 관련된 사업은 하지 않는다. 최종 선정 시 올림픽 관련 단체를 엔터테인먼트 사업 단체보다 우선하므로 B, C와 같이 최종 후보가 된다면 A는 선정될 수 없다.

② 올림픽의 개막식 행사를 주관하는 모든 단체는 이미 보건복지부로부터 지원을 받고 있다. B 단체는 올림픽의 개막식 행사를 주관하는 단체이다. → B 단체는 선정될 수 없다.

③ A와 C 단체 중 적어도 한 단체가 최종 후보가 되지 못한다면, 대신 B와 E 중 적어도 한 단체는 최종 후보가 된다. ②⑤를 통해 B, E 단체를 후보가 될 수 없다. 후보는 A와 C가 된다.

④ D가 최종 후보가 된다면, 한국과 자유무역협정을 체결한 국가와 교역을 하는 단체는 모두 최종 후보가 될 수 없다. D가 최종 후보가 되면 A가 될 수 없고 A가 된다면 D는 될 수 없다.

⑤ 후보 단체들 중 가장 적은 부가가치를 창출한 단체는 최종 후보가 될 수 없고, 한국 음식문화 보급과 관련된 단체의 부가가치 창출이 가장 저조하였다. E 단체는 오랫동안 한국 음식문화를 세계에 보급해 온 단체이다. → E 단체는 선정될 수 없다.

40 김 대리는 모스크바 현지 영업소로 출장을 갈 계획이다. 4일 오후 2시 모스크바에서 회의가 예정되어 있어 모스크바 공항에 적어도 오전 11시 이전에는 도착하고자 한다. 인천에서 모스크바까지 8시간이 걸리며, 시차는 인천이 모스크바보다 6시간이 더 빠르다. 김 대리는 인천에서 늦어도 몇 시에 출발하는 비행기를 예약하여야 하는가?

① 3일 09 : 00

② 3일 19 : 00

③ 4일 09 : 00

④ 4일 11 : 00

⑤ 5일 02 : 00

> 🔍TIP 인천에서 모스크바까지 8시간이 걸리고, 6시간이 인천이 더 빠르므로
> 09 : 00시 출발 비행기를 타면 $9+(8-6)=11$시 도착
> 19 : 00시 출발 비행기를 타면 $19+(8-6)=21$시 도착
> 02 : 00시 출발 비행기를 타면 $2+(8-6)=4$시 도착.

chapter 03 수리능력

(1) 기초직업능력으로서의 수리능력

① 정의 : 직장생활에서 요구되는 사칙연산과 기초적인 통계를 이해하고 도표의 의미를 파악하거나 도표를 이용해서 결과를 효과적으로 제시하는 능력이다. 수리능력은 크게 기초 연산능력, 기초 통계능력, 도표 분석능력, 도표 작성능력으로 구성된다.

② 기초 연산능력 : 직장생활에서 필요한 기초적인 사칙연산과 계산방법을 이해하고 활용할 수 있는 능력

③ 기초 통계능력 : 평균, 합계, 빈도 등 직장생활에서 자주 사용되는 기초적인 통계기법을 활용하여 자료의 특성과 경향성을 파악하는 능력

④ 도표 분석능력 : 그래프, 그림 등 도표의 의미를 파악하고 필요한 정보를 해석하는 능력

⑤ 도표 작성능력 : 도표를 이용하여 결과를 효과적으로 제시하는 능력

(2) 업무 수행에서 수리능력이 활용되는 경우

① 업무상 계산을 수행하고 결과를 정리하는 경우

② 업무비용을 측정하는 경우

③ 고객과 소비자의 정보를 조사하고 결과를 종합하는 경우

④ 조직의 예산안을 작성하는 경우

⑤ 업무 수행 경비를 제시해야 하는 경우

⑥ 다른 상품과 가격비교를 하는 경우

⑦ 연간 상품 판매실적을 제시하는 경우

⑧ 업무비용을 다른 조직과 비교해야 하는 경우

⑨ 상품판매를 위한 지역조사를 실시해야 하는 경우

⑩ 업무 수행과정에서 도표로 주어진 자료를 해석하는 경우

⑪ 도표로 제시된 업무비용을 측정하는 경우

(3) 수리능력의 중요성

① 수학적 사고를 통한 문제 해결

② 직업세계의 변화에의 적응

③ 실용적 가치의 구현

204 PART. II 직무능력평가

수리능력은 업무를 수행함에 있어 요구되는 사칙연산과 도표 및 데이터 정리, 통계를 이해하고 적용하는 능력이다. 기초적인 연산능력을 바탕으로 하는 자료해석이 주로 출제되는 편이며 실무 위주의 그래프 등의 자료를 제시하여 의사결정을 묻는 문제가 출제된다.

하위능력별 출제 유형

기초 연산능력 ✦✦✦✦✦
단일 유형으로 나오지는 않지만, 실제 시험에서 짧은 시간 안에 매우 복잡한 연산을 요구하는 문제로 구성되며, 수리능력 전반적으로 등장한다.

기초 통계능력 ✦✦◇◇◇
기초적인 통계기법(평균, 합계, 빈도 등)을 활용할 수 있는 능력의 유무를 따지는 문제로 구성된다.

도표 분석능력 ✦✦✦✦✦
수리논리의 자료해석과 같으며, 업무관련성이 높고, 각 기업의 특징이 가장 많이 포함되어 있는 표와 그래프로 등장한다.

도표 작성능력 ✦✦✦◇◇
주어진 표와 그래프 등을 더욱 효과적으로 보이게 하기 위한 문제로 구성되며, 자료 변환 등 직무적성 유형도 출제된다.

하위능력별 출제 빈도

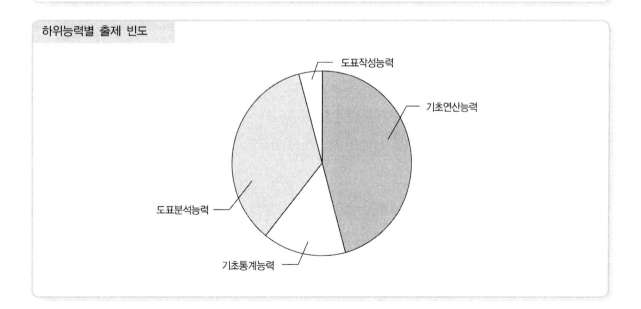

(1) 사칙연산

수에 관한 덧셈, 뺄셈, 곱셈, 나눗셈의 네 종류의 계산법으로 업무를 원활하게 수행하기 위해서는 기본적인 사칙연산 뿐만 아니라 다단계의 복잡한 사칙연산까지도 수행할 수 있어야 한다.

(2) 검산

① **정의** : 연산의 결과를 확인하는 과정으로 대표적인 검산방법으로 역연산과 구거법이 있다.

② **역연산** : 덧셈은 뺄셈으로, 뺄셈은 덧셈으로, 곱셈은 나눗셈으로, 나눗셈은 곱셈으로 확인하는 방법이다.

③ **구거법** : 원래의 수와 각 자리 수의 합이 9로 나눈 나머지가 같다는 원리를 이용한 것으로 9를 버리고 남은 수로 계산하는 것이다.

(3) 단위환산표

구분	단위환산
길이	$1cm = 10mm$, $1m = 100cm$, $1km = 1,000m$
넓이	$1cm^2 = 100mm^2$, $1m^2 = 10,000cm^2$, $1km^2 = 1,000,000m^2$
부피	$1cm^3 = 1,000mm^3$, $1m^3 = 1,000,000cm^3$, $1km^3 = 1,000,000,000m^3$
들이	$1m\ell = 1cm^3$, $1d\ell = 100cm^3$, $1L = 1,000cm^3 = 10d\ell$
무게	$1kg = 1,000g$, $1t = 1,000kg = 1,000,000g$
시간	1분 = 60초, 1시간 = 60분 = 3,600초
할푼리	1푼 = 0.1할, 1리 = 0.01할, 1모 = 0.001할

하위능력 02 기초 통계능력

(1) 업무 수행과 통계

① 정의 : 통계란 집단현상에 대한 구체적인 양적 기술을 반영하는 숫자로 업무 수행에 통계를 활용함으로써 얻을 수 있는 이점이 있다. 많은 수량적 자료를 처리가능하고 쉽게 이해할 수 있는 형태로 축소하고, 표본을 통해 연구대상 집단의 특성을 유추, 의사결정의 보조수단, 관찰 가능한 자료를 통해 논리적으로 결론을 추출 · 검증을 할 수 있다.

② 기본적인 통계치
- 빈도와 빈도분포 : 빈도란 어떤 사건이 일어나거나 증상이 나타나는 정도를 의미하며, 빈도분포란 빈도를 표나 그래프로 종합적으로 표시하는 것이다.
- 평균 : 모든 사례의 수치를 합한 후 총 사례 수로 나눈 값이다.
- 백분율 : 전체의 수량을 100으로 하여 생각하는 수량이 그중 몇이 되는가를 퍼센트로 나타낸 것이다.

(2) 통계기법

① 범위와 평균
- 범위 : 분포의 흩어진 정도를 가장 간단히 알아보는 방법으로 최곳값에서 최젓값을 뺀 값을 의미한다.
- 평균 : 집단의 특성을 요약하기 위해 가장 자주 활용하는 값으로 모든 사례의 수치를 합한 후 총 사례 수로 나눈 값이다.
- 관찰값이 1, 3, 5, 7, 9일 경우 범위는 9 − 1 = 8이 되고, 평균은 $\dfrac{1+3+5+7+9}{5} = 5$가 된다.

② 분산과 표준편차
- 분산 : 관찰값의 흩어진 정도로, 각 관찰값과 평균값의 차의 제곱의 평균이다.
- 표준편차 : 평균으로부터 얼마나 떨어져 있는가를 나타내는 개념으로 분산값의 제곱근 값이다.
- 관찰값이 1, 2, 3이고 평균이 2인 집단의 분산은 $\dfrac{(1-2)^2+(2-2)^2+(3-2)^2}{3} = \dfrac{2}{3}$이고 표준편차는 분산값의 제곱근 값인 $\sqrt{\dfrac{2}{3}}$ 이다.

(3) 통계자료의 해석

① 다섯숫자요약
- 최솟값 : 원자료 중 값의 크기가 가장 작은 값
- 최댓값 : 원자료 중 값의 크기가 가장 큰 값
- 중앙값 : 최솟값부터 최댓값까지 크기에 의하여 배열했을 때 중앙에 위치하는 사례의 값
- 하위 25%값 · 상위 25%값 : 원자료를 크기 순으로 배열하여 4등분한 값
② 평균값과 중앙값 : 평균값과 중앙값은 그 개념이 다르기 때문에 명확하게 제시해야 한다.

도표 분석능력

(1) 도표의 종류

① 목적별 : 관리(계획 및 통제), 해설(분석), 보고

② 용도별 : 경과 그래프, 내역 그래프, 비교 그래프, 분포 그래프, 상관 그래프, 계산 그래프

③ 형상별 : 선 그래프, 막대 그래프, 원 그래프, 점 그래프, 층별 그래프, 레이더 차트

(2) 도표의 활용

① 선 그래프

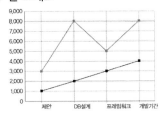

- 주로 시간의 경과에 따라 수량에 의한 변화 상황(시계열 변화)을 절선의 기울기로 나타내는 그래프이다.
- 경과, 비교, 분포를 비롯하여 상관관계 등을 나타낼 때 쓰인다.

② 막대 그래프

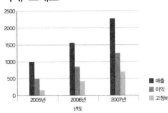

- 비교하고자 하는 수량을 막대 길이로 표시하고 그 길이를 통해 수량 간의 대소관계를 나타내는 그래프이다.
- 내역, 비교, 경과, 도수 등을 표시하는 용도로 쓰인다.

③ 원 그래프

- 내역이나 내용의 구성비를 원을 분할하여 나타낸 그래프이다.
- 전체에 대해 부분이 차지하는 비율을 표시하는 용도로 쓰인다.

④ 점 그래프

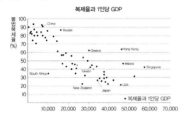

- 종축과 횡축에 2요소를 두고 보고자 하는 것이 어떤 위치에 있는가를 나타내는 그래프이다.
- 지역분포를 비롯하여 도시, 기방, 기업, 상품 등의 평가나 위치·성격을 표시하는 데 쓰인다.

⑤ 층별 그래프

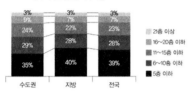

- 선 그래프의 변형으로 연속내역 봉 그래프라고 할 수 있다. 선과 선 사이의 크기로 데이터 변화를 나타낸다.
- 합계와 부분의 크기를 백분율로 나타내고 시간적 변화를 보고자 할 때나 합계와 각 부분의 크기를 실수로 나타내고 시간적 변화를 보고자 할 때 쓰인다.

⑥ 레이더 차트(거미줄 그래프)

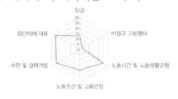

- 원 그래프의 일종으로 비교하는 수량을 직경, 또는 반경으로 나누어 원의 중심에서의 거리에 따라 각 수량의 관계를 나타내는 그래프이다.
- 비교하거나 경과를 나타내는 용도로 쓰인다.

(3) 도표 해석상의 유의사항

① 요구되는 지식의 수준을 넓힌다.

② 도표에 제시된 자료의 의미를 정확히 숙지한다.

③ 도표로부터 알 수 있는 것과 없는 것을 구별한다.

④ 총량의 증가와 비율의 증가를 구분한다.

⑤ 백분위수와 사분위수를 정확히 이해하고 있어야 한다.

도표 작성능력

(1) 도표 작성 절차

① 어떠한 도표로 작성할 것인지를 결정

② 가로축과 세로축에 나타낼 것을 결정

③ 한 눈금의 크기를 결정

④ 자료의 내용을 가로축과 세로축이 만나는 곳에 표현

⑤ 표현한 점들을 선분으로 연결

⑥ 도표의 제목을 표기

(2) 선 그래프 작성 시 유의점

① 세로축에 수량, 가로축에 명칭구분을 제시한다.

② 선의 높이에 따라 수치를 파악하는 경우가 많으므로 세로축의 눈금을 가로축보다 크게 하는 것이 효과적이다.

③ 선이 두 종류 이상일 경우 반드시 그 명칭을 기입한다.

(3) 막대 그래프 작성 시 유의점

① 막대 수가 많을 경우에는 눈금선을 기입하는 것이 알아보기 쉽다.

② 막대의 폭은 모두 같게 하여야 한다.

(4) 원 그래프 작성 시 유의점

① 정각 12시의 선을 기점으로 오른쪽으로 그리는 것이 보통이다.

② 분할선은 구성비율이 큰 순서로 그린다.

(5) 층별 그래프 작성 시 유의점

① 눈금은 선 그래프나 막대 그래프보다 적게 하고 눈금선은 넣지 않는다.

② 층별로 색이나 모양이 완전히 다른 것이어야 한다.

③ 같은 항목은 옆에 있는 층과 선으로 연결하여 보기 쉽도록 한다.

예제 01 도표 분석능력

다음 자료를 보고 주어진 상황에 대한 물음에 답하시오.

근로소득에 대한 간이 세액표						
월 급여액(천 원) (비과세 및 학자금 제외)		공제대상 가족 수				
이상	미만	1	2	3	4	5
2,500	2,520	38,960	29,280	16,940	13,570	10,190
2,520	2,540	40,670	29,960	17,360	13,990	10,610
2,540	2,560	42,380	30,640	17,790	14,410	11,040
2,560	2,580	44,090	31,330	18,210	14,840	11,460
2,580	2,600	45,800	32,680	18,640	15,260	11,890
2,600	2,620	47,520	34,390	19,240	15,680	12,310
2,620	2,640	49,230	36,100	19,900	16,110	12,730
2,640	2,660	50,940	37,810	20,560	16,530	13,160
2,660	2,680	52,650	39,530	21,220	16,960	13,580
2,680	2,700	54,360	41,240	21,880	17,380	14,010
2,700	2,720	56,070	42,950	22,540	17,800	14,430
2,720	2,740	57,780	44,660	23,200	18,230	14,850
2,740	2,760	59,500	46,370	23,860	18,650	15,280

※ 1) 갑근세는 제시되어 있는 간이 세액표에 따름
2) 주민세 = 갑근세의 10%
3) 국민연금 = 급여액의 4.50%
4) 고용보험 = 국민연금의 10%
5) 건강보험 = 급여액의 2.90%
6) 교육지원금 = 분기별 100,000원(매 분기별 첫 달에 지급)

5월 급여내역이 다음과 같고 전월과 동일하게 근무하였으나, 특별수당은 없고 차량지원금으로 100,000원을 받게 된다면, 6월에 받게 되는 급여는 얼마인가? (단, 원 단위 절삭)

(주) 서원플랜테크 5월 급여내역			
성명	박○○	지급일	5월 12일
기본급여	2,240,000	갑근세	39,530
직무수당	400,000	주민세	3,950
명절 상여금		고용보험	11,970
특별수당	20,000	국민연금	119,700
차량지원금		건강보험	77,140
교육지원		기타	
급여계	2,660,000	공제합계	252,290
지급총액			2,407,710

① 2,443,910
② 2,453,910
③ 2,463,910
④ 2,473,910

출제의도
업무상 계산을 수행하거나 결과를 정리하고 업무비용을 측정하는 능력을 평가하기 위한 문제로서, 주어진 자료에서 문제를 해결하는 데에 필요한 부분을 빠르고 정확하게 찾아내는 것이 중요하다.

해설

기본급여	2,240,000	갑근세	46,370
직무수당	400,000	주민세	4,630
명절 상여금		고용보험	12,330
특별수당		국민연금	123,300
차량지원금	100,000	건강보험	79,460
교육지원		기타	
급여계	2,740,000	공제합계	266,090
지급총액			2,473,910

≫ ④

예제 02 기초 연산능력

둘레의 길이가 4.4km인 정사각형 모양의 공원이 있다. 이 공원의 넓이는 몇 a인가?

① 12,100a   ② 1,210a
③ 121a   ④ 12.1a

예제 03 기초 통계능력

인터넷 쇼핑몰에서 회원가입을 하고 디지털 캠코더를 구매하려고 한다. 다음은 구입하고자 하는 모델에 대하여 인터넷 쇼핑몰 세 곳의 가격과 조건을 제시한 표이다. 표에 있는 모든 혜택을 적용하였을 때 디지털 캠코더의 배송비를 포함한 실제 구매가격을 바르게 비교한 것은?

구분	A 쇼핑몰	B 쇼핑몰	C 쇼핑몰
정상가격	129,000원	131,000원	130,000원
회원혜택	7,000원 할인	3,500원 할인	7% 할인
할인쿠폰	5% 쿠폰	3% 쿠폰	5,000원
중복할인여부	불가	가능	불가
배송비	2,000원	무료	2,500원

① A < B < C   ② B < C < A
③ C < A < B   ④ C < B < A

다음 표는 2019 ~ 2020년 지역별 직장인들의 자기개발에 관해 조사한 내용을 정리한 것이다. 이에 대한 분석으로 옳은 것은?

(단위 : %)

연도	2019년				2020년			
구분	자기개발 하고 있음	자기개발 비용 부담 주체			자기개발 하고 있음	자기개발 비용 부담 주체		
지역		직장 100%	본인 100%	직장50% + 본인50%		직장 100%	본인 100%	직장50% + 본인50%
충청도	36.8	8.5	88.5	3.1	45.9	9.0	65.5	24.5
제주도	57.4	8.3	89.1	2.9	68.5	7.9	68.3	23.8
경기도	58.2	12	86.3	2.6	71.0	7.5	74.0	18.5
서울시	60.6	13.4	84.2	2.4	72.7	11.0	73.7	15.3
경상도	40.5	10.7	86.1	3.2	51.0	13.6	74.9	11.6

① 2019년과 2020년 모두 자기개발 비용을 본인이 100% 부담하는 사람의 수는 응답자의 절반 이상이다.

② 자기개발을 하고 있다고 응답한 사람의 수는 2019년과 2020년 모두 서울시가 가장 많다.

③ 자기개발 비용을 직장과 본인이 각각 절반씩 부담하는 사람의 비율은 2019년과 2020년 모두 서울시가 가장 높다.

④ 2019년과 2020년 모두 자기개발을 하고 있다고 응답한 비율이 가장 높은 지역에서 자기개발비용을 직장이 100% 부담한다고 응답한 사람의 비율이 가장 높다.

출제의도

그래프, 그림, 도표 등 주어진 자료를 이해하고 의미를 파악하여 필요한 정보를 해석하는 능력을 평가하는 문제이다.

해설

② 지역별 인원수가 제시되어 있지 않으므로, 각 지역별 응답자 수는 알 수 없다.

③ 2019년에는 경상도에서, 2020년에는 충청도에서 가장 높은 비율을 보인다.

④ 2019년과 2020년 모두 '자기개발을 하고 있다'고 응답한 비율이 가장 높은 지역은 서울시이며, 2020년의 경우 자기개발 비용을 직장이 100% 부담한다고 응답한 사람의 비율이 가장 높은 지역은 경상도이다.

≫ ①

1 　NH농협은행의 대출심사부에서는 가계대출 상품의 상품 설명서 내용 중 연체이자에 대한 다음과 같은 사항을 고객에게 안내하려고 한다. 다음을 참고할 때, 주택담보대출(원금 1억 2천만 원, 약정이자율 연 5%)의 월납이자(50만 원)를 미납하여 연체가 발생하고, 연체 발생 후 3개월 시점에 납부할 경우의 연체이자는 얼마인가?

> - 연체이자율은 [대출이자율＋연체기간별 연체가산이자율]로 적용합니다.
>   ※ 연체가산이자율은 연 3%로 적용합니다.
> - 연체이자율은 최고 15%로 합니다.
> - 상품에 따라 연체이자율이 일부 달라지는 경우가 있으므로 세부적인 사항은 대출거래 약정서 등을 참고하시기 바랍니다.
> - 연체이자(지연배상금)를 내셔야 하는 경우
>   ※ 「이자를 납입하기로 약정한 날」에 납입하지 아니한 때 : 이자를 납입하여야 할 날의 다음날부터 1개월(주택담보대출의 경우 2개월)까지는 내셔야 할 약정이자에 대해 연체이자가 적용되고, 1개월(주택담보대출의 경우 2개월)이 경과하면 기한이익상실로 인하여 대출원금에 연체이율을 곱한 연체 이자를 내셔야 합니다.

① 798,904원　　　　　　　　　② 775,304원

③ 750,992원　　　　　　　　　④ 731,528원

⑤ 710,044원

Q-TIP 주택담보대출의 경우이므로 3개월의 연체기간을 월별로 나누어 계산해 보면 다음 표와 같이 정리될 수 있다.

연체기간	계산방법	연체이자
연체발생 ~ 30일분	지체된 약정이자(50만 원) × 연 8%(5% + 3%) × 30/365	3,288원
연체 31일 ~ 60일분	지체된 약정이자(100만 원) × 연 8%(5% + 3%) × 30/365	6,575원
연체 61일 ~ 90일분	원금(1억 2천만 원) × 연 8%(5% + 3%) × 30/365	789,041원
합계		798,904원

따라서 798,904원이 된다.

2 다음 표와 설명을 참고할 때, '부채'가 가장 많은 기업부터 순서대로 올바르게 나열된 것은?

〈A ~ D기업의 재무 현황〉

(단위 : 억 원, %)

	A기업	B기업	C기업	D기업
유동자산	13	15	22	20
유동부채	10	12	20	16
순운전자본비율	10	8.6	5.6	9.5
타인자본	10	20	12	14
부채비율	90	140	84	88

※ 1) 순운전자본비율 = (유동자산 - 유동부채) ÷ 총 자본 × 100

　 2) 부채비율 = 부채 ÷ 자기자본 × 100

　 3) 총 자본 = 자기자본 + 타인자본

① D기업 - B기업 - C기업 - A기업

② B기업 - D기업 - C기업 - A기업

③ D기업 - B기업 - A기업 - C기업

④ A기업 - B기업 - C기업 - D기업

⑤ D기업 - C기업 - B기업 - A기업

TIP 부채를 알기 위해서는 자기자본을 알아야 하며, 타인자본이 제시되어 있으므로 자기자본을 알기 위해서는 총 자본을 알아야 한다. 또한 순운전자본비율이 제시되어 있으므로 유동자산, 유동부채를 이용하여 총 자본을 계산해 볼 수 있다. 따라서 이를 계산하여 정리하면 다음과 같은 표로 정리될 수 있다.

(단위 : 억 원, %)

	A기업	B기업	C기업	D기업
유동자산	13	15	22	20
유동부채	10	12	20	16
자기자본	20	15	24	28
총 자본	30	35	36	42
순운전자본비율	10	8.6	5.6	9.5
타인자본	10	20	12	14
부채비율	90	140	84	88
부채	18	21	20	25

따라서 부채가 많은 기업은 D기업 - B기업 - C기업 - A기업의 순이 된다.

Answer. 1.① 2.①

3 다음 최저임금과 관련된 자료를 참고할 때, 2021년 A 씨의 급여명세서 상 '급여 합계액'을 기준으로 한 시급과 최저임금 지급 규정에 따른 시급과의 차액은 얼마인가? (단, 금액은 절삭하여 정수로 표시한다)

〈최저임금 비교〉

	2020년	2021
시급	8,590원	8,720원
일급(1일 8시간 기준)	68,720원	69,760원
월급(1주 40시간, 월 209시간 기준)	1,795,310원	1,822,480원

〈최저임금 계산에 포함되지 않는 임금〉
• 매월 지급되지 않는 임금(성기 상여금, 명절 수당 등)
• 기본급 성격이 없는 임금(초과근무수당, 숙직수당, 연차수당 등)
• 복리후생비 성격을 가진 임금(식대, 가족수당, 통근수당 등)

〈2021년 A 씨의 1월 급여명세서〉

기본급	1,500,000원
식대	100,000원
직무수당	100,000원
시간 외 수당	82,500원
가족 수당	30,000원
급여 합계액	1,812,500원

※ A 씨는 1월 209시간 근무한 것으로 가정함

① 1,055원
② 1,059원
③ 1,062원
④ 1,065원
⑤ 1,068원

TIP 복리후생비 성격을 가진 식대와 가족수당, 그리고 시간 외 수당은 최저임금 계산에서 제외되어야 한다. 따라서 기본급 + 직무수당인 1,600,000원이 계산된다. 월 209시간 근무하였으므로 이것을 기준으로 시급을 구해 보면 1,600,000 ÷ 209 = 7,655원이 된다.
따라서 최저임금 지급 규정에 따른 시급인 8,720원과는 8,720 − 7,655 = 1,065원의 차이가 난다.

4 A, B, C 직업을 가진 부모 세대 각각 200명, 300명, 400명을 대상으로 자녀도 동일 직업을 갖는지 여부를 물은 설문조사 결과가 다음과 같았다. 다음 조사 결과를 올바르게 해석한 설명을 〈보기〉에서 모두 고른 것은?

〈세대 간의 직업 이전 비율〉

(단위 : %)

부모 직업 \ 자녀 직업	A	B	C	기타
A	35	20	40	5
B	25	25	35	15
C	25	40	25	10

※ 모든 자녀의 수는 부모 당 1명으로 가정한다.

〈보기〉
㉠ 부모와 동일한 직업을 갖는 자녀의 수는 C직업이 A직업보다 많다.
㉡ 부모의 직업과 다른 직업을 갖는 자녀의 비중은 B와 C직업이 동일하다.
㉢ 응답자의 자녀 중 A직업을 가진 사람은 B직업을 가진 사람보다 더 많다.
㉣ 기타 직업을 가진 자녀의 수는 B직업을 가진 부모가 가장 많다.

① ㉡㉢㉣
② ㉠㉡㉣
③ ㉠㉢㉣
④ ㉠㉡㉢
⑤ ㉠㉡㉢㉣

🔍**TIP** ㉠ A직업의 경우는 200명 중 35%이므로 200×0.35 = 70명이, C직업의 경우는 400명 중 25%이므로 400×0.25 = 100명이 부모와 동일한 직업을 갖는 자녀의 수가 된다. (○)
㉡ B와 C직업 모두 75%로 동일함을 알 수 있다. (○)
㉢ A직업을 가진 자녀는 70 + 75 + 100 = 245명이며, B직업을 가진 자녀는 40 + 75 + 160 = 275명이다. (×)
㉣ 기타 직업을 가진 자녀의 수는 각각 200×0.05 = 10명, 300×0.15 = 45명, 400×0.1 = 40명으로 B직업을 가진 부모가 가장 많다. (○)

5 다음은 국가공인전문자격시험 응시자 A ~ J의 성적 관련 자료이다. 〈보기〉 중 옳은 것을 모두 고르면?

구분 응시생	정답 문항수	오답 문항수	풀지 않은 문항수	점수(점)
A	19	1	0	93
B	18	2	0	86
C	17	1	2	83
D	( )	2	1	( )
E	( )	3	0	( )
F	16	1	3	78
G	16	( )	( )	76
H	( )	( )	( )	75
I	15	( )	( )	71
J	( )	( )	( )	64

※ 1) 총 20문항으로 100점 만점이다.
2) 정답인 문항에 대해서는 각 5점의 득점, 오답인 문항에 대해서는 각 2점의 감점, 풀지 않은 문항에 대해서는 득점과 감점이 없다.

〈보기〉
㉠ 80점 이상인 응시생은 5명이다.
㉡ '풀지 않은 문항수'의 합은 20이다.
㉢ 응시생 I의 '풀지 않은 문항수'는 3개이다.
㉣ 응시생 J의 '오답 문항수'와 '풀지 않은 문항수'는 동일하다.

① ㉠㉡   ② ㉢㉣
③ ㉠㉡㉢   ④ ㉡㉢㉣
⑤ ㉠㉡㉢㉣

괄호를 채우면 다음과 같다.

응시생 \ 구분	정답 문항수	오답 문항수	풀지 않은 문항수	점수(점)
A	19	1	0	93
B	18	2	0	86
C	17	1	2	83
D	(17)	2	1	(81)
E	(17)	3	0	(79)
F	16	1	3	78
G	16	(2)	(2)	76
H	(15)	(0)	(5)	75
I	15	(2)	(3)	71
J	(14)	(3)	(3)	64

따라서,

㉠ 80점 이상인 응시생은 A, B, C, D 네 명이다.

㉡ 풀지 않은 문항수의 합은 19개이다.

㉢ 응시생 I의 오답 문항수는 2개이며 풀지 않은 문항수는 3개이다.

㉣ 응시생 J의 총 점수는 64점이므로 정답 문항의 점수는 64 이상이 되어야 한다. 따라서 $5 \times 13 = 65$ 이지만 틀린 문항이 하나 있을 경우 -2점으로 63, 즉 64이 도출되지 않는다. 따라서 정답문항의 개수는 14개가 되며, 오답 문항수는 3개, 풀지 않은 문항수는 3개가 된다.

6 다음 자료를 올바르게 설명하지 못한 것은?

(단위 : 억 불)

		2016	2017	2018	2019	2020
수출	전체	5,525	5,647	5,192	4,861	5,644
	제조업	4,751	4,839	4,473	4,186	4,819
	서비스업	774	808	719	675	825
	도소매	661	677	586	550	692
	중소기업	1,021	1,042	904	915	1,002
	제조업	633	642	547	556	618
	서비스업	388	400	357	359	384
	도소매	357	364	322	325	344
수입	전체	4,612	4,728	3,998	3,762	4,413
	제조업	3,535	3,562	2,798	2,572	3,082
	서비스업	1,077	1,166	1,200	1,190	1,331
	도소매	933	996	998	1,005	1,126
	중소기업	1,084	1,151	1,007	1,039	1,177
	제조업	455	460	364	367	416
	서비스업	629	691	643	672	761
	도소매	571	623	568	597	669

※ 무역수지는 수출액에서 수입액을 뺀 수치가 +이면 흑자, -이면 적자를 의미함

① 중소기업의 제조업 무역수지는 매년 100억 불 이상의 흑자를 나타내고 있다.

② 전체 제조업 수출에서 중소기업의 수출이 차지하는 비중이 가장 낮은 시기는 2018년이 가장 낮다.

③ 전체 수출액 중 도소매업의 구성비는 2018년과 2019년이 모두 11.3%이다.

④ 중소기업의 도소매 수출입액은 2018년 이후 모두 매년 증가하였다.

⑤ 중소기업의 전년 대비 서비스업 수입액 증감률은 2018년이 -20.9%로 가장 크다.

Q**TIP** -20.9%는 서비스업이 아닌 제조업의 수입액 증감률이며, 2018년 서비스업의 수입액 증감률은 -6.9%로 2020년의 13.2%, 2017년의 9.9%에 이어 세 번째로 크다.

① 연도별로 매년 178억 불, 182억 불, 183억 불, 189억 불, 202억 불로 매년 100억 불 이상의 흑자를 보이고 있다.

② 2018년이 12.2%로 가장 낮은 비중을 보이고 있다.

③ 두 해 모두 11.3%의 가장 낮은 구성비율을 보이고 있다.

④ 수출액은 322 → 325 → 344억 불, 수입액은 568 → 597 → 669억 불로 2018년 이후 모두 매년 증가하였다.

7 다음은 영업팀의 갑, 을, 병, 정 네 명의 직원에 대한 업무평가 현황과 그에 따른 성과급 지급 기준이다. 갑, 을, 병, 정의 총 성과급 금액의 합은 얼마인가?

〈업무평가 항목별 득점 현황〉

구분	갑	을	병	정
성실도	7	8	9	8
근무태도	6	8	9	9
업무실적	8	8	10	9

※ 가중치 부여 : 성실도 30%, 근무태도 30%, 업무실적 40%를 반영함

〈성과급 지급 기준〉

업무평가 득점	등급	등급별 성과급 지급액
9.5 이상	A	50만 원
9.0 이상 ~ 9.5 미만	B	45만 원
8.0 이상 ~ 9.0 미만	C	40만 원
7.0 이상 ~ 8.0 미만	D	30만 원
7.0 미만	E	20만 원

① 155만 원   ② 160만 원

③ 165만 원   ④ 170만 원

⑤ 180만 원

🔍TIP 네 명의 업무평가 득점과 성과급을 표로 정리하면 다음과 같다.

	갑	을	병	정
성실도	7	8	9	8
근무태도	6	8	9	9
업무실적	8	8	10	9
득점	$7\times0.3+6\times0.3+$ $8\times0.4=7.1$	$8\times0.3+8\times0.3+$ $8\times0.4=8.0$	$9\times0.3+9\times0.3+$ $10\times0.4=9.4$	$8\times0.3+9\times0.3+$ $9\times0.4=8.7$
등급	D	C	B	C
성과급	30만 원	40만 원	45만 원	40만 원

따라서 총 성과급 금액의 합은 $30+40+45+40=155$만 원이 된다.

8 우리나라의 연도별 취학률에 대한 다음 자료를 올바르게 해석한 것은?

〈연도별 학생 수 변화〉 (단위 : 명)

연도	초등학교	중학교	고등학교
1965	4,941,345	751,341	426,531
1970	5,749,301	1,318,808	590,382
1975	5,599,074	2,026,823	1,123,017
1980	5,658,002	2,471,997	1,696,792
1985	4,856,752	2,782,173	2,152,802
1990	4,868,520	2,275,751	2,283,806
1995	3,905,163	2,481,848	2,157,880
2000	4,019,991	1,860,539	2,071,468
2005	4,022,801	2,010,704	1,762,896
2010	3,299,094	1,974,798	1,962,356
2015	2,714,610	1,585,951	1,788,266
2016	2,672,843	1,457,490	1,752,457

〈연도별 취학률〉 (단위 : %)

연도	1970	1975	1980	1985	1990	1995	2000	2005	2010	2015	2016
초등	92.0	97.8	97.7	–	100.5	98.2	97.2	98.8	99.2	98.5	98.1
중학	36.6	56.2	73.3	82.0	91.6	93.5	95.0	94.6	97.0	96.3	94.9
고등	20.3	31.3	48.8	64.2	79.4	82.9	89.4	91.0	91.5	93.5	94.1

※ 1) 취학률 : (취학적령의 학생 수÷취학적령 인구)×100

2) 취학적령 : 유치원(만 3 ~ 5세), 초등학교(만 6 ~ 11세), 중학교(만 12 ~ 14세), 고등학교(만 15 ~ 17세)

① 초·중·고등학교의 평균 취학률은 2010년이 2015년보다 높다.

② 고등학교만 취학률이 지속적으로 상승하였다.

③ 1985년을 제외하면 취학률은 항상 초>중>고 순이다.

④ 2016년에는 만 12 ~ 14세 인구가 만 15 ~ 17세 인구보다 많다.

⑤ 2010년의 만 6 ~ 11세 인구는 2005년보다 많다.

☀🔍TIP 제시된 모든 해에 있어서 고등학교만 취학률이 지속적으로 상승하였다.

① 2010년의 평균취학률은 (99.2+97.0+91.5)÷3 = 95.9이며,
2015년의 평균취학률은 (98.5+96.3+93.5)÷3 = 96.1이다.

③ 두 번째 자료를 통해 연도별 취학률이 항상 초>중>고 순이라는 것을 확인할 수 있다.

④ 2016년에는 중학교가 고등학교보다 취학률이 높음에도 불구하고 학생 수는 더 적으므로 취학적령인구는 적어야 한다.

⑤ 학생 수가 감소했음에도 불구하고 취학률이 상승했다는 것은 취학적령 인구의 수가 더욱 감소했다는 것을 의미한다.

▌9 ～ 10▐ 제주도의 수출 실적에 대한 다음 자료를 보고 이어지는 물음에 답하시오.

〈연도별 수출 실적〉

(단위 : 천 달러, %)

구분		2019년	2020년
합계		128,994	155,292
1차 산품		68,685	61,401
	농산물	24,530	21,441
	수산물	41,996	38,555
	축산물	2,159	1,405
공산품		60,309	93,891

〈부문별 수출 실적〉

(단위 : 천 달러, %)

구분		농산물	수산물	축산물	공산품
2016년	금액	27,895	50,868	1,587	22,935
	비중	27.0	49.2	1.5	22.2
2017년	금액	23,905	41,088	1,086	40,336
	비중	22.5	38.6	1.0	37.9
2018년	금액	21,430	38,974	1,366	59,298
	비중	17.7	32.2	1.1	49.0
2019년	금액	24,530	41,996	2,159	60,309
	비중	19.0	32.6	1.7	46.7
2020년	금액	21,441	38,555	1,405	93,891
	비중	13.8	24.8	0.9	60.5

9 위의 자료에 대한 올바른 설명을 〈보기〉에서 모두 고른 것은?

〈보기〉
ⓐ 2019년과 2020년의 수산물 수출 실적은 1차 산품에서 50% ~ 60%의 비중을 차지한다.
ⓑ 2016년 ~ 2020년 기간 동안 수출 실적의 증감 추이는 농산물과 수산물이 동일하다.
ⓒ 2016년 ~ 2020년 기간 동안 농산물, 수산물, 축산물, 공산품의 수출 실적 순위는 매년 동일하다.
ⓓ 2016년 ~ 2020년 기간 동안 전체 수출 실적은 매년 꾸준히 증가하였다.

① ㉠㉡   ② ㉡㉣

③ ㉢㉣   ④ ㉠㉡㉢

⑤ ㉡㉢㉣

TIP ㉠ 수산물 수출 실적이 '전체'가 아닌 1차 산품에서 차지하는 비중이므로 2019년과 2020년에 각각 61.1%와 62.8%인 것을 알 수 있다. (×)

㉡ 농산물과 수산물은 2016년 이후 매년 '감소 – 감소 – 증가 – 감소'의 동일한 증감추이를 보이고 있다. (○)

㉢ 2016, 2017년을 제외한 2018년 ~ 2020년이 동일하므로 모든 해의 수출 실적 순위가 동일한 것은 아니다. (×)

㉣ 연도별로 전체 합산 수치는 103,285천 달러, 106,415천 달러, 121,068천 달러, 128,994천 달러, 155,292천 달러로 매년 증가한 것을 알 수 있다. (○)

10 다음 중 2016년 대비 2020년의 수출 실적 감소율이 가장 큰 1차 산품부터 순서대로 올바르게 나열한 것은?

① 농산물, 축산물, 수산물

② 농산물, 수산물, 축산물

③ 수산물, 농산물, 축산물

④ 수산물, 축산물, 농산물

⑤ 축산물, 수산물, 농산물

TIP A에서 B로 변동된 수치의 증감률은 $(B-A) \div A \times 100$의 산식으로 계산한다.

농산물 : $(21,441 - 27,895) \div 27,895 \times 100 = -23.1\%$

수산물 : $(38,555 - 50,868) \div 50,868 \times 100 = -24.2\%$

축산물 : $(1,405 - 1,587) \div 1,587 \times 100 = -11.5\%$

따라서 감소율은 수산물, 농산물, 축산물의 순으로 큰 것을 알 수 있다.

11 개인종합자산관리(ISA) 계좌는 개인이 운용하는 적금, 예탁금, 파생결합증권, 펀드를 한 계좌에서 운용하면서 각각의 상품의 수익 증감을 합산하여 발생한 수익에 대해 과세하는 금융상품으로 그 내용은 다음과 같다.

가입대상	• 거주자 중 직전 과세기간 또는 해당 과세기간에 근로소득 또는 사업소득이 있는 자 및 대통령령으로 정하는 농어민(모든 금융기관 1인 1계좌) • 신규 취업자 등은 당해 연도 소득이 있는 경우 가입 가능 ※ 직전년도 금융소득과세 대상자는 제외
납입한도	연간 2천만 원(5년간 누적 최대 1억 원) ※ 기가입한 재형저축 및 소장펀드 한도는 납입한도에서 차감
투자가능상품	• 예/적금, 예탁금 • 파생결합증권, 펀드
가입 기간	2021년 12월 31일까지 가능
상품간 교체	가능
의무가입기간	• 일반 5년 • 청년층, 서민층 3년
세제혜택	계좌 내 상품 간 손익통산 후 순이익 중 200만 원까지는 비과세 혜택, 200만 원 초과분 9.9% 분리과세(지방소득세 포함)
기타	• ISA계좌를 5년 이내 해지하면 각 상품에서 실현한 이익금의 15.4%를 세금으로 부과 • 해지수수료 면제

대훈이는 ISA에 가입하고 5년 후에 여유 자금으로 ○○증권과 ○○펀드에 가입하여 1년 후 수익을 따져보니 증권에서는 750만 원의 이익을 보고, 펀드에서는 350만 원의 손해를 보았다. 대훈이가 ISA 계좌를 해지하지 않는다면 얼마의 세금을 내야 하는가? (단, 은행수수료는 없다)

① 198,000원
② 398,000원
③ 598,000원
④ 798,000원
⑤ 1,198,000원

💡**TIP** 750만 원의 수익과 250만 원의 손해
$7,500,000 - 3,500,000 = 4,000,000$ 원
200만 원 초과분 9.9% 분리과세(지방소득세 포함)라고 했으므로 기초 공제금 200만 원을 제하면 2,000,000원의 순수 이익이 남는다.
$2,000,000 \times 0.099 = 198,000$ 원

다음은 N은행의 각 지점별 2년간의 직급자 변동 현황을 나타낸 자료이다. 다음 자료를 보고 판단한 N은행의 인사 정책에 대한 올바른 설명이 아닌 것은?

〈2019년〉

(단위 : 명)

구분	A지점	B지점	C지점	D지점	E지점
부장	1	1	0	1	0
차장	1	0	0	1	1
과장	3	3	2	0	3
대리	7	4	5	11	6
사원	14	12	11	5	13

〈2020년〉

(단위 : 명)

구분	A지점	B지점	C지점	D지점	E지점
부장	2	0	1	0	1
차장	1	0	1	1	0
과장	5	5	4	4	3
대리	10	2	8	3	4
사원	12	10	15	7	10

※ 단, 계산 값은 소수점 둘째 자리에서 반올림한다.

① 5개 지점 전체 인원을 5% 이내에서 증원하였다.

② 인원이 더 늘어난 지점은 모두 2개 지점이다.

③ 사원의 비중이 전년보다 증가한 지점은 D지점뿐이다.

④ N은행은 과장급 직원의 인력을 가장 많이 증원하였다.

⑤ C지점의 대리 수가 전체 대리 수에서 차지하는 비중은 2019년 대비 2020년에 2배 이상 증가하였다.

TIP 연도별 인원의 합계를 추가하여 정리하면 다음 표와 같다.

〈2019년〉

(단위 : 명)

구분	A지점	B지점	C지점	D지점	E지점	계
부장	1	1	0	1	0	3
차장	1	0	0	1	1	3
과장	3	3	2	0	3	11
대리	7	4	5	11	6	33
사원	14	12	11	5	13	55
계	26	20	18	18	23	105

〈2020년〉

(단위 : 명)

구분	A지점	B지점	C지점	D지점	E지점	계
부장	2	0	1	0	1	4
차장	1	0	1	1	0	3
과장	5	5	4	4	3	21
대리	10	2	8	3	4	27
사원	12	10	15	7	10	54
계	30	17	29	15	18	109

C지점의 대리 수가 전체 대리 수에서 차지하는 비중은 2019년 $5 \div 33 \times 100 = 15.2\%$이며, 2020년에는 $8 \div 27 \times 100 = 29.6\%$가 되어 2배에 조금 못 미친다.

① $(109 - 105) \div 105 \times 100 = 3.8\%$이므로 5% 이내에서 증원한 것이 된다.

② A지점(26 → 30명), C지점(18 → 29명)만 인원이 증가하였다.

③ $5 \div 18 \times 100 = 27.8\% \rightarrow 7 \div 15 \times 100 = 46.7\%$로 변동한 D지점만 사원의 비중이 증가하였다.

④ E지점은 과장급 인원이 전년과 동일하지만 나머지 지점의 인원 증감 현황을 볼 때, 전체적으로 과장급 인원을 가장 많이 증원한 것으로 판단할 수 있다.

Answer. 12.⑤

13 다음 자료에 대한 올바른 설명을 〈보기〉에서 모두 고른 것은?

〈'갑'시의 도시철도 노선별 연간 범죄 발생 건수〉

(단위 : 건)

연도 \ 노선	1호선	2호선	3호선	4호선	합
2019	224	271	82	39	616
2020	252	318	38	61	669

〈'갑'시의 도시철도 노선별 연간 아동 상대 범죄 발생 건수〉

(단위 : 건)

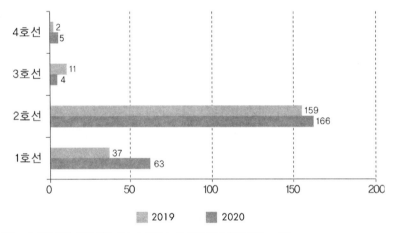

※ 1) 노선별 범죄율 = 노선별 해당 범죄 발생 건수 ÷ 전체 노선 해당 범죄 발생 건수 × 100
   2) 언급되지 않은 '갑'시의 다른 노선은 고려하지 않으며, 범죄 발생 건수는 아동 상대 범죄 발생 건수와 비아동 상대 범죄 발생 건수로만 구성됨

〈보기〉
㉠ 2020년 비아동 상대 범죄 발생 건수는 4개 노선 모두 전년보다 증가하였다.
㉡ 2020년의 전년 대비 아동 상대 범죄 발생 건수의 증가폭은 비아동 상대 범죄 발생 건수의 증가폭보다 더 크다.
㉢ 2020년의 노선별 전체 범죄율이 10% 이하인 노선은 1개이다.
㉣ 두 해 모두 전체 범죄율이 가장 높은 노선은 2호선이다.

① ㉡㉢
② ㉡㉣
③ ㉠㉢
④ ㉠㉡
⑤ ㉠㉣

TIP 주어진 2개의 자료를 통하여 다음과 같은 상세 자료를 도출할 수 있다.

(단위 : 건, %)

연도 \ 노선		1호선	2호선	3호선	4호선	합
2019	아동	37	159	11	2	209
	범죄율	17.7	76.1	5.3	1.0	
	비아동	187	112	71	37	407
	범죄율	45.9	27.5	17.4	9.1	
	전체	224	271	82	39	616
	전체 범죄율	36.4	44.0	13.3	6.3	
2020	아동	63	166	4	5	238
	범죄율	26.5	69.7	1.7	2.1	
	비아동	189	152	34	56	431
	범죄율	43.9	35.3	7.9	13.0	
	전체	252	318	38	61	669
	전체 범죄율	37.7	47.5	5.7	9.1	

따라서 이를 근거로 〈보기〉의 내용을 살펴보면 다음과 같다.

㉠ 2020년 비아동 상대 범죄 발생 건수는 3호선이 71건에서 34건으로 전년보다 감소하였다. (×)

㉡ 2020년의 전년 대비 아동 상대 범죄 발생 건수의 증가폭은 238 - 209 = 29건이며, 비아동 상대 범죄 발생 건수의 증가폭은 431 - 407 = 24건이 된다. (○)

㉢ 2020년의 노선별 전체 범죄율이 10% 이하인 노선은 5.7%인 3호선과 9.1%인 4호선으로 2개이다. (×)

㉣ 2호선은 2019년과 2020년에 각각 44.0%와 47.5%의 범죄율로, 두 해 모두 전체 범죄율이 가장 높은 노선이다. (○)

14 NH농협은행 ○○지점 홍보팀 직원의 평균 연령은 32살이다. 올해 24살의 신입직원이 들어와서 홍보팀의 평균 연령이 30살이 되었다면 홍보팀 직원의 수는 모두 몇 명인가?

① 2명 ② 3명
③ 4명 ④ 5명
⑤ 6명

Q<u>TIP</u> 홍보팀의 직원 수를 구해야 하므로 직원 수를 x라 놓고,
평균 나이가 32살이고 24살의 신입직원의 입사로 30살이 되었으므로
평균 구하는 식으로 하면 $\frac{32x+24}{x+1}=30$

∴ $x=3$
신입직원도 포함해야 하므로 $3+1=4$명이다.

15 다음은 NH농협은행 정기예금의 만기지급이자율에 대한 내용이다. 원금 2,000만 원의 6개월 이자와 24개월 이자의 차액은 얼마인가? (단, 단리이며, 세전금액이다)

(연이율, 세전)

이자지급방식	가입 기간	이율
만기 일시 지급 방식	6개월 이상 12개월 미만	1.6%
	12개월 이상 24개월 미만	1.7%
	24개월 이상 36개월 미만	1.8%

① 160,000원 ② 260,000원
③ 360,000원 ④ 460,000원
⑤ 560,000원

Q<u>TIP</u> 예금의 단리 지급식은 원금×이율×기간으로 구하므로 6개월 이상의 연이율은 1.6%, 24개월의 연이율은 1.8%이다.

원금 2,000만 원의 6개월 이자는 $2,000 \times 0.016 \times \frac{6}{12} = 16$만 원

원금 2,000만 원의 24개월 이자는 $2,000 \times 0.018 \times \frac{24}{12} = 72$만 원

$72-16=56$만 원이다.

16 다음에 대한 설명으로 옳지 않은 것은?

〈표 1〉 유럽 5대 협동조합은행 당기순이익 및 당기순이익 점유비 추이

(단위 : 억 유로, %)

구분		2015년	2016년	2017년	2018년	2020년
네덜란드 라보뱅크	5대 협동조합은행 당기순이익 점유비	27.2	52.1	62.9	42.3	47.3
	당기순이익(억 유로)	2,012	2,058	2,627	2,772	2,008
프랑스 크레디아그리꼴(당기순이익)		2,505	−6,389	−1,470	1,263	1,125
핀란드 OP−Pohjola(당기순이익)		672	470	438	440	338
오스트리아 라이파이젠(당기순이익)		756	641	728	1,168	571
독일 DZ Bank(당기순이익)		1,467	969	609	1,125	346

〈표 2〉 2020년 세계 주요 은행 경영지표 비교

(단위 : 억 달러, %)

구분	자산	BIS비율	대출비중(자산대비)	부실 채권 비율
라보뱅크(27위)	9,298	19.8	74.3	2.9
크레디아그리꼴(13위)	23,536	16.3	48.4	3.4
세계 10대 은행 평균	23,329	14.6	47.9	2.5
국내 5대 은행 평균	284	13.6	58.9	2.3

※ BIS비율 : BIS(Bank for International Settlement : 국제결제은행)가 정한 은행의 위험자산(부실채권) 대비 자기자본비율로 이 비율이 높을수록 은행의 위기상황 대처능력이 높다고 할 수 있다.

① 글로벌 금융위기(2013년) 이후 라보뱅크는 매년 2,000억 유로 이상의 당기순이익을 보이고 있다.
② 라보뱅크의 5대 협동조합은행 당기순이익 점유비로 말미암아 라보뱅크는 다른 협동조합은행에 비해 수익구조의 건전성이 우수한 것으로 나타나고 있다.
③ BIS비율 수치를 봤을 때 국내 5대 은행이 세계 10대 은행보다 위기상황 대처능력이 높다.
④ 라보뱅크의 2018년 자산대비 대출비중은 74.3%로 크레디아그리꼴보다 높다.
⑤ 라보뱅크보다 자산규모에서 2배 이상 큰 프랑스 크레디아그리꼴의 당기순이익은 급등락을 반복하고 있다.

QTIP 세계 10대 은행의 BIS비율이 국내 5대 은행보다 높기 때문에 위기상황 대처능력은 세계 10대 은행이 더 높다.

17 사회초년생인 동근 씨는 결혼자금을 마련하기 위하여 급여의 일부는 저축하기로 하였다. 동근 씨는 재작년 1월 초에 NH농협은행을 방문하여 2년 만기 저축계좌를 개설하였고 매월 100만 원씩 납입하였다. 금리는 연 5%이고, 이자소득세는 15.4%라고 할 때 만기시점에 동근 씨의 통장에 입금될 금액은? (단, 금리는 연말에 단리로 일괄 지급함)

① 24,507,600원   ② 25,015,200원

③ 25,522,800원   ④ 26,030,400원

⑤ 26,538,000원

🔍**TIP** 단리이므로 세후 이자는 원금 × 금리 × (1 − 이자소득세)로 계산한다.

원금은 2년 만기 100만 원이므로 $24 \times 1,000,000 = 24,000,000$원

1년 세후 이자는 $1,000,000 \times 12 \times 0.05 \times (1 - 0.154) = 507,600$원

2년 세후 이자는 $1,000,000 \times 24 \times 0.05 \times (1 - 0.154) = 1,015,200$원

원금과 1년 이자, 2년 이자를 모두 더하면

$24,000,000 + 507,600 + 1,015,200 = 25,522,800$원이다.

18 수정이가 네 걸음을 걷는 동안 미연이는 다섯 걸음을 걷는다. 그러나 수정이가 세 걸음을 걷는 거리는 미연이는 네 걸음을 걸어야 한다. 두 사람이 동시에 같은 장소에서 같은 방향으로 걷기 시작하여 미연이가 150m를 나아갔을 때, 수정이와 미연이와의 거리는 몇 m 떨어져 있는가?

① 5m   ② 10m

③ 15m   ④ 20m

⑤ 25m

🔍**TIP** 두 사람의 속력은 걸음의 수와 보폭에 비례한다.

같은 거리를 수정이는 세 걸음, 미연이는 네 걸음을 걸어야 하므로

보폭의 비는 수정 : 미연 $= \frac{1}{3} : \frac{1}{4} = 4 : 3$

수정이, 미연이가 걷는 속도의 비는 수정 : 미연 $= 4 \times 4 : 5 \times 3 = 16 : 15$

미연이가 150m를 걸었을 때 수정이는 160m를 걸어 나가므로 두 사람의 거리 차는 10m이다.

19 다음은 어느 해 7월의 달력이다. 색칠된 날짜의 합이 135일 때, 7월 31일은 무슨 요일인가?

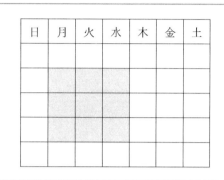

日	月	火	水	木	金	土

① 월요일   ② 화요일

③ 수요일   ④ 목요일

⑤ 금요일

🔍 TIP 색이 칠해진 9개의 날짜 중 정중앙의 화요일을 x라 하고, 색이 칠해진 9개의 날짜의 합을 구하면
$(x-8)+(x-7)+\cdots+(x-1)+x+(x+1)+\cdots+(x+8)=9x$
이 값이 135라고 했으므로 정중앙의 화요일은
$9x=135$, $x=15$
15일이 화요일이므로 2주 후 29일이 화요일이 되므로 31일은 목요일이 된다.

20 오후 1시 36분에 사무실을 나와 분속 70m의 일정한 속도로 서울역까지 걸어가서 20분간 내일 부산 출장을 위한 승차권 예매를 한 뒤, 다시 분속 50m의 일정한 속도로 걸어서 사무실에 돌아와 시계를 보니 2시 32분이었다. 이때 걸은 거리는 모두 얼마인가?

① 1,050m   ② 1,500m

③ 1,900m   ④ 2,100m

⑤ 2,400m

🔍 TIP 서울역에서 승차권 예매를 한 20분의 시간을 제외하면 걸은 시간은 총 36분이 된다.
갈 때 걸린 시간을 x분이라고 하면 올 때 걸린 시간은 $36-x$분
갈 때와 올 때의 거리는 같으므로
$70\times x=50\times(36-x)$
$120x=1,800 \rightarrow x=15$분
사무실에서 서울역까지의 거리는 $70\times15=1,050$m
왕복거리를 구해야 하므로 $1,050\times2=2,100$m가 된다.

21 다음은 소비자물가 총 지수와 주요 품목별 소비자물가 상승률을 연도별로 나타낸 자료이다. 자료를 올바르게 이해한 설명을 〈보기〉에서 모두 고른 것은?

(단위 : %)

	2011	2012	2013	2014	2015	2016	2017
소비자물가 총 지수 (2015년 = 100)	94.7	96.8	98.0	99.3	100.0	101.0	102.9
소비자물가 상승률	4.0	2.2	1.3	1.3	0.7	1.0	1.9
식료품	8.1	4.0	0.9	0.3	1.6	2.3	3.4
주류 및 담배	0.8	1.5	1.7	−0.1	50.1	0.7	1.5
의류 및 신발	3.3	4.8	2.9	4.0	1.3	1.8	1.1
주택/수도/전기/연료	4.5	4.6	3.5	2.9	−0.6	−0.8	1.5
교통	7.0	3.2	−0.5	−1.6	−7.8	−2.2	3.6
교육	1.7	1.4	1.2	1.5	1.7	1.6	1.1

〈보기〉
㉠ 2015년의 소비자물가 총 지수는 2011년 대비 약 5.6% 증가한 것으로, 기준년도의 소비자물가 총 지수를 의미한다.
㉡ 2010년 대비 2017의 소비자물가 지수가 가장 많이 상승한 세 가지 품목은 식료품, 주류 및 담배, 교육이다.
㉢ 평균치로 계산할 때, 2017년의 담배 1갑이 4,500원이라면 2014년의 담배 1갑은 약 2,933.2원이다.
㉣ 2014년의 '연료'의 평균 물가지수가 100이라면, 2017년의 '연료'의 평균 물가지수는 100보다 크지 않다.
※ 단, 계산 값은 소수점 둘째 자리에서 반올림한다.

① ㉠㉡　　　　　　　　　　　② ㉡㉢
③ ㉢㉣　　　　　　　　　　　④ ㉠㉢
⑤ ㉡㉣

🔍 **TIP** 〈보기〉의 내용을 살펴보면 다음과 같다.
㉠ 94.7 → 100.0으로 증가한 것이므로, (100−94.7)÷94.7×100＝약 5.6%의 증가율을 나타내며 지수를 100으로 한 기준년도가 된다. (○)
㉡ 소비자물가 지수 상승률을 통해 소비자물가 지수의 상승분을 계산할 수 있다. 실제로 2010년의 품목별 소비자물가 지수를 모두 100이라고 했을 때, 매년의 상승률을 적용하여 계산해 보면 2017년의 식료품은 약 122.3, 주류 및 담배는 약 159.5이며, 의류 및 신발은 약 120.8이 되어 가장 많이 상승한 세 가지 품목이 된다. (×)
㉢ 2017년의 담배 1갑이 4,500원이면 2016년의 담배 1갑은 4,500÷1.015＝약 4,433.5원이 된다. 같은 계산을 적용하여 2015년에는 4,433.5÷1.007＝약 4,402.7원, 2014년에는 4,402.7÷1.501＝약 2,933.2원이 된다. (○)
㉣ 2014년 이후 −0.6%, −0.8%, 1.5%로 변동되었으므로 100 → 99.4 → 98.6 → 100.1이 되어 100보다 크다. (×)

22 두 기업 A, B의 작년 상반기 매출액의 합계는 91억 원이었다. 올해 상반기 두 기업 A, B의 매출액은 작년 상반기에 비해 각각 10%, 20% 증가하였고, 두 기업 A, B의 매출액 증가량의 비가 2 : 3이라고 할 때, 올해 상반기 두 기업 서원각, 소정의 매출액의 합계는?

① 96억 원

② 100억 원

③ 104억 원

④ 108억 원

⑤ 112억 원

🔍TIP A의 매출액의 합계를 x, B의 매출액의 합계를 y로 놓으면

$x + y = 91$

$0.1x : 0.2y = 2 : 3 \rightarrow 0.3x = 0.4y$

$x + y = 91 \rightarrow y = 91 - x$

$0.3x = 0.4 \times (91 - x)$

$0.3x = 36.4 - 0.4x$

$0.7x = 36.4$

$\therefore x = 52$

$0.3 \times 52 = 0.4y \rightarrow y = 39$

x는 10% 증가하였으므로 $52 \times 1.1 = 57.2$

y는 20% 증가하였으므로 $39 \times 1.2 = 46.8$

두 기업의 매출액의 합은 $57.2 + 46.8 = 104$

23 5%의 소금물과 15%의 소금물로 12%의 소금물 200g을 만들고 싶다. 각각 몇 g씩 섞으면 되는가?

	5% 소금물	15% 소금물
①	40g	160g
②	50g	150g
③	60g	140g
④	70g	130g
⑤	80g	120g

🔍TIP 200g에 들어 있는 소금의 양은 섞기 전 5%의 소금의 양과 12% 소금이 양을 합친 양과 같아야 한다.

5% 소금물의 필요한 양을 x라 하면 녹아 있는 소금의 양은 $0.05x$

15% 소금물의 소금의 양은 $0.15(200 - x)$

$0.05x + 0.15(200 - x) = 0.12 \times 200$

$5x + 3,000 - 15x = 2,400$

$10x = 600$

$x = 60(g)$

$\therefore$ 5%의 소금물 60g, 15%의 소금물 140g

💡Answer. 21.④ 22.③ 23.③

|24 ~ 25| 다음 숫자들의 배열 규칙을 찾아 ( ) 안에 들어갈 알맞은 숫자를 고르시오.

24

| 25   26   13   14   7   8   4   ( ) |

① 1   ② 2
③ 3   ④ 4
⑤ 5

🔍TIP 규칙을 보면, +1, ÷2, +1, ÷2, … 반복됨을 알 수 있다.
그러나 잘 살펴보면 정확하게는 전항이 홀수인 항은 +1, 전항이 짝수인 항은 ÷2가 되고 있다. 그러므로 $\frac{4}{2} = 2$가 답이 된다.

25

| 68   71   ( )   70   73   68   82   65 |

① 69   ② 70
③ 72   ④ 74
⑤ 76

🔍TIP 홀수 항과 짝수 항을 나누어서 생각해 보면 홀수 항은 68   ( )   73   82 → 73과 82 사이에는 9 → 3^3
을 의미하므로 자연스럽게 1^2, 2^2, 3^2이 됨을 알 수 있다. 그러므로 ( ) 안의 수는 69이다.
짝수 항은 71   70   68   65 → 각 항은 −1, −2, −3의 순서를 나타내고 있다.

26 반대 방향으로 A, B 두 사람이 3.6km/h로 달리는데 기차가 지나갔다. A를 지나치는데 24초, B를 지나치는데 20초가 걸렸을 때 기차의 길이는?

① 120m
② 180m
③ 240m
④ 300m
⑤ 360m

🔍 TIP

두 사람이 달리는 속도를 초속으로 바꾸어 계산하면 $\dfrac{3.6 \times 1,000}{60 \times 60} = 1\text{m/s}$

기차와 같은 방향으로 달릴 때는 기차가 달리는 사람을 지나치는데 오랜 시간이 걸리므로 A가 기차와 같은 방향, B가 기차와 반대방향으로 달리고 있다.

A는 24초, B는 20초이므로 두 사람의 거리 차는 $1 \times (24 + 20) = 44\text{m/s}$

기차는 이 거리를 4초 만에 통과하였으므로 기차의 속력은 $\dfrac{44}{4} = 11$

기차와 같은 방향으로 달리는 A를 지나칠 때의 속력은 $11 - 1 = 10\text{m/s}$, 반대 방향으로 달리는 B를 지나칠 때의 속력은 $11 + 1 = 12\text{m/s}$

기차의 길이는 $10 \times 24 = 12 \times 20 = 240\text{m}$

27 응시자가 모두 30명인 시험에서 20명이 합격하였다. 이 시험의 커트라인은 전체 응시자의 평균보다 5점이 낮고, 합격자의 평균보다는 30점이 낮았으며, 또한 불합격자의 평균 점수의 2배보다는 2점이 낮았다. 이 시험의 커트라인을 구하면?

① 90점
② 92점
③ 94점
④ 96점
⑤ 98점

🔍 TIP

전체 응시자의 평균을 x라 하면 합격자의 평균은 $x + 25$

불합격자의 평균은 전체 인원 30명의 총점 $30x$에서 합격자 20명의 총점 $\{20 \times (x + 25)\}$를 빼준 값을 10으로 나눈 값이다.

즉, $\dfrac{30x - 20 \times (x + 25)}{10} = x - 50$

커트라인은 전체 응시자의 평균보다 5점이 낮고, 불합격자 평균 점수의 2배보다 2점이 낮으므로

$x - 5 = 2(x - 50) - 2$

$x = 97$

응시자의 평균이 97이므로 커트라인은 $97 - 5 = 92$점

28 다음은 한 통신사의 요금제별 요금 및 할인 혜택에 관한 표이다. 이번 달에 전화통화와 함께 100건 이상의 문자메시지를 사용하였는데, A요금제를 이용했을 경우 청구되는 요금은 14,000원, B요금제를 이용했을 경우 청구되는 요금은 16,250원이다. 이번 달에 사용한 문자메시지는 모두 몇 건인가?

요금제	기본료	통화요금	문자메시지요금	할인 혜택
A	없음	5원/초	10원/건	전체 요금의 20% 할인
B	5,000원/월	3원/초	15원/건	문자메시지 월 100건 무료

① 125건   ② 150건

③ 200건   ④ 250건

⑤ 300건

🔍**TIP** 통화량을 x, 문자메시지를 y라고 하면

A요금제 → $(5x+10y) \times \left(1 - \dfrac{1}{5}\right) = 4x + 8y = 14,000$원

B요금제 → $5,000 + 3x + 15 \times (y-100) = 16,250$원

두 식을 정리해서 풀면

$y = 250, \ x = 3,000$

---

29 4명의 동업자 A, B, C, D가 하루 매출액을 나누었다. 가장 먼저 A는 10만 원과 나머지의 $\dfrac{1}{5}$ 을 먼저 받고, 다음에 B가 20만 원과 그 나머지의 $\dfrac{1}{5}$, 그 이후에 C가 30만 원과 그 나머지의 $\dfrac{1}{5}$, D는 마지막으로 남은 돈을 모두 받았다. A, B, C D 네 사람이 받은 액수가 모두 같았다면, 하루 매출액의 총액은 얼마인가?

① 100만 원   ② 120만 원

③ 140만 원   ④ 160만 원

⑤ 180만 원

🔍**TIP** 4명이 각자 받은 금액을 x라 하면, 4명이 받은 금액은 모두 같으므로, 하루 매출액의 총액은 $4x$

A가 받은 금액 → $x = 10 + (4x - 10) \times \dfrac{1}{5}$

∴ $x = 40$

하루 매출총액은 $4x = 4 \times 40 = 160$만 원

30 다음은 은행계 자금조달 현황을 나타낸 표이다. 2020년 은행계 자금조달 규모는 전년 대비 약 몇 % 증가하였는가?

(단위 : 조 원, %)

구분	2013년	2014년	2015년	2016년	2017년	2018년	2019년	2020년
은행계 자금조달 (연 증감률)	1,356.2 (13.9)	1,611.1 (18.8)	1,754.4 (8.9)	1,713.9 (−2.3)	1,765.0 (3.0)	1,843.4 (4.4)	1,861.1 (1.0)	1,890.6 ( )
원가성 자금조달 비중	79.7	78.3	78.1	79.3	78.9	79.1	79.0	79.7
원화예수금 비중	38.3	36.3	38.1	45.2	49.0	50.0	50.6	50.9
CD 비중	7.3	7.8	6.7	4.4	2.1	1.6	1.4	1.5
원화차입, 사채 비중	19.3	18.6	17.7	16.3	14.5	13.7	13.9	14.4
외화자금조달 비중	10.2	12.1	12.6	11.4	11.3	12.2	11.3	11.2
무원가성 자금조달 비중	20.3	21.7	21.9	20.7	21.1	20.9	21.0	20.3
요구불 예금 비중	4.9	4.2	4.3	4.7	4.9	5.0	5.5	5.8
자기자본 비중	7.3	6.6	6.2	6.9	7.8	8.4	8.5	8.4

① 약 1.2% ② 약 1.4%
③ 약 1.6% ④ 약 1.8%
⑤ 약 2.0%

🔍**TIP** $\frac{1,890.6}{1,861.1} \times 100 = 101.58508 \cdots$

2019년 은행계 자금조달 규모를 100%로 봤을 때 2020년 은행계 자금조달 규모는 101.58508…이므로 2020년 은행계 자금조달 규모는 전년 대비 약 1.6(%) 증가했음을 알 수 있다.

다음은 갑국의 최종에너지 소비량에 대한 자료이다. 〈보기〉에서 옳은 것들로만 바르게 짝지어진 것은?

〈표 1〉 2018 ~ 2020년 유형별 최종에너지 소비량 비중

(단위 : %)

연도 \ 유형	석탄		석유제품	도시가스	전력	기타
	무연탄	유연탄				
2018	2.7	11.6	53.3	10.8	18.2	3.4
2019	2.8	10.3	54.0	10.7	18.6	3.6
2020	2.9	11.5	51.9	10.9	19.1	3.7

〈표 2〉 2020년 부문별 유형별 최종에너지 소비량

(단위 : 천TOE)

부문 \ 유형	석탄		석유제품	도시가스	전력	기타	합
	무연탄	유연탄					
산업	4,750	15,317	57,451	9,129	23,093	5,415	115,155
가정 · 상업	901	4,636	6,450	11,105	12,489	1,675	37,256
수송	0	0	35,438	188	1,312	0	36,938
기타	0	2,321	1,299	669	152	42	4,483
계	5,651	22,274	100,638	21,091	37,046	7,132	193,832

※ TOE는 석유 환산 톤수를 의미

〈보기〉

㉠ 2018 ~ 2020년 동안 전력 소비량은 매년 증가한다.

㉡ 2020년에는 산업부문의 최종에너지 소비량이 전체 최종에너지 소비량의 50% 이상을 차지한다.

㉢ 2018 ~ 2020년 동안 석유제품 소비량 대비 전력 소비량의 비율이 매년 증가한다.

㉣ 2020년에는 산업부문과 가정 · 상업부문에서 유연탄 소비량 대비 무연탄 소비량의 비율이 각각 25% 이하이다.

① ㉠㉡
② ㉠㉣
③ ㉡㉢
④ ㉡㉣
⑤ ㉢㉣

TIP

㉠ 2018 ~ 2020년 동안의 유형별 최종에너지 소비량 비중이므로 전력 소비량의 수치는 알 수 없다.

㉡ 2020년의 산업부문의 최종에너지 소비량은 115,155 천TOE이므로 전체 최종 에너지 소비량인 193,832 천TOE의 50%인 96,916 천TOE보다 많으므로 50% 이상을 차지한다고 볼 수 있다.

㉢ 2018 ~ 2020년 동안 석유제품 소비량 대비 전력 소비량의 비율은 $\dfrac{전력}{석유제품}$ 으로 계산하면 2018년 $\dfrac{18.2}{53.3} \times 100 = 34.1\%$, 2019년 $\dfrac{18.6}{54} \times 100 = 34.4\%$, 2020년 $\dfrac{19.1}{51.9} \times 100 = 36.8\%$ 이므로 매년 증가함을 알 수 있다.

㉣ 2020년 산업부문과 가정·상업부문에서 $\dfrac{무연탄}{유연탄}$ 을 구하면 산업부문의 경우 $\dfrac{4,750}{15,317} \times 100 = 31\%$, 가정·상업부문의 경우 $\dfrac{901}{4,636} \times 100 = 19.4\%$ 이므로 모두 25% 이하인 것은 아니다.

32 다음은 우리나라의 최근 6년간 ODA 지원현황(순지출, 달러기준)을 나타낸 표이다. 표에 대한 설명으로 옳지 않은 것은?

(단위 : 백만 달러, %)

구분		2015년	2016년	2017년	2018년	2019년	2020년
총 ODA		696.1	802.3	816.0	1,173.8	1,324.6	1,550.9
양자간 원조 비중(%)		490.5 (70.5)	539.2 (67.2)	581.1 (66.1)	900.6 (76.7)	989.6 (74.7)	1,162.2 (74.9)
	무상원조 비중(%)	358.3 (73.1)	368.7 (68.4)	367.0 (68.1)	573.9 (63.7)	575.0 (58.1)	696.0 (59.9)
	유상원조 비중(%)	132.2 (26.9)	170.6 (31.6)	214.1 (39.7)	326.7 (36.3)	414.6 (41.9)	466.1 (40.1)
다자간 원조 비중(%)		205.6 (29.5)	263.1 (32.8)	234.9 (28.8)	273.2 (23.3)	325.0 (25.3)	388.8 (25.1)
ODA/GNI(%)		0.07	0.09	0.1	0.12	0.12	0.14

※ ODA : 공적개발원조는 공공기관이 개발도상국의 경제 개발과 복지 증진을 목적으로 물자를 제공하는 국제적인 협력활동을 말한다.

① 국내 ODA 지원현황을 보면 꾸준히 성장세를 보이고 있음을 알 수 있다.

② GNI 대비 ODA 비중이 2015년도에 비해 2015년 현재 약 2배가량 성장했다.

③ 2015년도 우리나라 총 ODA는 696.1백만 달러에서 2020년 1,550.9백만 달러로 약 2배 이상의 양적 성장을 보이고 있다.

④ 2015년 대비 2020년 무상원조 비중은 약 15%p 감소하였다.

⑤ 개발도상국의 인프라개발 및 지원에 속하는 유상원조의 비중이 최근 6년간 높아짐에 따라 국내 인프라 산업의 시장 참여가 점차 증가하고 있음을 알 수 있다.

✦TIP ④ 2015년 대비 2020년 무상원조 비중은 약 13.2%p 감소하였다.

33 다음은 소정연구소에서 제습기 A ~ E의 습도별 연간소비전력량을 측정한 자료이다. 이에 대한 설명 중 옳은 것끼리 바르게 짝지어진 것은?

〈제습기 A ~ E 습도별 연간소비전력량〉

(단위 : kWh)

습도 제습기	40%	50%	60%	70%	80%
A	550	620	680	790	840
B	560	640	740	810	890
C	580	650	730	800	880
D	600	700	810	880	950
E	660	730	800	920	970

㉠ 습도가 70%일 때 연간소비전력량이 가장 적은 제습기는 A이다.
㉡ 각 습도에서 연간소비전력량이 많은 제습기부터 순서대로 나열하면, 습도 60%일 때와 습도 70%일 때의 순서를 동일하다.
㉢ 습도가 40%일 때 제습기 E의 연산소비전력량은 습도가 50%일 때 제습기 B의 연간소비전력량보다 많다.
㉣ 제습기 각각에서 연간소비전력량은 습도가 80%일 때가 40%일 때의 1.5배 이상이다.

① ㉠㉡
② ㉠㉢
③ ㉡㉣
④ ㉠㉢㉣
⑤ ㉡㉢㉣

🔍**TIP** ㉠ 습도가 70%일 때 연간소비전력량은 790으로 A가 가장 적다.
　　　㉡ 60%와 70%를 많은 순서대로 나열하면 60%일 때 D - E - B - C - A, 70%일 때 E - D - B - C - A 이다.
　　　㉢ 40%일 때 E = 660, 50%일 때 B = 640이다.
　　　㉣ 40%일 때의 값에 1.5배를 구하여 80%와 비교해 보면 E는 1.5배 이하가 된다.
　　　　• A = 550 × 1.5 = 825
　　　　• B = 560 × 1.5 = 840
　　　　• C = 580 × 1.5 = 870
　　　　• D = 600 × 1.5 = 900
　　　　• E = 660 × 1.5 = 990

34 다음은 2017 ~ 2020년 알코올 관련 질환 사망자 수에 대한 자료이다. 이에 대한 설명으로 옳은 것은?

구분 연도	여성		남성		전체	
	사망자 수	인구 10만 명당 사망자 수	사망자 수	인구 10만 명당 사망자 수	사망자 수	인구 10만 명당 사망자 수
2020년	383	1.6	4,107	16.8	4,490	9.3
2019년	387	1.6	4,289	17.6	4,676	9.6
2018년	374	1.5	4,674	19.2	5,048	10.2
2017년	340	1.4	4,400	18.2	4,740	9.8

※ 인구 10만 명당 사망자 수는 소수점 아래 둘째 자리에서 반올림한 값이다.

① 여성 사망사 수는 매년 증가하였다.

② 전체 사망자 수는 매년 감소하였다.

③ 2019년 남성 사망자 수는 같은 해 여성 사망자 수의 약 13배이다.

④ 2017년 대비 2020년 여성 인구 10만 명당 사망자 수 증가율은 약 11% 미만이다.

⑤ 남성 인구 10만 명당 사망자 수가 가장 많은 해의 전년 대비 남성 사망자 수 증가율은 5% 이상이다.

TIP 남성 인구 10만 명당 사망자 수가 가장 많은 해는 2018년이고, 전년 대비 남성 사망자 수 증가율은 $\frac{4,674-4,400}{4,400} \times 100 \doteqdot 6.2\%$이다.

① 2020년에는 전년 대비 감소하였다.

② 2018년 전체 사망자 수는 전년 대비 증가하였다.

③ 2019년의 남성 사망자 수는 같은 해 여성 사망자 수의 약 11배이다.

④ 2017년 대비 2020년 여성 인구 10만 명당 사망자 수 증가율은 약 14%이다.

35 다음 표는 통신사 A, B, C의 스마트폰 소매가격 및 평가점수 자료이다. 이에 대한 〈보기〉의 설명 중 옳은 것만을 모두 고른 것은?

〈통신사별 스마트폰의 소매가격 및 평가점수〉

(단위 : 달러, 점)

통신사	스마트폰	소매가격	평가항목					종합품질점수
			화질	내비게이션	멀티미디어	배터리 수명	통화성능	
A	a	150	3	3	3	3	1	13
	b	200	2	2	3	1	2	10
	c	200	3	3	3	1	1	11
B	d	180	3	3	3	2	1	12
	e	100	2	3	3	2	1	11
	f	70	2	1	3	2	1	9
C	g	200	3	3	3	2	2	13
	h	50	3	2	3	2	1	11
	i	150	3	2	2	3	2	12

〈보기〉
㉠ 소매가격이 200달러인 스마트폰 중 '종합품질점수'가 가장 높은 스마트폰은 c이다.
㉡ 소매가격이 가장 낮은 스마트폰은 '종합품질점수'도 가장 낮다.
㉢ 통신사 각각에 대해서 해당 통신사 스마트폰의 '통화성능' 평가점수의 평균을 계산하여 통신사별로 비교하면 C가 가장 높다.
㉣ 평가항목 각각에 대해서 스마트폰 a ~ i 평가점수의 합을 계산하여 평가항목별로 비교하면 '멀티미디어'가 가장 높다.

① ㉠

② ㉢

③ ㉠㉡

④ ㉡㉣

⑤ ㉢㉣

🔍**TIP** ㉠ 200달러인 스마트폰 중 종합품질점수가 가장 높은 스마트폰은 g이다.
㉡ 소매가격이 가장 낮은 스마트폰은 h이며, 종합품질점수가 가장 낮은 스마트폰은 f이다.
㉢ A : $\frac{1+2+1}{3} = \frac{4}{3}$, B : $\frac{1+1+1}{3} = 1$, C : $\frac{2+1+2}{3} = \frac{5}{3}$
㉣ 화질 : $3+2+3+3+2+2+3+3+3 = 24$
내비게이션 : $3+2+3+3+3+1+3+2+2 = 22$
멀티미디어 : $3+3+3+3+3+3+3+3+2 = 26$
배터리 수명 : $3+1+1+2+2+2+2+2+3 = 18$
통화성능 : $1+2+1+1+1+1+2+1+2 = 12$

36 다음은 면접관 A ~ E가 NH농협은행 응시자 갑 ~ 정에게 부여한 면접 점수이다. 이에 대한 설명으로 옳은 내용만 모두 고른 것은?

(단위 : 점)

면접관 \ 응시자	갑	을	병	정	범위
A	7	8	8	6	2
B	4	6	8	10	( )
C	5	9	8	8	( )
D	6	10	9	7	4
E	9	7	6	5	4
중앙값	( )	( )	8	( )	–
교정점수	( )	8	( )	7	–

※ 1) 범위는 해당 면접관이 각 응시자에게 부여한 면접 점수 중 최댓값에서 최솟값을 뺀 값이다.

  2) 중앙값은 해당 응시자가 면접관에게서 받은 모든 면접 점수를 크기순으로 나열할 때 한가운데 값이다.

  3) 교정점수는 해당 응시자가 면접관에게 받은 모든 면접 점수 중 최댓값과 최솟값을 제외한 면접 점수의 산술 평균값이다.

> ㉠ 면접관 중 범위가 가장 큰 면접관은 B이다.
> ㉡ 응시자 중 중앙값이 가장 작은 응시자는 정이다.
> ㉢ 교정점수는 병이 갑보다 크다.

① ㉠
② ㉡
③ ㉠㉢
④ ㉡㉢
⑤ ㉠㉡㉢

🔍**TIP** 먼저 표를 완성하여 보면

면접관 \ 응시자	갑	을	병	정	범위
A	7	8	8	6	2
B	4	6	8	10	(6)
C	5	9	8	8	(4)
D	6	10	9	7	4
E	9	7	6	5	4
중앙값	(6)	(8)	8	(7)	–
교정점수	(6)	8	(8)	7	–

㉠ 면접관 중 범위가 가장 큰 면접관은 범위가 6인 B가 맞다.
㉡ 응시자 중 중앙값이 가장 작은 응시자는 6인 갑이다.
㉢ 교정점수는 병이 8, 갑이 6이므로 병이 크다.

37 다음은 1960 ~ 1964년 동안 전남지역 곡물 재배면적 및 생산량을 정리한 표이다. 이에 대한 설명으로 옳은 것은?

(단위 : 천 정보, 천 석)

곡물	구분 \ 연도	1960	1961	1962	1963	1964
두류	재배면적	450	283	301	317	339
	생산량	1,940	1,140	1,143	1,215	1,362
맥류	재배면적	1,146	773	829	963	1,034
	생산량	7,347	4,407	4,407	6,339	7,795
미곡	재배면적	1,148	1,100	998	1,118	1,164
	생산량	15,276	14,145	13,057	15,553	18,585
서류	재배면적	59	88	87	101	138
	생산량	821	1,093	1,228	1,436	2,612
잡곡	재배면적	334	224	264	215	208
	생산량	1,136	600	750	633	772
전체	재배면적	3,137	2,468	2,479	2,714	2,883
	생산량	26,520	21,385	20,585	25,176	31,126

① 1961 ~ 1964년 동안 재배면적의 전년 대비 증감 방향은 미곡과 두류가 동일하다.

② 생산량은 매년 두류가 서류보다 많다.

③ 재배면적은 매년 잡곡이 서류의 2배 이상이다.

④ 1964년 재배면적당 생산량이 가장 큰 곡물은 미곡이다.

⑤ 1963년 미곡과 맥류 재배면적의 합은 1963년 곡물 재배면적 전체의 70% 이상이다.

🔍TIP ① 두류의 증감방향 : 증가 → 증가 → 증가
　　　 미곡의 증감방향 : 감소 → 증가 → 증가
② 1962년, 1963년, 1964년은 서류의 생산량이 더 많다.
③ 1964년의 경우 $\frac{208}{138} = 1.5$배이다.
④ 재배면적당 생산량을 계산해보면 두류 4, 맥류 7.5, 미곡 15.9, 서류 18.9, 잡곡 3.7로 가장 큰 곡물은 서류이다.
⑤ 미곡과 맥류의 재배면적의 합은 2,081이고, 곡물 재배면적 전체는 2,714이므로
$\frac{2,081}{2,714} \times 100 = 76.6\%$

38 다음은 지난 10년간의 농가경제의 변화 추이를 나타낸 표이다. 표에 대한 설명으로 옳지 않은 것은?

〈표 1〉 농가판매가격 및 농가구입가격 지수 추이

(단위 : %)

구분	2011년	2014년	2018년	2019년	2020년
농가 판매가격 지수	92.5	100.0	117.5	113.2	111.3
농가 구입가격 지수	81.8	100.0	106.1	107.1	108.4

〈표 2〉 2011년 ~ 2020년 농가 판매 및 구입가격 증감률

(단위 : %)

농가 판매가격 지수		농가 구입가격 지수	
농산물 전체	20.3	구입용품 전체	32.5
곡물	14.0	가계용품	25.5
청과물	31.2	농업용품	46.7
축산물	5.9	농촌임료금	51.9

※ 1) 농가교역조건지수 : 농가가 판매하는 농축산물과 구입하는 가계용품·농업용품·농촌임료금의 가격상승 정도를 비교하여 가격 측면에서 농가의 채산성을 나타내는 지표

2) 농가교역조건지수 $= \dfrac{\text{농가판매가격지수}}{\text{농가구입가격지수}} \times 100$

① 지난 10년간 농가가 농축산물을 판매한 가격보다 가계용품·농업용품·농촌임료금 등을 구입한 가격이 더 크게 상승하였다.

② 지난 10년간 농가구입 품목 중 농촌임료금은 51.9% 증가하였다.

③ 지난 10년간 농가 판매가격은 곡물 14.0%, 청과물 31.2%, 축산물 5.9% 증가하는데 그쳤다.

④ 위 두 표를 통해 지난 10년간 가격 측면에서 농가의 채산성을 나타내는 '농가교역조건'이 악화되고 있음을 알 수 있다.

⑤ 지난 10년간 농가교역조건지수는 약 14.0%p 하락하였다.

🔍**TIP**

2011년 농가교역조건지수 : $\dfrac{92.5}{81.8} \times 100 = 113.08068 \cdots \%$

2020년 농가교역조건지수 : $\dfrac{111.3}{108.4} \times 100 = 102.67527 \cdots \%$

$113.1 - 102.7 \fallingdotseq 10.4\%\text{p}$

∴ 지난 10년간 농가교역조건지수는 약 10.4%p 하락하였다.

39 다음 표와 그림은 2018년 한국 골프 팀 A ~ E의 선수 인원수 및 총 연봉과 각각의 전년 대비 증가율을 나타낸 것이다. 이에 대한 설명으로 옳지 않은 것은?

〈표〉 2020년 골프 팀 A ~ E의 선수 인원수 및 총 연봉

(단위 : 명, 억 원)

골프 팀	선수 인원수	총 연봉
A	5	15
B	10	25
C	8	24
D	6	30
E	6	24

※ 팀 선수 평균 연봉 $= \dfrac{\text{총 연봉}}{\text{선수 인원수}}$

〈그림〉 2020년 골프 팀 A ~ E의 선수 인원수 및 총 연봉의 전년 대비 증가율

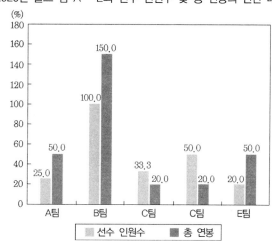

※ 전년 대비 증가율은 소수점 둘째자리에서 반올림한 값이다.

① 2020년 팀 선수 평균 연봉은 D팀이 가장 많다.
② 2020년 전년 대비 증가한 선수 인원수는 C팀과 D팀이 동일하다.
③ 2020년 A팀이 팀 선수 평균 연봉은 전년 대비 증가하였다.
④ 2020년 선수 인원수가 전년 대비 가장 많이 증가한 팀은 총 연봉도 가장 많이 증가하였다.
⑤ 2019년 총 연봉은 A팀이 E팀보다 많다.

☀🔍TIP

① 팀 선수 평균 연봉 = $\dfrac{총\ 연봉}{선수\ 인원수}$

A : $\dfrac{15}{5} = 3$

B : $\dfrac{25}{10} = 2.5$

C : $\dfrac{24}{8} = 3$

D : $\dfrac{30}{6} = 5$

E : $\dfrac{24}{6} = 4$

② C팀 2019년 선수 인원수 $\dfrac{8}{1.333} = 6$명, 2020년 선수 인원수 8명

D팀 2019년 선수 인원수 $\dfrac{6}{1.5} = 4$명, 2020년 선수 인원수 6명

C, D팀은 모두 전년 대비 2명씩 증가하였다.

③ A팀의 2019년 총 연봉은 $\dfrac{15}{1.5} = 10$억 원, 2019년 선수 인원수는 $\dfrac{5}{1.25} = 4$명

2019년 팀 선수 평균 연봉은 $\dfrac{10}{4} = 2.5$억 원

2020년 팀 선수 평균 연봉은 3억 원

④ 2019년 선수 인원수를 구해보면 A-4명, B-5명, C-6명, D-4명, E-5명
전년 대비 증가한 선수 인원수는 A-1명, B-5명, C-2명, D-2명, E-1명
2019년 총 연봉을 구해보면 A-10억, B-10억, C-20억, D-25억, E-16억
전년 대비 증가한 총 연봉은 A-5억, B-15억, C-4억, D-5억, E-8억

⑤ 2019년 총 연봉은 A팀이 10억 원, E팀이 16억 원으로 E팀이 더 많다.

40 다음은 미국의 신용협동조합과 상업은행을 비교한 표이다. 표에 대한 설명으로 옳지 않은 것은?

	신용협동조합		상업은행	
	2020년	2019년	2020년	2019년
기관 수	6,395	6,679	6,508	6,809
기관당 지점 수	3	3	15	14
기관당 자산(백만$)	178	161	2,390	2,162
총 대출(백만$)	723,431	655,006	8,309,427	7,891,471
총 저출(백만$)	963,115	922,033	11,763,780	11,190,522
예대율(%)	75.1	71.0	70.6	70.5
자산 대비 대출 비중(%)	60.9	63.7	51.7	52.6
핵심 예금 비중(%)	45.8	47.6	32.2	33.4
순 자본 비율(%)	10.8	11.0	11.2	11.2

① 2019년 대비 2020년 상업은행의 감소폭은 같은 기간 신용협동조합의 감소폭보다 크다.
② 2020년 상업은행의 기관당 지점 수는 신용협동조합의 5배에 달한다.
③ 2019년 대비 2020년 예대율 증가폭은 신용협동조합이 상업은행보다 크다.
④ 2019년 대비 2020년 순 자본 비율은 신용협동조합이 0.2%p 감소한 반면 상업은행은 변화가 없다.
⑤ 2020년 자산 대비 대출 비중은 상업은행이 신용협동조합보다 8.2%p 높다.

✎**TIP** 2020년 자산 대비 대출 비중은 신용협동조합이 상업은행보다 9.2%p 높다.

정보능력

(1) 정보와 정보화사회

① 자료 · 정보 · 지식

구분	특징
자료(Data)	객관적 실제의 반영이며, 그것을 전달할 수 있도록 기호화한 것
정보(Information)	자료를 특정한 목적과 문제 해결에 도움이 되도록 가공한 것
지식(Knowledge)	정보를 집적하고 체계화하여 장래의 일반적인 사항에 대비해 보편성을 갖도록 한 것

② 정보화사회 : 필요로 하는 정보가 사회의 중심이 되는 사회

(2) 컴퓨터의 활용 분야

① 기업 경영 분야에서의 활용 : 판매, 회계, 재무, 인사 및 조직관리, 금융 업무 등
② 행정 분야에서의 활용 : 민원처리, 각종 행정 통계 등
③ 산업 분야에서의 활용 : 공장 자동화, 산업용 로봇, 판매시점관리 시스템(POS) 등
④ 기타 분야에서의 활용 : 교육, 연구소, 출판, 가정, 도서관, 예술 분야 등

(3) 정보처리 과정

① 정보 활용 절차 : 기획 → 수집 → 관리 → 활용
② 5W2H : 정보 활용의 전략적 기획
  • WHAT(무엇을?) : 정보의 입수대상을 명확히 한다.
  • WHERE(어디에서?) : 정보의 소스(정보원)를 파악한다.
  • WHEN(언제까지) : 정보의 요구(수집)시점을 고려한다.
  • WHY(왜?) : 정보의 필요목적을 염두에 둔다.
  • WHO(누가?) : 정보활동의 주체를 확정한다.
  • HOW(어떻게) : 정보의 수집 방법을 검토한다.
  • HOW MUCH(얼마나?) : 정보 수집의 비용성(효용성)을 중시한다.

(4) 인터넷의 역기능

① 불건전 정보의 유통

② 개인정보 유출

③ 사이버 성폭력

④ 사이버 언어폭력

⑤ 언어 훼손

⑥ 인터넷 중독

⑦ 불건전한 교제

⑧ 저작권 침해

(5) 개인정보의 종류

① **일반 정보** : 이름, 주민등록번호, 운전면허정보, 주소, 전화번호, 생년월일, 출생지, 본적지, 성별, 국적 등

② **가족 정보** : 가족의 이름, 직업, 생년월일, 주민등록번호, 출생지 등

③ **교육 및 훈련 정보** : 최종학력, 성적, 기술자격증·전문면허증, 이수훈련 프로그램, 서클 활동, 상벌사항, 성격·행태보고 등

④ **병역 정보** : 군번 및 계급, 제대유형, 주특기, 근무부대 등

⑤ **부동산 및 동산 정보** : 소유주택 및 토지, 자동차, 저축현황, 현금카드, 주식 및 채권, 수집품, 고가의 예술품 등

⑥ **소득 정보** : 연봉, 소득의 원천, 소득세 지불 현황 등

⑦ **기타 수익 정보** : 보험가입현황, 수익자, 회사의 판공비 등

⑧ **신용 정보** : 대부상황, 저당, 신용카드, 담보설정 여부 등

⑨ **고용 정보** : 고용주, 회사주소, 상관의 이름, 직무수행 평가 기록, 훈련기록, 상벌기록 등

⑩ **법적 정보** : 전과기록, 구속기록, 이혼기록 등

⑪ **의료 정보** : 가족병력기록, 과거 의료기록, 신체장애, 혈액형 등

⑫ **조직 정보** : 노조가입, 정당가입, 클럽회원, 종교단체 활동 등

⑬ **습관 및 취미 정보** : 흡연·음주량, 여가활동, 도박성향, 비디오 대여 기록 등

(6) 개인정보 유출방지 방법

① 회원가입 시 이용 약관을 읽는다.

② 이용 목적에 부합하는 정보를 요구하는지 확인한다.

③ 비밀번호는 정기적으로 교체한다.

④ 정체불명의 사이트는 멀리한다.

⑤ 가입 해지 시 정보 파기 여부를 확인한다.

⑥ 남들이 쉽게 유추할 수 있는 비밀번호는 자제한다.

정보능력은 업무를 수행함에 있어 컴퓨터를 활용하여 필요한 정보를 수집하고 분석하는 능력이다. Excel의 이론 보다는 실무에 활용하는 문제로 출제되며 검색 연산자에 대해 묻는 질문도 다수 출제된다.

하위능력별 출제 유형

컴퓨터활용능력 ✦ ✦ ✦ ✦ ✦
컴퓨터 이론, 소프트웨어 사용 방법과 프로그램 별 단축키, 엑셀 함수, PC관리기법 등

정보처리능력 ✦ ✦ ✦ ✧ ✧
소프트웨어의 활용과 제시된 상황에 따른 결과를 도출하는 유형이 출제된다.

하위능력별 출제 빈도

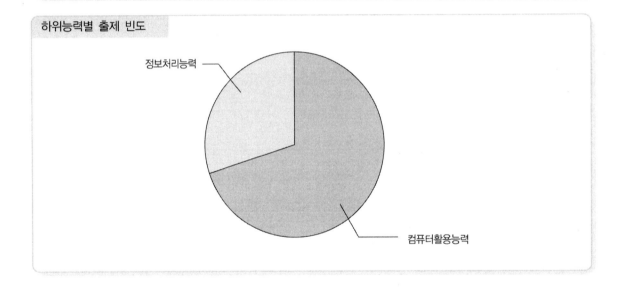

정보처리능력

컴퓨터활용능력

컴퓨터활용능력

(1) 인터넷 서비스 활용

① 전자우편(E – mail) 서비스 : 정보 통신망을 이용하여 다른 사용자들과 편지나 여러 정보를 주고받는 통신 방법
② 인터넷 디스크 · 웹 하드 : 웹 서버에 대용량의 저장 기능을 갖추고 사용자가 개인용 컴퓨터의 하드디스크와 같은 기능을 인터넷을 통하여 이용할 수 있게 하는 서비스
③ 메신저 : 인터넷에서 실시간으로 메시지와 데이터를 주고받을 수 있는 소프트웨어
④ 전자상거래 : 인터넷을 통해 상품을 사고팔거나 재화나 용역을 거래하는 사이버 비즈니스

(2) 정보 검색

여러 곳에 분산되어 있는 수많은 정보 중에서 특정 목적에 적합한 정보만을 신속하고 정확하게 찾아내어 수집, 분류, 축적하는 과정

(3) 검색엔진의 유형

① 키워드 검색 방식 : 찾고자 하는 정보와 관련된 핵심적인 언어인 키워드를 직접 입력하여 이를 검색 엔진에 보내어 검색 엔진이 키워드와 관련된 정보를 찾는 방식
② 주제별 검색 방식 : 인터넷상에 존재하는 웹 문서들을 주제별, 계층별로 정리하여 데이터베이스를 구축한 후 이용하는 방식
③ 통합형 검색 방식 : 사용자가 입력하는 검색어들이 연계된 다른 검색 엔진에게 보내고 이를 통하여 얻어진 검색 결과를 사용자에게 보여주는 방식

(4) 정보 검색 연산자

기호	연산자	검색 조건
*, &	AND	두 단어가 모두 포함된 문서를 검색
|	OR	두 단어가 모두 포함되거나 두 단어 중에서 하나만 포함된 문서를 검색
– , !	NOT	' – ' 기호나 '!' 기호 다음에 오는 단어는 포함하지 않는 문서를 검색
~ , near	인접검색	앞/뒤의 단어가 가깝게 있는 문서를 검색

(5) 소프트웨어의 활용

① 워드프로세서
- **특징** : 문서의 내용을 화면으로 확인하면서 쉽게 수정 가능, 문서 작성 후 인쇄 및 저장 가능, 글이나 그림의 입력 및 편집 가능
- **기능** : 입력기능, 표시기능, 저장 기능, 편집기능, 인쇄기능 등

② 스프레드시트
- **특징** : 쉽게 계산 수행, 계산 결과를 차트로 표시, 문서를 작성하고 편집 가능
- **기능** : 계산, 수식, 차트, 저장, 편집, 인쇄기능 등

③ 프레젠테이션
- **특징** : 각종 정보를 사용자 또는 대상자에게 쉽게 전달
- **기능** : 저장, 편집, 인쇄, 슬라이드 쇼 기능 등

④ **유틸리티 프로그램** : 파일 압축 유틸리티, 바이러스 백신 프로그램

(6) 데이터베이스의 필요성

① 데이터의 중복을 줄인다.

② 데이터의 무결성을 높인다.

③ 검색을 쉽게 해준다.

④ 데이터의 안정성을 높인다.

⑤ 개발 기간을 단축한다.

하위능력 02 정보처리능력

(1) 정보원

① 정의 : 1차 자료는 원래의 연구성과가 기록된 자료이며, 2차 자료는 1차 자료를 효과적으로 찾아보기 위한 자료 또는 1차 자료에 포함되어 있는 정보를 압축·정리한 형태로 제공하는 자료이다.

② 1차 자료 : 단행본, 학술지와 논문, 학술회의자료, 연구보고서, 학위논문, 특허정보, 표준 및 규격자료, 레터, 출판 전 배포자료, 신문, 잡지, 웹 정보자원 등

③ 2차 자료 : 사전, 백과사전, 편람, 연감, 서지데이터베이스 등

(2) 정보분석 및 가공

① 정보분석의 절차 : 분석과제의 발생 → 과제(요구)의 분석 → 조사항목의 선정 → 관련 정보의 수집(기존자료 조사/신규자료 조사) → 수집정보의 분류 → 항목별 분석 → 종합·결론 → 활용·정리

② 가공 : 서열화 및 구조화

(3) 정보관리

① 목록을 이용한 정보관리
② 색인을 이용한 정보관리
③ 분류를 이용한 정보관리

예제 01 정보처리능력

5W2H는 정보를 전략적으로 수집·활용할 때 주로 사용하는 방법이다. 5W2H에 대한 설명으로 옳지 않은 것은?

① WHAT : 정보의 수집 방법을 검토한다.
② WHERE : 정보의 소스(정보원)를 파악한다.
③ WHEN : 정보의 요구(수집)시점을 고려한다.
④ HOW : 정보의 수집 방법을 검토한다.

출제의도

방대한 정보들 중 꼭 필요한 정보와 수집 방법 등을 전략적으로 기획하고 정보 수집이 이루어질 때 효과적인 정보 수집이 가능해진다. 5W2H는 이러한 전략적 정보 활용 기획의 방법으로 그 개념을 이해하고 있는지를 묻는 질문이다.

해설

5W2H의 'WHAT'은 정보의 입수대상을 명확히 하는 것이다. 정보의 수집 방법을 검토하는 것은 HOW(어떻게)에 해당되는 내용이다.

》 ①

예제 02 컴퓨터활용능력

귀하는 커피 전문점을 운영하고 있다. 아래와 같이 엑셀 워크시트로 4개 지점의 원두 구매 수량과 단가를 이용하여 금액을 산출하고 있다. 귀하가 다음 중 D3셀에서 사용하고 있는 함수식으로 옳은 것은? (단, 금액 = 수량 × 단가)

	A	B	C	D	E
1	지점	원두	수량(100g)	금액	
2	A	케냐	15	150000	
3	B	콜롬비아	25	175000	
4	C	케냐	30	300000	
5	D	브라질	35	210000	
6					
7		원두	100g당 단가		
8		케냐	10,000		
9		콜롬비아	7,000		
10		브라질	6,000		
11					

① = C3*VLOOKUP(B3, $B$8 : $C$10, 1, 1)
② = B3*HLOOKUP(C3, $B$8 : $C$10, 2, 0)
③ = C3*VLOOKUP(B3, $B$8 : $C$10, 2, 0)
④ = C3*HLOOKUP($B$8 : $C$10, 2, B3)

출제의도

본 문항은 엑셀 워크시트 함수의 활용도를 확인하는 문제이다.

해설

"VLOOKUP(B3,$B$8 : $C$10, 2, 0)"의 함수를 해설해보면 B3의 값(콜롬비아)을 B8 : C10에서 찾은 후 그 영역의 2번째 열(C열, 100g당 단가)에 있는 값을 나타내는 함수이다.

금액은 "수량 × 단가"으로 나타내므로 D3셀에 사용되는 함수식은

" = C3*VLOOKUP(B3, $B$8 : $C$10, 2, 0)"이다.

※ HLOOKUP과 VLOOKUP
　㉠ HLOOKUP : 배열의 첫 행에서 값을 검색하여, 지정한 행의 같은 열에서 데이터를 추출
　㉡ VLOOKUP : 배열의 첫 열에서 값을 검색하여, 지정한 열의 같은 행에서 데이터를 추출

》 ③

예제 03 정보처리능력

인사팀에서 근무하는 J 씨는 회사가 성장함에 따라 직원 수가 급증하기 시작하면서 직원들의 정보관리 방법을 모색하던 중 다음과 같은 甲사의 직원 정보관리 방법을 보게 되었다. J 씨는 甲사가 하고 있는 이 방법을 회사에도 도입하고자 한다. 이 방법은 무엇인가?

> 甲사의 인사부서에 근무하는 H 씨는 직원들의 개인정보를 관리하는 업무를 담당하고 있다. 甲사에서 근무하는 직원은 수천 명에 달하기 때문에 H 씨는 주요 키워드나 주제어를 가지고 직원들의 정보를 구분하여 관리하여, 찾을 때도 쉽고 내용을 수정할 때도 이전보다 훨씬 간편할 수 있도록 했다.

① 목록을 활용한 정보관리
② 색인을 활용한 정보관리
③ 분류를 활용한 정보관리
④ 1 : 1 매칭을 활용한 정보관리

출제의도
본 문항은 정보관리 방법의 개념을 이해하고 있는가를 묻는 문제이다.

해설
주어진 자료의 甲사에서 사용하는 정보관리는 주요 키워드나 주제어를 가지고 정보를 관리하는 방식인 색인을 활용한 정보관리이다. 디지털 파일에 색인을 저장할 경우 추가, 삭제, 변경 등이 쉽다는 점에서 정보관리에 효율적이다.

》② ②

1 다음 중 아래와 같은 자료를 '기록(초)' 필드를 이용하여 최길동의 순위를 계산하고자 할 때 C3에 들어갈 함수식으로 올바른 것은?

	A	B	C
1	이름	기록(초)	순위
2	김길동	53	3
3	최길동	59	4
4	박길동	51	1
5	이길동	52	2
6			

① =RANK(B3,$B$2:$B$5,1)

② =RANK(B3,$B$2:$B$5,0)

③ =RANK(B3,$B$2:B5,1)

④ =RANK(B3,B2:$B$5,0)

⑤ =RANK(B3,B2:B5,0)

🔍TIP　RANK 함수는 지정 범위에서 인수의 순위를 구할 때 사용하는 함수이다. 결정 방법은 수식의 맨 뒤에 0 또는 생략할 경우 내림차순, 0 이외의 값은 오름차순으로 표시하게 되면, 결과값에 해당하는 필드의 범위를 지정할 때에는 셀 번호에 '$'를 앞뒤로 붙인다.

2 다음에 제시된 네트워크 관련 명령어들 중, 그 의미가 올바르게 설명되어 있지 않은 것은?

㉠ netstat	활성 TCP 연결 상태, 컴퓨터 수신 포트, 이더넷 통계 등을 표시한다.
㉡ nslookup	DNS가 가지고 있는 특정 도메인의 IP Address를 검색해 준다.
㉢ finger	원격 컴퓨터의 사용자 정보를 알아보기 위해 사용되는 서비스이다.
㉣ ipconfig	현재 컴퓨터의 IP 주소, 서브넷 마스크, 기본 게이트웨이 등을 확인할 수 있다.
㉤ ping	인터넷 서버까지의 경로 추적으로 IP 주소, 목적지까지 거치는 경로의 수 등을 파악할 수 있도록 한다.

① ㉠   ② ㉡

③ ㉢   ④ ㉣

⑤ ㉤

🔍**TIP** 'ping'은 원격 컴퓨터가 현재 네트워크에 연결되어 정상적으로 작동하고 있는지 확인할 수 있는 명령어이다. 해당 컴퓨터의 이름, IP 주소, 전송 신호의 손실률, 전송 신호의 응답 시간 등이 표시된다.

㉤ 'tracert'에 대한 설명으로, tracert는 특정 사이트가 열리지 않을 때 해당 서버가 문제인지 인터넷 망이 문제인지 확인할 수 있는 기능, 인터넷 속도가 느릴 때 어느 구간에서 정체를 일으키는지 확인할 수 있는 기능 등을 제공한다.

3 다음 시트에서 1행의 데이터에 따라 2행처럼 표시하려고 할 때, 다음 중 A2 셀에 입력된 함수식으로 적절한 것은?

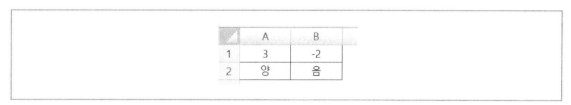

	A	B
1	3	-2
2	양	음

① =IF(A1<=0,"양","음")   ② =IF(A1 IS=0,"양" OR "음")

③ =IF(A1>=0,"양","음")   ④ =IF(A1>=0,"양" OR "음")

⑤ =IF(A1 IS=0,"양","음")

🔍**TIP** IF(조건, 인수1, 인수2) 함수는 해당 조건이 참이면 인수1을, 거짓이면 인수2를 실행하게 하는 함수이다. 따라서 A1 셀이 0 이상(크거나 같음)이면 "양"을, 그렇지 않으면 "음"을 표시하게 되는 것이다.

4 최근에는 정보화 시대를 맞아 직장 생활뿐 아니라 가정생활에 있어서도 컴퓨터와 인터넷을 활용할 줄 아는 능력이 점점 많이 요구되고 있다. 다음에 제시된 정보통신망과 관련된 용어 중 그 의미가 잘못 설명된 것은?

① LAN	근거리의 한정된 지역 또는 건물 내에서 데이터 전송을 목적으로 연결되는 통신망으로 단일기관의 소유이면서 수 km 범위 이내의 지역에 한정되어 있는 통신 네트워크를 말한다.
② MAN	LAN과 WAN의 중간 형태의 통신망으로 특정 도시 내에 구성된 각각의 LAN들을 상호 연결하여 자원을 공유한다.
③ WAN	ISDN보다 더 광범위한 서비스로, 음성 통신 및 고속 데이터 통신, 정지화상 및 고해상도의 동영상 등의 다양한 서비스를 제공한다.
④ VAN	통신 회선을 빌려 단순한 전송기능 이상의 정보 축적이나 가공, 변환 처리 등의 부가가치를 부여한 정보를 제공하는 통신망
⑤ ISDN	음성이나 문자, 화상 데이터를 종합적으로 제공하는 디지털 통신망

WAN(광대역 통신망)은 한 국가, 한 대륙 또는 전 세계에 걸친 넓은 지역의 수많은 컴퓨터를 서로 연결하여 정보를 송·수신할 수 있도록 하는 통신망이다.
③에 제시된 설명은 B-ISDN(광대역 종합정보 통신망)에 해당한다.

5 아래 그림을 참고할 때, 할인율을 변경하여 '판매가격'의 목표값을 150,000으로 변경하려고 한다면 [목표값 찾기] 대화 상자의 '수식 셀'에 입력할 값으로 적절한 것은?

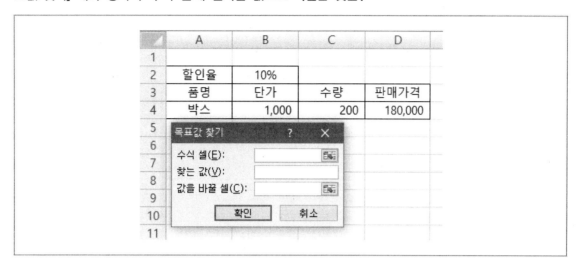

① B4
② C4
③ B2
④ B2*C2
⑤ D4

🔍💡 목표값 찾기는 수식으로 구하려는 결과 값은 알지만 해당 결과를 구하는 데 필요한 수식 입력 값을 모르는 경우 사용하는 기능이다. 제시된 대화 상자의 빈 칸에는 다음과 같은 내용이 입력된다.
• 수식 셀 : 결과 값이 출력되는 셀 주소를 입력 → 반드시 수식이어야 함
• 찾는 값 : 목표값으로 찾고자 하는 값 입력
• 값을 바꿀 셀 : 목표 결과값을 계산하기 위해 변경되는 값이 입력되어 있는 셀 주소 입력

6 G사 홍보팀에서는 다음과 같이 직원들의 수당을 지급하고자 한다. C12셀부터 D15셀까지 기재된 사항을 참고로 D열에 수식을 넣어 직책별 수당을 작성하였다. D2셀에 수식을 넣어 D10까지 드래그하여 다음과 같은 자료를 작성하였다면, D2셀에 들어가야 할 적절한 수식은?

	A	B	C	D
1	사번	직책	기본급	수당
2	9610114	대리	1,720,000	450,000
3	9610070	대리	1,800,000	450,000
4	9410065	과장	2,300,000	550,000
5	9810112	사원	1,500,000	400,000
6	9410105	과장	2,450,000	550,000
7	9010043	부장	3,850,000	650,000
8	9510036	대리	1,750,000	450,000
9	9410068	과장	2,380,000	550,000
10	9810020	사원	1,500,000	400,000
11				
12			부장	650,000
13			과장	550,000
14			대리	450,000
15			사원	400,000

① =VLOOKUP(C12,$C$12:$D$15,2,1)

② =VLOOKUP(C12,$C$12:$D$15,2,0)

③ =VLOOKUP(B2,$C$12:$D$15,2,0)

④ =VLOOKUP(B2,$C$12:$D$15,2,1)

⑤ =VLOOKUP(C12,$C$12:$D$15,1,0)

🔍TIP D2셀에 기재되어야 할 수식은 =VLOOKUP(B2,$C$12:$D$15,2,0) 이다. B2는 직책이 대리이므로 대리가 있는 셀을 입력하여야 하며, 데이터 범위인 C12:D15가 변하지 않도록 절대 주소로 지정을 해 주게 된다. 또한 대리 직책에 대한 수당이 있는 열의 위치인 2를 입력하게 되며, 마지막에 직책이 정확히 일치하는 값을 찾아야 하므로 0을 기재하게 된다.

7 인사팀에서는 다음과 같이 직급별 신체조건을 파악해 운동지수를 알아보았다. 다음 자료를 참고할 때, 수식 '=DAVERAGE(A4:E10,"체중",A1:C2)'의 결과값으로 알맞은 것은?

	A	B	C	D	E
1	직급	키	키		
2	대리	>170	<180		
3					
4	직급	키	나이	체중	운동지수
5	대리	174	30	72	132
6	대리	178	29	64	149
7	과장	168	33	75	138
8	사원	180	25	80	125
9	대리	168	39	82	127
10	사원	182	27	74	139

① 176

② 29.5

③ 140.5

④ 74.5

⑤ 68

🔍TIP DAVERAGE 함수는 지정된 범위에서 조건에 맞는 자료를 대상으로 지정된 열의 평균을 계산하는 함수이다. =DAVERAGE(A4:E10,"체중",A1:C2)는 A4:E10 영역에서 직급이 대리이고 키가 170 초과 180 미만인 데이터의 체중 평균을 구하는 함수식으로, 직급이 대리이고 키가 170 초과 180 미만인 체중은 D5, D6셀이므로 이에 해당하는 72와 64의 평균인 68이 결과값이 된다.

8 다음과 같은 자료를 참고할 때, F3 셀에 들어갈 수식으로 알맞은 것은?

	A	B	C	D	E	F
1	이름	소속	수당(원)		구분	인원 수
2	김xx	C팀	160,000		총 인원	12
3	이xx	A팀	200,000		평균 미만	6
4	홍xx	D팀	175,000		평균 이상	6
5	남xx	B팀	155,000			
6	서xx	D팀	170,000			
7	조xx	B팀	195,000			
8	염xx	A팀	190,000			
9	권xx	B팀	145,000			
10	신xx	C팀	200,000			
11	강xx	D팀	190,000			
12	노xx	A팀	160,000			
13	방xx	D팀	220,000			

① =COUNTIF(C2:C13,"<"&AVERAGE(C2:C13))

② =COUNT(C2:C13,"<"&AVERAGE(C2:C13))

③ =COUNTIF(C2:C13,"<","&"AVERAGE(C2:C13))

④ =COUNT(C2:C13,">"&AVERAGE(C2:C13))

⑤ =COUNTIF(C2:C13,">"AVERAGE&(C2:C13))

🔍**TIP** COUNTIF 함수는 통계함수로서 범위에서 조건에 맞는 셀의 개수를 구할 때 사용된다.
=COUNTIF(C2:C13,"<"&AVERAGE(C2:C13))의 수식은 AVERAGE 함수로 평균 금액을 구한 후, 그 금액보다 적은 개수를 세게 된다. 반면, =COUNTIF(C2:C13,">="&AVERAGE(C2:C13))의 결과값은 AVERAGE 함수로 평균 금액을 구한 후, 그 금액과 같거나 큰 개수를 세게 된다.

9 다음 자료를 참고할 때, B7 셀에 '=SUM(B2 : CHOOSE(2, B3, B4, B5))'의 수식을 입력했을 때 표시되는 결과값으로 올바른 것은?

	A	B
1	성명	성과점수
2	오 과장	85
3	민 대리	90
4	백 사원	92
5	최 대리	88
6		
7	부분합계	

① 175

② 355

③ 267

④ 177

⑤ 265

🔍TIP CHOOSE 함수는 'CHOOSE(인수, 값1, 값2, …)'과 같이 표시하며, 인수의 번호에 해당하는 값을 구하게 된다. 다시 말해, 인수가 1이면 값1을, 인수가 2이면 값2를 선택하게 된다. 따라서 두 번째 인수인 B4가 해당되어 B2 : B4의 합계를 구하게 되므로 정답은 267이 된다.

10 다음 스프레드시트 서식 코드 사용 설명 중 올바르지 않은 것은 어느 것인가?

입력 데이터	지정 서식	결과 데이터
㉠ 13 − 03 − 12	dd − mmm	12 − Mar
㉡ 13 − 03 − 12	mmm − yy	Mar − 13
㉢ 02:45	hh:mm:ss AM/PM	02:45:00 AM
㉣ 신재생	+ @에너지	신재생에너지
㉤ 02:45	h:mm:ss	2:45:00

① ㉠   ② ㉡

③ ㉢   ④ ㉣

⑤ ㉤

🔍**TIP** 표시 위치를 지정하여 특정 문자열을 연결하여 함께 표시할 경우에는 @를 사용한다. 따라서 '신재생'을 입력하여 '신재생에너지'라는 결과값을 얻으려면 '@에너지'가 올바른 서식이다.

┃11 ~ 13┃ 다음은 시스템 모니터링 중에 나타난 화면이다. 다음 화면에 나타나는 정보를 이해하고 시스템 상태를 파악하여 적절한 input code를 고르시오.

〈시스템 화면〉

System is checking........
Run.....

Error Found!
Index GTEMSHFCBA of file WODRTSUEAI

input code : _____

항목	세부사항
index '__' of file '__'	• 오류 문자 : Index 뒤에 나타나는 10개의 문자 • 오류 발생 위치 : file 뒤에 나타나는 10개의 문자
Error Value	오류 문자와 오류 발생 위치를 의미하는 문자에 사용된 알파벳을 비교하여 일치하는 알파벳의 개수를 확인(단, 알파벳의 위치와 순서는 고려하지 않으며 동일한 알파벳이 속해 있는지만 확인한다.)
input code	Error Value를 통하여 시스템 상태를 판단

판단 기준	시스템 상태	input code
일치하는 알파벳의 개수가 0개인 경우	안전	safe
일치하는 알파벳의 개수가 1 ~ 3개인 경우	경계	alert
일치하는 알파벳의 개수가 4 ~ 6개인 경우		vigilant
일치하는 알파벳의 개수가 7 ~ 9개인 경우	위험	danger
일치하는 알파벳의 개수가 10개인 경우	복구 불능	unrecoverable

11

```
                          〈시스템 화면〉
System is checking........
Run.....

Error Found!
Index DRHIZGJUMY of file OPAULMBCEX

input code : _____
```

① safe   ② alert
③ vigilant   ④ danger
⑤ unrecoverable

🔍TIP 알파벳 중 U, M 2개가 일치하기 때문에 시스템 상태는 경계 수준이며, input code는 alert이다.

12

```
                          〈시스템 화면〉
System is checking........
Run.....

Error Found!
Index QWERTYUIOP of file POQWIUERTY

input code : _____
```

① safe   ② alert
③ vigilant   ④ danger
⑤ unrecoverable

🔍TIP 10개의 알파벳이 모두 일치하기 때문에 시스템 상태는 복구 불능 수준이며, input code는 unrecoverable이다.

13

> 〈시스템 화면〉
>
> System is checking........
> Run.....
>
> Error Found!
> Index QAZWSXEDCR of file EDCWSXPLMO
>
> input code : _____

① safe

② alert

③ vigilant

④ danger

⑤ unrecoverable

💡TIP 알파벳 중 W, S, X, E, D, C 6개가 일치하기 때문에 시스템 상태는 경계 수준이며, input code는 vigilant 이다.

14 귀하는 중견기업 영업관리팀 사원으로 매출분석업무를 담당하고 있다. 아래와 같이 엑셀 워크시트로 서울에 있는 강북, 강남, 강서, 강동 등 4개 매장의 '수량'과 '상품코드'별 단가를 이용하여 금액을 산출하고 있다. 귀하가 다음 중 [D2] 셀에서 사용하고 있는 함수식으로 옳은 것은 무엇인가? (금액 = 수량 × 단가)

자료

	A	B	C	D
1	지역	상품코드	수량	금액
2	강북	AA-10	15	45,000
3	강남	BB-20	25	125,000
4	강서	AA-10	30	90,000
5	강동	CC-30	35	245,000
6				
7		상품코드	단가	
8		AA-10	3,000	
9		BB-20	7,000	
10		CC-30	5,000	
11				

① =C2*VLOOKUP(B2,$B$8:$C$10, 1, 1)

② =B2*HLOOKUP(C2,$B$8:$C$10, 2, 0)

③ =C2*VLOOKUP(B2,$B$8:$C$10, 2, 0)

④ =C2*HLOOKUP($B$8:$C$10, 2, B2)

⑤ =C2*HLOOKUP($B$8:$C$10, 2, 1)

🔍**TIP** C2*VLOOKUP(B2,$B$8:$C$10, 2, 0) 상품코드 별 단가가 수직(열)형태로 되어 있으므로, 그 단가를 가져오기 위해서는 VLOOKUP함수를 이용해야 되며, 상품코드 별 단가에 수량(C2)를 곱한다. $B$8:$C$10에서 단가는 2열이고 반드시 같은 상품코드 (B2)를 가져와야 되므로, 0 (False)를 사용하여 VLOOKUP (B2,$B$8:$C$10, 2, 0)처럼 수식을 작성해야 한다.

15 다음 워크시트에서 부서명[E2:E4]을 번호[A2:A11] 순서대로 반복하여 발령부서[C2:C11]에 배정하고자 한다. 다음 중 [C2] 셀에 입력할 수식으로 옳은 것은?

	A	B	C	D	E
1	번호	이름	발령부서		부서명
2	1	황현아	기획팀		기획팀
3	2	김지민	재무팀		재무팀
4	3	정미주	총무팀		총무팀
5	4	오민아	기획팀		
6	5	김혜린	재무팀		
7	6	김윤중	총무팀		
8	7	박유미	기획팀		
9	8	김영주	재무팀		
10	9	한상미	총무팀		
11	10	서은정	기획팀		
12					

① =INDEX($E$2:$E$4, MOD(A2, 3))

② =INDEX($E$2:$E$4, MOD(A2, 3)+1)

③ =INDEX($E$2:$E$4, MOD(A2−1, 3)+1)

④ =INDEX($E$2:$E$4, MOD(A2−1, 3))

⑤ =INDEX($E$2:$E$4, MOD(A2−1, 3)−1)

🔍 INDEX(범위, 행, 열)이고 MOD 함수는 나누어 나머지를 구해서 행 값을 구한다.
INDEX 함수=INDEX($E$2:$E$4, MOD(A2−1, 3)+1)
범위 : $E$2:$E$4
행 : MOD(A2−1, 3)+1
MOD 함수는 나머지를 구해주는 함수=MOD(숫자, 나누는 수), MOD(A2−1, 3)+1의 형태로 된다.
A2의 값이 1이므로 1−1=0, 0을 3으로 나누면 나머지 값이 0이 되는데
0+1을 해줌으로써INDEX($E$2:$E$4,1)이 된다.
번호 6의 김윤중의 경우
INDEX($E$2:$E$4, MOD(A7−1, 3)+1)
6(A7의 값)−1=5, 5를 3으로 나누면 나머지가 2
2+1=3이므로 3번째 행의 총무팀 값이 들어감을 알 수 있다.

16 다음과 같은 시트에서 이름에 '철'이라는 글자가 포함된 셀의 서식을 채우기 색 '노랑', 글꼴 스타일 '굵은 기울임꼴'로 변경하고자 한다. 이를 위해 [A2 : A7] 영역에 설정한 조건부 서식의 수식 규칙으로 옳은 것은?

	A	B	C	D
1	이름	편집부	영업부	관리부
2	박초롱	89	65	92
3	강원철	69	75	85
4	김수현	75	86	35
5	민수진	87	82	80
6	신해철	55	89	45
7	안진철	98	65	95

① =COUNT(A2, "*철*")

② =COUNT(A2:A7, "*철*")

③ =COUNTIF(A2, "*철*")

④ =COUNTIF(A2:A7, "*철*")

⑤ =COUNTIF(A7, "*철*")

💡**TIP** =COUNTIF를 입력 후 범위를 지정하면 지정한 범위 내에서 중복값을 찾는다.
　　㉠ COUNT함수 : 숫자가 입력된 셀의 개수를 구하는 함수
　　㉡ COUNTIF함수 : 조건에 맞는 셀의 개수를 구하는 함수
　　'철'을 포함한 셀을 구해야 하므로 조건을 구하는 COUNTIF함수를 사용하여야 한다.
　　A2행으로부터 한 칸씩 내려가며 '철'을 포함한 셀을 찾아야 하므로 A2만 사용한다.

17 다음 중 아래 워크시트에서 참고표를 참고하여 55,000원에 해당하는 할인율을 [C6]셀에 구하고자 할 때의 적절한 함수식은?

	A	B	C	D	E	F
1		<참고표>				
2		금액	30,000	50,000	80,000	150,000
3		할인율	3%	7%	10%	15%
4						
5		금액	55,000			
6		할인율	7%			
7						

① =LOOKUP(C5,C2:F2,C3:F3) 　　② =HLOOKUP(C5,B2:F3,1)

③ =VLOOKUP(C5,C2:F3,1) 　　　④ =VLOOKUP(C5,B2:F3,2)

⑤ =HLOOKUP(C5,B2:F2,2)

🔍**TIP** LOOKUP은 LOOKUP(찾는 값, 범위 1, 범위 2)로 작성하여 구한다.
VLOOKUP은 범위에서 찾을 값에 해당하는 열을 찾은 후 열 번호에 해당하는 셀의 값을 구하며, HLOOKUP은 범위에서 찾을 값에 해당하는 행을 찾은 후 행 번호에 해당하는 셀의 값을 구한다.

18 다음 중 아래 워크시트의 [A1] 셀에 사용자 지정 표시 형식 '#,###,'을 적용했을 때 표시되는 값은?

	A
1	2451648.81
2	

① 2,451 　　　　　　　　　　② 2,452

③ 2 　　　　　　　　　　　④ 2.4

⑤ 2.5

🔍**TIP** '#,###,'이 서식은 천 단위 구분 기호 서식 맨 뒤에 쉼표가 붙은 형태로 소수점 이하는 없애고 정수 부분은 천 단위로 나타내면서 동시에 뒤에 있는 3자리를 없애준다. 반올림 대상이 있을 경우 반올림을 한다. 2451648.81 여기에서 소수점 이하를 없애주면 2451648이 되고, 그 다음 정수 부분에서 뒤에 있는 3자리를 없애주는데, 맨 뒤에서부터 3번째 자리인 6이 5 이상이므로 반올림이 된다. 그러므로 결과는 2,452가 된다.

💡 Answer. 16.③ 17.① 18.②

19 다음 중 아래 워크시트에서 수식 '=SUM($B$2:C2)'이 입력된 [D2]셀을 [D4]셀에 복사하여 붙여 넣었을 때의 결과 값은?

	A	B	C	D	E
D2				f_x	=SUM($B$2:C2)
1					
2		5	10	15	
3		7	14		
4		9	18		
5					
6					

① 15   ② 27

③ 42   ④ 63

⑤ 72

🔍 **TIP** =SUM($B$2:C2) 이렇게 수식을 입력을 하고 아래로 채우기 핸들을 하게 되면 셀 주소가 다음과 같이 변하게 된다.

=SUM($B$2:C2) → D2셀

=SUM($B$2:C3) → D3셀

=SUM($B$2:C4) → D4셀

B2셀은 절대참조로 고정하였으므로 셀 주소가 변하지 않고, 상대참조로 잡은 셀은 열이 C열로 고정되었고 행 주소가 바뀌게 된다.

그러면 각각 셀에 계산된 결과가 다음과 같이 나온다.

D2셀에 나오는 값 결과 : 15 (5+10=15)

D3셀에 나오는 값 결과 : 36 (5+7+10+14=36)

D4셀에 나오는 값 결과 : 63 (5+7+9+10+14+18=63)

20 다음 [조건]에 따라 작성한 [함수식]에 대한 설명으로 옳은 것을 〈보기〉에서 고른 것은?

[조건]

품목과 수량에 대한 위치는 행과 열로 표현한다.

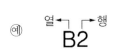

열 행	A	B
1	품목	수량
2	설탕	5
3	식초	6
4	소금	7

[함수 정의]

• IF(조건식, ㉠, ㉡) : 조건식이 참이면 ㉠ 내용을 출력하고, 거짓이면 ㉡ 내용을 출력한다.
• MIN(B2, B3, B4) : B2, B3, B4 중 가장 작은 값을 반환한다.

[함수식]

= IF(MIN(B2, B3, B4) > 3, "이상 없음", "부족")

〈보기〉

㉠ 반복문이 사용되고 있다.
㉡ 조건문이 사용되고 있다.
㉢ 출력되는 결과는 '부족'이다.
㉣ 식초의 수량(B3) 6을 1로 수정할 때 출력되는 결과는 달라진다.

① ㉠㉡   ② ㉠㉢
③ ㉡㉢   ④ ㉡㉣
⑤ ㉢㉣

MIN 함수에서 최솟값을 반환한 후, IF 함수에서 "이상 없음" 문자열이 출력된다. B3의 내용이 1로 바뀌면 출력은 "부족"이 된다.
㉠ 반복문은 사용되고 있지 않다.
㉢ 현재 입력으로 출력되는 결과물은 "이상 없음"이다.

▌21 ~ 23 ▌ 글로벌 기업 N사는 한국, 일본, 중국, 베트남에 지점을 두고 있으며, 주요 품목인 외장하드를 생산하여 판매하고 있다. 다음 코드 부여 규정을 보고 물음에 답하시오.

가. 국가 코드

한국	일본	중국	베트남
1	2	3	4

나. 공장라인 코드

국가	공장	
한국	A	제1공장
	B	제2공장
	C	제3공장
	D	제4공장
일본	A	제1공장
	B	제2공장
	C	제3공장
	D	제4공장
중국	A	제1공장
	B	제2공장
	C	제3공장
	D	제4공장
베트남	A	제1공장
	B	제2공장
	C	제3공장
	D	제4공장

다. 제품코드

분류코드		용량번호	
01	xs1	001	500GB
		002	1TB
		003	2TB
02	xs2	001	500GB
		002	1TB
		003	2TB
03	oz	001	500GB
		002	1TB
		003	2TB
04	스마트S	001	500GB
		002	1TB
		003	2TB
05	HS	001	500GB
		002	1TB
		003	2TB

마. 제조 연월
- 2020년 11월 11일 제조 → 201111
- 2021년 1월 7일 제조 → 210107

바. 완성 순서
- 00001부터 시작하여 완성된 순서대로 번호가 매겨짐
- 1511번째 품목일 시 → 01511

사. 코드 부여
- 2020년 3월 23일에 한국 제1공장에서 제조된 xs1 1TB 326번째 품목
  → 200323 − 1A − 01002 − 00326

21 2020년 6월 19일에 베트남 제3공장에서 제조된 스마트S 모델로 용량이 500GB인 1112번째 품목코드로 알맞은 것은?

① 20200619C00101112
② 2000619C404001012
③ 2006194C0020011102
④ 2006194C0040011012
⑤ 2006194C0400101112

🔍TIP 코드 부여 안내에 따르면 적절한 코드는 다음과 같다.
제조 연월 200619 − 국가와 공장라인 코드 4C − 제품 코드 04 − 상세코드 001 − 1112번째 품목 01112
따라서 2006194C04001101112가 된다.

22 상품코드 1912132B03002205201에 대한 설명으로 옳지 않은 것은?

① 2019년 12월 13일에 제조되었다.
② 완성된 품목 중 5201번째 품목이다.
③ 일본 제2공장에서 제조되었다.
④ xs2에 해당한다.
⑤ 용량은 1TB이다.

🔍TIP 03002이므로 oz 1TB이다.

23 담당자의 실수로 코드번호가 다음과 같이 부여되었을 경우 올바르게 수정한 것은?

> 2019년 12월 23일 한국 제4공장에서 제조된 xs2 2TB 13698번째 품목
> → 1912231D0200213698

① 제조연월일 : 191223 → 20191223

② 생산라인 : 1D → 2D

③ 제품종류 : 02002 → 02003

④ 완성된 순서 : 13698 → 13699

⑤ 수정할 부분 없음

🔍**TIP** 2018년 9월 7일 제조 : 180907
한국 제4공장 : 1D
xs2 2TB : 02003
13698번째 품목 : 13698

24 NH농협은행 보안팀에서 근무하는 S 과장은 회사 내 컴퓨터 바이러스 예방 교육을 담당하고 있으며 한 달에 한 번 직원들을 교육시키고 있다. S 과장의 교육 내용으로 옳지 않은 것은?

① 중요한 자료나 프로그램은 항상 백업을 해두셔야 합니다.

② 램에 상주하는 바이러스 예방 프로그램을 설치하셔야 합니다.

③ 의심이 가는 메일은 반드시 확인 후 삭제하셔야 합니다.

④ 최신 백신프로그램을 사용하여 디스크검사를 수행하셔야 합니다.

⑤ 실시간 보호를 통해 멜웨어를 찾고 디바이스에서 설치되거나 실행하는 것은 방지해야 합니다.

🔍**TIP** 의심이 가는 메일은 열어보지 않고 삭제해야 한다.

25 다음 자료는 '발전량 필드를 기준으로 발전량과 발전량이 많은 순위를 엑셀로 나타낸 표이다. 태양광의 발전량 순위를 구하기 위한 함수식으로 'C3'셀에 들어가야 할 알맞은 것은 어느 것인가?

	A	B	C
1	<에너지원별 발전량(단위: Mwh)>		
2	에너지원	발전량	순위
3	태양광	88	2
4	풍력	100	1
5	수력	70	4
6	바이오	75	3
7	양수	65	5

① =ROUND(B3,$B$3:$B$7,0)

② =ROUND(B3,$B$3:$B$7,1)

③ =RANK(B3,$B$3:$B$7,1)

④ =RANK(B3,$B$2:$B$7,0)

⑤ =RANK(B3,$B$3:$B$7,0)

🔍**TIP** 지정 범위에서 인수의 순위를 구하는 경우 'RANK' 함수를 사용한다. 이 경우, 수식은 '=RANK(인수, 범위, 결정 방법)'이 된다. 결정 방법은 0 또는 생략하면 내림차순, 0 이외의 값은 오름차순으로 표시하게 된다.

26 다음은 엑셀 프로그램의 논리 함수에 대한 설명이다. 옳지 않은 것은?

① AND : 인수가 모두 TRUE이면 TRUE를 반환한다.

② OR : 인수가 하나라도 TRUE이면 TRUE를 반환한다.

③ NOT : 인수의 논리 역을 반환한다.

④ XOR : 모든 인수의 논리 배타적 AND를 반환한다.

⑤ IF : 조건식이 참이면 '참일 때 값', 거짓이면 '거짓일 때 값'을 출력한다.

🔍**TIP** XOR 또는 Exclusive OR이라고도 하며, 모든 인수의 논리 배타적 OR을 반환한다.

27 다음에서 설명하고 있는 것은 무엇인가?

> 1945년 폰노이만(Von Neumann, J)에 의해 개발되었다. 프로그램 데이터를 기억장치 안에 기억시켜 놓은 후 기억된 프로그램에 명령을 순서대로 해독하면서 실행하는 방식으로, 오늘날의 컴퓨터 모두에 적용되고 있는 방식이다.

① IC칩 내장방식
② 송팩 방식
③ 적외선 방식
④ 프로그램 내장방식
⑤ 네트워크 방식

✎TIP 제시된 내용은 폰 노이만에 의해 소개된 '프로그램 내장방식'이다. 이 개념은 데이터뿐만 아니라 컴퓨터의 명령을 컴퓨터의 내부 기억 장치 내에 기억하는 것으로, 이 명령은 더 빠르게 접근되고, 더 쉽게 변경된다.

28 구글 검색에서 검색 결과에 pdf만 나오도록 설정하는 고급검색 항목은?

① language
② region
③ last update
④ SafeSearch
⑤ file type

✎TIP 고급검색 기능을 사용하면 언어, 지역, 최종 업데이트, 파일 형식, 사용 권한 등을 기준으로 검색결과를 좁힐 수 있다. 검색 결과에 pdf만 나오기를 원한다면, file type을 Adobe Acrobat PDF(.pdf)로 설정하면 된다.

29 다음 중 아래 시트에서 야근일수를 구하기 위해 [B9] 셀에 입력할 함수로 옳은 것은?

	A	B	C	D	E
1	4월 야근 현황				
2	날짜	도준영	전아홍	이진주	강석현
3	4월15일		V		V
4	4월16일	V		V	
5	4월17일	V	V	V	
6	4월18일		V	V	V
7	4월19일	V		V	
8	4월20일	V			
9	야근일수				

① ＝COUNTBLANK(B3:B8)

② ＝COUNT(B3:B8)

③ ＝COUNTA(B3:B8)

④ ＝SUM(B3:B8)

⑤ ＝SUMIF(B3:B8)

💡**TIP** COUNTBLANK 함수는 비어 있는 셀의 개수를 세어 준다. COUNT 함수는 숫자가 입력된 셀의 개수를 세어 주는 반면 COUNTA 함수는 숫자는 물론 문자가 입력된 셀의 개수를 세어 준다. 즉, 비어있지 않은 셀의 개수를 세어주기 때문에 이 문제에서는 COUNTA 함수를 사용하여야 한다.

30 주기억장치 관리기법 중 "Best Fit" 기법 사용 시 8K의 프로그램은 주기억장치 영역 중 어느 곳에 할당되는가?

영역1	9K
영역2	15K
영역3	10K
영역4	30K
영역5	35K

① 영역1   ② 영역2
③ 영역3   ④ 영역4
⑤ 영역5

🔍TIP "Best Fit"은 가장 낭비가 적은 부분에 할당하기 때문에 영역1에 할당한다.

31 Java에서 괄호에 주어진 형식대로 출력하는 코드로 옳은 것은?

① System.out.printf()
② System.out.println()
③ System.out.print()
④ System.in.read()
⑤ Scanner

🔍TIP ② 괄호에 주어진 매개값을 모니터로 출력하고 개행한다.
③ 괄호에 주어진 매개값을 모니터로 출력하나, 개행하지 않는다.
④ 키보드에 입력된 코드를 출력한다.
⑤ 키보드에서 입력된 내용을 읽기 위해 사용해야 한다.

32 다음 중 아래 시트에서 'C6' 셀에 제시된 바와 같은 수식을 넣을 경우 나타나게 될 오류 메시지는 어느 것인가?

	A	B	C
1	직급	이름	수당(원)
2	과장	홍길동	750,000
3	대리	조길동	600,000
4	차장	이길동	830,000
5	사원	박길동	470,000
6	합계		= SIN(C2:C5)

① #DIV/0!

② #VALUE!

③ #NAME?

④ #NUM!

⑤ #####

💡TIP #VALUE!는 논리 값 또는 숫자가 필요한 수식에 텍스트를 입력했거나 배열 수식을 입력한 후 올바른 단축키를 누르지 않았을 때 발생한다.

① #DIV/0! : 숫자를 0으로 나누었을 때 발생한다.

③ #NAME? : 함수명을 잘못 입력하거나 잘못된 인수를 사용할 때 발생한다.

④ #NUM! : 함수의 인수나 수식이 잘못된 형식으로 입력되었을 때 발생한다.

⑤ ##### : 셀의 값보다 열의 너비가 좁거나 엑셀에서 처리할 수 있는 숫자 범위를 넘었을 때 발생한다.는 디자인, 사용하면서 불편해 하는 사항, 지불 가능한 액수 등에 대한 정보가 반드시 필요하다.

33 다음 스프레드시트(엑셀) 문서에서 [C1]셀의 채우기 핸들을 [D1]셀로 드래그 했을 때 ㉠, ㉡에 출력되는 값이 바르게 연결된 것은?

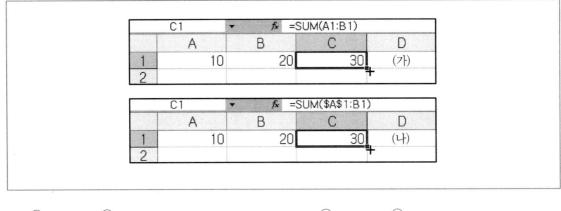

	㉠	㉡			㉠	㉡
①	30	50		②	50	50
③	50	60		④	60	30
⑤	60	60				

> 🔍**TIP** ㉠ [C1]셀의 수식 '=SUM(A1:B1)'를 채우기 핸들로 드래그하면, 상대주소는 변경되어야 하므로 [D1]셀에 '=SUM(B1:C1)'이 복사되어 결과 값은 '50'이 출력된다.
>
> ㉡ [C1]셀의 수식 '=SUM($A$1:B1)'를 채우기 핸들로 드래그하면, 절대주소는 변경되지 않으므로 [D1]셀에 '=SUM($A$1:C1)'이 복사되어 결과 값은 '60'이 출력된다.

34 다음 업무를 처리하기 위한 응용 소프트웨어로 가장 적합한 것은?

> • 영업 실적을 발표하기 위한 자료를 제작한다.
> • 각각의 화면에 자료를 배치하여 제작한다.
> • 소리, 애니메이션, 이미지를 추가할 수 있다.
> • 다양한 화면 전환 효과를 메뉴에서 지정 및 수정 할 수 있다.

① 웹 브라우저   ② 워드프로세서
③ 데이터베이스   ④ 스프레드시트
⑤ 프레젠테이션

> 🔍**TIP** 프레젠테이션은 소리, 이미지, 애니메이션 등을 추가하여 발표 자료를 쉽게 만들 수 있는 응용 소프트웨어로서 파워포인트, 프리랜스 등이 있다.

35 다음 설명에 해당하는 용어를 바르게 연결한 것은?

> ㉠ 개인 정보가 타인에 의해서 도용되거나 유출되는 것을 차단한다.
> ㉡ 무료로 배포하는 소프트웨어를 인터넷 등으로 내려 받을 때, 그 속에 숨어 있다가 사용자의 컴퓨터에 있는 개인 정보를 빼내 가는 프로그램이다.

	㉠	㉡		㉠	㉡
①	개인정보 보호	코덱	②	개인정보 보호	유틸리티
③	개인정보 보호	스파이웨어	④	개인정보 유출	해킹
⑤	개인정보 유출	바이러스			

🔍TIP 스파이웨어는 사용자의 동의 없이 설치되어 컴퓨터의 정보를 수집하고 전송하는 악성코드의 일종으로 개인의 금융정보, 신상정보 등의 각종 정보를 수집하여 전송한다.

36 다음의 스프레드시트(엑셀)에서 [A1:E1] 영역에 '조건부 서식'을 지정하였다. '굵게, 취소선'으로 적용되는 셀 값으로 옳은 것은?

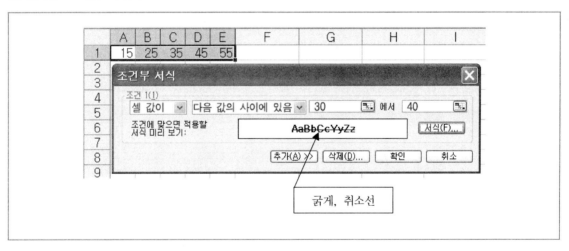

① 15
② 25
③ 35
④ 45
⑤ 55

🔍TIP 조건부서식 창 안에 '다음 값의 사이에 있음', 30, 40이라고 되어있는 것은 30 이상 40 이하의 셀 값에 대해서만 지정된 서식인 '굵게, 취소선'을 지정한다는 의미이다.

Answer. 33.③ 34.⑤ 35.③ 36.③

37 [조건]을 참고하여 스프레드시트(엑셀) 문서를 작성하였다. ㉠에 사용된 함수와 ㉡의 결과를 바르게 연결한 것은?

[조건]

• 성별은 주민등록번호의 8번째 문자가 '1'이면 '남자', '2'이면 '여자'로 출력한다.

• [G5]셀의 수식은 아래와 같다.

　=IF(AND(D5〉=90,OR(E5〉=80,F5〉=90)),"합격","불합격")

	A	B	C	D	E	F	G
1		00회사 신입사원 선발 시험					
2							
3	이름	주민등록번호	성별	면접	회화	전공	평가
4	김유신	900114-1010xxx	남자	90	80	90	합격	(가)
5	송시열	890224-1113xxx	남자	90	80	70		(나)
6	최시라	881029-2335xxx	여자	90	70	80	불합격
7	이순신	911201-1000xxx	남자	90	90	90	합격
8	강리나	890707-2067xxx	여자	80	80	80	불합격

	㉠	㉡
①	=IF(MID(B4,8,1)="1","남자","여자")	합격
②	=IF(MID(B4,8,1)="1","여자","남자")	불합격
③	=IF(RIGHT(B4,8)="1","남자","여자")	합격
④	=IF(RIGHT(B4,8)="1","여자","남자")	불합격
⑤	=IF(LEFT(B4,8)="1","남자","여자")	합격

✎TIP ㉠에서 '=MID(B4, 8, 1)'은 주민등록번호에서 8번째에 있는 1개의 문자를 추출하는 수식이다.

　　㉡에서 OR함수는 두 가지 중 한 가지 조건이라도 '참'이면 결과 값이 '참'이며, AND함수는 모든 조건이 '참'이어야 출력 값이 '참'이므로 ㉡의 결과 값은 '합격'으로 출력된다.

38 스프레드시트(엑셀)에서 다음과 같이 블록을 지정한 후 채우기 핸들을 아래로 드래그하였다. [B6], [C6], [D6]셀에 들어갈 값은?

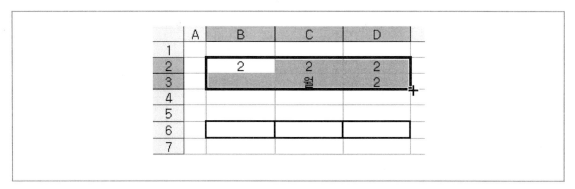

	[B6]셀	[C6]셀	[D6]셀
①	2	월	2
②	2	화	2
③	6	수	4
④	2	2	2
⑤	6	6	6

스프레드시트에서 셀에 데이터를 입력하고 채우기 핸들을 드래그하면 [B4]셀은 2, [B5]셀은 공백, [B6]셀은 2 가 된다. [C2]셀에 2, [C3]셀에 '월'이 있으므로 숫자 2는 복사되고 문자 '월'은 '화', '수'로 증가한다.

39 다음 인터넷 옵션에 대한 설명 중 옳은 것을 모두 고른 것은?

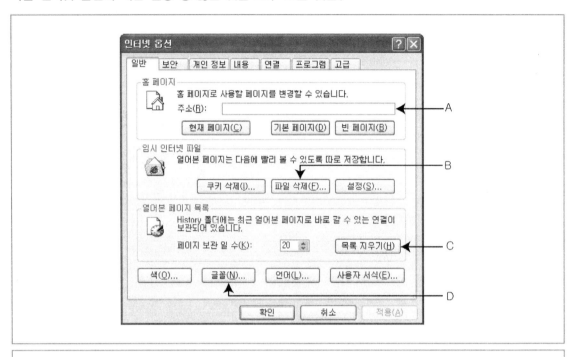

ⓐ A는 브라우저를 실행하면 처음으로 연결되는 홈페이지 주소를 설정한다.
ⓑ B를 선택하면 임시 인터넷 파일이 삭제된다.
ⓒ C는 즐겨찾기 목록을 삭제한다.
ⓓ D는 브라우저에서 사용되는 언어를 설정한다.

① ㄱㄴ   ② ㄱㄷ
③ ㄴㄷ   ④ ㄴㄹ
⑤ ㄷㄹ

🔍TIP 인터넷 옵션의 일반 설정 중 목록 지우기를 선택하면 최근 열어본 페이지의 목록이 지워지며 글꼴에서는 브라우저에서 사용되는 글꼴에 대한 설정을 할 수 있다.

40 다음은 스프레드시트(엑셀)를 이용하여 진급 대상자 명단을 작성한 것이다. 옳은 설명만을 모두 고른 것은? (단, 순위[E4:E8]은 '자동채우기' 기능을 사용한다)

- ㉠ 차트는 '가로 막대형'으로 나타냈다.
- ㉡ 부서명을 기준으로 '오름차순' 정렬을 하였다.
- ㉢ 순위 [E4]셀의 함수식은 '=RANK(D4,$D$4:$D$8,0)'이다.

① ㉠

② ㉡

③ ㉠㉢

④ ㉡㉢

⑤ ㉠㉡㉢

🔍**TIP** 차트는 '가로 막대형'이며, 부서명은 '오름차순', 순위 [E4]셀 함수식은 '=RANK(D4,$D$4:$D$8,0)'이므로 ㉠ ㉡㉢ 모두 맞다.

PART III

직무상식평가

농업 · 농촌

1 농어촌의 성장 · 발전 지원, 기업의 사회공헌 활동 도약, 농어업 · 농어촌과 기업간의 공유가치 창출을 목적으로 설립된 기금은 무엇인가?

① 농어촌상생협력 기금

② 대 · 중소기업 상생협력 기금

③ 농어촌 구조 개선 기금

④ 농작물재해보험

⑤ 고향세

🔍TIP 농어촌상생협력 기금 … 상생협력을 통한 농어업 · 농어촌, 기업의 성장에 사용된다. 농어촌의 성장 · 발전 지원, 기업의 사회공헌 활동 도약, 농어업 · 농어촌과 기업 간의 공유가치 창출을 목적으로 하며, 자유무역협정 체결에 따른 농어업인 등의 지원에 관한 특별법 제18조의2, 대 · 중소기업 상생협력 촉진에 관한 법률 제20조, 조세특례제한법 제8조의3, 이 3개의 법률에 근거를 두고 운영되고 있다.

2 보건 · 의료 비용 지원으로 여성 농업인의 건강증진 및 생산성 향상, 영화관람 등 문화활동 기회 제공으로 여성 농업인의 삶의 질 향상, 여성 농업인의 사기진작 및 직업적 자긍심 고취를 목적으로 하는 사업은 무엇인가?

① 데이터 바우처 지원 사업

② 식재료 꾸러미 사업

③ 자산 형성 지원 사업

④ 여성 농업인 행복 바우처 지원 사업

⑤ 논 타작물 재배 지원 사업

🔍TIP 여성 농업인 행복 바우처 지원 사업
  ㉠ 사업의 목적
    • 보건 · 의료 비용 지원으로 여성 농업인의 건강증진 및 생산성 향상
    • 영화관람 등 문화활동 기회 제공으로 여성 농업인의 삶의 질 향상
    • 여성 농업인의 사기진작 및 직업적 자긍심 고취
  ㉡ 지원 대상 : 만 65세 미만 전업 여성 농업인
  ㉢ 지원 내용 : 보건 · 복지 · 문화 분야에 이용하는 행복바우처 카드 지원(1인당 연간 200,000원)

3 다음 중 농업 지원 사업에 해당하지 않는 것은?

① 농가 도우미 지원 사업

② 여성 농업인 행복 바우처 지원 사업

③ 농업 발전 기금

④ 후계 농업 경영인 육성 사업

⑤ 농업 개발 기금

🔍TIP 농업 개발 기금 … 1966년 12월 일본의 도쿄에서 개최된 제1회 동남아시아 농업 개발 회의에서 설치하기로 결정된 동남아시아 농업개발을 위한 특별기금을 말한다. 이 회의에는 캄보디아·인도네시아·타이완·라오스·베트남·말레이시아·필리핀·싱가포르·일본 등 9개국이 참석하였다. 이 기구는 동남아시아 지역에서 심각화하는 식량 부족의 해결과 농업기술 수준의 향상을 도모하기 위하여, 미국을 비롯한 일본·캐나다 등 선진국이 자금을 갹출하도록 하는 한편, 아시아개발은행 안에 설치된 농업특별기금으로 일반자금보다 유리한 조건하에 융자하게 되었다.

4 여성 농업인이 출산으로 농업 작업을 일시 중단하게 될 경우, 이 사업을 통해 작업을 대행하여 농업 작업의 중단을 방지하고 농가 소득안정을 도모하며, 출산 여성 농업인의 모성을 보호하여 여성 농업인의 삶의 질 향상에 기여하는 것을 목적으로 하는 농업지원사업은?

① 여성 농업인 행복 바우처 지원 사업

② 농가 도우미 지원 사업

③ 쌀 소득 등의 보전 직접직불제

④ 농업인 안전보험

⑤ 농업인 고교생 학자금 지원 사업

🔍TIP 농가 도우미 지원사 업 … 출산으로 영농을 일시 중단하게 될 경우 여성 농업인의 영농활동 및 가사활동을 대행해 주는 농가도우미의 인건비를 지원하는 사업을 말한다.
  ㉠ 지원 대상 : 출산 또는 출산예정 여성 농업인
  ㉡ 지원 범위 : 출산(예정) 여성 농업인이 경영하는 영농 관련 작업 및 가사일
  ㉢ 지원액 : 도우미 1일 기준단가는 50,000원 전액을 예산에서 지원하며, 도우미 사용에 따른 노임은 당해 농업인과 도우미 간에 합의하여 자율적으로 결정한다.
  ㉣ 신청 방법 : 읍·면·동사무소 및 시 농업정책과

5 돼지고기의 수입 증가로 인하여 국내산 축산물 가격이 하락함에 따라 발생하는 손해의 일정 부분을 보전해 주는 제도는 무엇인가?

① 논농업 직불제
② 쌀 소득보전 직불제
③ FTA 피해 보전 직불제
④ 경영이양 직접지불제
⑤ 경관 보전 직불제

🔍**TIP** FTA 피해 보전 직불제 … 돼지고기의 수입 증가로 인하여 국내산 축산물 가격이 하락함에 따라 발생하는 손해의 일정 부분을 보전해주는 제도를 말한다. 신청대상은 농업인, 농업경영체로 등록한 자, 지원대상 품목을 해당 FTA 발효일 이전부터 생산한 자, 2020년도에 자기의 비용과 책임으로 지원대상 품목을 직접 생산, 판매하여 가격하락의 피해가 실제로 귀속된 자 등이 해당된다.

6 지역의 먹거리에 대한 생산, 유통, 소비 등 관련 활동들을 하나의 선순환 체계로 묶어서 관리하여 지역 구성원 모두에게 안전하고 좋은 식품을 공급하고, 지역의 경제를 활성화시키며 환경을 보호하는 데 기여하도록 하는 종합적 관리 시스템을 의미하는 용어는?

① 로컬푸드
② 푸드플랜
③ 사회적 농업
④ 거버넌스
⑤ 블록체인

🔍**TIP** 푸드플랜 … 지역의 먹거리에 대한 생산, 유통, 소비 등 관련 활동들을 하나의 선순환 체계로 묶어서 관리하여 지역 구성원 모두에게 안전하고 좋은 식품을 공급하고, 지역의 경제를 활성화시키며 환경을 보호하는 데 기여하도록 하는 종합적 관리 시스템을 말한다.

7 전통 경작 방식의 농·축·수산업에 인공지능과 빅데이터, 사물인터넷, 지리정보시스템 등 IT첨단기술을 접목해 생산성을 향상시키는 시스템을 일컫는 신조어는 무엇인가?

① 스마트 그리드
② 스마트 팜
③ 사물인터넷
④ 스마트 뷰
⑤ 스마트 워크

🔍**TIP** 스마트 팜 … 스마트(Smart)와 농장(Farm)의 합성어로, 농사 기술에 정보통신기술(ICT)을 접목하여 만들어진 지능화된 농장을 말한다. 스마트 팜은 사물인터넷(IoT : Internet of Things) 기술을 이용하여 농작물 재배 시설의 온도·습도·햇볕량·이산화탄소·토양 등을 측정 분석하고, 분석 결과에 따라서 제어 장치를 구동하여 적절한 상태로 변화시킨다. 그리고 스마트폰과 같은 모바일 기기를 통해 원격 관리도 가능하다. 스마트 팜으로 농업의 생산·유통·소비 과정에 걸쳐 생산성과 효율성 및 품질 향상 등과 같은 고부가가치를 창출시킬 수 있다.

8 NH농협이 편의점 시장에 진출한 것으로 노후화된 기존 농·축협 하나로 마트를 리뉴얼하고 국내산 소포장 농산물로 특화된 상품을 공급하여 새로운 유통 채널의 확보와 농업인 지원을 목표로 2018년 만들어진 것은?

① 하나로 플러스　　　　　　　　　　② 하나로 클럽

③ 농협몰　　　　　　　　　　　　　④ 하나로 유통센터

⑤ 하나로 미니

🔍**TIP** 하나로 미니 … 2018년 농협 하나로 마트에서 론칭한 편의점으로 농협이 편의점 시장에 진출함으로 노후화된 기존 농·축협 하나로마트를 리뉴얼하고 국내산 소포장 농산물로 특화된 상품의 공급과 새로운 유통채널 확보 및 농업인 지원을 목표로 한다. 하나로 미니의 특징은 다음과 같다.

ⓞ 노후화되어 매출이 부진한 기존 하나로마트 매장을 최신 트랜드에 맞게 쇼핑, 휴식공간과 다양한 상품이 결합된 매장으로 개선하려고 한 것이다.

ⓞ 농업협동조합 본연의 역할인 농업인 삶의 질 향상을 위하여 소포장 농산물과 농협 계열사·농기업 상품 등을 적극 발굴하고 국내 농산물 판로를 확대하고 기존 편의점과 차별화하겠다는 취지로 시작하였다.

ⓞ 기존 편의점과의 차이 : 편의점은 가맹점의 형태로 운영되나 하나로미니는 100% 직영점으로 운영된다. 운영시간 또한 상황에 맞게 자율적으로 조정이 가능하며 농협의 PB상품을 우선적으로 판매한다.

9 '모를 드물게 심는다.'는 의미로 단위면적당 필요한 육묘상자수를 크게 줄여 육묘상자를 만들고 운반하던 생산비와 노동력이 감소되는 최근 농가에 도입된 벼 재배방식은 무엇인가?

① 직파재배　　　　　　　　　　　② 소식재배

③ 이앙재배　　　　　　　　　　　④ 이식재배

⑤ 육묘재배

🔍**TIP** 소식재배 … 노동력·생산비 절감을 전제로 하는 기술로서 '모를 드물게 심는다.'는 의미이다. 최근 벼농가들 사이에서 화제가 되고 있는 방식으로 이앙할 때 단위면적당 재식포기를 관행 80주에서 37·50·60주로 줄이고, 한 포기당 본수를 3~5개로 맞추는 농법이다. 이렇게 하면 단위면적당 필요한 육묘상자수를 크게 줄이는 효과가 있다. 평소 육묘상자를 만들고 운반하는 데 드는 생산비와 동동력이 부담되었던 농가들은 이에 반색하며 소식재배를 관심 있게 지켜보고 있다.

10 다음 중 농협경제지주의 식품부문 계열사가 아닌 것은?

① 농협목우촌   ② 농협홍삼

③ 농협사료   ④ 농협양곡

⑤ 농협식품

QTIP 농협경제지주의 계열사
    ㉠ 유통부문 : 농협하나로유통, 농협유통, 농협충북유통, 농협부산경남유통, 농협대전유통
    ㉡ 제조부문 : 농우바이오, 남해화학, 농협사료, 농협케미컬, 농협아그로, 농협흙사랑
    ㉢ 식품부문 : 농협목우촌, 농협홍삼, 농협양곡, 농협식품
    ㉣ 기타부문 : 농협물류, NH무역

11 친환경농업을 발전시키기 위하여 스스로 기금을 마련하여 운영하는 제도를 의미하며, 특정사업 수행으로 혜택을 받는 자가 사업에 소요되는 비용을 스스로 부담하는 것을 무엇이라 하는가?

① 자본금제도   ② 기여금제도

③ 지원금제도   ④ 자조금제도

⑤ 출자금제도

QTIP 자조금제도 … 특정사업 수행으로 혜택을 받는 자가 사업에 소요되는 비용을 스스로 부담하는 제도로, 친환경농업인들이 친환경농업을 발전시키기 위해 스스로 기금을 마련하여 운용하는 제도를 말한다.
    ㉠ 필요성 : 소비자 신뢰 저하, 판로부족 문제 등으로 재배면적이 감소하고 있는 친환경농럽의 어려움을 타개하고 산업의 새로운 발전을 기하기 위해서는 자조금을 활용한 소비 촉진 홍보 및 판로확대 사업을 수행함으로써 일반소비자의 수요창출을 통해 시장 확대가 필요하다.
    ㉡ 목적
       • 친환경농산물의 자율적 수급안정과 유통구조 개성 등의 노력을 통한 생산농가의 소득 향상 실현
       • 강력한 홍보기반 구축을 통하여 친환경농산물 소비 · 유통과 생산을 확대함으로써 궁극적으로 농업환경 개선에 기여
       • 친환경농산물의 품질 및 생산성 향상, 안전성 제고 등을 통하여 국민에게 신뢰받는 친환경농업 구현
       • 친환경농산물 생산농가에 대한 정보제공, 교육 · 훈련 등을 통하여 개방화 시대에 대비한 대응능력 향상
    ㉢ 친환경의무자조금
       • 친환경농업인과 지역농협이 자조금단체를 설립
       • 납부한 거출금과 정부지원금을 활용
       • 소비촉진 및 판로확대, 수급안정, 교육 및 연구개발 등 수행
       • 친환경농산물 생산 · 유통 · 가공 등 산업 전반을 전략적으로 육성하는 제도
       • 친환경농업인 83%가 동의 및 참여, 2016년 7월 1일 출범

12 농·어번기의 고질적 일손부족 현상을 해결하기 위해 단기간 동안 외국인을 합법적으로 고용할 수 있는 제도는?

① 외국인 산업연수제

② 외국인 계절근로자 프로그램

③ 외국인 근로자 고용허가제

④ 외국인 근로자 한마당잔치

⑤ 외국인 근로자 휴가지원사업

🔍TIP 외국인 계절근로자 프로그램 … 농·어번기의 고질적 일손부족 현상을 해결하기 위해 단기간 동안 외국인을 합법적으로 고용할 수 있는 제도이다. 이는 농·어촌 인력 부족 현실에 부합한 맞춤형 외국인력 도입으로, 농어촌 지역의 인력난 해소에 기여하는 효과가 있다. 계절근로자를 도입하고자 하는 기초자치단체(시·군·구)가 도입 주체가 된다. 가구당 배정 인원은 1가구당 연간 최대 6명으로, 단 불법체류 없는 최우수 지자체(농가당 1명 추가)이며 8세 미만 자녀를 양육 중인 고용주(1명 추가)여야 한다. 지자체 배정 인원은 지자체의 관리능력 및 이탈·인권침해 방지대책 등을 종합적으로 반영해 총 도입규모 및 지자체별 도입인원을 산정하게 된다. 이는 법무부가 농림축산식품부·해양수산부·고용노동부·행정안전부 등 관련기관과 협의체를 구성해 그 인원을 확정하게 된다. 배정은 상·하반기 연 2회 이뤄진다.

13 조류인플루엔자(Avian Influenza, AI)에 대한 설명으로 옳지 않은 것은?

① 조류인플루엔자 바이러스 감염에 의하여 발생하는 조류의 급성 전염병으로 닭·칠면조·오리 등 가금류에서 피해가 심하게 나타난다.

② 바이러스의 병원성 정도에 따라 저병원성과 고병원성 조류인플루엔자로 크게 구분된다.

③ 이 중에서 고병원성 조류인플루엔자(Highly Pathogenic Avian Influenza, HPAI)는 세계동물보건기구(OIE)에서도 위험도가 높아 관리대상 질병으로 지정하고 있으며, 발생 시 OIE에 의무적으로 보고 하도록 되어있다.

④ HPAI에 감염된 닭이나 오리는 급성의 호흡기 증상을 보이면서 100%에 가까운 폐사를 나타내는 것이 특징이지만 칠면조에서는 임상증상이 나타나지 않을 수 있다.

⑤ 조류인플루엔자 바이러스는 혈청아형(subtype)이 매우 많고 변이가 쉽게 일어나며, 자연생태계의 야생조류에 다양한 종류의 바이러스가 분포되어 있으면서도 이들에게는 감염되어도 뚜렷한 증상이 없이 경과될 수 있기 때문에 국가방역 측면에서 볼 때 가장 주의하여야 할 가축전염병중 하나이다.

🔍TIP HPAI에 감염된 닭이나 칠면조는 급성의 호흡기 증상을 보이면서 100%에 가까운 폐사를 나타내는 것이 특징이지만 오리에서는 임상증상이 나타나지 않을 수 있다.

14 다음 중 가축 사육 제한구역으로 지정할 수 없는 곳은?

① 주거 밀집 지역　　　　　　　　　　　② 수질 환경 보전 지역

③ 수변 구역　　　　　　　　　　　　　　④ 환경 기준을 미달한 지역

⑤ 시 · 도지사가 지정하도록 요청한 구역

🔍TIP　가축 사육 제한구역

　　ㄱ 지역주민의 생활환경보전 또는 상수원의 수질보전을 위하여 가축사육의 제한이 필요하다고 인정되는 경우에 시장 · 군수 · 구청장이 「가축분뇨의 관리 및 이용에 관한 법률」 및 해당 지방자치단체의 조례가 정하는 바에 따라 지정한 구역을 말한다.

　　ㄴ 가축사육제한구역으로 지정할 수 있는 대상지역

　　　• 주거밀집지역으로 생활환경의 보호가 필요한 지역

　　　• 「수도법」에 따른 상수원보호구역, 「환경정책기본법」에 따른 특별대책지역 및 그밖에 이에 준하는 수질환경보전이 필요한 지역

　　　• 「한강수계 상수원수질개선 및 주민지원 등에 관한 법률」, 「낙동강수계 물관리 및 주민지원 등에 관한 법률」, 「금강수계 물관리 및 주민지원 등에 관한 법률」, 「영산강 · 섬진강수계 물관리 및 주민지원 등에 관한 법률」에 따라 지정 · 고시된 수변구역

　　　• 「환경정책기본법」에 따른 환경기준을 초과한 지역

　　　• 환경부장관 또는 시 · 도지사가 가축사육제한구역으로 지정 · 고시하도록 요청한 지역

　　ㄷ 시장 · 군수 · 구청장은 가축사육제한구역에서 가축을 사육하는 자에 대하여 축사의 이전 그 밖에 위해의 제거 등 필요한 조치를 명할 수 있으며, 축사의 이전을 명할 때에는 1년 이상의 유예기간을 주어야 하고, 이전에 따른 재정적 지원, 부지알선 등 정당한 보상을 하여야 한다.

15 작물보호제에 대한 잠정기준을 없애고 기준이 없을 경우 일률기준인 0.01ppm을 적용하는 것으로 잔류허용기준이 설정된 작물보호제 외에는 사용을 금지하는 제도는?

① 농약허용물질목록관리제도　　　　　　② PLS제도

③ 농약잔류허용기준제도　　　　　　　　④ OTC제도

⑤ 업계간 자율거래제도

🔍TIP　농약허용기준강화제도(PLS) … 작물보호제를 지금보다 더욱 신중하게 사용해, 더 안전한 농산물을 생산할 수 있도록 관리하는 제도이다. 기존에는 잔류허용기준(MRL, Maximum Residue Limits)이 설정되지 않은 작물보호제에 대해 잠정기준을 적용해 왔다. PLS는 잠정기준을 없애고, 기준이 없을 경우 일률기준인 0.01ppm을 적용하는 것으로, 잔류허용기준이 설정된 작물보호제 외에는 사용을 금지하는 제도이다.

　　※ PLS시행에 따른 변화 … 기존에는 안전성 조사 시 잔류허용기준이 없는 작물보호제 또는 미등록 작물보호제 성분에 대해 외국 기준을 적용하거나, 유사한 농산물에 설정된 기준을 적용하여 적합과 부적합을 판정했다. 그러나 농약허용기준강화제도(PLS) 시행으로 미등록 작물보호제의 경우 0.01ppm이라는 일률기준을 적용받게 되었다.

16 다음 중 채소가격안정제 대상 5개 품목이 아닌 것은?

① 배추

② 양파

③ 대파

④ 마늘

⑤ 고추

🔍 **TIP** 채소가격안정제 대상 5개 품목 … 배추, 무, 대파, 마늘, 양파

   ※ **채소가격안정제** … 정부와 지방자치단체·농협·농민이 함께 조성한 수급안정사업비로 평년가격의 80% 수준
   으로 가격을 보전해주는 사업으로, 농가 부담을 완화하는 대신 정부와 지자체·농협이 일정 비율로 사업비
   를 분담하는 제도를 말한다.

17 친환경 농산물의 기준에 대한 내용으로 옳지 않은 것은?

① 유기합성농약을 일체 사용하지 않고 재배한 농산물

② 화학비료를 일체 사용하지 않고 재배한 농산물

③ 화학비료는 권장 시비량의 1/3 이내 사용하여 재배한 농산물

④ 농약 살포횟수를 농약안전사용기준의 1/2 이하로 하여 재배한 농산물

⑤ 제초제를 권장시비량의 1/2 이내 사용하여 재배한 농산물

🔍 **TIP** 친환경 농산물의 기준

   ㉠ 유기합성농약과 화학비료를 일체 사용하지 않고 재배(전환기간 : 다년생 작물은 3년, 그 외 작물은 2년)
   ㉡ 유기합성농약은 일체 사용하지 않고, 화학비료는 권장 시비량의 1/3 이내 사용
   ㉢ 화학비료는 권장시비량의 1/2 이내 사용하고 농약 살포횟수는 "농약안전사용기준"의 1/2 이하
   ※ 사용시기는 안전사용기준 시기의 2배수 적용
   • 제초제는 사용하지 않아야 함
   • 잔류농약 : 식품의약품안전청장이 고시한 "농산물의 농약잔류허용기준"의 1/2 이하

18 계란 껍데기에 닭이 알을 낳은 날짜(산란일자)를 표시하는 것으로, 2019년 8월 23일부터 전면 시행된 제도는?

① 판매가격 표시제   ② 산란일자 표시제
③ 원산지 표시제   ④ 영양 표시제
⑤ 지리적 표시제

🔍**TIP** 산란일자 표시제 … 계란 껍데기에 닭이 알을 낳은 날짜(산란일자)를 표시하는 제도를 말한다. 이는 2017년 8월 살충제 계란 사건을 계기로 소비자에게 달걀의 신선도·생산환경 등에 대한 정확한 정보 제공과 함께 국내에 유통되는 계란에 대한 신뢰를 회복하기 위해 추진된 제도이다. 이에 산란일자 4자리를 포함해 생산자고유번호 (5자리)·사육환경번호(1자리) 등 총 10자리의 숫자가 계란 껍데기에 표시되면서, 소비자들은 구입한 계란 정보를 좀 더 상세히 알 수 있게 되었다.

0 8 2 3	M 3 F D S	2
산란일자	생산자고유번호	사육환경번호

19 유전자변형농산물, 유전자변형농산물을 원료로 사용하는 모든 가공식품, 건강기능 식품 등에 유전자변형농산물 사용을 하였다는 표시를 하는 제도는?

① GMO 표시제   ② GMO 완전표시제
③ 유전자재조합식품 표시제   ④ 유전자변형작물 표시제
⑤ GM식품 표시제

🔍**TIP** GMO 완전표시제 … GMO 농산물, GMO 농산물을 원료로 사용하는 모든 가공식품, 건강기능 식품 등에 GMO 사용을 하였다는 표시를 하는 제도를 말한다.
※ GMO 표시제 … 유전자변형농수산물(GMO)을 원료로 사용할 경우 함량과 관계없이 그 사용 여부를 표기해야 한다는 GM 식품 표시 방식을 말한다. 우리나라에서는 2001년 3월부터 소비자에게 올바른 구매정보를 제공하기 위하여 농수산물 품질관리법에 근거하여 콩, 옥수수, 콩나물에 대한 '유전자변형농산물 표시제'를 시행했으며, 6개월간의 계도기간을 거쳐 2001년 9월부터 본격적으로 실시하였다.

20 스마트 팜 데이터베이스 환경 정보를 수집항목으로 옳지 않은 것은

① 온실온도   ② O_2
③ 일사량   ④ 감우
⑤ 지온

🔍**TIP** 스마트 팜 환경정보 수집항목 … 온실온도, 온실습도, CO2, 일사량, 감우, 관수, 지온

21 농작물 재배 시 발생할 수 있는 병충해 등을 방제하기 위하여 살포계획을 수립하고 살포장비를 점검하여 드론을 조종하며 논, 밭 등에 농약을 살포할 수 있는 사람은 누구인가?

① 드론 조종사
② 가상 현실 전문가
③ 농업 드론 방제사
④ 로봇감성 인지전문가
⑤ 드론버타이징

🔍TIP 농업 드론 방제사 … 방제 장비 운용절차 파악, 방제지역 특성파악, 방제지역 병충해 특성파악, 방제작업 피해 예상지역 파악, 살포면제에 따른 약제충전량 계산 등 살포계획을 수립한다. 살포장비의 가동여부, 살포약제 특성파악, 살포지역 특성, 이착륙 지역 파악 등 살포장비를 점검한다. 드론을 적정한 장소에 설치하고 조정기를 조정하여 약제를 살포한다. 살포과정을 모니터링하고 필요시 드론을 재조정한다. 방제 결과를 확인 평가한다. 드론 조종이 끝나면 드론을 회수하고 장비를 세척한다. 드론 및 조종기구에 이상이 없는지 점검한다. 필요시 드론을 수리 및 정비하기도 한다.

22 2019년 경기도 파주를 시작으로 경기도 북부와 인천, 강화를 중심으로 확산되고 있는 바이러스성 출혈성 돼지 전염병으로, 이병률이 높고 급성형에 감염되면 치사율이 거의 100%에 이르기 때문에 양돈 산업에 엄청난 피해를 주는 이 질병은?

① ASF
② AI
③ FMD
④ AHS
⑤ BSE

🔍TIP 아프리카돼지열병(ASF) … 발생하면 세계동물보건기구(OIE)에 발생 사실을 즉시 보고해야 하며 돼지와 관련된 국제교역도 즉시 중단되게 되어 있다. 우리나라에서는 이 질병을 「가축전염병예방법」상 제1종 법정전염병으로 지정하여 관리하고 있다.
② 조류인플루엔자
③ 구제역
④ 아프리카마역
⑤ 소해면상뇌증

23 농협형 스마트 팜 시범모델 형태를 모두 고른 것은?

> ㉠ 전통형   ㉡ 애그테크
> ㉢ 생육형   ㉣ 생력형
> ㉤ 수직농장형

① ㉠㉡   ② ㉡㉢
③ ㉠㉣㉤   ④ ㉡㉢㉣
⑤ ㉠㉢㉤

🔍**TIP** ㉠ **전통형**: 기존 스마트팜과 비슷하며 양액재배용 베드가 있다. 3 ~ 8월 상추 3기작 이후 9월부터 딸기재배 실험을 진행한다.
       ㉣ **생력형**: 1 ~ 3단 높이의 포트가 공중에 설치된 컨베이어벨트를 따라 이동하는 스마트 팜이다. 포트가 회전하여 작업자가 움직이지 않아도 작물수확이 수월하다.
       ㉤ **수직농장형**: 작물 재배용 6단 베드 7개와 육묘 베드 1개가 설치되어 허브류·엽채류 재배를 실험한다.
       ㉡ **애그테크(AgTech)**: 첨단기술을 농업에 적용하여 생산성을 높이는 것이다.
       ㉢ **생육형(growth form)**: 식물 지상부 줄기의 공간구조로 인해서 보이는 외형이다.
       ※ **농협형 스마트 팜 시범모델** … NH스마트 팜 랩(LAB·실험실)으로 농협중앙회가 예산을 투입하여전통형, 생력형, 수직농장형으로 6동이 지어졌다.

24 다음에 설명하는 농업수리시설물은?

> 하천이나 하천 제방 인근으로 흐른 물이나 지하에 대량으로 고여 있는 층의 물을 이용하고자 지표면과 평행한 방향으로 다공관(표면에 구멍이 있는 관)을 설치하여 지하수를 모으는 관로로서, 지하수를 용수로 이용하기 위한 관로 시설

① 집수암거   ② 양수장
③ 취입보   ④ 관정
⑤ 배수장

🔍**TIP** ② **양수장**: 하천수나 호수 등 수면이 관개지역보다 낮아 자연 관개를 할 수 없는 경우에 양수기를 설치하여 물을 퍼올려 농업용수로 사용하기 위해 설치하는 용수공급 시설
       ③ **취입보**: 하천에서 필요한 농촌용수를 용수로로 도입할 목적으로 설치하는 시설
       ④ **관정**: 우물통이나 파이프를 지하에 연직방향으로 설치하여 지하수를 이용하기 위한 시설
       ⑤ **배수장**: 일정지역에 우천이나 홍수 시 고인 물을 지역 밖으로 배제하기 위한 시설

25 다음 설명에 해당하는 것은?

> 귀농과 귀촌에 관심이 있고 이주를 고려 중인 도시민에게 농촌에 거주하면서 일자리와 생활 등을 체험하고 주민과 교류하는 기회를 제공하여 농촌에 정착할 수 있도록 지원하는 사업

① 귀농인의 집
② 함께 쓰는 농업일기
③ 마을 가꾸기
④ 농촌에서 살아보기
⑤ 귀농 닥터 프로그램

💡**TIP** ④ 농촌에서 살아보기 : 귀농·귀촌을 희망하는 도시민에게 체험 기회를 제공하여 성공적 정착을 유도하는 프로그램이다. 유형에 따라 다양한 프로그램이 운영된다.

구분	내용
귀농형	• 원하는 지역에서 원하는 품목을 재배하며 영농기술을 익히고, 지역민과 교류하고자 하는 귀농 중심 프로그램 운영 • 수당을 지급하는 농작업 또는 관련 일자리 기회제공
귀촌형	• 농촌이해, 지역교류·탐색, 영농 실습 등 다양한 프로그램 운영 • 수당을 지급하는 농작업 또는 관련 일자리 기회 제공
프로젝트 참여형	• 농촌지역연고·경험은 적으나 다양한 활동과 경험을 원하는 청년들의 특성에 맞춰 프로그램 운영 • 마을 주민과의 교류, 지역 내 인적 네트워크 구축을 위한 활동 지원 병행

① 귀농인의 집 : 귀농귀촌 희망자에게 제공하는 임시거처로, 거주지나 영농기반 등을 마련할 때까지 거주하거나 일정 기간 동안 영농기술을 배우고 농촌체험 후 귀농할 수 있게 머물 수 있도록 임시거처를 제공한다.
② 함께 쓰는 농업 일기 : 농업·농촌에 정착한 우수 결혼이민 여성의 이야기를 담은 사례집이다.
③ 마을 가꾸기 : 농협이 주관하는 농촌 환경 및 농촌 경관 조성 사업이다.
⑤ 귀농 닥터 프로그램 : 귀농 희망자와 귀농 닥터(전문가)를 연결해주는 서비스로 귀농 닥터들은 귀농과 귀촌 희망자들의 안정적인 농촌 정착을 위해 애로사항을 해결하는 멘토가 된다.

26 이앙법이 처음 시작된 시기는 언제인가?

① 삼국시대
② 통일신라시대
③ 고려 말
④ 조선 초
⑤ 조선 말

💡**TIP** 이앙법이 처음 전래된 것은 고려 말로 남부지방에 일부 보급되었으며, 전국적으로 확대된 것은 조선 후기이다.

💡Answer. 23.③ 24.① 25.④ 26.③

27 다음은 농사와 관련된 속담들이다. 속담과 관련된 계절이 다른 하나는?

① 들깨 모는 석 달 열흘 왕 가뭄에도 침 세 번만 뱉고 심어도 산다.
② 뻐꾸기 우는 소리 들으면 참깨 심지 마라.
③ 한식에 비가 오면 개불알에 이밥이 붙는다.
④ 삼복날 보리씨 말리면 깜부기 없어진다.
⑤ 은어가 나락꽃 물고 가면 풍년 든다.

🔍**TIP** ③은 봄이고 나머지는 여름이다.
ⓐ 한식에 비가 오면 개불알에 이밥이 붙는다 : 한식에 비가 오면 (봄비가 충분하면) 개불알에 이밥(쌀밥)이 붙을 정도로 쌀이 충분하다는 말로 풍년이 든다는 뜻이다.
① 들깨 모는 석 달 열흘 왕 가뭄에도 침 세 번만 뱉고 심어도 산다 : 들깨는 내한성이 강하기 때문에 가뭄이 심해도 생육에 그게 지장이 없이 자란다.
② 뻐꾸기 우는 소리 들으면 참깨 심지 마라 : 북부지역의 뻐꾸기 우는 소리는 6월 중순부터이므로 이때에 참깨를 파종하면 파종시기가 늦어서 생육기간이 단축되어 수량이 크게 감소된다.
④ 삼복날 보리씨 말리면 깜부기 없어진다 : 보리농사에서 깜부기병이 발생하면 피해가 크게 나타나는데 보리깜부기 병균은 고온(55°)에서 사멸되므로 한여름 뙤약볕에 함석위에 말리면 고온으로 종자소독 효과가 있다.
⑤ 은어가 나락꽃 물고 가면 풍년 든다 : 8월 상·중순 때는 은어가 산란을 위해 강을 거슬러 올라오는 시기로 벼의 출수 개화기에 해당하므로 물을 충분히 관수하여 벼꽃이 떠내려 갈 정도로 충분한 물이 있어야 등숙이 양호하여 풍년이 든다는 의미이다.

28 다음은 4차 산업혁명 시대의 농업 관련 직업에 대한 설명이다. 다음 설명에 해당하는 직업은?

> 정보통신(ICT), 생명공학(BT), 환경공학(ET) 기술을 접목한 농업을 통해 농업의 생산, 유통, 소비 등 모든 영역에서 생산성과 효율성을 높이고 농업과 농촌의 가치를 증대시키는 일을 하는 직업이다.

① 토양 환경 전문가
② 농업 드론 전문가
③ 팜파티 플래너
④ 스마트 농업 전문가
⑤ 친환경 농자재 개발자

○TIP ① 토양 환경 전문가 : 현장에서 채취한 토양을 실험실로 가져와 토양 측정 장비로 분석하고, 토양의 물리적인 특성과 화학적인 특성을 정확하게 진단하는 일을 하는 직업으로 토양 진단 능력뿐 아니라 토양 분석과 빅데이터 시스템 및 모델링 구축 능력 등이 필요하다.
② 농업 드론 전문가 : 드론을 이용해 농장을 효율적으로 경영하도록 도와주는 직업으로 벼농사뿐만 아니라 콩, 채소 등 수많은 작물의 방제나 토양 및 농경지 조사, 파종, 작물 모니터링 등이 가능하다.
③ 팜파티 플래너 : 팜파티는 팜(Farm)과 파티(Party)의 결합을 의미하는 말로, 도시의 소비자에게는 품질 좋은 농산물을 저렴한 가격에 만나볼 수 있도록 주선하고, 농촌의 농업인에게는 안정적인 판매 경로를 만들어 주는 직업이다.
⑤ 친환경 농자재 개발자 : 화학농약 등 합성 화학물질을 사용하지 않고 유기물과 식물 추출물, 자연광물, 미생물 등을 이용한 자재만을 사용해 농자재를 만드는 사람이다.

29 다음 중 지역 축제가 잘못 연결된 것은?

① 청양 – 고추구기자축제
② 금산 – 인삼축제
③ 양평 – 메기수염축제
④ 청주 – 천등산고구마축제
⑤ 영동 – 포도축제

○TIP 천등산고구마축제는 충청북도 충주시의 지역 축제이다.

30 고랭지 농업에 대한 설명으로 옳은 것은?

① 남부지방이나 제주도에서 주로 이루어지는 농업이다.
② 여름철 강우량이 적고 일조시간이 긴 기후를 이용한다.
③ 표고(標高) 200 ~ 300m 정도의 지대가 적당하다.
④ 벼, 보리 등 곡식류 재배가 주로 이루어진다.
⑤ 진딧물, 바이러스병의 발생이 적다.

○TIP 고랭지 농업은 고원이나 산지 등 여름철에도 서늘한 지역에서 이루어지는 농업을 말한다.
① 강원도의 정선 · 평창 · 홍천 · 횡성군 등지에서 주로 이루어진다.
② 여름철 비교적 선선하고 강우량이 많으며 일조시간도 짧은 산간 기후를 이용한다.
③④ 표고 400m로부터 1,000m 정도의 높은 지대에서 채소 · 감자 · 화훼류 등을 재배하거나 가축을 사육한다.

31 ICT를 활용하여 비료, 물, 노동력 등 투입 자원을 최소화하면서 생산량을 최대화하는 생산방식을 이르는 말은?

① 계약재배
② 겸업농가
③ 녹색혁명
④ 정밀농업
⑤ 생력농업

🔍**TIP** ④ **정밀농업**(Precision Agriculture) : 4차 산업의 핵심 기술을 통해 전통적인 투입자원인 노동력 및 투입재를 최소화하면서 생산량을 최대화하는 농업 방식 즉, ICT 기술을 통해 정보화 · 기계화된 농업 분야를 의미한다. 정밀농업을 통해 적절한 수확량과 품질을 유지하면서도 환경적으로 안전한 생산체계를 만들 수 있으며 정보화, 기계화가 가능할 것으로 전망된다.
  ① **계약재배**(Contract Cultivation) : 생산물을 일정한 조건으로 인수하는 계약을 맺고 행하는 재배방식이다. 주로 담배 재배, 식품 회사나 소비자 단체 등과 제휴하여 행해지고 있다.
  ② **겸업농가**(Part Time Farm Household) : 농업에 종사하면서 농업 외의 다른 직업을 겸하는 것으로 농업을 주업으로 하는 경우에는 제1종 겸업농가라고 하며 농업 외의 다른 직업이 주업이 되면 제2종 겸업농가로 구별한다.
  ③ **녹색혁명**(Green Revolution) : 20세기 후반 개발도상국의 식량증산을 이루어낸 농업정책으로 품종개량, 화학비료, 수자원 공급시설 개발 등의 새로운 기술을 적용하여 농업생산량일 일궈낸 과정 및 결과를 의미한다.
  ⑤ **생력농업**(Labor Saving Technique of Agriculture) : 작업 공동화 혹은 기계화를 추진하여 투입 노동력 및 투입 시간을 줄이고자 하는 경영방법이다.

32 지역 간 균형발전과 영세규모 농가의 영농의욕을 높이기 위해 중산간 지역 등 소규모 경지정리사업 대상지구 중에서 규모가 아주 작은 지역에 대해서 간략한 설계로 사업비를 줄이고 소규모 기계화 영농이 가능한 수준으로 시행하는 사업을 일컫는 말은?

① 농지집단화
② 간이경지 정리
③ 수리시설개보수
④ 경지 계획
⑤ 환지처분

🔍**TIP** **간이경지 정리** … 경지정리사업 대상지구 중에서 일반경지정리 대상지구 내의 급경사지나 대상에서 제외된 1단지 규모 2 ~ 10ha 정도인 지역으로, 주민의 참여도가 좋아 사업시행이 가능하고 기계화 영농 효과가 뚜렷이 나타날 수 있는 지역을 대상지구로 선정한다.
  ① **농지집단화** : 각 농가의 분산되어 있는 소유농지를 서로의 권리를 조정함으로써 집단화하는 것이며, 교환, 분합, 환지처분 등은 이를 위한 수단이다.
  ③ **수리시설개보수** : 농업용수리시설로서 노후되거나 기능이 약화된 시설을 개량 또는 보수하여 재해위험을 방지하고 기능을 회복시키거나 개선하는 사업으로 시설의 유지관리를 위한 사업이다.
  ④ **경지계획** : 토지분류 결과에 따라 영농에 알맞게 구획을 나누는 것을 말한다.
  ⑤ **환지처분** : 경지정리사업이나 토지구획정리사업 시행 종료 후 토지의 형질, 면적, 위치 등이 변경되었을 때에 종래의 토지에 대신하여 이에 상당하는 토지를 주든지 금전으로 청산하는 등의 행정처분이다.

33 농촌공간상에서 최하위 중심지로서 기초마을 바로 위에 위계를 갖는 마을을 일컫는 용어는?

① 거점취락   ② 배후마을

③ 대표취락   ④ 중점마을

⑤ 성장마을

🔍**TIP** 농촌지역은 마을의 규모가 작아 규모 및 집적의 경제효과를 거둘 수 없으므로 중심성을 갖는 거점마을에 투자와 개발을 집중시켜 투자효과를 높이고 배후마을과의 접근도를 개선하여 중심마을에 대한 서비스 이용편의를 제공하고자 한다. 중심마을이라고도 한다.

34 '산지촌'에 대한 설명으로 가장 옳지 않은 것은?

① 주로 임업과 목축업에 종사하는 사람들이 많다.

② 교통이 편리하다.

③ 각종 편의시설이 부족하다.

④ 스키장이나 산림 휴양지 같은 관광 산업이 발달한다.

⑤ 고랭지 농업, 약초 재배, 버섯 재배 등을 볼 수 있다.

🔍**TIP** ② 산지촌은 산간지역에 이루어진 마을로 교통이 불편한 편이다.

35 가을철에 하는 농사일이 아닌 것은?

① 겨울 날 밀, 보리를 심는다.

② 생강, 고구마 등을 거둔다.

③ 마늘종을 따준다.

④ 말려놓은 들깨를 턴다.

⑤ 땅콩, 콩, 수수 등을 걷는다.

🔍**TIP** ③ 마늘종 따기는 5 ~ 6월경에 시행한다.

36 식량 부족 문제 정도를 진단하기 위한 기준으로 5단계로 이루어져 있으며 하위 3단계는 식량부족으로 인해 위험하다는 것을 의미하는 이것은 무엇인가?

① GHI   ② WFP

③ IPC   ④ ODA

⑤ GAFSP

> ① GHI : 독일 세계기아원조(Welthungerhilfe)와 미국 세계식량연구소(IFPRI)가 협력하여 2006년부터 전 세계 기아 현황을 파악 · 발표하는 세계 기아지수를 말한다.
> ② WFP : 기아 인구가 없는 제로 헝거(Zero Hunger) 달성을 목표로 하는 유엔 세계식량계획을 말한다.
> ④ ODA : 국제농업협력사업은개발도상국을 위한 우리나라 농업기술 개발 · 보급 협력 사업이다.
> ⑤ GAFSP : 세계농업식량안보기금은 빈곤 국가 농업 생산성 제고를 위해 만들어진 국제기금이다.

37 만 65세 이상 고령 농업인이 소유한 농지를 담보로 노후생활 안정자금을 매월 연금형식으로 지급받는 제도는?

① 고농연금제도

② 농지연금제도

③ 토지연금제도

④ 농업연금제도

⑤ 농업안정제도

> 농지연금제도 … 만 65세 이상 고령농업인이 소유한 농지를 담보로 노후생활 안정자금을 매월 연금형식으로 지급받는 제도로, 농지자산을 유동화하여 노후생활자금이 부족한 고령농업인의 노후 생활안정 지원하여 농촌사회의 사회 안정망 확충 및 유지를 목적으로 한다.

38 지역 브랜드와 주요품목의 연결이 잘못된 것은?

① 부안해풍 – 양파

② 아산맑은 – 쌀

③ 광명 고운결 – 떡류

④ 파인토피아 봉화 – 과수

⑤ 충추 애플마 – 사과

> ⑤ 충주 애플마 브랜드의 주요품목은 '마'다.

39 농림축산식품부의 주요 임무가 아닌 것은?

① 식량의 안정적 공급과 농산물에 대한 품질관리

② 농업인의 소득 및 경영안정과 복지증진

③ 농업의 경쟁력 향상과 관련 산업의 육성

④ 농촌지역 개발 및 국제 농업 통상협력 등에 관한 사항

⑤ 산림재해 예방과 대응을 통한 국민안전 실현

> **TIP** ⑤ 산림청의 주요 임무이다.
>
> ※ 농림축산식품부의 주요 임무
>   ㉠ 식량의 안정적 공급과 농산물에 대한 품질관리
>   ㉡ 농업인의 소득 및 경영안정과 복지증진
>   ㉢ 농업의 경쟁력 향상과 관련 산업의 육성
>   ㉣ 농촌지역 개발 및 국제 농업 통상협력 등에 관한 사항
>   ㉤ 식품산업의 진흥 및 농산물의 유통과 가격 안정에 관한 사항

40 다음에서 설명하는 제도의 실시 목적은?

> 정부가 농산물가격을 결정함에 있어서 생산비로부터 산출하지 않고 일정한 때의 물가에 맞추어 결정한 농산물가격이다.

① 근로자보호

② 생산자보호

③ 소비자보호

④ 독점의 제한

⑤ 사재기 제한

> **TIP** 제시된 내용은 패리티가격에 대한 설명이다.
> ①③④⑤ 패리티 가격은 농민, 즉 생산자를 보호하려는 데 그 목적이 있다.

02 금융 · 경제

1 가구의 소득 흐름은 물론 금융 및 실물 자산까지 종합적으로 고려하여 가계부채의 부실위험을 평가하는 지표로, 가계의 채무상환능력을 소득 측면에서 평가하는 원리금상환비율(DSR)과 자산 측면에서 평가하는 부채/자산비율(DTA)을 결합하여 산출한 지수를 무엇이라고 하는가?

① 가계신용통계지수   ② 가계수지

③ 가계순저축률   ④ 가계부실위험지수

⑤ 가계처분가능소득지수

🔍**TIP** 가계부실위험지수(HDRI) … 가구의 DSR과 DTA가 각각 40%, 100%일 때 100의 값을 갖도록 설정되어 있으며, 동 지수가 100을 초과하는 가구를 '위험가구'로 분류한다. 위험가구는 소득 및 자산 측면에서 모두 취약한 '고위험가구', 자산 측면에서 취약한 '고DTA가구', 소득 측면에서 취약한 '고DSR가구'로 구분할 수 있다.

2 다음 내용을 읽고 문맥 상 괄호 안에 들어갈 말로 가장 적절한 것을 고르면?

> ( )은/는 중앙은행이나 금융기관이 아닌 민간에서 블록체인을 기반 기술로 하여 발행·유통되는 '가치의 전자적 표시'로서 비트코인이 가장 대표적이다.

① 가산금리   ② 가상통화

③ 간접금융   ④ 직접금융

⑤ 감독자협의회

🔍**TIP** 가상통화 … 중앙은행이나 금융기관이 아닌 민간에서 블록체인을 기반 기술로 하여 발행·유통되는 '가치의 전자적 표시'로서 비트 코인이 가장 대표적인 가상통화이다. 비트코인 등장 이전에는 특별한 법적 근거 없이 민간 기업이 발행하고 인터넷공간에서 사용되는 사이버머니(게임머니 등)나 온·오프라인에서 사용되고 있는 각종 포인트를 가상통화로 통칭하였다.

3 경기변동의 진폭이나 속도는 측정하지 않고 변화 방향만을 파악하는 것으로서 경기의 국면 및 전환점을 식별하기 위한 지표를 무엇이라고 하는가?

① 경기조절정책
② 경기종합지수
③ 경기동향지수
④ 경상수지
⑤ 경영실태평가지수

🔍**TIP** 경기동향지수 … 경기변동이 경제의 특정부문으로부터 전체 경제로 확산, 파급되는 과정을 경제부문을 대표하는 각 지표들을 통하여 파악하기 위한 지표이다. 이때 경제지표 간의 연관관계는 고려하지 않고 변동 방향만을 종합하여 지수로 만든다.

4 복지지표로서 한계성을 갖는 국민총소득(GNI)을 보완하기 위해 미국의 노드하우스(W. Nordhaus)와 토빈(J. Tobin)이 제안한 새로운 지표를 무엇이라고 하는가?

① 소비자동향지표
② 경제활동지표
③ 경제인구지표
④ 고용보조지표
⑤ 경제후생지표

🔍**TIP** 경제후생지표 … 국민총소득에 후생요소를 추가하면서 비후생요소를 제외함으로써 복지수준을 정확히 반영하려는 취지로 제안되었지만, 통계작성에 있어 후생 및 비후생 요소의 수량화가 쉽지 않아 널리 사용되지는 못하고 있는 실정이다.

5 국제결제은행이 일반 은행에 권고하는 자기자본 비율을 '이것' 비율이라고 한다. 은행 경영의 건전성을 보여주는 지표인 이것은?

① IMD
② BIS
③ ROE
④ CSV
⑤ EPS

🔍**TIP** 금융 규제 완화에 대응해 은행들의 경쟁은 더욱 치열해졌고, 결국 은행들은 고위험·고수익 사업에 집중하게 되었다. 이러한 현상을 위험하다고 여긴 국제결제은행 산하 바젤위원회가 1988년 은행의 파산을 막기 위해 은행 규제를 위한 최소한의 가이드라인을 제시한 것이 BIS 비율이다. 이것은 은행 감독을 위한 국제 기준으로 은행이 위험자산 대비 자기자본을 얼마나 확보하고 있느냐를 나타내는 지표이다. 이 기준에 따라 적용대상 은행은 위험자산에 대해 최소 8% 이상 자기자본을 유지하도록 했다. 즉 은행이 거래기업의 도산으로 부실채권이 갑자기 늘어나 경영위험에 빠져들게 될 경우 최소 8% 정도의 자기자본이 있어야 위기 상황에 대처할 수 있다는 것이다.

💡 Answer. 1.④ 2.② 3.③ 4.⑤ 5.②

6 다음 내용을 읽고 괄호 안에 들어갈 말로 가장 적절한 것을 고르면?

> (   )을/를 시행하게 되면 환율 변동에 따른 충격을 완화하고 거시경제정책의 자율성을 어느 정도 확보할 수 있다는 장점이 있다. 하지만 특정 수준의 환율을 지속적으로 유지하기 위해서는 정부나 중앙은행이 재정정책과 통화정책을 실시하는 데 있어 국제수지 균형을 먼저 고려해야 하는 제약이 따르고 불가피하게 자본이동을 제한해야 한다.

① 고통지수
② 자유변동환율제도
③ 고정환율제도
④ 고정자본소모
⑤ 고정이하여신비율

🔍TIP 고정환율제도 … 외환의 시세 변동을 반영하지 않고 환율을 일정 수준으로 유지하는 환율 제도를 의미한다. 이 제도는 경제의 기초여건이 악화되거나 대외 불균형이 지속되면 환투기공격에 쉽게 노출되는 단점이 있다.

7 다음 내용을 읽고 괄호 안에 들어갈 말로 가장 적절한 것을 고르면?

> 영국의 전래동화에서 유래한 것으로 동화에 따르면 엄마 곰이 끓인 뜨거운 수프를 큰 접시와 중간 접시 그리고 작은 접시에 담은 후 가족이 이를 식히기 위해 산책을 나갔는데, 이때 집에 들어온 (   )이/가 아기 곰 접시에 담긴 너무 뜨겁지도 않고 너무 차지도 않은 적당한 온도의 수프를 먹고 기뻐하는 상태를 경제에 비유한 것을 무엇이라고 하는가?

① 애덤 스미스
② 임파서블
③ 세이프티
④ 골디락스
⑤ 바너드

🔍TIP 골디락스 경제 … 경기과열에 따른 인플레이션과 경기침체에 따른 실업을 염려할 필요가 없는 최적 상태에 있는 건실한 경제를 의미한다. 이는 다시 말해 경기과열이나 불황으로 인한 높은 수준의 인플레이션이나 실업률을 경험하지 않는 양호한 상태가 지속되는 경제를 지칭한다.

8   1인 가구가 늘어나면서 나타나는 현상으로, 혼자 밥을 먹거나 혼자 쇼핑을 하거나 여행을 다니는 등 혼자서 소비생활을 즐기는 소비 트렌드를 뜻하는 말은?

① 일점호화소비
② 일물일가의 법칙
③ 일코노미
④ 일대일로
⑤ 일비

🔍TIP ① 일점호화소비 : 특정 상품에 대해서만 호화로움을 추구하는 소비이다.
     ② 일물일가의 법칙 : 시장에서 같은 종류의 상품은 하나의 가격만 성립한다는 이론이다.
     ④ 일대일로 : 중앙아시아와 유럽을 잇는 육상 실크로드와 동남아시아와 유럽, 아프리카를 연결하는 해상실크로드이다.
     ⑤ 일비 : 영업활동을 수행하는 직원에게 지급되는 일종의 활동비이다.

9   발행하는 채권에 주식이 연계되어 있다는 점에서 발행회사의 신주를 일정한 조건으로 매수할 수 있는 신주인수권부사채(BW)나, 발행회사의 주식으로 전환할 수 있는 권리가 부여된 전환사채(CB) 등과 함께 주식연계증권으로 불리는 것은?

① 무담보사채
② 교환성 통화
③ 교환사채
④ 부실채권
⑤ 채권투자

🔍TIP 교환사채 … 사채권자의 의사에 따라 사채를 교환사채 발행기업이 보유하고 있는 타사 주식 등 여타의 유가증권과 교환할 수 있는 선택권이 부여된 사채를 의미한다.

10 한국은행의 한정된 조직과 인력만으로는 전국의 국고금 납부자에게 충분한 편의를 제공하기 어렵기 때문에 인력과 시설이 확보된 점포를 대상으로 한국은행과 대리점 계약을 체결한 후 국고업무를 취급할 수 있도록 하게 하는데 이 같은 대리점계약을 체결한 금융기관 점포를 무엇이라고 하는가?

① 국고수표
② 국고전산망
③ 국고백화점
④ 국고할인점
⑤ 국고대리점

🔍 **TIP** 국고대리점 … 국가의 경제활동도 민간의 경제활동과 마찬가지로 금전 수수를 수반하게 되는데 이와 같은 경제활동에 수반되는 일체의 현금을 통상 국고금이라 한다. 우리나라에서는 국고금의 출납사무를 중앙은행인 한국은행이 담당하고 있다. 국고대리점은 2003년 국고금 실시간 전자이체 제도의 시행으로 국고금 지급 업무를 한국은행이 전담 수행하게 됨에 따라 국고금 수납 업무만 수행하게 되었다. 국고대리점은 국고수납대리점과 국고금수납점으로 구분하는데 기능상 차이는 없으며 기관의 성격 즉 은행은 단일 법인체인 반면 비은행은 법인의 집합체인 점에 의한 계약방식의 차이에 의해서 구분된다.

11 다음 중 리카도의 비교우위론에 대한 설명으로 옳지 않은 것은?

① 다른 생산자에 비해 더 많은 기회비용으로 재화를 생산하는 능력을 말한다.
② 비교우위론에서 비교우위는 곧 기회비용의 상대적 크기를 나타낸다.
③ 비교우위론은 노동만이 유일한 생산요소이고 노동은 균질적으로 가정하고 있다.
④ 비교우위론은 생산함수를 규모의 불변함수이고 1차 동차함수로 가정하고 있다.
⑤ 비교우위론에서 무역은 비교생산비의 차이에서 발생한다고 보고 있다.

🔍 **TIP** 비교우위론 … 영국의 경제학자 데이비드 리카도가 주장한 이론으로, 다른 나라에 비해 더 작은 기회비용으로 재화를 생산할 수 있는 능력을 뜻한다. 한 나라에서 어떤 재화를 생산하기 위해 포기하는 재화의 양이 다른 나라보다 적다면 비교우위가 있는 것이다. 비교우위는 경제적 능력이 서로 다른 국가 간에 무역이 이루어질 수 있게 해주는 원리이다. 각 나라의 경제 여건의 차이는 비교우위를 결정하는 요인이 된다. 애덤 스미스의 절대우위론에 미루어 본다면 양국은 모두 재화를 특화하기 어렵다. 반면, 데이비드 리카도의 비교우위론에 따르면 한 나라가 상대적으로 어떤 재화를 다른 나라보다 더 유리하게 생산할 수 있을 때 비교 우위를 가진다고 할 수 있으며, 각 나라가 자국에 비교우위가 있는 재화를 특화 생산하여 무역을 하면 서로 이득을 얻을 수 있다.

12 다음 내용을 읽고 괄호 안에 들어갈 말로 가장 적절한 것을 고르면?

> 국민경제 내에서 자산의 증가에 쓰인 모든 재화는 고정자산과 재고자산으로 구분되는데 전자를 국내 총고정자본 형성 또는 고정투자, 후자를 재고증감 또는 재고투자라 하며 이들의 합계를 (   )이라 한다.

① 국내총투자율
② 국내총생산
③ 국내신용
④ 국내공급물가지수
⑤ 국민계정체계

🔍**TIP** **국내총투자율**(gross domestic investment ratio) … 국민경제가 구매한 재화 중에서 자산의 증가로 나타난 부분이 국민총처분가능소득에서 차지하는 비율을 의미한다.

13 다음 내용에서 설명하는 "이것"은 무엇인가?

> 이것이 널리 사용되기 시작한 것은 2005년경이나, 1953년 쿠웨이트 투자청 설립으로부터 시작되었다. 2000년대 이후 이것은 아시아와 중동을 비롯한 신흥시장국가들이 주로 조성하여 왔다. 이들은 석유수출과 경상수지 흑자를 통해 벌어들인 외환보유액을 이용하여 이것을 설립하여 운용하고 있다. 우리나라는 2005년 7월 한국투자공사(KIC)를 설립하였다. 이후 2007년 중국에서 중국투자공사(CIC)를, 2008년에는 러시아에서 러시아 National Welfare Fund 등이 설립되었다.

① 국외저축
② 국부펀드
③ 국제결제은행
④ 국내총생산
⑤ 경상수지

🔍**TIP** **국부펀드** … 주로 투자수익을 목적으로 다양한 종류의 국내외 자산에 투자·운용하는 국가보유투자기금을 말한다. 국부펀드는 운용목적이나 투자자산 선택 등에서 사모펀드, 연기금 등과 유사한 면이 있으나 소유권이 민간이 아니라 국가에 있다는 점에서 근본적인 차이가 있다. 국부펀드의 종류는 재원을 조달하는 방법에 따라 상품펀드와 비 상품펀드로 나누어진다. 상품펀드의 재원은 국가기관의 원자재 수출대금 또는 민간기업의 원자재 수출소득에 대한 세금 등 정부의 외화수입으로 조달되며 비상품펀드의 경우는 국제수지 흑자로 축적된 외환보유액, 공적연기금, 재정잉여금 등으로 조달된다.

14 경상수지 적자와 일치하며 경상수지 적자는 순국외채무(국외채무 – 국외 채권)의 증가로 보전되는 것은?

① 국제결제은행
② 국외수취요소
③ 국민총소득
④ 국제금융기금
⑤ 국외저축

🔍**TIP** 국외저축 … 개별 경제주체가 모자라는 돈을 다른 사람으로부터 조달하는 것과 마찬가지로 국민경제에서도 투자가 저축을 초과하게 되면 부족한 돈을 국외로부터 조달하게 되는 것을 말하며 이러한 국외저축은 경상수지 적자와 일치하며 경상수지 적자는 순국외채무(국외채무 – 국외 채권)의 증가로 보전된다.

15 은행의 전통적인 자금중개기능을 보완하는 한편 금융업의 경쟁을 촉진함으로써 효율적인 신용 배분에 기여하는 순기능을 발휘하지만 글로벌 금융위기 과정에서 느슨한 규제하에 과도한 리스크 및 레버리지 축적, 은행시스템과의 직·간접적 연계성 등을 통해 시스템 리스크를 촉발·확산시킨 원인 중 하나로 지목되기도 한 이것은 무엇인가?

① 근원인플레이션
② 그린 본드
③ 그림자 금융
④ 글래스 – 스티걸법
⑤ 글로벌 가치사슬

🔍**TIP** 그림자 금융 … 집합투자기구(MMF · 채권형 · 혼합형 펀드 등), RP 거래, 유동화기구 등과 같이 은행시스템 밖에서 신용중개기능을 수행하지만 은행 수준의 건전성 규제와 예금자보호가 적용되지 않는 기관 또는 활동을 의미한다.

16 다음 내용이 설명하고 있는 것은?

> 은행업 등 금융 산업은 예금이나 채권 등을 통하여 조달된 자금을 재원으로 하여 영업활동을 해서 자기자본비율이 낮은 특징이 있는데 이로 인해 금융 산업의 소유구조는 다른 산업에 비해 취약한 편이며 산업자본의 지배하에 놓일 수 있는 위험이 존재한다. 이러한 이유로 은행법을 통해 산업자본이 보유할 수 있는 은행지분을 4% 한도로 제한하고 있다.

① 금융 EDI
② 금본위제
③ 스왑레이트
④ 금산분리
⑤ 금리선물

🔍**TIP** 산업자본이 은행지분을 일정한도 이상 소유하지 못하도록 하는 것을 금산분리라고 한다.

17 자원의 희소성이 존재하는 한 반드시 발생하게 되어 있으며 경제문제를 발생시키는 근본 요인이 되는 것은?

① 기회비용   ② 매몰비용

③ 한계효용   ④ 기초가격

⑤ 기저 효과

🔍TIP 인간의 욕구에 비해 자원이 부족한 현상을 희소성이라 하는데, 희소한 자원을 가지고 인간의 모든 욕구를 충족시킬 수 없기 때문에 인간은 누구든지 부족한 자원을 어느 곳에 우선으로 활용할 것인가를 결정하는 선택을 해야 한다. 이렇게 다양한 욕구의 대상들 가운데서 하나를 고를 수밖에 없다는 것으로 이때 포기해 버린 선택의 욕구들로부터 예상되는 유·무형의 이익 중 최선의 이익을 기회비용이라고 한다.

18 다음 내용을 가장 잘 설명하고 있는 것은?

> 과거에 한 번 부도를 일으킨 기업이나 국가의 경우 이후 건전성을 회복했다 하더라도 시장의 충분한 신뢰를 얻기 어려워지며, 나아가 신용위기가 발생할 경우 투자자들이 다른 기업이나 국가보다 해당 기업이나 국가를 덜 신뢰하여 투자자금을 더 빨리 회수하고 이로 인해 실제로 해당 기업이나 국가가 위기에 빠질 수 있다.

① 긍정 효과   ② 자동 효과

③ 거래 효과   ④ 분수 효과

⑤ 낙인 효과

🔍TIP 낙인 효과 … 어떤 사람이 실수나 불가피한 상황에 의해 사회적으로 바람직하지 못한 행위를 한 번 저지르고 이로 인해 나쁜 사람으로 낙인찍히면 그 사람에 대한 부정적 인식이 형성되고 이 인식은 쉽게 사라지지 않는다. 이로 인해 추후 어떤 상황이 발생했을 때 해당 사람에 대한 부정적 사회인식 때문에 유독 그 사람에게 상황이 부정적으로 전개되어 실제로 일탈 또는 범죄행위가 저질러지는 현상을 낳기도 하며, 경제 분야에서도 이러한 현상이 발생한다.

💡Answer. 14.⑤   15.③   16.④   17.①   18.⑤

19 경제에 미치는 충격의 확률분포곡선이 종(鐘) 모양이라고 가정한다면 양극단 꼬리부분의 발생 가능성은 매우 낮지만 일단 발생하면 경제 전체에 지대한 영향을 줄 수 있는 위험을 무엇이라고 하는가?

① 긴축위험 ② 꼬리위험
③ 긴급수입제한조치 ④ 기준환율위험
⑤ 기준금리위험

🔍TIP 꼬리위험 … 경제에 미치는 충격의 확률분포곡선이 종(鐘) 모양이라고 가정한다면 양극단 꼬리부분의 발생 가능성은 매우 낮지만 일단 발생하면 경제 전체에 지대한 영향을 줄 수 있는 위험을 의미한다. 주가, 환율 등 시장데이터에서 분포의 꼬리 부분이 두터워지는 경우(fat tail)가 발생할 수 있는데 이를 제대로 인식하지 못하면 꼬리위험을 과소평가하게 된다.

20 2001년 미국 모건스탠리사의 이코노미스트였던 로치(S. Roach)가 미국경제를 진단하면서 처음 사용한 용어로, 경기순환의 모습이 영문자 "W"를 닮았다 해서 "W자형 경기변동" 또는 "W자형 불황"이라고도 하는 이것은?

① 동일인 ② 더블 딥
③ 동행종합지수 ④ 등록발행
⑤ 디레버리징

🔍TIP 더블 딥 … 경기가 두 번(double) 떨어진다(dip)는 뜻으로, 경기침체가 발생한 후 잠시 경기가 회복되다가 다시 경기침체로 접어드는 연속적인 침체 현상을 의미한다. 일반적으로 경기침체는 2분기 연속 마이너스 성장을 보이는 경우를 말하므로 더블 딥은 경기침체가 발생하고 잠시 회복 기미가 관측되다 다시 2분기 연속 마이너스 성장에 빠지는 것으로, 1980년대 초 있었던 미국의 경기침체는 더블 딥의 예로 자주 활용되어지고 있다.

21 다음 중 BRICs 국가의 화폐 단위가 아닌 것은?

① 레알 ② 루피
③ 엔 ④ 랜드
⑤ 루블

🔍TIP BRICs … 2000년대를 전후해 빠른 경제성장을 거듭하고 있는 브라질, 러시아, 인도, 중국, 남아프리카공화국의 신흥경제 5국을 일컫는 경제용어이다. BRICs 국가의 화폐 단위는 브라질 레알(R$), 러시아 루블(рｙб), 인도 루피(Rs.), 중국 위안(¥), 남아프리카공화국 랜드(R)이다.

22 다음 설명에 해당하는 것은?

> 네트워크에 참여하는 모든 사용자가 관리 대상이 되는 모든 데이터를 분산하여 저장하는 데이터 분산 처리기술로, 누구나 열람할 수 있는 장부에 투명하게 기록할 수 있어 '공공거래장부'라고도 한다.

① 비트코인　　　　　　　　　　② 프로시저
③ 블록체인　　　　　　　　　　④ 가상화폐
⑤ 에어드랍

🔍**TIP**　제시된 내용은 블록체인에 대한 설명이다.
　　① 비트코인 : 디지털 단위인 '비트(bit)'와 '동전(coin)'의 합성어로, 온라인 가상화폐의 하나
　　② 프로시저 : 일반적인 어떤 행동을 수행하기 위한 일련의 작업순서
　　④ 가상화폐 : 지폐 또는 동전 등의 실물이 없이 컴퓨터 등에 정보 형태로 남아 온라인에서만 디지털 통화
　　⑤ 에어드랍 : 특정 가상화폐를 보유한 사람에게 투자 비율에 따라 신규 코인 등을 무상으로 지급하는 것

23 다음의 금융 관련 사건을 시간순으로 바르게 나열한 것은?

> ㉠ 한국 IMF 자금 지원
> ㉡ 스페인 긴축 재정정책(유로 위기)
> ㉢ 브렉시트
> ㉣ 리먼 브라더스 파산

① ㉠ - ㉡ - ㉣ - ㉢　　　　　② ㉠ - ㉣ - ㉡ - ㉢
③ ㉣ - ㉠ - ㉢ - ㉡　　　　　④ ㉣ - ㉡ - ㉠ - ㉢
⑤ ㉣ - ㉢ - ㉠ - ㉡

🔍**TIP**　㉠ 1997년
　　㉣ 2008년
　　㉡ 2010 ~ 2011년
　　㉢ 2016년

24 다음 설명에 해당하는 것은?

> 누구나가 잘못되었다는 것을 알고 있으면서도 먼저 그 말을 꺼내서 불러오게 될 위험이 두려워 아무도 먼저 말하지 않는 커다란 문제

① 방 안의 코끼리   ② 샤워실의 바보

③ 회색코뿔소   ④ 검은 백조

⑤ 경제적 폭풍

🔍TIP ② **샤워실의 바보** : 경기과열 또는 경기침체에 대응하는 정부의 시장개입이 섣부를 경우 발생하는 역효과를 경고하는 말이다.
③ **회색코뿔소** : 지속적인 경고로 충분히 예상할 수 있지만 쉽게 간과하는 위험 요인이다.
④ **검은 백조(블랙스완)** : 노저히 일어날 것 같지 않지만 만약 발생할 경우 시장에 엄청난 충격을 몰고 오는 사건이다.
⑤ **경제적 폭풍** : IMF의 라가르드 총재가 국제적인 경제 성장이 예상보다 더 느리다면서, 2019년의 글로벌 경제상태가 위험한 상황에 빠질 수 있음을 알리기 위해 사용한 표현이다.

25 다음 매파에 대한 특징으로 옳은 것을 모두 고르면?

> ㉠ 인플레이션 억제 및 물가 안정 추구
> ㉡ 시중 통화량 증가
> ㉢ 화폐 가치 상승으로 인한 물가 안정
> ㉣ 긴축정책 및 금리인상
> ㉤ 인플레이션 장려 및 경제 성장 추구

① ㉠㉡㉢

② ㉡㉢㉣

③ ㉢㉣㉤

④ ㉠㉢㉣

⑤ ㉡㉣㉤

🔍TIP 매파는 물가 안정을 위해 긴축정책과 금리인상을 주장하는 세력을 의미한다. 경기 과열을 막고, 인플레이션을 억제하자는 입장이다. 인플레이션은 통화량 확대와 꾸준한 물가 상승 그리고 화폐 가치의 하락을 의미하기 때문에 긴축정책을 통해 금리를 올려 시중의 통화량을 줄이고 지출보다 저축의 비중이 높여 화폐의 가치를 올리자는 것이다. ㉡㉤은 비둘기파의 특징으로 경제 성장을 위해 양적완화와 금리인하를 주장하는 세력을 의미한다.

26 다음 현상을 표현한 경제학 용어로 가장 적절한 것은?

> 시중금리가 지나치게 낮은 수준으로 하락하면 가계는 가까운 장래에 이자율이 상승할 것으로 예상해 여유자금을 채권 대신 현금이나 단기 금융상품에 투자한다. 또 기업은 같은 상황에서 경기 하락을 염려해 설비 투자와 채용 계획을 미루게 된다. 이런 국면이 지속되면 중앙은행이 아무리 통화 공급을 늘려도 시중금리는 더 하락하지 않고, 소비와 투자 역시 기대만큼 늘지 않아 경기 부양이 이루어지지 않는다.

① 구축 효과
② 유동성 함정
③ 트릴레마
④ 트리핀 딜레마
⑤ 양적완화

🔍**TIP** 유동성 함정 … 정부가 통화량, 즉 유동성을 늘려도 금리가 매우 낮은 상태에서는 개인이나 기업들이 현금을 보유하려 하고 소비나 투자를 하지 않는 현상을 말한다.

27 미국의 금리 인상이 끼칠 영향으로 가장 옳지 않은 것은?

① 원달러 환율이 오른다.
② 국내 금리가 인상된다.
③ 국내 대출이 증가한다.
④ 국내 투자가 감소한다.
⑤ 외환보유가 줄어든다.

🔍**TIP** 미국의 금리가 인상될 경우, 미국 달러의 가치가 증가하여 원달러 환율이 오르게 된다. 또한 미국 금리가 인상되면서 우리나라에 투자했던 달러들이 다시 미국으로 몰려가 외환보유가 줄게 되는데 이를 유지하기 위해서는 국내 금리가 인상될 가능성이 커진다. 국내 금리가 인상될 경우 예금이 증가하고 대출이 감소하며, 투자도 감소하게 된다.

28 수요에 영향을 주는 요인이 아닌 것은?

① 재화 가격
② 소득 수준 변화
③ 선호도 변화
④ 생산 기술 변화
⑤ 미래 예상 가격

QTIP 특정 상품의 수요에 영향을 주는 요인을 수요 결정 요인이라고 하며 수요를 결정하는 요인은 복합적이나 일반적으로 수요에 영향을 미치는 것을 살펴보면 재화의 가격, 소득 수준, 소비자 선호도 변화, 관련 재화의 가격, 미래 예상 가격 등이 있다.
④ 기술 개발로 생산 기술이 변화되면 생산성이 향상되어 상품의 공급에 영향을 주게 된다.

29 부실기업을 저가로 인수해 인원정리, 부동산매각, 유상증자 등의 구조조정을 통해 자산구조를 개선한 후에 고가로 되팔아 수익을 내는 기업구조조정펀드는?

① 뮤추얼펀드   ② 인덱스펀드
③ 헤지펀드   ④ 벌처펀드
⑤ 멀티클래스펀드

QTIP 벌처펀드 … 부실기업을 저가로 인수해 인원정리, 부동산매각, 유상증자 등의 구조조정을 통해 자산구조를 개선한 후에 고가로 되팔아 수익을 내는 것으로 1980년대 미국 금융 위기 과정에서 출현해 선진국에서는 보편화되었다.

30 주가지수선물, 주가지수옵션, 개별주식옵션, 개별주식선물의 만기일이 겹치는 날로, 주식시장에 매물이 쏟아져 나와 투자 심리가 위축되고 어떤 변화가 일어날지 예측할 수 없어 혼란스럽다는 의미에서 파생된 이 용어는?

① 쿼드러플 위칭데이   ② 트리플 위칭데이
③ 사이드 카   ④ 서킷 브레이커
⑤ 블랙 먼데이

QTIP 쿼드러플 위칭데이 … 주가지수선물, 주가지수옵션, 개별주식옵션의 3가지 파생상품 시장의 만기일이 동시에 겹치는 날인 트리플 위칭데이에 2002년 말부터 거래되기 시작한 개별주식선물이 합세하면서 쿼드러플 위칭데이로 일컫는다.

31 호경기에는 소비재의 수요 증가로 인하여 상품의 가격이 상승하게 되는데, 이때 가격 상승의 폭이 노동자의 임금 상승의 폭보다 커서 노동자의 임금이 상대적으로 저렴해지는 효과가 나타난다. 이와 관련된 효과는?

① 전시효과 　　　　　　　　　　② 리카도 효과
③ 톱니효과 　　　　　　　　　　④ 베블렌 효과
⑤ 피구효과

🔍**TIP** 호경기에는 소비재의 수요 증가로 인하여 상품의 가격이 상승하게 되는데, 이때 가격 상승의 폭이 노동자의 임금 상승의 폭보다 커서 노동자의 임금이 상대적으로 저렴해진다. 이러한 경우 기업은 기계를 대신하여 노동력을 사용하려는 경향이 발생하게 되는데 이를 리카도 효과라고 한다.

32 상당기간 자금이 묶이지 않기 때문에 최근 각광받고 있는 것으로 불안한 투자환경과 시장 변동성 속에서 잠시 자금의 휴식처가 필요하거나 당장 목돈을 사용할 계획이 없는 투자자들에게 유용한 이것은 무엇인가?

① 적금 통장 　　　　　　　　　　② 정기예금 통장
③ 파킹 통장 　　　　　　　　　　④ 마이너스 통장
⑤ 플러스 통장

🔍**TIP** 파킹 통장 … 잠시 주차를 하듯 짧은 시간 여유자금을 보관하는 통장을 의미한다. 일반 자유입출금 통장처럼 수시입출금이 가능하면서 비교적 높은 수준의 금리를 제공하는데, 특히 하루만 맡겨도 금리 수익을 거둘 수 있다는 게 장점으로 꼽힌다.

33 중소기업이 은행에 유동성 지원을 신청할 경우, 은행은 해당 기업의 재무상태 등을 고려해 정상(A) · 일시적 유동성 부족(B) · 워크아웃(C) · 법정관리(D) 등의 등급으로 구분해 등급별로 차별 지원하는 프로그램은?

① 패스트 트랙 　　　　　　　　　② 슬로우 트랙
③ 미들 트랙 　　　　　　　　　　④ 스타트 트랙
⑤ 피니시 트랙

🔍**TIP** 패스트 트랙… 일시적으로 자금난을 겪고 있는 중소기업을 살리기 위한 유동성 지원 프로그램을 의미한다.

34 다음에서 설명하는 용어는 무엇인가?

> 각국은 자국에 상대적으로 풍부한 부존요소를 집약적으로 사용하는 재화생산에 비교우위가 있다. 즉, 노동풍부국은 노동집약재에 비교우위가 있고 자본풍부국은 자본집약재 생산에 비교우위가 있다.

① 헥셔 – 올린 정리
② 요소가격균등화 정리
③ 스톨퍼 – 사무엘슨 정리
④ 립진스키 정리
⑤ 리카도 정리

🔍**TIP** 헥셔 – 올린 정리(Heckscher – Ohlin theorem) … 각국은 자국에 상대적으로 풍부한 부존요소를 집약적으로 사용하는 재화생산에 비교우위가 있다는 것이다. 즉, 노동풍부국은 노동집약재에 비교우위가 있고 자본풍부국은 자본집약재 생산에 비교우위가 있다.

35 특정 상품 A의 생산과 판매를 독점하고 있는 기업의 시장에 대한 설명이 적절하지 않은 것은?

① 제품의 시장가격이 단위당 한계 생산비용보다 높게 책정되어 있어 비효율적인 자원배분이 발생한다.
② 자원배분의 비효율성을 감소시키기 위해 독점기업에게 판매 단위당 일정한 세금을 부과할 필요가 있다.
③ 경쟁시장과 비교하여 비용절감유인이 적어 주어진 산출량을 생산하는데 많은 비용이 드는 비효율성이 발생한다.
④ 기업은 독점이윤을 계속 유지하기 위해 진입장벽을 구축하거나 로비를 하는 등 추가적인 비용을 발생시킬 수 있다.
⑤ 독점기업은 경쟁기업이 존재하지 않으므로 투자유인이 적어 기술의 혁신이 더디게 이루어지는 편이다.

🔍**TIP** 세금을 부과하게 되면 독점기업에서는 부과한 세금만큼을 제품가격에 반영하여 소비자 가격을 인상시킨다. 따라서 자원배분의 비효율성은 해소하지 못하며 소비자 가격의 인상만을 가져올 수 있으므로 적절한 방안이라 할 수 없다.

36 A국의 세계적인 기업이 최근 우리나라에 들어와 공장을 건설하고 생산활동을 통해 많은 이윤을 남기고 있다. 다음 중 이와 관련된 주장으로 가장 적절한 것은?

① 분쟁의 방지를 위해 외국인 투자기업에 대하여 더 높은 법인세율을 적용해야 한다.

② 공장이 우리나라에 있으므로 일자리가 증가하고 이에 따라 GDP도 증가한다.

③ 우리나라의 국부는 감소하지만 A국의 국부는 증가한다.

④ A국 기업이 모기업에 과실 송금한다면 국부유출이 되지만 이를 재투자한다면 우리나라의 국부가 증가한다.

⑤ A국 기업이 국내시장에 생산물을 판매한다면 국부가 유출되는 것이지만 국외로 수출하는 것이라면 우리나라의 국부는 증가하는 것이다.

🔍**TIP** GDP는 한 국가 안에서 창출되는 부가가치의 합을 나타내므로 A국 기업이 우리나라에서 생산활동을 벌임으로써 우리나라의 GDP는 증가한다.
　① 외국인 투자자들에게 높은 세율을 적용하는 것은 외국 기업들의 국내투자를 제한하는 요소로 작용한다. 따라서 대부분의 국가에서는 외국 기업의 유치를 위해 낮은 법인세율을 적용하거나 세금감면 등의 혜택을 주고 있다.
　③ 외국에 투자하여 얻은 이익금을 본국에 송금하는 것을 과실 송금이라 하는데 이를 우리나라에 재투자하는 것이나 그대로 과실 송금하는 것이나 우리나라 경제에 이롭게 작용한다.
　⑤ A국 기업이 생산물을 수출하지 않고 국내에 판매하더라도 국내 생산품이 판매되는 것과 같으므로 국부가 유출된다고 볼 수 없다.

37 저출산 및 고령화에 기인한 것으로 한 가구의 자녀가 1명 또는 2명으로 줄어들고 경제력 있는 조부모가 늘어나면서 귀한 손자, 손녀를 위해 지출을 아끼지 않게 된 것에서 비롯된 용어는?

① 패런트 포켓　　　　　　　　② 차일드 포켓

③ 에이트 포켓　　　　　　　　④ 하우스 포켓

⑤ 인사이드 포켓

🔍**TIP** 에이트 포켓 … 출산율이 낮아지면서 한 명의 아이를 위해 부모, 양가 조부모, 삼촌, 이모 등 8명이 지갑을 연다(아이를 위한 지출을 한다.)는 것을 의미한다.

38 태어날 때부터 인공지능(AI)과 같은 디지털 기술을 놀이로 체험하고 자라나는 세대로, 로봇과 친숙하게 소통하며 명령에 반응하고 감정을 표현할 줄 아는 로봇 장난감, 직접 코딩으로 움직일 수 있는 조립형 블록, 다양한 증강현실을 경험하고, 개인화 서비스에 익숙한 세대는?

① 감마 세대   ② 와이 세대

③ 엑스 세대   ④ 베타 세대

⑤ 알파 세대

    Q TIP   알파 세대 … 2011 ~ 2015년에 태어난 세대로, 이들은 태어날 때부터 인공지능(AI)과 같은 디지털 기술을 놀이로 체험하고 받아들인다. 로봇과 친숙하게 소통하는 것 역시 알파세대의 특징 중 하나다. 그러나 사람과 소통하는 대신 기계와의 일방적 소통에 익숙해 정서나 사회성 발달에 부정적 영향을 미칠 우려가 있다.

39 다음과 같은 조치의 시행에서 발생할 수 있는 통화량에 미치는 효과가 다른 하나는?

① 한국은행의 기준금리 인하

② 기술보증기금과 신용보증기금의 보증한도 감액결정

③ 금융위원회의 은행들의 국제결제은행 자기자본비율 권고치 인상

④ 저축은행 등에서 자금을 빌려 대출을 영위하는 대부업체들의 조달금리 상승

⑤ 신용정보회사(Credit Bureau)들이 3년에서 5년으로 과거 연체기록의 반영 기간을 늘리기로 합의

    Q TIP   ① 시중의 통화량이 증가한다.

                  ②③④⑤ 시중의 통화량이 감소한다.

40 최고가격제와 최저가격제의 비교로 옳지 않은 것은 무엇인가?

① 최고가격제는 시장균형가격보다 아래로 설정한다.

② 최고가격제는 초과수요로 인해 암시장이 형성된다.

③ 최고가격제는 물가 안정 및 소비자를 보호하기 위한 목적이다.

④ 최저가격제는 시장균형가격보다 아래로 설정한다.

⑤ 최저가격제는 생산자 및 노동자를 보호하기 위한 목적이다.

    Q TIP   최고가격제는 정부가 물가를 안정시키고 소비자를 보호하기 위하여 가격 상한을 설정하고 최고가격 이하에서만 거래하도록 통제하는 제도이다. 최저가격제는 공급과잉과 생산자 간의 과도한 경쟁을 대비, 방지하며 보호하기 위하여 가격 하한을 설정하고 최저가격 이하로는 거래를 못하도록 통제하는 제도이다.

1 어떤 컴퓨터의 메모리 용량이 4096워드이고, 워드당 16bit의 데이터를 갖는다면 MAR은 몇 비트인가?

① 12　　　　　　　　　　　　　　　　② 14

③ 16　　　　　　　　　　　　　　　　④ 18

⑤ 20

> **TIP** 메모리를 구할 경우 bit 전체의 넓이를 구하는 것과 같으므로 세로의 길이가 4096워드로 2의 12제곱의 값을 가진다. 그러므로 MAR의 비트수는 12bit이다.
> MAR이 12bit라는 것은 각 비트당 0 또는 1의 2가지 선택이 있고 모든 경우의 수가 2의 12제곱만큼 된다는 것이다. 2의 12제곱이 4096이다.

2 4차 산업시대의 원유로 불리며 5V(Volume, Variety, Velocity, Value, Veracity)의 특징을 가지고 있는 것은 무엇인가?

① 인공지능　　　　　　　　　　　　　② 사물 인터넷

③ 빅 데이터　　　　　　　　　　　　　④ 빅 브라더

⑤ 클라우드

> **TIP** 빅 데이터가 다양한 가치를 만들어내기 시작하면서 사람들은 빅 데이터를 '원유'에 비유하기 시작했다. 기름이 없으면 기기가 돌아가지 않듯, 빅 데이터 없이 정보시대를 보낼 수 없다는 의미에서다. 미국의 시장조사기관 가트너는 "데이터는 미래 경쟁력을 좌우하는 21세기 원유"라며 "기업들은 다가오는 데이터 경제시대를 이해하고 이에 대비해야 한다."라고 강조했다. 21세기 기업에게 가장 중요한 자산은 '데이터'이며 이를 관리하고 여기서 가치를 이끌어내지 못하면 경쟁에서 살아남을 수 없다는 뜻이다. 빅 데이터는 '빅(Big)+데이터(Data)'식의 단순 합성어가 아니다. 빅 데이터를 '어마어마하게 많은 데이터'라는 식으로 받아들이면 본질적인 의미와 가치를 놓치게 된다. 기존의 기업 환경에서 사용되는 '정형화된 데이터'는 물론 메타정보와 센서 데이터, 공정 제어 데이터 등 미처 활용하지 못하고 있는 '반정형화된 데이터', 여기에 사진, 이미지처럼 지금까지 기업에서 활용하기 어려웠던 멀티미디어 데이터인 '비정형 데이터'를 모두 포함한다.

3 프로그래밍에 집중한 유연한 개발 방식으로 상호작용, 소프트웨어, 협력, 변화 대응에 가치를 두는 것은?

① 스크럼   ② 애자일

③ 백로그   ④ 린스타트업

⑤ 위키

애자일 ··· 문서작업 및 설계에 집중하던 개발 방식에서 벗어나 좀 더 프로그래밍에 집중하는 개발 방법론이다. 애자일(Agile)이란 단어는 '날렵한', '민첩한'이란 뜻을 가진 형용사이다. 애자일 개발 방식도 그 본래 의미를 따른다. 정해진 계획만 따르기보다, 개발 주기 혹은 소프트웨어 개발 환경에 따라 유연하게 대처하는 방식을 의미한다.

4 데이터에 의미를 부여하여 문제를 분석하고 해결해 나가는 신종 직업은?

① 빅 데이터 큐레이터   ② 인포그래픽 전문가

③ 데이터 마이닝 전문가   ④ 디지털 광고 게시판 기획자

⑤ 데이터 사이언티스트

데이터 사이언티스트 ··· 데이터의 다각적 분석을 통해 조직의 전략 방향을 제시하는 기획자이자 전략가. 한 마디로 '데이터를 잘 다루는 사람'을 말한다. 데이터 사이언티스트는 데이터 엔지니어링과 수학, 통계학, 고급 컴퓨팅 등 다방면에 걸쳐 복합적이고 고도화된 지식과 능력을 갖춰야 한다. 빅 데이터 활용이 늘어나며 이제 '빅'보다 '데이터'에 집중해야 한다는 주장이 설득력을 얻고 있다. 더는 데이터 규모에 매달리지 말고 데이터 자체의 가치와 활용을 생각하자는 것이다. 양보다 질에 초점이 맞춰지면서 데이터 정제 · 분석 기술과 이를 다루는 사람의 역할이 더욱 강조되고 있다. 특히 데이터에서 새로운 가치를 만들어내는 것은 결국 '사람'이라는 인식이 확대되면서 데이터 사이언티스트에 대한 관심이 높아지고 있다.

5 사용자들의 장치와 가까운 데이터의 말단부에서 컴퓨팅을 하는 기술로 클라우드의 단점을 보완하는 것은?

① 엣지 컴퓨팅   ② 안시 루멘

③ 클라우드 컴퓨팅   ④ 디지털 트윈

⑤ 포그 컴퓨팅

엣지 컴퓨팅 ··· 중앙 집중 서버가 모든 데이터를 처리하는 클라우드 컴퓨팅과 다르게 분산된 소형 서버를 통해 실시간으로 처리하는 기술을 일컫는다. 사물인터넷 기기의 확산으로 데이터량이 폭증하면서 이를 처리하기 위해 개발되었다. 엣지 컴퓨팅은 기존 클라우드 컴퓨팅과는 다른 컴퓨팅 접근 방법으로, 서로를 대체하는 것이 아닌 각각의 문제점을 보완하는 공생 관계에 가깝다.

6 사용자 생활환경 안에서 자연스럽게 요구 사항을 인지하여 필요한 서비스를 제공하며 인터페이스를 최소화하는 것은?

① NUI   ② NUX
③ GUI   ④ SMI
⑤ 제로 UI

✎TIP 제로 UI … 기존의 그래픽 유저 인터페이스(GUI)로 인식되던 개념에서 벗어난 것으로, 햅틱 피드백, 상황 인식, 제스처, 음성 인식 등 자연스러운 상호작용을 사용하는 새로운 디바이스 사용방식을 말한다.

7 다음에서 설명하는 것은 무엇인가?

> • 인터넷상의 서버를 통하여 데이터 저장, 네트워크, 콘텐츠 사용 등 IT 관련 서비스를 한번에 사용할 수 있는 컴퓨팅 환경이다.
> • 정보가 인터넷 상의 서버에 영구적으로 저장되고, 데스크톱 · 테블릿컴퓨터 · 노트북 · 넷북 · 스마트폰 등의 IT 기기 등과 같은 클라이언트에는 일시적으로 보관되는 컴퓨터 환경을 의미한다. 즉 이용자의 모든 정보를 인터넷 상의 서버에 저장하고, 이 정보를 각종 IT 기기를 통하여 언제 어디서든 이용할 수 있다는 개념이다.
> • 구름(cloud)과 같이 무형의 형태로 존재하는 하드웨어 · 소프트웨어 등의 컴퓨팅 자원을 자신이 필요한 만큼 빌려 쓰고 이에 대한 사용요금을 지급하는 방식의 컴퓨팅 서비스로, 서로 다른 물리적인 위치에 존재하는 컴퓨팅 자원을 가상화 기술로 통합해 제공하는 기술을 말한다.

① 모빌 컴퓨팅   ② 클라우드 컴퓨팅
③ 인지 컴퓨팅   ④ 그린 컴퓨팅
⑤ 펜 컴퓨팅

✎TIP 클라우드 컴퓨팅 … 인터넷 상의 서버를 통하여 데이터 저장, 네트워크, 콘텐츠 사용 등 IT 관련 서비스를 한번에 사용할 수 있는 컴퓨팅 환경이다. 클라우드 컴퓨팅을 도입하면 기업 또는 개인은 컴퓨터 시스템을 유지 · 보수 · 관리하기 위하여 들어가는 비용과 서버의 구매 및 설치 비용, 업데이트 비용, 소프트웨어 구매 비용 등 엄청난 비용과 시간 · 인력을 줄일 수 있고, 에너지 절감에도 기여할 수 있다.

8 다가올 통신환경의 주역으로 LTE의 속도가 일반 지하철이라고 하면, 이것의 속도는 KTX라고 할 수 있다. 평창 올림픽에서 시범 서비스를 보이기도 한 이것은 무엇인가?

① 2G

② 3G

③ 4G

④ 5G

⑤ 6G

> 🔍**TIP** 5G … 최대 속도가 20Gbps에 달하는 이동통신 기술로, LTE에 비해 최대속도가 빠르고 처리용량도 많다. 강점인 초저지연성과 초연결성을 통해 가상현실, 자율주행, 사물인터넷 기술 등을 구현할 수 있다.

9 분산처리시스템에 대한 설명으로 옳지 않은 것은?

① 여러 개의 분산된 데이터의 저장장소와 처리기들을 네트워크로 연결하여 서로 통신을 하면서 동시에 일을 처리하는 방식이다.

② 여러 개의 데이터 저장장소와 처리기들을 가지면 여러 처리기들이 동시에 여러 작업을 수행함으로써 성능이 향상될 수 있다.

③ 데이터 또한 복사본을 여러 곳에 여분으로 유지함으로써 신뢰도를 올릴 수 있다.

④ 네트워크에 새로운 처리기 등을 첨가함으로서 쉽게 시스템의 확장을 꾀할 수 있다.

⑤ 데이터 저장장소와 처리기들을 물리적으로 연결하여야 한다.

> 🔍**TIP** 분산처리시스템의 장점을 실제로 달성하려면 데이터 저장장소와 처리기들을 물리적으로 연결해서는 안 되고, 그 위에 논리적인 설계가 추가적으로 필요하다.

10 코로나로 화상회의와 온라인수업의 사용빈도가 높아졌다. 기업의 줌 화상회의나 학교의 온라인 수업에 몰래 들어가 음란물을 보내거나 방해하는 행위를 나타내는 말은?

① 멀티캐스트(Multicast)

② 핀치 투 줌(Pinch To Zoom)

③ 줌폭탄(Zoom Bombing)

④ 텔레프레전스(Telepresence)

⑤ 웨비나(Webinar)

🔍TIP
① 멀티캐스트(Multicast) : 네트워크상에서 동일한 데이터를 여러명에게 동시에 전송하는 방식이다. 멀티캐스팅을 지원하는 가상 네트워크로는 엠본(MBone)이 있다.
② 핀치 투 줌(Pinch to Zoom) : 스티브잡스가 적용한 기술 특허로 터치스크린의 화면을 자유롭게 움직이면서 확대 및 축소가 가능한 기술이다.
④ 텔레프레전스(Telepresence) : 같은 공간에 있는 것과 같이 느껴지는 가상 화상회의시스템이다.
⑤ 웨비나(Webinar) : 웹과 세미나의 합성어로 온라인상에서 쌍방향 소통이 가능하도록 도와주는 웹을 기반으로 하는 툴이다.

11 다음은 ADD 명령어의 마이크로 오퍼레이션이다. t2 시간에 가장 알맞은 동작은? [단, MAR : Memory Address Register, MBR : Memory Buffer Register, M(addr) : Memory, AC : 누산기]

$t0 : MAR \leftarrow MBR(addr)$

$t1 : MBR \leftarrow M(MAR)$

$t2 : ($ $)$

---

① $AC \leftarrow MBR$

② $MBR \leftarrow AC$

③ $M(MBR) \leftarrow MBR$

④ $AC \leftarrow AC + MBR$

⑤ $AC + MBR \leftarrow MBR$

🔍TIP
AC(누산기)와 메모리의 내용을 더하여 결과를 AC에 저장하는 연산명령을 ADD라고 한다.
※ ADD의 동작순서
   ㉠ $MAR \leftarrow MBR(AD)$
   ㉡ $MBR \leftarrow M(MAR)$
   ㉢ $AC \leftarrow AC + MBR$

12 양수 A와 B가 있다. 2의 보수 표현 방식을 사용하여 A−B를 수행하였을 때 최상위비트에서 캐리 (carry)가 발생하였다. 이 결과로부터 A와 B에 대한 설명으로 가장 옳은 것은?

① 캐리가 발생한 것으로 보아 A는 B보다 작은 수이다.
② B−A를 수행하면 최상위비트에서 캐리가 발생하지 않는다.
③ A+B를 수행하면 최상위비트에서 캐리가 발생하지 않는다.
④ A−B의 결과에 캐리를 제거하고 1을 더해주면 올바른 결과를 얻을 수 있다.
⑤ B−A의 결과에 캐리를 제거하고 1을 더해주면 올바른 결과를 얻을 수 있다.

🔍 **TIP** 양수 A와 B에 대해 2의 보수 표현방식을 사용하여 A−B를 수행하였을 때 최상위비트에서 캐리가 발생하였다면 B−A는 최상위비트에서 캐리가 발생하지 않는다.
A=6, B=5로 놓고 예를 들어보면
A=6=110, B=5=101, B의 1의 보수는 010
A+B=1011(캐리 발생)
A−B=1000, 여기에 캐리를 제거하고 1의 보수를 더하면 올바른 결과가 나온다.

13 인터럽트 발생 시 동작 순서로 옳은 것은?

㉠ 현재 수행중인 프로그램의 상태를 저장한다.
㉡ 인터럽트 요청 신호 발생
㉢ 보존한 프로그램 상태로 복귀
㉣ 인터럽트 취급 루틴을 수행
㉤ 어느 장치가 인터럽트를 요청했는지 찾는다.

① ㉠ − ㉡ − ㉤ − ㉣ − ㉢
② ㉡ − ㉤ − ㉠ − ㉣ − ㉢
③ ㉡ − ㉠ − ㉣ − ㉤ − ㉢
④ ㉡ − ㉣ − ㉠ − ㉤ − ㉢
⑤ ㉡ − ㉠ − ㉤ − ㉣ − ㉢

🔍 **TIP** 인터럽트 수행 순서
㉠ 인터럽트 요청 신호가 발생
㉡ 현재 수행 중인 명령 완료 및 상태를 기억
㉢ 어느 장치가 인터럽트를 요청했는지 찾는다.
㉣ 인터럽트 취급 루틴 수행
㉤ 보존한 프로그램 상태로 복귀

14 반가산기에서 입력을 X, Y라 할 때 출력 부분의 캐리(carry) 값으로 옳은 것은?

① XY
② X
③ Y
④ X+Y
⑤ X-Y

🔍TIP 반가산기의 논리회로

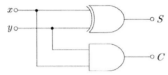

carry는 AND(논리곱)의 연산 결과이다.

15 프로그램 카운터가 명령어의 주소 부분과 더해져서 유효 번지를 결정하는 주소 지정 방식은?

① 레지스터 주소 지정 방식
② 상대 주소 지정 방식
③ 즉시 주소 지정 방식
④ 인덱스 주소 지정 방식
⑤ 묵시적 주소 지정 방식

🔍TIP ① 명령어의 오퍼랜드가 가리키는 레지스터에 저장되어 있는 데이터를 연산에 사용하는 방식
③ 명령어 내에 포함되어 있는 데이터를 연산에 직접 사용하는 방식
④ 명령어의 주소필드의 값과 인덱스 레지스터의 값을 더해 유효 주소를 구하는 방식
⑤ 명령어를 실행하는데 필요한 데이터의 위치가 지정되어 있지 않고 명령어의 정의에 의해 정해져 있는 방식

16 다음 중 인터프리터(Interpreter)를 사용하는 언어에 해당하는 것은?

① BASIC
② FORTRAN
③ PASCAL
④ COBOL
⑤ Machine Code

🔍TIP 인터프리터(Interpreter) … 원시 프로그램을 한 줄 단위로 번역을 즉시 실행시키는 프로그램을 말한다. 목적 프로그램을 생산하지 않으며 인터프리터를 사용하는 언어로는 BASIC, LISP, APL 등이 있다.

17 인터럽트의 요청이 있을 경우 처리하는 내용 중 가장 관계가 없는 것은?

① 중앙처리장치는 인터럽트를 요구한 장치를 확인하기 위하여 입출력장치를 폴링한다.

② PSW(Program Status Word)에 현재의 상태를 보관한다.

③ 인터럽트 서비스 프로그램은 실행하는 중간에는 다른 인터럽트를 처리할 수 없다.

④ 인터럽트를 요구한 장치를 위한 인터럽트 서비스 프로그램을 실행한다.

⑤ 인터럽트가 수행되면 인터럽트가 걸리기 전의 명령어들을 수행하고 있던 루틴이 종료된다.

🔍**TIP** 인터럽트 서비스 프로그램은 실행 중이더라도 우선순위가 더 높은 다른 인터럽트를 처리할 수 있다.

18 프로그램 상태 워드(Program Status Word)에 대한 설명으로 가장 옳은 것은?

① 시스템의 동작은 CPU 안에 있는 Program Counter에 의해 제어된다.

② interrupt 레지스터는 PSW의 일종이다.

③ CPU의 상태를 나타내는 정보를 가지고 독립된 레지스터로 구성된다.

④ PSW는 8bit의 크기이다.

⑤ PSW는 Program Counter, Flag 및 주요한 레지스터의 내용과 그 밖의 프로그램 실행상태를 나타내는 출력정보를 의미한다.

🔍**TIP** 프로그램 상태 워드(Program Status Word)

ㄱ 프로그램 카운터, 플래그 및 주요한 레지스터의 내용과 그 밖의 프로그램 실행 상태를 나타내는 제어 정보를 묶은 것이다.

ㄴ PSW는 Program Counter에 의해 제어되지 않는다.

ㄷ 인터럽트가 발생했을 때 CPU는 인터럽트 발생 유무를 확인하고 발생했으면 인터럽트 사이클로 들어가게 되는데 이 사이클 동안 Program Counter와 Program Status Word가 스택에 저장되고, 분기해야 할 주소를 새롭게 결정하게 된다.

ㄹ CPU의 현재 상태, 인터럽트 발생 상태, 수행 중인 프로그램의 현재 상태 등을 나타내며, 레지스터로 독립적으로 구성되어 있다.

ㅁ PSW의 크기는 32 ~ 64bit이다.

19 DMA에 대한 설명으로 가장 옳은 것은?

① 인코더와 같은 기능을 수행한다.

② inDirect Memory Acknowledge의 약자이다.

③ CPU와 메모리 사이의 속도 차이를 해결하기 위한 장치이다.

④ 메모리와 입출력 디바이스 사이에 데이터의 주고받음이 직접 행해지는 기법이다.

⑤ 주변기기와 CPU 사이에서 데이터를 주고받는 방식으로 데이터가 많아지면 효율성이 저하된다.

TIP DMA(Direct Memory Access) … 입출력장치가 다이렉트로 직접 주기억장치에 접근하여 데이터블록을 입출력하는 방식으로 입출력을 전송한다. 장치들의 데이터가 CPU를 경유하지 않고 수행된다.

20 가상메모리 시스템에서 20bit의 논리 주소가 4bit의 세그먼트 번호, 8bit의 페이지 번호, 8bit의 워드 필드로 구성될 경우 한 세그먼트의 최대 크기로 적당한 것은?

① 256word

② 4kilo word

③ 16kilo word

④ 32kilo word

⑤ 64kilo word

TIP 세그먼트 최대 크기 $=2^{페이지\ 번호\ 비트+워드\ 필드\ 비트}$

$2^{16}=2^6\times2^{10}=2^6\times\mathrm{kilo}=64\mathrm{kilo\ word}$

21 3단계 스키마 중 다음 설명에 해당하는 것은?

> 물리적 저장 장치의 입장에서 본 데이터베이스 구조로서 실제로 데이터베이스에 저장될 레코드의 형식을 정의하고 저장 데이터 항목의 표현 방법, 내부 레코드의 물리적 순서 등을 나타낸다.

① Internal schema

② Conceptual schema

③ External schema

④ Tree schema

⑤ Query schema

TIP Internal schema … ANSI X 3/SPARC의 3층 스키마의 최하위에 위치된 스키마로, 데이터 베이스의 물리적 표현을 기술하는 것

22 릴레이션의 특성에 대한 설명으로 옳지 않은 것은?

① 한 릴레이션에 포함된 튜플들은 모두 상이하다.

② 한 릴레이션에 포함된 튜플 사이에는 순서가 없다.

③ 한 릴레이션을 구성하는 애트리뷰트 사이에는 일정한 순서가 있다.

④ 모든 튜플은 서로 다른 값을 갖는다.

⑤ 모든 애트리뷰트 값은 원자값이다.

23 인덱스 순차 파일의 인덱스 영역 중 다음 설명에 해당하는 것은?

> 인덱스 영역의 첫 번째 테이블로서 실린더 인덱스 정보가 많을 때 그것을 효율적으로 탐색하기 위하여 만든 인덱스 순차 파일에서의 최상위 인덱스로서 일정한 크기의 블록으로 블록화하여 처리하고자 하는 데이터 레코드가 어느 실린더 인덱스 영역에 기록되어 있는지를 나타낸다.

① 기본 인덱스 영역

② 트랙 인덱스 영역

③ 실린더 인덱스 영역

④ 마스터 인덱스 영역

⑤ 프라임 인덱스 영역

24 다음 중 데이터베이스의 특성으로 옳지 않은 것은?

① 실시간 접근성   ② 동시 공용

③ 계속적인 변화   ④ 내용에 의한 참조

⑤ 주소에 의한 참조

🔍TIP 데이터베이스의 특성
  ㉠ 데이터베이스는 실시간 접근이 가능하다.
  ㉡ 데이터베이스는 계속 변화한다.
  ㉢ 데이터베이스는 동시 공유가 가능하다.
  ㉣ 데이터베이스는 내용으로 참조가 가능하다.

25 다음 논리 회로에 대한 설명으로 옳은 것만을 모두 고른 것은?

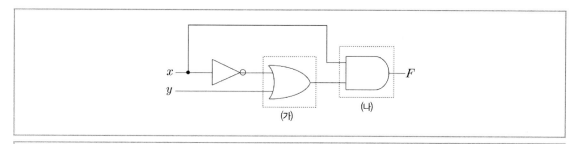

㉠ 논리 회로를 간소화하면 $F = xy$이다.
㉡ ㈎와 ㈏를 서로 바꾸면 $F = x + y$이다.
㉢ 피드백 회로가 있어 메모리 기능을 수행한다.

① ㉠   ② ㉠㉡

③ ㉠㉢   ④ ㉡㉢

⑤ ㉠㉡㉢

🔍TIP 피드백 회로가 없는 조합 논리 회로로 메모리 기능이 없으며,
  $F = x(x' + y) = xx' + xy = xy$가 된다.
  ㈎, ㈏의 논리게이트를 바꾸면
  $F = x + x'y = (x + x')(x + y) = x + y$가 된다.

26 다음 순서도의 최종 출력 값으로 옳은 것은?

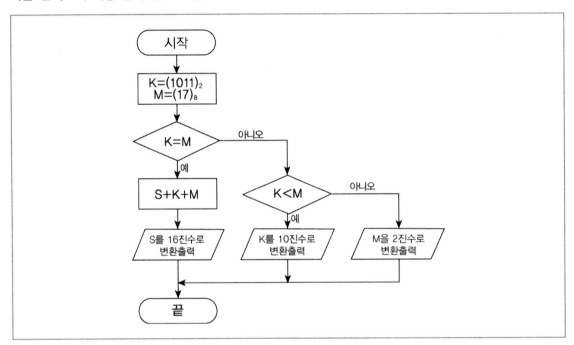

① $S = (1A)_{16}$

② $S = (26)_{16}$

③ $K = (11)_{10}$

④ $K = (13)_{10}$

⑤ $M = (1111)_2$

🔍TIP $M = (17)_8 = (1111)_2$로 $K = (1011)_2$ 보다 크다.
따라서, K를 십진수로 변환하면 $(11)_{10}$이 된다.

27 멀티프로그래밍과 멀티프로세싱에 대한 설명으로 옳지 않은 것은?

① 멀티프로그래밍 시스템은 하나의 프로세서에 하나 이상의 프로그램을 동시에 수행시킨다.

② 멀티프로그래밍 시스템은 여러 개의 프로그램을 메인 메모리에 저장해 놓고 프로세서를 여러 개의 프로그램들 사이로 빠르게 스위치하여 프로그램을 동작시킨다.

③ 멀티프로세싱 시스템은 둘 이상의 프로세서를 가진 컴퓨터 시스템이다.

④ 멀티프로그래밍은 프로세서와 I/O 자원 이용률을 증진하기 위해 개발되었다.

⑤ 멀티프로세싱은 CPU 연산과 입출력 연산을 동시에 할 수 있다.

🔍**TIP** 멀티프로그래밍은 CPU 연산과 입출력 연산을 동시에 할 수 있다. 연산을 병행하여 수행하므로 사용자가 느끼기에 연속적으로 처리하는 것처럼 보인다. 멀티프로세싱은 여러 개의 프로세스가 협력하여 하나 혹은 여러 프로그램을 동시에 수행한다.

28 사용자 모드, 커널 모드와 특권 명령어를 최소 권한 원칙을 가지고 설명한 것으로 옳지 않은 것은?

① 운영체제를 사용하는 모든 사용자가 운영체제의 모든 권한을 갖게 된다면 고의적이거나 악의적인 명령어에 의해 시스템에 문제가 발생할 수 있는데 이를 방지하기 위해 사용자 모드와 커널 모드를 만들었다.

② 사용자 모드에서는 메모리 접근과 기타 주요한 데이터로의 접근을 금지하는데 이를 최소 권한의 원칙이라 한다.

③ 커널 모드에서는 제한된 명령어를 사용하여야 하며 메모리 접근이 불가능하다.

④ 특권 명령어는 커널 모드에서만 접근할 수 있는 명령어를 의미한다.

⑤ 최소 권한의 원칙은 시스템 공격이나 사고에 의한 시스템의 위험을 감소시킨다.

🔍**TIP** 커널 모드에서는 모든 명령어 사용과 메모리 접근이 가능하다.

29 퀀텀의 크기를 정하는 일은 효율적인 운영체제를 만드는 데 매우 중요하다. 퀀텀이 매우 긴 시간을 사용할 경우에도 문제이고 또한 매우 짧은 시간을 사용하는 경우에도 문제이다. 이러한 두 경우에 왜 문제가 생기는 지 그 이유를 바르게 설명한 것은?

① 퀀텀이 매우 길 경우 여러 프로세스들에게 빠른 응답을 할 수 있게 된다.

② 퀀텀이 매우 짧다면 운영체제가 매우 많은 수의 문맥 교환을 하기 때문에 실제로 프로그램 실행은 매우 빠르게 된다.

③ 한 퀀텀의 사용 시간을 비교하면 문맥 교환의 시간이 실제 프로그램 수행 시간보다 짧기 때문에 효율적인 프로그램 수행이 가능하다.

④ 한 퀀텀의 사용 시간을 비교하면 문맥 교환의 시간이 실제 프로그램 수행 시간보다 길 수 있기 때문에 효율적이지 못하나 프로그램 수행 완료까지는 빠르다.

⑤ 퀀텀이 매우 길 경우 한 프로그램이 퀀텀 동안 시스템을 독점하여 다른 프로세스들에게 빠른 응답을 하지 못하게 된다.

🔍 **TIP** 퀀텀이 매우 길다면 한 프로그램이 퀀텀 동안 시스템을 독점하여 다른 프로세스들에게 빠른 응답을 하지 못하게 된다. 또한 퀀텀이 매우 짧다면 운영체제가 매우 많은 수의 문맥 교환을 하기 때문에 실제로 프로그램 실행은 매우 더디게 된다. 즉, 한 퀀텀의 사용 시간을 비교하면 문맥 교환의 시간이 실제 프로그램 수행 시간보다 길 수 있기 때문에 효율적이지 못하고 프로그램 수행 완료까지 오래 걸린다.

30 사용자 수준 스레드와 커널 수준 스레드와 그들의 조합 방법에 대한 설명으로 옳지 않은 것은?

① 사용자 수준 스레드는 사용자 영역에서 스레드 연산을 수행한다.

② 사용자 수준 스레드는 특권 명령을 실행할 수 없거나 커널 프리미티브에 직접 접근할 수 없는 런타임 라이브러리가 스레드를 생성한다.

③ 커널 수준 스레드는 각 스레드마다 고유한 실행 문맥을 맵핑하는 방법으로 사용자 수준 스레드의 한계를 해결한 것이다.

④ 사용자 수준 스레드와 커널 수준 스레드의 조합을 수행하면 다대다 스레드 맵핑이 되며 많은 사용자 수준 스레드를 한 그룹의 커널 스레드에 맵핑하므로 오버헤드 문제를 해결한다.

⑤ 커널 수준 스레드는 다대일 스레드 맵핑이라고도 하며, 멀티 스레드 프로세스 하나에 있는 모든 스레드에 실행 문맥 하나를 맵핑한다.

🔍 **TIP** 커널 수준 스레드는 일대일 스레드 맵핑이라고도 하며 상호작용성이 증가하는 장점이 있다. 사용자 수준 스레드는 다대일 스레드 맵핑이라고도 하며 멀티 스레드 프로세스 하나에 있는 모든 스레드에 실행 문맥 하나를 맵핑한다.

31 micro – kernel OS에 대한 설명으로 알맞은 것을 모두 고른 것은?

> ㉠ speedy kernel execution
> ㉡ adding a new service does not require modifying the kernel
> ㉢ easy to port to new hardware
> ㉣ less message communication
> ㉤ Unix was a micro – kernel structured system

① ㉠㉡   ② ㉠㉢
③ ㉡㉢   ④ ㉡㉣
⑤ ㉣㉤

🔍**TIP** ㉠ 빠른 커널 실행 → 커널과 사용자 공간의 대화로 빠르지는 않다.
  ㉡ 새로운 서비스를 추가하는 것은 커널의 수정을 필요로 하지 않는다.
  ㉢ 쉽게 새 하드웨어 포트 추가
  ㉣ 적은 메시지 통신 → 프로그램이 파일에 접근하기 위해서는 커널와 통신을 해야 하므로 자주 메시지를 교환한다.
  ㉤ 유닉스는 마이크로 커널 구조 시스템을 사용 → 제한적 구조 시스템을 사용한다.

32 운영체제의 성능 판단 요소로 거리가 먼 것은?

① 처리능력   ② 신뢰도
③ 사용가능도   ④ 비용
⑤ 반환시간

🔍**TIP** 운영체제 성능 평가 요소
  ㉠ 처리능력
  ㉡ 사용가능도
  ㉢ 신뢰도
  ㉣ 반환시간

33 소프트웨어 수명 주기 모형 중 폭포수 모형(Waterfall Model)의 개발 단계로 옳은 것은?

① 계획 → 분석 → 설계 → 시험 → 구현 → 유지보수

② 계획 → 분석 → 설계 → 구현 → 시험 → 유지보수

③ 계획 → 설계 → 분석 → 구현 → 시험 → 유지보수

④ 계획 → 분석 → 설계 → 구현 → 시험 → 설치

⑤ 계획 → 설계 → 분석 → 구현 → 시험 → 설치

> **폭포수 모형(Waterfall Model)**
> ㉠ 요구사항 분석 → 설계 → 구현 → 시험 → 유지보수 과정을 순차적으로 접근하는 방법으로 가장 오래되고 널리 사용되었던 고전적 라이프사이클이다.
> ㉡ 폭포에서 내려오는 물이 아래로만 떨어지듯이 각 단계가 순차적으로 진행되는 즉 병행되어 진행되거나 거슬러 반복 진행되는 경우가 없다.
> ㉢ 설계와 코딩 및 테스팅을 지연시킬 우려가 크다.
> ㉣ 사용자의 요구에 대하여 정확한 의견을 듣기 어렵고, 시스템을 한 번의 계획과 실행으로 완성시키기 때문에 재사용을 위해 결과들을 정비하고 개선시키는 기회가 없다.

34 한 모듈 내의 각 구성요소들이 공통의 목적을 달성하기 위하여 서로 얼마나 관련이 있는지의 기능적 연관의 정도를 나타내는 것은?

① cohesion

② coupling

③ structure

④ unity

⑤ utility

> cohesion은 응집도를 나타내는 말로 모듈의 내부 요소들이 서로 연관되어 있는 정도를 의미한다. coupling은 결합도로 모듈 간의 상호 의존하는 정도를 의미한다.

35 시스템의 구성요소 중 입력된 데이터를 처리방법과 조건에 따라 처리하는 것을 의미하는 것은?

① process
② control
③ output
④ feedback
⑤ input

🔍TIP 시스템의 구성요소
ㄱ 입력(input)
ㄴ 처리(process)
ㄷ 제어(control)
ㄹ 출력(output)
ㅁ 환원(feedback)

36 인터넷 프로토콜로 사용되는 TCP/IP의 계층화 모델 중 Transport 계층에서 사용되는 프로토콜은?

① FTP
② IP
③ ICMP
④ UDP
⑤ SMTP

🔍TIP 프로토콜의 종류
ㄱ 응용 계층 : telnet, FTP, SMTP, SNMP
ㄴ 전송 계층 : TCP, UDP
ㄷ 인터넷 계층 : IP, ICMP, IGMP, ARP, PARP
ㄹ 네트워크 엑세스 계층 : 이더넷, IEEE, HDLC, X.25 등

37 네트워크의 구성 유형에서 중앙에 컴퓨터가 있고 이를 중심으로 단말기를 연결시킨 중앙 집중식 네트워크 구성 유형은?

① 스타(Star)형
② 트리(Tree)형
③ 버스(Bus)형
④ 링(Ring)형
⑤ 그물(Mesh)형

🔍TIP 스타(Star)형 네트워크 … 모든 노드가 중앙으로 연결되어 있는 형태로 한 워크스테이션이 동작을 멈추더라도 전체 시스템에는 영향을 주지 않으며, 확장성도 뛰어나다는 장점이 있다.

38 플립플롭(Flip-Flop)의 설명으로 옳지 않은 것은?

① 플립플롭(Flip-Flop)은 이진수 한 비트 기억소자이다.
② 레지스터 상호 간 공통선들의 집합을 버스(Bus)라 한다.
③ 병렬전송에서 버스(Bus) 내의 선의 개수는 레지스터를 구성하는 플립플롭의 개수와 일치하지 않는다.
④ M비트 레지스터는 M개의 플립플롭으로 구성된다.
⑤ 입력이 변하지 않는 한, 현재 기억하고 있는 값을 유지한다.

🔍TIP 병렬전송은 버스 내의 선의 개수가 레지스터를 구성하는 플립플롭의 개수와 일치한다. 플립플롭에는 RS, JK, D, T 플립플롭이 있다.

39 전이중 통신에 대한 설명으로 옳은 것은?

① 한 방향으로만 전송이 가능한 방식이다.
② 데이터의 동시 전송이 불가능하다.
③ 시간을 분할하여 송신만 또는 수신만 할 수 있다.
④ 라디오나 텔레비전 방송에 많이 사용된다.
⑤ 전송량이 많고 통신 회선 용량이 클 때 사용한다.

🔍TIP 전이중 통신 … 전화 회선처럼 송신자와 수신자가 동시에 양방향 통신을 할 수 있다. 서로 다른 회선이나 주파수를 이용하여 데이터 신호가 충돌되는 것을 방지한다. 이더넷의 오리지널 규격인 CSMA/CD에서는 송신과 수신이 동시에 불가능하다. 스위칭 허브를 사용하면 CSMA/CD의 절차를 따르지 않아도 되므로 NIC/허브 간, 허브/허브 간의 동시 송수신이 가능해진다. 전송량이 많고 통신 회선의 용량이 클 때 사용한다.

40 데이터 전송에서의 검사 방식의 하나이며, 블록(block) 혹은 프레임(frame)마다 나눗셈을 기반으로 한 결과를 부여하여 추가적으로 전송하고, 그것에 따라서 전송 내용이 정확했는지의 여부를 조사하는 방법은?

① 블록 검사
② 해밍코드
③ 순환 중복 검사
④ 패리티 검사 비트
⑤ 오류 검출 코드

TIP 순환 중복 검사 … 데이터 전송에서의 검사 방식의 하나이며, 블록(block) 혹은 프레임(frame)마다에 여유 부호를 붙여 전송하고, 그것에 따라서 전송 내용이 정확했는지의 여부를 조사하는 방법으로, 순환 중복 검사(CRC) 방식은 시간적으로 나뉘어져 발생하는 연속적인 오류(버스트 오류)에 대해서 효과가 있다.

① 데이터 전송에서 오차 제어 절차의 일부. 전송해야 할 데이터를 적당한 크기의 블록으로 구분짓고, 그 블록마다 오차를 조사하는 것으로, 실제로는 한 블록 모두를 전송하며, 그 후에 오차를 조사하여 오차가 있으면 그 블록을 재전송하고, 오차가 없으면 다음 블록을 전송한다. 각 블록 뒤에 검사용 문자가 부가되는데, 이 문자를 블록 검사 문자(BCC)라고 한다.

② 오류 검출이나 수정 코드 중의 하나로 구별되는 정보 비트의 조합마다 짝수 패리티 검사 비트를 더하여 만든다.

④ 사용되는 패리티가 짝수인지 홀수인지에 따라 비트 그룹에 추가되어 홀수나 짝수를 만드는 추가 비트(0 또는 1). 패리티 비트는 대개 모뎀이나 널 모뎀을 통해 컴퓨터 간에 데이터를 전송할 때 오류를 검사하는 데 사용된다.

⑤ 데이터의 처리나 전송중에 데이터의 오류가 발생했는지의 여부를 조사하기 위해 첨가된 코드. 수직 패리티 비트, 수평 패리티 비트, 사이클릭 코드, 해밍 코드 등이 있다. 이 코드는 오류가 일어났을 때 금지된 조합을 만들어내는 코드이다.

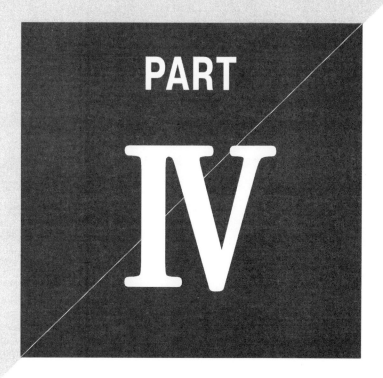

PART

IV

인 · 적성평가(LV.2)

인 · 적성평가의 개요

1 솔직하게 있는 그대로를 표현한다.

인 · 적성 평가의 질문에는 허구성 척도를 측정하기 위한 질문이 숨어있음을 유념해야 한다. 예를 들어 '나는 지금까지 거짓말을 한 적이 없다.', '나는 단 한 번도 화를 낸 적이 없다.', '나는 남을 헐뜯거나 비난한 적이 한 번도 없다.' 등의 질문이 있다고 가정해보자. 상식적으로 누구나 태어나서 거짓말을 한 경험은 있을 것이며 화를 낸 경우도 있을 것이다. 지원자가 자신을 좋은 인상으로 포장하는 것은 자연스러운 일이나 허구성을 측정하는 질문에 전부 '그렇다'로 대답을 한다면 허구성 척도의 득점이 극단적으로 높아지며 이는 검사 항목 전체에서 신뢰성을 의심받게 될 것이다. 어떤 대답이냐에 따라 필요 이상으로 자기를 좋게 보이려 하거나 기업체가 원하는 이상형에 맞춘 대답을 하고 있는지를 측정할 수 있다. 개인의 특성을 알아보고자 하는 평가로 절대적인 정답이 없다. 그러므로 결과를 지나치게 의식하여 솔직하지 못하면 과장 반응으로 분류될 수 있음을 기억하자!

2 일관성 있게 응답한다.

간혹 일정한 간격으로 유사한 질문들이 반복되어 출제된다. 유사한 질문에 다른 응답을 할 경우 일관성이 없어 보일 수 있으며 결코 좋은 인상을 남기지 못한다. 따라서 자기 자신에게 가장 잘 맞는 응답을 고르되, 일관된 응답을 유지하도록 한다.

3 모든 문제를 신속하게 대답한다.

농협뿐만 아니라 기업체들은 일정한 시간제한을 두고 있다. 개인의 성격과 자질을 알아보기 위한 검사이기 때문에 정답은 없으나 기업체에서 바람직하게 생각하거나 기대하는 결과가 있다. 때문에 시간에 쫓겨 대충 대답하는 것을 바람직하지 못하다.

4 성향과 사고방식을 미리 정한다.

기업의 인재상을 토대로 하여 진실성, 신뢰성, 일관성 있는 답변을 염두에 두어야 한다. 인성검사 시 생각할 경우 시간이 촉박하므로 시험 전에 미리 자신의 성향이나 사고방식에 대해 정리하는 것이 필요하다.

5 '대체로', '가끔'등의 수식어를 체크한다.

'대체로', '종종', '가끔', '항상', '대개' 등의 수식어는 대부분의 인·적성평가에서 자주 등장한다. 앞에서 '가끔', '때때로'라는 수식어가 붙은 질문이 나온다면 뒤에는 '항상', '대체로'의 수식어가 붙은 내용은 똑같은 질문이 이어지는 경우가 많다. 따라서 자주 사용되는 수식어를 적절히 구분할 줄 알아야 한다.

6 마지막까지 집중해야 한다.

장시간 진행되는 검사에 집중력이 흐트러져 제대로 응답하지 못하는 경우가 있다. 마지막까지 집중해서 정확한 답변을 할 수 있도록 한다.

실전 인·적성평가

1. Y or N 유형

┃1~325┃ 다음 (   ) 안에 진술이 자신에게 적합하면 YES, 그렇지 않다면 NO를 선택하시오.

※ 인성검사는 응시자의 인성을 파악하기 위한 시험이므로 정답이 존재하지 않습니다.

	YES	NO
1. 조금이라도 나쁜 소식은 절망의 시작이라고 생각해버린다.	( )	( )
2. 언제나 실패가 걱정이 되어 어쩔 줄 모른다.	( )	( )
3. 다수결의 의견에 따르는 편이다.	( )	( )
4. 혼자서 카페에 들어가는 것은 전혀 두려운 일이 아니다.	( )	( )
5. 승부근성이 강하다.	( )	( )
6. 자주 흥분해서 침착하지 못하다.	( )	( )
7. 지금까지 살면서 타인에게 폐를 끼친 적이 없다.	( )	( )
8. 소곤소곤 이야기하는 것을 보면 자기에 대해 험담하고 있는 것으로 생각된다.	( )	( )
9. 무엇이든지 자기가 나쁘다고 생각하는 편이다.	( )	( )
10. 자신을 변덕스러운 사람이라고 생각한다.	( )	( )
11. 고독을 즐기는 편이다.	( )	( )
12. 자존심이 강하다고 생각한다.	( )	( )
13. 금방 흥분하는 성격이다.	( )	( )
14. 거짓말을 한 적이 없다.	( )	( )
15. 신경질적인 편이다.	( )	( )
16. 끙끙대며 고민하는 타입이다.	( )	( )
17. 감정적인 사람이라고 생각한다.	( )	( )
18. 자신만의 신념을 가지고 있다.	( )	( )
19. 다른 사람을 바보 같다고 생각한 적이 있다.	( )	( )
20. 금방 말해버리는 편이다.	( )	( )
21. 싫어하는 사람이 없다.	( )	( )
22. 대재앙이 오지 않을까 항상 걱정을 한다.	( )	( )

23. 쓸데없는 고생을 하는 일이 많다. ·· ( )( )

24. 자주 생각이 바뀌는 편이다. ·· ( )( )

25. 문제점을 해결하기 위해 여러 사람과 상의한다. ·· ( )( )

26. 내 방식대로 일을 한다. ··· ( )( )

27. 영화를 보고 운 적이 많다. ··· ( )( )

28. 어떤 것에 대해서도 화낸 적이 없다. ·· ( )( )

29. 사소한 충고에도 걱정을 한다. ··· ( )( )

30. 자신은 도움이 안 되는 사람이라고 생각한다. ·· ( )( )

31. 금방 싫증을 내는 편이다. ·· ( )( )

32. 개성적인 사람이라고 생각한다. ·· ( )( )

33. 자기주장이 강한 편이다. ·· ( )( )

34. 뒤숭숭하다는 말을 들은 적이 있다. ·· ( )( )

35. 학교를 쉬고 싶다고 생각한 적이 한 번도 없다. ··· ( )( )

36. 사람들과 관계 맺는 것을 잘하지 못한다. ·· ( )( )

37. 사려 깊은 편이다. ·· ( )( )

38. 몸을 움직이는 것을 좋아한다. ··· ( )( )

39. 끈기가 있는 편이다. ··· ( )( )

40. 신중한 편이라고 생각한다. ··· ( )( )

41. 인생의 목표는 큰 것이 좋다. ·· ( )( )

42. 어떤 일이라도 바로 시작하는 타입이다. ·· ( )( )

43. 낯가림을 하는 편이다. ·· ( )( )

44. 생각하고 나서 행동하는 편이다. ·· ( )( )

45. 쉬는 날은 밖으로 나가는 경우가 많다. ··· ( )( )

46. 시작한 일은 반드시 완성시킨다. ·· ( )( )

47. 면밀한 계획을 세운 여행을 좋아한다. ··· ( )( )

48. 야망이 있는 편이라고 생각한다. ·· ( )( )

49. 활동력이 있는 편이다. ·· ( )( )

50. 많은 사람들과 왁자지껄하게 식사하는 것을 좋아하지 않는다. ······························· ( )( )

51. 돈을 허비한 적이 없다. ··· ( )( )

52. 학창시절, 운동회를 아주 좋아하고 기대했다. ……………………………………………… ( )( )

53. 하나의 취미에 열중하는 타입이다. ……………………………………………………………… ( )( )

54. 모임에서 리더에 어울린다고 생각한다. ……………………………………………………… ( )( )

55. 입신출세의 성공이야기를 좋아한다. …………………………………………………………… ( )( )

56. 어떠한 일도 의욕을 가지고 임하는 편이다. ………………………………………………… ( )( )

57. 학급에서는 존재가 희미했다. ……………………………………………………………………… ( )( )

58. 항상 무언가를 생각하고 있다. …………………………………………………………………… ( )( )

59. 스포츠는 보는 것보다 하는 게 좋다. ………………………………………………………… ( )( )

60. '참 잘했네요.'라는 말을 자주 듣는다. ……………………………………………………… ( )( )

61. 흐린 날은 반드시 우산을 가지고 간다. ……………………………………………………… ( )( )

62. 주연상을 받을 수 있는 배우를 좋아한다. …………………………………………………… ( )( )

63. 공격하는 타입이라고 생각한다. …………………………………………………………………… ( )( )

64. 리드를 받는 편이다. …………………………………………………………………………………… ( )( )

65. 너무 신중해서 기회를 놓친 적이 있다. ……………………………………………………… ( )( )

66. 시원시원하게 움직이는 타입이다. ……………………………………………………………… ( )( )

67. 야근을 해서라도 업무를 끝낸다. ………………………………………………………………… ( )( )

68. 누군가를 방문할 때는 반드시 사전에 확인한다. ………………………………………… ( )( )

69. 노력해도 결과가 따르지 않으면 의미가 없다. …………………………………………… ( )( )

70. 무조건 행동해야 한다. ……………………………………………………………………………… ( )( )

71. 유행에 둔감하다고 생각한다. ……………………………………………………………………… ( )( )

72. 정해진 대로 움직이는 것은 시시하다. ……………………………………………………… ( )( )

73. 꿈을 계속 가지고 있고 싶다. ……………………………………………………………………… ( )( )

74. 질서보다 자유를 중요시하는 편이다. ………………………………………………………… ( )( )

75. 혼자서 취미에 몰두하는 것을 좋아한다. …………………………………………………… ( )( )

76. 직관적으로 판단하는 편이다. ……………………………………………………………………… ( )( )

77. 영화나 드라마를 보면 등장인물의 감정에 이입된다. ………………………………… ( )( )

78. 시대의 흐름에 역행해서라도 자신을 관철하고 싶다. ………………………………… ( )( )

79. 다른 사람의 소문에 관심이 없다. ……………………………………………………………… ( )( )

80. 창조적인 편이다. ……………………………………………………………………………………… ( )( )

81. 비교적 눈물이 많은 편이다. .... ( )( )

82. 융통성이 있다고 생각한다. .... ( )( )

83. 친구의 휴대전화 번호를 잘 모른다. .... ( )( )

84. 스스로 고안하는 것을 좋아한다. .... ( )( )

85. 정이 두터운 사람으로 남고 싶다. .... ( )( )

86. 조직의 일원으로 별로 안 어울린다. .... ( )( )

87. 세상의 일에 별로 관심이 없다. .... ( )( )

88. 변화를 추구하는 편이다. .... ( )( )

89. 업무는 인간관계로 선택한다. .... ( )( )

90. 환경이 변하는 것에 구애되지 않는다. .... ( )( )

91. 불안감이 강한 편이다. .... ( )( )

92. 인생은 살 가치가 없다고 생각한다. .... ( )( )

93. 의지가 약한 편이다. .... ( )( )

94. 다른 사람이 하는 일에 별로 관심이 없다. .... ( )( )

95. 사람을 설득시키는 것은 어렵지 않다. .... ( )( )

96. 심심한 것을 못 참는다. .... ( )( )

97. 다른 사람을 욕한 적이 한 번도 없다. .... ( )( )

98. 다른 사람에게 어떻게 보일지 신경을 쓴다. .... ( )( )

99. 금방 낙심하는 편이다. .... ( )( )

100. 다른 사람에게 의존하는 경향이 있다. .... ( )( )

101. 그다지 융통성이 있는 편이 아니다. .... ( )( )

102. 다른 사람이 내 의견에 간섭하는 것이 싫다. .... ( )( )

103. 낙천적인 편이다. .... ( )( )

104. 숙제를 잊어버린 적이 한 번도 없다. .... ( )( )

105. 밤길에는 발소리가 들리기만 해도 불안하다. .... ( )( )

106. 상냥하다는 말을 들은 적이 있다. .... ( )( )

107. 자신은 유치한 사람이다. .... ( )( )

108. 잡담을 하는 것보다 책을 읽는 것이 낫다. .... ( )( )

109. 나는 영업에 적합한 타입이라고 생각한다. .... ( )( )

110. 술자리에서 술을 마시지 않아도 흥을 돋울 수 있다. ·· (　)(　)

111. 한 번도 병원에 간 적이 없다. ·· (　)(　)

112. 나쁜 일은 걱정이 되어서 어쩔 줄을 모른다. ·· (　)(　)

113. 금세 무기력해지는 편이다. ··· (　)(　)

114. 비교적 고분고분한 편이라고 생각한다. ··· (　)(　)

115. 독자적으로 행동하는 편이다. ··· (　)(　)

116. 적극적으로 행동하는 편이다. ··· (　)(　)

117. 금방 감격하는 편이다. ··· (　)(　)

118. 어떤 것에 대해서는 불만을 가진 적이 없다. ·· (　)(　)

119. 밤에 못 잘 때가 많다. ··· (　)(　)

120. 자주 후회하는 편이다. ··· (　)(　)

121. 뜨거워지기 쉽고 식기 쉽다. ··· (　)(　)

122. 자신만의 세계를 가지고 있다. ··· (　)(　)

123. 많은 사람 앞에서도 긴장하는 일은 없다. ··· (　)(　)

124. 말하는 것을 아주 좋아한다. ··· (　)(　)

125. 인생을 포기하는 마음을 가진 적이 한 번도 없다. ··· (　)(　)

126. 어두운 성격이다. ··· (　)(　)

127. 금방 반성한다. ··· (　)(　)

128. 활동 범위가 넓은 편이다. ··· (　)(　)

129. 자신을 끈기 있는 사람이라고 생각한다. ··· (　)(　)

130. 좋다고 생각하더라도 좀 더 검토하고 나서 실행한다. ·· (　)(　)

131. 위대한 인물이 되고 싶다. ··· (　)(　)

132. 한 번에 많은 일을 떠맡아도 힘들지 않다. ··· (　)(　)

133. 사람과 만날 약속은 부담스럽다. ··· (　)(　)

134. 질문을 받으면 충분히 생각하고 나서 대답하는 편이다. ······································ (　)(　)

135. 머리를 쓰는 것보다 땀을 흘리는 일이 좋다. ··· (　)(　)

136. 결정한 것에는 철저히 구속받는다. ··· (　)(　)

137. 외출 시 문을 잠갔는지 몇 번을 확인한다. ··· (　)(　)

138. 이왕 할 거라면 일등이 되고 싶다. ··· (　)(　)

139. 과감하게 도전하는 타입이다. ··· ( )( )

140. 자신은 사교적이 아니라고 생각한다. ··· ( )( )

141. 무심코 도리에 대해서 말하고 싶어진다. ··· ( )( )

142. '항상 건강하네요.'라는 말을 듣는다. ·· ( )( )

143. 단념하면 끝이라고 생각한다. ··· ( )( )

144. 예상하지 못한 일은 하고 싶지 않다. ·· ( )( )

145. 파란만장하더라도 성공하는 인생을 걷고 싶다. ···························· ( )( )

146. 활기찬 편이라고 생각한다. ··· ( )( )

147. 소극적인 편이라고 생각한다. ··· ( )( )

148. 무심코 평론가가 되어 버린다. ··· ( )( )

149. 자신은 성급하다고 생각한다. ··· ( )( )

150. 꾸준히 노력하는 타입이라고 생각한다. ··· ( )( )

151. 내일의 계획이라도 메모한다. ··· ( )( )

152. 리더십이 있는 사람이 되고 싶다. ··· ( )( )

153. 열정적인 사람이라고 생각한다. ··· ( )( )

154. 다른 사람 앞에서 이야기를 잘 하지 못한다. ······························· ( )( )

155. 통찰력이 있는 편이다. ··· ( )( )

156. 엉덩이가 가벼운 편이다. ··· ( )( )

157. 여러 가지로 구애됨이 있다. ··· ( )( )

158. 돌다리도 두들겨 보고 건너는 쪽이 좋다. ····································· ( )( )

159. 자신에게는 권력욕이 있다. ··· ( )( )

160. 업무를 할당받으면 기쁘다. ··· ( )( )

161. 사색적인 사람이라고 생각한다. ··· ( )( )

162. 비교적 개혁적이다. ··· ( )( )

163. 좋고 싫음으로 정할 때가 많다. ··· ( )( )

164. 전통에 구애되는 것은 버리는 것이 적절하다. ····························· ( )( )

165. 교제 범위가 좁은 편이다. ··· ( )( )

166. 발상의 전환을 할 수 있는 타입이라고 생각한다. ························· ( )( )

167. 너무 주관적이어서 실패한다. ··· ( )( )

168. 현실적이고 실용적인 면을 추구한다. ·· ( )( )

169. 내가 어떤 배우의 팬인지 아무도 모른다. ·· ( )( )

170. 현실보다 가능성이다. ·· ( )( )

171. 마음이 담겨 있으면 선물은 아무 것이나 좋다. ··································· ( )( )

172. 여행은 마음대로 하는 것이 좋다. ·· ( )( )

173. 추상적인 일에 관심이 있는 편이다. ·· ( )( )

174. 일은 대담히 하는 편이다. ··· ( )( )

175. 괴로워하는 사람을 보면 우선 동정한다. ·· ( )( )

176. 가치기준은 자신의 안에 있다고 생각한다. ·· ( )( )

177. 조용하고 조심스러운 편이다. ··· ( )( )

178. 상상력이 풍부한 편이라고 생각한다. ··· ( )( )

179. 의리, 인정이 두터운 상사를 만나고 싶다. ·· ( )( )

180. 인생의 앞날을 알 수 없어 재미있다. ·· ( )( )

181. 밝은 성격이다. ·· ( )( )

182. 별로 반성하지 않는다. ·· ( )( )

183. 활동 범위가 좁은 편이다. ··· ( )( )

184. 자신을 시원시원한 사람이라고 생각한다. ·· ( )( )

185. 좋다고 생각하면 바로 행동한다. ·· ( )( )

186. 좋은 사람이 되고 싶다. ·· ( )( )

187. 한 번에 많은 일을 떠맡는 것은 골칫거리라고 생각한다. ··················· ( )( )

188. 사람과 만날 약속은 즐겁다. ·· ( )( )

189. 질문을 받으면 그때의 느낌으로 대답하는 편이다. ···························· ( )( )

190. 땀을 흘리는 것보다 머리를 쓰는 일이 좋다. ···································· ( )( )

191. 결정한 것이라도 그다지 구속받지 않는다. ·· ( )( )

192. 외출 시 문을 잠갔는지 별로 확인하지 않는다. ································ ( )( )

193. 지위에 어울리면 된다. ·· ( )( )

194. 안전책을 고르는 타입이다. ··· ( )( )

195. 자신은 사교적이라고 생각한다. ··· ( )( )

196. 도리는 상관없다. ·· ( )( )

197. '침착하시네요.'라는 말을 자주 듣는다. .... (　)(　)

198. 단념이 중요하다고 생각한다. .... (　)(　)

199. 예상하지 못한 일도 해보고 싶다. .... (　)(　)

200. 평범하고 평온하게 행복한 인생을 살고 싶다. .... (　)(　)

201. 모임에서 늘 리더의 역할만을 해왔다. .... (　)(　)

202. 착실한 노력으로 성공한 이야기를 좋아한다. .... (　)(　)

203. 어떠한 일에도 의욕적으로 임하는 편이다. .... (　)(　)

204. 학급에서는 존재가 두드러졌다. .... (　)(　)

205. 피곤한 날에는 무엇이든지 귀찮아 하는 편이다. .... (　)(　)

206. 나는 소극적인 사람이 아니다. .... (　)(　)

207. 이것저것 남들의 이야기를 평가하는 것이 싫다. .... (　)(　)

208. 나는 성급한 편이다. .... (　)(　)

209. 꾸준히 노력하는 스타일이다. .... (　)(　)

210. 내일의 계획은 늘 머릿속에 존재한다. .... (　)(　)

211. 협동심이 강한 사람이 되고 싶다. .... (　)(　)

212. 나는 열정적인 사람이 아니다. .... (　)(　)

213. 다른 사람들 앞에서 이야기를 잘한다. .... (　)(　)

214. 말보다 행동력이 강한 타입이다. .... (　)(　)

215. 엉덩이가 무겁다는 소릴 자주 듣는다. .... (　)(　)

216. 특별히 가리는 음식이 없다. .... (　)(　)

217. 돌다리도 두들겨 보고 건너는 타입이 아니다. .... (　)(　)

218. 나에게는 권력에 대한 욕구는 없는 것 같다. .... (　)(　)

219. 업무를 할당받으면 늘 먼저 불안감이 앞선다. .... (　)(　)

220. 나는 진보보다는 보수이다. .... (　)(　)

221. 나는 매우 활동적인 사람이다. .... (　)(　)

222. 무슨 일이든 손해인지 이득인지를 먼저 생각하고 결정한다. .... (　)(　)

223. 전통을 고수하는 것은 어리석은 짓이다. .... (　)(　)

224. 나는 교제의 범위가 넓은 편이다. .... (　)(　)

225. 나는 상식적인 판단을 할 수 있는 사람이다. .... (　)(　)

226. 객관적인 판단을 거부하는 편이다. ·· (　)(　)

227. 나는 연예인을 매우 좋아한다. ··· (　)(　)

228. 가능성보다는 현실을 직시하는 편이다. ··· (　)(　)

229. 나는 상대방에게 무엇이 필요한지 알 수 있다. ··· (　)(　)

230. 여행을 할 때는 마음이 가는 대로 행동한다. ·· (　)(　)

231. 구체적인 일에 관심이 없다. ··· (　)(　)

232. 모든 일을 착실하게 하는 편이다. ·· (　)(　)

233. 괴로워하는 사람을 보면 그냥 모른 척 한다. ·· (　)(　)

234. 매사에 나를 기준으로 일을 처리한다. ··· (　)(　)

235. 나의 성격을 밝고 개방적이다. ·· (　)(　)

236. 나는 이성적으로 판단을 잘한다. ··· (　)(　)

237. 공평하고 정직한 상사를 만나고 싶다. ··· (　)(　)

238. 일 잘하고 능력이 강한 상사를 만나고 싶다. ··· (　)(　)

239. 사람들과 적극적으로 유대관계를 유지한다. ·· (　)(　)

240. 몸을 움직이는 일을 별로 즐기지 않는다. ·· (　)(　)

241. 모든 일에 쉽게 질리는 편이다. ··· (　)(　)

242. 경솔하게 판단하여 후회를 하는 경우가 많다. ·· (　)(　)

243. 인생의 목표를 크게 잡는 편이다. ·· (　)(　)

244. 무슨 일도 좀처럼 시작하지 못한다. ··· (　)(　)

245. 초면인 사람과도 바로 친해질 수 있다. ··· (　)(　)

246. 행동을 하고 나서 생각을 하는 편이다. ··· (　)(　)

247. 쉬는 날에는 늘 집에 있는 편이다. ··· (　)(　)

248. 일을 마무리 짓기 전에 포기하는 경우가 많다. ··· (　)(　)

249. 나는 욕심이 없다. ··· (　)(　)

250. 많은 사람들과 왁자지껄하게 있는 것이 싫다. ·· (　)(　)

251. 아무 이유 없이 불안할 때가 많다. ··· (　)(　)

252. 주변 사람들의 의견을 무시하는 경우가 많다. ·· (　)(　)

253. 자존심이 매우 강하다. ·· (　)(　)

254. 내가 지금 잘하고 있는지 생각할 때가 많다. ·· (　)(　)

255. 생각없이 함부로 말하는 경우가 많다. .... (　)(　)

256. 정리가 되지 않은 방 안에 있어도 불안하지 않다. .... (　)(　)

257. 태어나서 지금까지 거짓말을 한 적이 없다. .... (　)(　)

258. 슬픈 영화나 드라마를 보면서 눈물을 흘린 적이 있다. .... (　)(　)

259. 나는 나 자신을 충분히 신뢰할 수 있다고 생각한다. .... (　)(　)

260. 노래를 흥얼거리는 것을 좋아한다. .... (　)(　)

261. 나만이 할 수 있는 일을 찾고 싶다. .... (　)(　)

262. 나는 내 자신을 과소평가하는 버릇이 있다. .... (　)(　)

263. 나의 책상이나 서랍은 늘 잘 정리가 되어 있다. .... (　)(　)

264. 건성으로 대답을 할 때가 많다. .... (　)(　)

265. 남의 험담을 해 본적이 없다. .... (　)(　)

266. 쉽게 화를 내는 편이다. .... (　)(　)

267. 초조하면 손을 떨고 심장박동이 빨라지는 편이다. .... (　)(　)

268. 다른 사람과 말싸움으로 져 본 적이 없다. .... (　)(　)

269. 다른 사람의 아부에 쉽게 넘어가는 편이다. .... (　)(　)

270. 주변 사람이 나의 험담을 하고 다닌다고 생각이 든다. .... (　)(　)

271. 남들보다 못하다는 생각이 자주 든다. .... (　)(　)

272. 이론만 내세우는 사람을 보면 짜증이 난다. .... (　)(　)

273. 다른 사람과 대화를 하다가도 금방 싸움이 되는 경우가 많다. .... (　)(　)

274. 내 맘대로 안 되면 소리를 지르는 경우가 많다. .... (　)(　)

275. 상처를 주는 일도 받는 일도 싫다. .... (　)(　)

276. 매일 하루를 반성하는 편이다. .... (　)(　)

277. 매사 메모를 잘 하는 편이다. .... (　)(　)

278. 사람들이 나 때문에 즐거워하는 것을 즐긴다. .... (　)(　)

279. 아무것도 하지 않고 하루 종일을 보낼 수 있다. .... (　)(　)

280. 지각을 하느니 차라리 결석을 하는 것이 낫다고 생각한다. .... (　)(　)

281. 이 세상에 보이지 않는 세계가 존재한다고 믿는다. .... (　)(　)

282. 하기 싫은 일은 죽어도 하기 싫다. .... (　)(　)

283. 남에게 안좋게 보일까봐 일부러 열심히 하는 척 행동한 적이 있다. .... (　)(　)

284. 쉽게 뜨거워지고 쉽게 식는 편이다. ·· ( )( )

285. 세상에는 못 해낼 일이 없다고 생각한다. ·· ( )( )

286. 착한 사람이라는 소릴 자주 듣는다. ··· ( )( )

287. 나는 다른 사람들보다 뛰어난 사람이다. ·· ( )( )

288. 나는 개성적인 스타일을 추구한다. ··· ( )( )

289. 동호회 활동을 한다. ··· ( )( )

290. 나는 갖고 싶은 물건이 생기면 반드시 손에 넣어야 한다. ······························· ( )( )

291. 세상의 모든 사람들이 다 나를 좋아한다. ··· ( )( )

292. 스트레스를 해소하는 나만의 방법을 가지고 있다. ·· ( )( )

293. 모든 일에 계획을 세워 생활한다. ··· ( )( )

294. 나의 계획에 맞게 진행되지 않으면 화가 난다. ·· ( )( )

295. 남의 일에 잘 나서는 편이다. ·· ( )( )

296. 이성적인 사람이 되고 싶다. ·· ( )( )

297. 생각했던 일이 뜻대로 되지 않으면 불안해진다. ·· ( )( )

298. 생각한 일을 반드시 행동으로 옮기지는 않는다. ·· ( )( )

299. 친구가 적으나 깊게 사귀는 편이다. ·· ( )( )

300. 남과의 경쟁에서는 절대 지는 꼴을 못 본다. ··· ( )( )

301. 내일 해도 되는 일도 오늘 끝내는 편이다. ·· ( )( )

302. 머릿속의 모든 생각을 글로 표현할 수 있다. ·· ( )( )

303. 말보다는 글로 나의 의견을 전달하는 것이 편하다. ······································ ( )( )

304. 배려가 깊다는 소릴 자주 듣는다. ··· ( )( )

305. 게으른 사람이라는 소릴 들어본 적이 있다. ·· ( )( )

306. 나에게 주어진 기회는 반드시 얻는다. ·· ( )( )

307. 외출을 할 때 옷차림에 신경을 쓰는 편이다. ··· ( )( )

308. 약속 시간이 다가와도 머리나 옷이 맘에 안 들면 반드시 고쳐야 한다. ················ ( )( )

309. 모임이나 동호회에서 바로 친구를 사귈 수 있다. ··· ( )( )

310. 쉽게 단념을 하는 편이다. ·· ( )( )

311. 위험을 무릅쓰고 성공을 해야 한다고 생각한다. ·· ( )( )

312. 학창시절, 체육시간이 가장 즐거웠다. ·· ( )( )

313. 휴일에는 어디든 나가야 직성이 풀린다. .... (　　)(　　)

314. 작은 일에도 쉽게 몸이 지친다. .... (　　)(　　)

315. 매사 유연하게 대처하는 편이다. .... (　　)(　　)

316. 나의 능력이 어느 정도인지 확인해 보고 싶을 때가 많다. .... (　　)(　　)

317. 나는 나의 능력이 어느 정도 인지 확실하게 알고 있다. .... (　　)(　　)

318. 새로운 사람을 만날 때는 늘 가슴이 두근거린다. .... (　　)(　　)

319. 어려운 상황에 처하면 늘 누군가가 도와 줄거란 희망을 가지고 있다. .... (　　)(　　)

320. 내가 저지른 일을 나 혼자 해결하지 못한 경우가 많다. .... (　　)(　　)

321. 친구가 거의 없다. .... (　　)(　　)

322. 건강하고 활발한 사람을 보면 부럽다. .... (　　)(　　)

323. 세상의 모든 일을 경험해 보고 싶다. .... (　　)(　　)

324. 스트레스를 해소하기 위해 운동을 하는 편이다. .... (　　)(　　)

325. 기한이 정해진 일은 반드시 기한 내에 끝낸다. .... (　　)(　　)

326. 결론이 나더라도 계속을 생각을 하는 편이다. .... (　　)(　　)

327. 내가 하고 싶은 대로 이루어지지 않으면 화가 난다. .... (　　)(　　)

328. 말과 행동이 일치하지 않을 때가 많다. .... (　　)(　　)

329. 항상 내 기분대로 행동을 한다. .... (　　)(　　)

330. 무슨 일이든 도전하는 것을 좋아한다. .... (　　)(　　)

321. 쉬는 날은 어디에도 나가고 싶지 않다. .... (　　)(　　)

322. 남의 앞에 나서서 무언가를 하는 것이 쑥스럽다. .... (　　)(　　)

323. 모르는 것은 모른다고 말한다. .... (　　)(　　)

324. 나 스스로 이해가 되지 않는 일을 하지 않는다. .... (　　)(　　)

325. 이상적이지 못하고 현실적이다. .... (　　)(　　)

2. 부합도 평가 유형

▌1~325 ▐ 다음 상황을 읽고 각각의 문항에 대해 자신이 동의하는 정도를 고르시오.

※ 인성검사는 응시자의 인성을 파악하기 위한 자료이므로 정답이 존재하지 않습니다.

① 전혀 그렇지 않다　　　② 그렇지 않다　　　③ 그렇다　　　④ 매우 그렇다

1. 움직이는 것을 몹시 귀찮아하는 편이라고 생각한다. ········· ① ② ③ ④
2. 특별히 소극적이라고 생각하지 않는다. ········· ① ② ③ ④
3. 이것저것 평하는 것이 싫다. ········· ① ② ③ ④
4. 자신은 성급하지 않다고 생각한다. ········· ① ② ③ ④
5. 꾸준히 노력하는 것을 잘 하지 못한다. ········· ① ② ③ ④
6. 내일의 계획은 머릿속에 기억한다. ········· ① ② ③ ④
7. 협동성이 있는 사람이 되고 싶다. ········· ① ② ③ ④
8. 열정적인 사람이라고 생각하지 않는다. ········· ① ② ③ ④
9. 다른 사람 앞에서 이야기를 잘한다. ········· ① ② ③ ④
10. 행동력이 있는 편이다. ········· ① ② ③ ④
11. 엉덩이가 무거운 편이다. ········· ① ② ③ ④
12. 특별히 구애받는 것이 없다. ········· ① ② ③ ④
13. 돌다리는 두들겨 보지 않고 건너도 된다. ········· ① ② ③ ④
14. 자신에게는 권력욕이 없다. ········· ① ② ③ ④
15. 업무를 할당받으면 부담스럽다. ········· ① ② ③ ④
16. 활동적인 사람이라고 생각한다. ········· ① ② ③ ④
17. 비교적 보수적이다. ········· ① ② ③ ④
18. 어떤 일을 결정할 때 나에게 손해인지 이익인지로 정할 때가 많다. ········· ① ② ③ ④
19. 전통을 견실히 지키는 것이 적절하다. ········· ① ② ③ ④
20. 교제 범위가 넓은 편이다. ········· ① ② ③ ④
21. 상식적인 판단을 할 수 있는 타입이라고 생각한다. ········· ① ② ③ ④
22. 너무 객관적이어서 실패한다. ········· ① ② ③ ④
23. 보수적인 면을 추구한다. ········· ① ② ③ ④
24. 내가 누구의 팬인지 주변의 사람들이 안다. ········· ① ② ③ ④
25. 가능성보다는 현실이다. ········· ① ② ③ ④

26. 그 사람이 필요한 것을 선물하고 싶다. ································· ① ② ③ ④

27. 여행은 계획적으로 하는 것이 좋다. ································· ① ② ③ ④

28. 구체적인 일에 관심이 있는 편이다. ································· ① ② ③ ④

29. 일은 착실히 하는 편이다. ································· ① ② ③ ④

30. 괴로워하는 사람을 보면 우선 이유를 생각한다. ···················· ① ② ③ ④

31. 가치기준은 자신의 밖에 있다고 생각한다. ························· ① ② ③ ④

32. 밝고 개방적인 편이다. ································· ① ② ③ ④

33. 현실 인식을 잘하는 편이라고 생각한다. ·························· ① ② ③ ④

34. 공평하고 공적인 상사를 만나고 싶다. ··························· ① ② ③ ④

35. 시시해도 계획적인 인생이 좋다. ································· ① ② ③ ④

36. 적극적으로 사람들과 관계를 맺는 편이다. ························· ① ② ③ ④

37. 활동적인 편이다. ································· ① ② ③ ④

38. 몸을 움직이는 것을 좋아하지 않는다. ··························· ① ② ③ ④

39. 쉽게 질리는 편이다. ································· ① ② ③ ④

40. 경솔한 편이라고 생각한다. ································· ① ② ③ ④

41. 인생의 목표는 손이 닿을 정도면 된다. ··························· ① ② ③ ④

42. 무슨 일도 좀처럼 바로 시작하지 못한다. ·························· ① ② ③ ④

43. 초면인 사람과도 바로 친해질 수 있다. ··························· ① ② ③ ④

44. 행동하고 나서 생각하는 편이다. ································· ① ② ③ ④

45. 쉬는 날은 집에 있는 경우가 많다. ······························ ① ② ③ ④

46. 완성되기 전에 포기하는 경우가 많다. ··························· ① ② ③ ④

47. 계획 없는 여행을 좋아한다. ································· ① ② ③ ④

48. 욕심이 없는 편이라고 생각한다. ································· ① ② ③ ④

49. 활동력이 별로 없다. ································· ① ② ③ ④

50. 많은 사람들과 어울릴 수 있는 모임에 가는 것을 좋아한다. ············· ① ② ③ ④

51. 많은 친구랑 사귀는 편이다. ································· ① ② ③ ④

52. 목표 달성에 별로 구애받지 않는다. ······························ ① ② ③ ④

53. 평소에 걱정이 많은 편이다. ································· ① ② ③ ④

54. 체험을 중요하게 여기는 편이다. ································· ① ② ③ ④

55. 정이 두터운 사람을 좋아한다. ································· ① ② ③ ④

56. 도덕적인 사람을 좋아한다. ① ② ③ ④

57. 성격이 규칙적이고 꼼꼼한 편이다. ① ② ③ ④

58. 결과보다 과정이 중요하다. ① ② ③ ④

59. 쉬는 날은 집에서 보내고 싶다. ① ② ③ ④

60. 무리한 도전을 할 필요는 없다고 생각한다. ① ② ③ ④

61. 공상적인 편이다. ① ② ③ ④

62. 계획을 정확하게 세워서 행동하는 것을 못한다. ① ② ③ ④

63. 감성이 풍부한 사람이 되고 싶다고 생각한다. ① ② ③ ④

64. 주변의 일을 여유 있게 해결한다. ① ② ③ ④

65. 물건은 계획적으로 산다. ① ② ③ ④

66. 돈이 없으면 걱정이 된다. ① ② ③ ④

67. 하루 종일 책상 앞에 앉아 있는 일은 잘 하지 못한다. ① ② ③ ④

68. 너무 진중해서 자주 기회를 놓치는 편이다. ① ② ③ ④

69. 실용적인 것을 추구하는 경향이 있다. ① ② ③ ④

70. 거래처와의 미팅에 자신 있다. ① ② ③ ④

71. 어려움에 처해 있는 사람을 보면 동정한다. ① ② ③ ④

72. 같은 일을 계속해서 잘 하지 못한다. ① ② ③ ④

73. 돈이 없어도 어떻게든 되겠지 생각한다. ① ② ③ ④

74. 생각날 때 물건을 산다. ① ② ③ ④

75. 신문사설을 주의 깊게 읽는다. ① ② ③ ④

76. 한 가지 일에 매달리는 편이다. ① ② ③ ④

77. 연구는 실용적인 결실을 만들어 내는 데 의미가 있다. ① ② ③ ④

78. 남의 주목을 받고 싶어 하는 편이다. ① ② ③ ④

79. 사람을 돕는 일이라면 규칙을 벗어나도 어쩔 수 없다. ① ② ③ ④

80. 연극 같은 문화생활을 즐기는 것을 좋아한다. ① ② ③ ④

81. 모험이야말로 인생이라고 생각한다. ① ② ③ ④

82. 일부러 위험에 접근하는 것은 어리석다고 생각한다. ① ② ③ ④

83. 남의 눈에 잘 띄지 않은 편이다. ① ② ③ ④

84. 연구는 이론 체계를 만들어 내는 데 의의가 있다. ① ② ③ ④

85. 결과가 과정보다 중요하다. ① ② ③ ④

86. 이론만 내세우는 일을 싫어한다. ··· ① ② ③ ④

87. 타인의 감정을 존중한다. ··· ① ② ③ ④

88. 사람 사귀는 일에 자신 있다. ··· ① ② ③ ④

89. 식사시간이 정해져 있지 않다. ··· ① ② ③ ④

90. 좋아하는 문학 작가가 많다. ··· ① ② ③ ④

91. 평소 자연과학에 관심 있다. ··· ① ② ③ ④

92. 인라인 스케이트 타는 것을 좋아한다. ··· ① ② ③ ④

93. 재미있는 것을 추구하는 경향이 있다. ··· ① ② ③ ④

94. 잘 웃는 편이다. ··· ① ② ③ ④

95. 소외된 이웃들에 항상 관심을 갖고 있다. ··· ① ② ③ ④

96. 자동차 구조에 흥미를 갖고 있다. ··· ① ② ③ ④

97. 좋아하는 스포츠팀을 응원하는 것을 즐긴다. ··· ① ② ③ ④

98. 줄기배아세포 연구에 관심 있다. ··· ① ② ③ ④

99. 일을 처리함에 있어 계획표를 작성하는 것을 좋아한다. ························· ① ② ③ ④

100. 고장 난 라디오를 수리한 적이 있다. ··· ① ② ③ ④

101. 유행에 둔감하다고 생각한다. ··· ① ② ③ ④

102. 정해진 대로 움직이는 것은 시시하다. ··· ① ② ③ ④

103. 꿈을 계속 가지고 있고 싶다. ··· ① ② ③ ④

104. 질서보다 자유를 중요시하는 편이다. ··· ① ② ③ ④

105. 협동성이 있다. ··· ① ② ③ ④

106. 잠자리에 들기 전 내일 할일을 확인한다. ··· ① ② ③ ④

107. 꾸준히 노력한다. ··· ① ② ③ ④

108. 성급하지 않다. ··· ① ② ③ ④

109. 평가하는 것을 좋아한다. ··· ① ② ③ ④

110. 소극적이다. ··· ① ② ③ ④

111. 귀찮을 때가 많다. ··· ① ② ③ ④

112. 평범한 인생을 살고 싶다. ··· ① ② ③ ④

113. 예상하지 못한 일이 벌어져도 당황하지 않는다. ······································· ① ② ③ ④

114. 포기도 필요하다고 생각한다. ··· ① ② ③ ④

115. 침착하다는 말을 자주 듣는다. ··· ① ② ③ ④

116. 이윤이 윤리보다 중요하다고 생각한다. ·· ① ② ③ ④

117. 사교적이다. ·· ① ② ③ ④

118. 모험보다는 안전한 길을 선택한다. ·· ① ② ③ ④

119. 지위에 맞는 행동이 있다고 생각한다. ·· ① ② ③ ④

120. 외출 시 문을 잠갔는지 재차 확인한다. ······································ ① ② ③ ④

121. 결정한 일에 구속받지 않는다. ··· ① ② ③ ④

122. 땀을 흘리는 것보다 머리를 쓰는 일이 좋다. ······························ ① ② ③ ④

123. 질문을 받으면 바로바로 대답한다. ·· ① ② ③ ④

124. 사람과 만날 약속이 즐겁다. ··· ① ② ③ ④

125. 한꺼번에 많은 일을 떠맡으면 부담스럽다. ································· ① ② ③ ④

126. 좋은 사람이 되고 싶다. ·· ① ② ③ ④

127. 좋다고 생각하면 바로 행동한다. ··· ① ② ③ ④

128. 성격이 시원시원하다. ·· ① ② ③ ④

129. 나쁜 소식을 들으면 절망한다. ··· ① ② ③ ④

130. 실패가 걱정되어 전전긍긍하는 편이다. ······································ ① ② ③ ④

131. 다수결에 따르는 것을 좋아한다. ··· ① ② ③ ④

132. 혼밥을 즐긴다. ·· ① ② ③ ④

133. 승부근성이 강하다. ·· ① ② ③ ④

134. 자주 흥분하는 편이다. ·· ① ② ③ ④

135. 타인에게 폐를 끼치는 것이 싫다. ·· ① ② ③ ④

136. 자신에 대해 안 좋은 소문이 돌까 걱정스럽다. ···························· ① ② ③ ④

137. 자존감이 낮다. ·· ① ② ③ ④

138. 변덕스러운 편이다. ·· ① ② ③ ④

139. 사람은 누구나 고독하다고 생각한다. ··· ① ② ③ ④

140. 거짓말을 한 적이 없다. ·· ① ② ③ ④

141. 문제가 생기면 해결될 때까지 고민한다. ···································· ① ② ③ ④

142. 감성적이다. ·· ① ② ③ ④

143. 자신만의 신념이 있다. ·· ① ② ③ ④

144. 다른 사람을 바보 같다고 생각한 적이 있다. ······························ ① ② ③ ④

145. 생각한 것을 금방 말해버린다. ··· ① ② ③ ④

146. 싫어하는 사람이 없다. ··· ① ② ③ ④

147. 지구 종말을 걱정한 적이 있다. ································ ① ② ③ ④

148. 고생을 사서 하는 편이다. ·· ① ② ③ ④

149. 항상 무언가를 생각한다. ·· ① ② ③ ④

150. 문제를 해결하기 위해 여러 사람과 상의한다. ········· ① ② ③ ④

151. 내 방식대로 일을 한다. ·· ① ② ③ ④

152. 영화를 보고 우는 일이 많다. ································ ① ② ③ ④

153. 화를 잘 내지 않는다. ··· ① ② ③ ④

154. 사소한 충고에도 걱정을 한다. ································ ① ② ③ ④

155. 자신은 도움이 안 되는 사람이라고 생각한다. ········ ① ② ③ ④

156. 금방 싫증을 내는 편이다. ······································ ① ② ③ ④

157. 나만의 개성이 있다. ·· ① ② ③ ④

158. 자기주장이 강하다. ·· ① ② ③ ④

159. 산만하다는 말을 들은 적이 있다. ·························· ① ② ③ ④

160. 학교에 가기 싫은 날이 한 번도 없었다. ··············· ① ② ③ ④

161. 대인관계가 어렵다. ·· ① ② ③ ④

162. 사려 깊다. ·· ① ② ③ ④

163. 몸을 움직이는 것을 좋아한다. ································ ① ② ③ ④

164. 끈기가 있다. ·· ① ② ③ ④

165. 신중하다. ·· ① ② ③ ④

166. 인생의 목표는 클수록 좋다. ··································· ① ② ③ ④

167. 어떤 일이라도 바로 시작하는 편이다. ··················· ① ② ③ ④

168. 낯을 가린다. ·· ① ② ③ ④

169. 생각한 뒤 행동한다. ·· ① ② ③ ④

170. 쉬는 날엔 밖에 나가지 않는다. ····························· ① ② ③ ④

171. 시작한 일은 반드시 끝을 본다. ····························· ① ② ③ ④

172. 면밀하게 계획을 세운 여행을 좋아한다. ················ ① ② ③ ④

173. 야망이 있는 사람이다. ··· ① ② ③ ④

174. 활동력이 있다. ··· ① ② ③ ④

175. 왁자지껄한 자리를 좋아하지 않는다. ····················· ① ② ③ ④

176. 돈을 허비한 적이 있다. ·· ① ② ③ ④

177. 소풍 전날 기대로 잠을 이루지 못했다. ·· ① ② ③ ④

178. 하나의 취미에 열중한다. ·· ① ② ③ ④

179. 모임에서 회장을 한 적이 있다. ·· ① ② ③ ④

180. 성공신화에 대한 이야기를 좋아한다. ··· ① ② ③ ④

181. 어떤 일에도 의욕적으로 임한다. ··· ① ② ③ ④

182. 학급에서 존재가 희미했다. ··· ① ② ③ ④

183. 무언가에 깊이 몰두하는 편이다. ··· ① ② ③ ④

184. 칭찬을 듣는 것을 좋아한다. ·· ① ② ③ ④

185. 흐린 날은 외출 시 우산을 반드시 챙긴다. ··································· ① ② ③ ④

186. 조연 배우보다는 주연 배우를 좋아한다. ······································ ① ② ③ ④

187. 공격적인 성향이 있다. ·· ① ② ③ ④

188. 리드를 받는 편이다. ·· ① ② ③ ④

189. 너무 신중해서 기회를 놓친 적이 있다. ······································ ① ② ③ ④

190. 굼뜨다는 말을 들어 본 적이 있다. ·· ① ② ③ ④

191. 야근을 해서라도 할당된 일을 끝내야 맘이 편하다. ······················ ① ② ③ ④

192. 누군가를 방문할 때는 반드시 사전에 약속을 잡는다. ··················· ① ② ③ ④

193. 노력해도 결과가 따르지 않으면 의미가 없다. ···························· ① ② ③ ④

194. 무조건 행동해야 한다. ·· ① ② ③ ④

195. 유행에 둔감하다고 생각한다. ··· ① ② ③ ④

196. 정해진 대로 움직이는 것은 시시하 ·· ① ② ③ ④

197. 이루고 싶은 꿈이 있다. ·· ① ② ③ ④

198. 질서보다는 자유가 중요하다. ··· ① ② ③ ④

199. 같이 하는 취미보다 혼자서 하는 취미를 즐긴다. ························· ① ② ③ ④

200. 직관적으로 판단하는 편이다. ··· ① ② ③ ④

201. 드라마 속 등장인물의 감정에 쉽게 이입된다. ···························· ① ② ③ ④

202. 시대의 흐름에 역행해서라도 자신의 주장을 관철하고 싶다. ·········· ① ② ③ ④

203. 다른 사람의 소문에 관심이 많다. ··· ① ② ③ ④

204. 창조적인 일을 좋아한다. ··· ① ② ③ ④

205. 눈물이 많은 편이다. ·· ① ② ③ ④

206. 융통성이 있다. ··· ① ② ③ ④

207. 친구의 휴대전화 번호를 외우고 있다. ······························· ① ② ③ ④

208. 스스로 고안하는 것을 좋아한다. ······································ ① ② ③ ④

209. 정이 두터운 사람으로 남고 싶다. ····································· ① ② ③ ④

210. 조직의 일원으로 잘 어울린다. ··· ① ② ③ ④

211. 세상사에 관심이 별로 없다. ·· ① ② ③ ④

212. 항상 변화를 추구한다. ··· ① ② ③ ④

213. 업무는 인간관계로 선택한다. ·· ① ② ③ ④

214. 환경이 변하는 것에 구애되지 않는다. ······························ ① ② ③ ④

215. 불안감이 강한 편이다. ··· ① ② ③ ④

216. 인생은 살 가치가 있다고 생각한다. ·································· ① ② ③ ④

217. 의지가 약한 편이다. ·· ① ② ③ ④

218. 다른 사람이 하는 일에 별로 관심이 없다. ························· ① ② ③ ④

219. 사람을 설득하는 일에 능하다. ··· ① ② ③ ④

220. 심심한 것을 못 참는다. ·· ① ② ③ ④

221. 다른 사람 욕을 한 적이 한 번도 없다. ····························· ① ② ③ ④

222. 타인의 시선을 중요하게 생각한다. ··································· ① ② ③ ④

223. 금방 낙심하는 편이다. ··· ① ② ③ ④

224. 다른 사람에게 의존적이다. ··· ① ② ③ ④

225. 그다지 융통성이 있는 편이 아니다. ·································· ① ② ③ ④

226. 다른 사람이 내 일에 간섭하는 것이 싫다. ························· ① ② ③ ④

227. 낙천적이다. ··· ① ② ③ ④

228. 과제를 잊어버린 적이 한 번도 없다. ································· ① ② ③ ④

229. 밤길에 혼자 다니는 것이 불안하다. ·································· ① ② ③ ④

230. 상냥하다는 말을 들은 적이 있다. ····································· ① ② ③ ④

231. 자신은 유치한 사람이다. ·· ① ② ③ ④

232. 잡담을 하는 것보다 책을 읽는 게 낫다. ···························· ① ② ③ ④

233. 나는 영업에 적합한 타입이다. ··· ① ② ③ ④

234. 술자리에서 술을 마시지 않아도 흥을 돋울 수 있다. ············ ① ② ③ ④

235. 병원에 가는 것을 싫어한다. ·· ① ② ③ ④

236. 나쁜 일이 생기면 걱정이 돼 어쩔 줄 모른다. ································ ① ② ③ ④

237. 쉽게 무기력해지는 편이다. ·· ① ② ③ ④

238. 비교적 고분고분한 편이다. ·· ① ② ③ ④

239. 독자적으로 행동한 적이 있다. ··· ① ② ③ ④

240. 나만의 독립된 공간이 필요하다. ·· ① ② ③ ④

241. 쉽게 감동한다. ··· ① ② ③ ④

242. 어떤 것에 대해 불만을 가진 적이 없다. ···································· ① ② ③ ④

243. 밤에 잠들지 못 할 때가 많다. ··· ① ② ③ ④

244. 자주 후회한다. ··· ① ② ③ ④

245. 쉽게 뜨거워졌다 쉽게 식는다. ··· ① ② ③ ④

246. 자시만의 세계를 가지고 있다. ··· ① ② ③ ④

247. 많은 사람 앞에서도 긴장하는 일이 없다. ································· ① ② ③ ④

248. 말하는 것을 아주 좋아한다. ·· ① ② ③ ④

249. 될 대로 되라고 생각한 적이 한 번도 없다. ······························· ① ② ③ ④

250. 어두운 성격이다. ··· ① ② ③ ④

251. 활동 범위가 넓은 편이다. ··· ① ② ③ ④

252. 넓고 얕은 관계보다 좁고 깊은 관계를 추구한다. ······················ ① ② ③ ④

253. 돌다리도 두드려보고 건너는 편이다. ······································· ① ② ③ ④

254. 역사에 이름을 남기고 싶다. ··· ① ② ③ ④

255. 여러 가지 일을 함께 처리하는 데 능숙하다. ····························· ① ② ③ ④

256. 약속을 미룬 적이 많다. ·· ① ② ③ ④

257. 한 번 결정한 것에 철저히 구속받는다. ···································· ① ② ③ ④

258. 이왕 할 거라면 일등이 되고 싶다. ··· ① ② ③ ④

259. 과감하게 도전하는 타입이다. ··· ① ② ③ ④

260. 사교적인 모임에 나가는 것은 부담스럽다. ······························· ① ② ③ ④

261. 무심코 예의에 대해서 말하고 싶어진다. ··································· ① ② ③ ④

262. 건강관리에 신경을 쓰는 편이다. ·· ① ② ③ ④

263. 단념하면 끝이라고 생각한다. ··· ① ② ③ ④

264. 무언가를 평가하고 있는 자신을 발견할 때가 있다. ··················· ① ② ③ ④

265. 조금 뒤의 일이라도 메모해 둔다. ·· ① ② ③ ④

266. 리더십이 있는 사람이 되고 싶다. ································· ① ② ③ ④

267. 통찰력이 있는 편이다. ····································· ① ② ③ ④

268. 엉덩이가 가벼운 편이다. ································· ① ② ③ ④

269. 여러 가지로 구애되는 것이 많다. ······················· ① ② ③ ④

270. 권력욕이 있다. ·· ① ② ③ ④

271. 업무를 할당받으면 기쁘다. ····························· ① ② ③ ④

272. 사색적인 사람이라고 생각한다. ························· ① ② ③ ④

273. 비교적 개혁적이다. ···································· ① ② ③ ④

274. 좋고 싫음이 뚜렷하다. ································· ① ② ③ ④

275. 전통은 소중한 것이다. ································· ① ② ③ ④

276. 교제 범위가 좁은 편이다. ····························· ① ② ③ ④

277. 발상의 전환은 필요하다. ······························ ① ② ③ ④

278. 고정관념이 없는 편이다. ······························ ① ② ③ ④

279. 너무 주관적이어서 실패한다. ·························· ① ② ③ ④

280. 현실적이고 실용적인 것을 추구한다. ····················· ① ② ③ ④

281. 롤 모델이 있다. ······································· ① ② ③ ④

282. 적은 가능성이라도 있다면 도전할 만하다. ················· ① ② ③ ④

283. 선물은 마음이 중요하다. ······························ ① ② ③ ④

284. 여행은 계획 없이 편하게 하는 것이 좋다. ················· ① ② ③ ④

285. 추상적인 일에 관심이 있다. ···························· ① ② ③ ④

286. 일은 대담하게 하는 편이다. ···························· ① ② ③ ④

287. 조용하고 조심스러운 성격이다. ························· ① ② ③ ④

288. 괴로워하는 사람을 보면 우선 동정한다. ·················· ① ② ③ ④

289. 가치 기준은 자기 내면에 있다고 생각한다. ················ ① ② ③ ④

290. 상상력이 풍부하다. ···································· ① ② ③ ④

291. 자신을 인정해 주는 상사를 만나고 싶다. ················· ① ② ③ ④

292. 인생은 앞날을 알 수 없어 재미있다. ····················· ① ② ③ ④

293. 밝은 성격이다. ·· ① ② ③ ④

294. 별로 반성하지 않는 편이다. ···························· ① ② ③ ④

295. 언쟁에서 진 적이 없다. ································· ① ② ③ ④

296. 예술 분야에 관심이 많다. ┄┄┄┄┄┄┄┄┄┄┄┄┄┄┄┄┄┄ ① ② ③ ④

297. 말하는 것보다 듣는 것이 편하다. ┄┄┄┄┄┄┄┄┄┄┄┄┄ ① ② ③ ④

298. 남을 먼저 배려하는 편이다. ┄┄┄┄┄┄┄┄┄┄┄┄┄┄┄ ① ② ③ ④

299. 나만의 스트레스 해소법을 가지고 있다. ┄┄┄┄┄┄┄┄┄ ① ② ③ ④

300. 주변 사람들의 말에 절대 흔들리지 않는다. ┄┄┄┄┄┄┄ ① ② ③ ④

301. 사후세계가 존재한다고 믿는다. ┄┄┄┄┄┄┄┄┄┄┄┄┄ ① ② ③ ④

302. 종교는 가질 만한 것이다. ┄┄┄┄┄┄┄┄┄┄┄┄┄┄┄┄ ① ② ③ ④

303. 책상 정리가 되어 있지 않으면 불안하다. ┄┄┄┄┄┄┄┄ ① ② ③ ④

304. 신뢰할 수 있는 사람이다. ┄┄┄┄┄┄┄┄┄┄┄┄┄┄┄┄ ① ② ③ ④

305. 모든 일에 일등이 되고 싶다. ┄┄┄┄┄┄┄┄┄┄┄┄┄┄ ① ② ③ ④

306. 큰 목표를 이루기 위해서라면 작은 부정을 저지를 수 있다. ┄┄ ① ② ③ ④

307. 파란만장한 삶을 살아왔다고 생각한다. ┄┄┄┄┄┄┄┄┄ ① ② ③ ④

308. 관찰력이 뛰어나다. ┄┄┄┄┄┄┄┄┄┄┄┄┄┄┄┄┄┄┄ ① ② ③ ④

309. 주도면밀하다는 말을 들은 적이 있다. ┄┄┄┄┄┄┄┄┄┄ ① ② ③ ④

310. 높은 이상을 추가한다. ┄┄┄┄┄┄┄┄┄┄┄┄┄┄┄┄┄ ① ② ③ ④

311. 무언가에 얽매이는 것을 싫어한다. ┄┄┄┄┄┄┄┄┄┄┄ ① ② ③ ④

312. 직장생활에서는 인간관계가 가장 중요하다고 생각한다. ┄┄ ① ② ③ ④

313. 날씨가 기분에 영향을 미친다. ┄┄┄┄┄┄┄┄┄┄┄┄┄ ① ② ③ ④

314. 월요일은 유난히 피곤하다. ┄┄┄┄┄┄┄┄┄┄┄┄┄┄┄ ① ② ③ ④

315. 감정을 솔직하게 표현하는 편이다. ┄┄┄┄┄┄┄┄┄┄┄ ① ② ③ ④

316. 자신에 대해서 얘기하기를 좋아한다. ┄┄┄┄┄┄┄┄┄┄ ① ② ③ ④

317. 평생직장은 이제 있을 수 없다고 생각한다. ┄┄┄┄┄┄┄ ① ② ③ ④

318. 돈이 많다면 일은 하고 싶지 않다고 생각해 본 적이 있다. ┄┄ ① ② ③ ④

319. 스마트폰 중독이 아닐까 생각해 본 적이 있다. ┄┄┄┄┄ ① ② ③ ④

320. 경제관념이 뚜렷한 편이다. ┄┄┄┄┄┄┄┄┄┄┄┄┄┄┄ ① ② ③ ④

321. 아는 척을 할 때가 많다. ┄┄┄┄┄┄┄┄┄┄┄┄┄┄┄┄ ① ② ③ ④

322. 좋고 싫음이 얼굴에 드러나는 편이다. ┄┄┄┄┄┄┄┄┄ ① ② ③ ④

323. 사람의 성향은 절대 바뀌지 않는다고 생각한다. ┄┄┄┄┄ ① ② ③ ④

324. 건강에 신경을 많이 쓰는 편이다. ┄┄┄┄┄┄┄┄┄┄┄ ① ② ③ ④

325. 다른 사람을 무시한 적이 한 번도 없다. ┄┄┄┄┄┄┄┄ ① ② ③ ④

3. 복합 유형

▎1~50▎ 다음 질문에 대해서 평소 자신이 생각하고 있는 것이나 행동하고 있는 것에 대해 박스에 주어진 응답요령에 따라 답하시오.

※ 인성검사는 응시자의 인성을 파악하기 위한 시험이므로 정답이 존재하지 않습니다.

응답요령
- 응답 Ⅰ : 제시된 문항들을 읽은 다음 각각의 문항에 대해 자신이 동의하는 정도를 ①(전혀 그렇지 않다) ~ ⑤(매우 그렇다)으로 표시하면 된다.
- 응답 Ⅱ : 제시된 문항들을 비교하여 상대적으로 자신의 성격과 가장 가까운 문항(Most) 하나와 가장 거리가 먼 문항(Least) 하나를 선택하여야 한다(응답 Ⅱ의 응답은 Most 1개, Least 1개, 무응답 2개이어야 한다).

1

문항 예시	응답 Ⅰ					응답 Ⅱ	
	①	②	③	④	⑤	Most	Least
A. 모임에서 리더에 어울리지 않는다고 생각한다.							
B. 착실한 노력으로 성공한 이야기를 좋아한다.							
C. 어떠한 일에도 의욕적으로 임하는 편이다.							
D. 학급에서는 존재가 두드러졌다.							

2

문항 예시	응답 Ⅰ					응답 Ⅱ	
	①	②	③	④	⑤	Most	Least
A. 아무것도 생각하지 않을 때가 많다.							
B. 스포츠는 하는 것보다는 보는 것이 좋다.							
C. 게으른 편이라고 생각한다.							
D. 비가 오지 않으면 우산을 가지고 가지 않는다.							

3

문항 예시	응답 Ⅰ					응답 Ⅱ	
	①	②	③	④	⑤	Most	Least
A. 1인자보다는 조력자의 역할을 좋아한다.							
B. 의리를 지키는 타입이다.							
C. 리드를 하는 편이다.							
D. 신중함이 부족해서 후회한 적이 많다.							

4

문항 예시	응답 I					응답 II	
	①	②	③	④	⑤	Most	Least
A. 모든 일을 여유 있게 대비하는 타입이다.							
B. 업무가 진행 중이라도 야근은 하지 않는다.							
C. 타인을 방문하는 경우 상대방이 부재중인 때가 많다.							
D. 노력하는 과정이 중요하고 결과는 중요하지 않다.							

5

문항 예시	응답 I					응답 II	
	①	②	③	④	⑤	Most	Least
A. 무리해서 행동하지 않는다.							
B. 유행에 민감한 편이다.							
C. 정해진 대로 움직이는 것이 안심이 된다.							
D. 현실을 직시하는 편이다.							

6

문항 예시	응답 I					응답 II	
	①	②	③	④	⑤	Most	Least
A. 자유보다는 질서를 중요시 한다.							
B. 잡담하는 것을 좋아한다.							
C. 경험에 비추어 판단하는 편이다.							
D. 영화나 드라마는 각본의 완성도나 화면구성에 주목한다.							

7

문항 예시	응답 I					응답 II	
	①	②	③	④	⑤	Most	Least
A. 타인의 일에는 별로 관심이 없다.							
B. 다른 사람의 소문에 관심이 많다.							
C. 실용적인 일을 할 때가 많다.							
D. 정이 많은 편이다.							

8

문항 예시	응답 Ⅰ					응답 Ⅱ	
	①	②	③	④	⑤	Most	Least
A. 협동은 중요하다고 생각한다.							
B. 친구의 휴대폰 번호는 모두 외운다.							
C. 정해진 틀은 깨라고 있는 것이다.							
D. 이성적인 사람이고 싶다.							

9

문항 예시	응답 Ⅰ					응답 Ⅱ	
	①	②	③	④	⑤	Most	Least
A. 환경은 변하지 않는 것이 좋다고 생각한다.							
B. 성격이 밝다.							
C. 반성하는 편이 아니다.							
D. 활동 범위가 좁은 편이다.							

10

문항 예시	응답 Ⅰ					응답 Ⅱ	
	①	②	③	④	⑤	Most	Least
A. 시원시원한 성격을 가진 사람이다.							
B. 좋다고 생각하면 바로 행동한다.							
C. 좋은 사람으로 기억되고 싶다.							
D. 한 번에 많은 일을 떠맡는 것은 골칫거리이다.							

11

문항 예시	응답 Ⅰ					응답 Ⅱ	
	①	②	③	④	⑤	Most	Least
A. 사람과 만나는 약속은 늘 즐겁다.							
B. 질문을 받으면 그때의 느낌으로 대답한다.							
C. 땀을 흘리는 것보다 머리를 쓰는 일이 좋다.							
D. 이미 결정된 것이라면 다시 생각하지 않는다.							

12	문항 예시	응답 I					응답 II	
		①	②	③	④	⑤	Most	Least
	A. 외출 시 문을 잠갔는지 몇 번씩 확인한다.							
	B. 지위가 사람을 만든다고 생각한다.							
	C. 안전책을 고르는 타입이다.							
	D. 사교적인 사람이다.							

13	문항 예시	응답 I					응답 II	
		①	②	③	④	⑤	Most	Least
	A. 사람은 도리를 지키는 것이 당연하다고 생각한다.							
	B. 착하다는 소릴 자주 듣는다.							
	C. 단념을 하는 것도 중요하다고 생각한다.							
	D. 누구도 예상치 못한 일을 하고 싶다.							

14	문항 예시	응답 I					응답 II	
		①	②	③	④	⑤	Most	Least
	A. 평범하고 평온하게 행복한 인생을 살고 싶다.							
	B. 움직이는 일을 좋아하지 않는다.							
	C. 소극적인 사람이라고 생각한다.							
	D. 이것저것 평가하는 것이 싫다.							

15	문항 예시	응답 I					응답 II	
		①	②	③	④	⑤	Most	Least
	A. 성격이 급하다.							
	B. 꾸준히 노력하는 것을 잘 못한다.							
	C. 내일의 계획은 미리 세운다.							
	D. 혼자 일을 하는 것이 편하다.							

16

문항 예시	응답 I					응답 II	
	①	②	③	④	⑤	Most	Least
A. 열정적인 사람이라고 생각하지 않는다.							
B. 다른 사람 앞에서 이야기를 잘한다.							
C. 행동력이 강한 사람이다.							
D. 엉덩이가 무거운 편이다.							

17

문항 예시	응답 I					응답 II	
	①	②	③	④	⑤	Most	Least
A. 특별히 구애받는 것이 없다.							
B. 돌다리는 두들겨 보고 건너는 편이다.							
C. 나에게는 권력욕이 없는 것 같다.							
D. 업무를 할당받으면 부담스럽다.							

18

문항 예시	응답 I					응답 II	
	①	②	③	④	⑤	Most	Least
A. 보수적인 편이다.							
B. 계산적인 사람이다.							
C. 규칙을 잘 지키는 타입이다.							
D. 무기력함을 많이 느낀다.							

19

문항 예시	응답 I					응답 II	
	①	②	③	④	⑤	Most	Least
A. 사람을 사귀는 범위가 넓다.							
B. 상식적인 판단을 할 수 있는 편이라고 생각한다.							
C. 너무 객관적이어서 실패한 적이 많다.							
D. 보수보다는 진보라고 생각한다.							

20

문항 예시	응답 Ⅰ					응답 Ⅱ	
	①	②	③	④	⑤	Most	Least
A. 내가 좋아하는 사람은 주변 사람들이 모두 안다.							
B. 가능성보다 현실을 중요시한다.							
C. 상대에게 꼭 필요한 선물을 잘 알고 있다.							
D. 여행은 계획을 세워서 추진하는 편이다.							

21

문항 예시	응답 Ⅰ					응답 Ⅱ	
	①	②	③	④	⑤	Most	Least
A. 무슨 일이든 구체적으로 파고드는 편이다.							
B. 일을 할 때는 착실한 편이다.							
C. 괴로워하는 사람을 보면 우선 이유부터 묻는다.							
D. 가치 기준이 확고하다.							

22

문항 예시	응답 Ⅰ					응답 Ⅱ	
	①	②	③	④	⑤	Most	Least
A. 밝고 개방적인 편이다.							
B. 현실 직시를 잘 하는 편이다.							
C. 공평하고 공정한 상사를 만나고 싶다.							
D. 시시해도 계획적인 인생이 좋다.							

23

문항 예시	응답 Ⅰ					응답 Ⅱ	
	①	②	③	④	⑤	Most	Least
A. 분석력이 뛰어나다.							
B. 논리적인 편이다.							
C. 사물에 대해 가볍게 생각하는 경향이 강하다.							
D. 계획을 세워도 지키지 못한 경우가 많다.							

24

문항 예시	응답 I					응답 II	
	①	②	③	④	⑤	Most	Least
A. 생각했다고 해서 반드시 행동으로 옮기지 않는다.							
B. 목표 달성에 별로 구애받지 않는다.							
C. 경쟁하는 것을 즐기는 편이다.							
D. 정해진 친구만 만나는 편이다.							

25

문항 예시	응답 I					응답 II	
	①	②	③	④	⑤	Most	Least
A. 활발한 성격이라는 소릴 자주 듣는다.							
B. 기회를 놓치는 경우가 많다.							
C. 학창시절 체육수업을 싫어했다.							
D. 과정보다 결과를 중요시한다.							

26

문항 예시	응답 I					응답 II	
	①	②	③	④	⑤	Most	Least
A. 내 능력 밖의 일은 하고 싶지 않다.							
B. 새로운 사람을 만나는 것은 두렵다.							
C. 차분하고 사려가 깊은 편이다.							
D. 주변의 일에 나서는 편이다.							

27

문항 예시	응답 I					응답 II	
	①	②	③	④	⑤	Most	Least
A. 글을 쓸 때에는 미리 구상을 하고 나서 쓴다.							
B. 여러 가지 일을 경험하고 싶다.							
C. 스트레스를 해소하기 위해 집에서 조용히 지낸다.							
D. 기한 내에 일을 마무리 짓지 못한 적이 많다.							

28 문항 예시	응답 I					응답 II	
	①	②	③	④	⑤	Most	Least
A. 무리한 도전은 할 필요가 없다고 생각한다.							
B. 남의 앞에 나서는 것을 좋아하지 않는다.							
C. 납득이 안 되면 행동이 안 된다.							
D. 약속 시간에 여유 있게 도착하는 편이다.							

29 문항 예시	응답 I					응답 II	
	①	②	③	④	⑤	Most	Least
A. 매사 유언하세 내처하는 편이다.							
B. 휴일에는 집에 있는 것이 좋다.							
C. 위험을 무릅쓰고 까지 성공하고 싶지는 않다.							
D. 누군가가 도와주기를 하며 기다린 적이 많다.							

30 문항 예시	응답 I					응답 II	
	①	②	③	④	⑤	Most	Least
A. 친구가 적은 편이다.							
B. 결론이 나도 여러 번 다시 생각하는 편이다.							
C. 미래가 걱정이 되어 잠을 설친 적이 있다.							
D. 같은 일을 반복하는 것은 지겹다.							

31 문항 예시	응답 I					응답 II	
	①	②	③	④	⑤	Most	Least
A. 움직이지 않고 생각만 하는 것이 좋다.							
B. 하루종일 잠만 잘 수 있다.							
C. 오늘 하지 않아도 되는 일은 하지 않는다.							
D. 목숨을 걸 수 있는 친구가 있다.							

32	문항 예시	응답 I					응답 II	
		①	②	③	④	⑤	Most	Least
	A. 체험을 중요하게 생각한다.							
	B. 도리를 지키는 사람이 좋다.							
	C. 갑작스런 상황에 부딪혀도 유연하게 대처한다.							
	D. 쉬는 날은 반드시 외출해야 한다.							

33	문항 예시	응답 I					응답 II	
		①	②	③	④	⑤	Most	Least
	A. 쇼핑을 좋아하는 편이다.							
	B. 불필요한 물건을 마구 사드리는 편이다.							
	C. 이성적인 사람을 보면 동경의 대상이 된다.							
	D. 초면인 사람과는 대화를 잘 하지 못한다.							

34	문항 예시	응답 I					응답 II	
		①	②	③	④	⑤	Most	Least
	A. 재미있는 일을 추구하는 편이다.							
	B. 어려움에 처한 사람을 보면 도와주어야 한다.							
	C. 돈이 없으면 외출을 하지 않는다.							
	D. 한 가지 일에 몰두하는 타입이다.							

35	문항 예시	응답 I					응답 II	
		①	②	③	④	⑤	Most	Least
	A. 손재주가 뛰어난 편이다.							
	B. 규칙을 벗어나는 일은 하고 싶지 않다.							
	C. 위험을 무릅쓰고 도전하고 싶은 일이 있다.							
	D. 남의 주목을 받는 것을 즐긴다.							

36

문항 예시	응답 I					응답 II	
	①	②	③	④	⑤	Most	Least
A. 조금이라도 나쁜 소식을 들으면 절망에 빠진다.							
B. 다수결의 의견에 따르는 편이다.							
C. 혼자 식당에서 밥을 먹는 일은 어렵지 않다.							
D. 하루하루 걱정이 늘어가는 타입이다.							

37

문항 예시	응답 I					응답 II	
	①	②	③	④	⑤	Most	Least
A. 승부근성이 매우 강하다.							
B. 흥분을 자주하며 흥분하면 목소리가 커진다.							
C. 지금까지 한 번도 타인에게 폐를 끼친 적이 없다.							
D. 남의 험담을 해 본 적이 없다.							

38

문항 예시	응답 I					응답 II	
	①	②	③	④	⑤	Most	Least
A. 남들이 내 험담을 할까봐 걱정된다.							
B. 내 자신을 책망하는 경우가 많다.							
C. 변덕스런 사람이라는 소릴 자주 듣는다.							
D. 자존심이 강한 편이다.							

39

문항 예시	응답 I					응답 II	
	①	②	③	④	⑤	Most	Least
A. 고독을 즐기는 편이다.							
B. 착한 거짓말은 필요하다고 생각한다.							
C. 신경질적인 날이 많다.							
D. 고민이 생기면 혼자서 끙끙 앓는 편이다.							

40

문항 예시	응답 I					응답 II	
	①	②	③	④	⑤	Most	Least
A. 나를 싫어하는 사람은 없다.							
B. 과감하게 행동하는 편이다.							
C. 쓸데없이 고생을 사서 할 필요는 없다.							
D. 기계를 잘 다루는 편이다.							

41

문항 예시	응답 I					응답 II	
	①	②	③	④	⑤	Most	Least
A. 문제점을 해결하기 위해 많은 사람과 상의하는 편이다.							
B. 내 방식대로 일을 처리하는 편이다.							
C. 영화를 보면서 눈물을 흘린 적이 많다.							
D. 타인에게 화를 낸 적이 없다.							

42

문항 예시	응답 I					응답 II	
	①	②	③	④	⑤	Most	Least
A. 타인의 사소한 충고에도 걱정을 많이 한다.							
B. 타인에게 도움이 안 되는 사람이라고 생각한다.							
C. 싫증을 잘 내는 편이다.							
D. 개성이 강하다는 소릴 자주 듣는다.							

43

문항 예시	응답 I					응답 II	
	①	②	③	④	⑤	Most	Least
A. 주장이 강한 편이다.							
B. 고집이 센 사람을 보면 짜증이 난다.							
C. 예의 없는 사람하고는 말을 섞지 않는다.							
D. 학창시절 결석을 한 적이 한 번도 없다.							

44

문항 예시	응답 I					응답 II	
	①	②	③	④	⑤	Most	Least
A. 잘 안 되는 일도 될 때까지 계속 추진하는 편이다.							
B. 남에 대한 배려심이 강하다.							
C. 끈기가 약하다.							
D. 인생의 목표는 클수록 좋다고 생각한다.							

45

문항 예시	응답 I					응답 II	
	①	②	③	④	⑤	Most	Least
A. 무슨 일이든 바로 시작하는 타입이다.							
B. 복잡한 문제가 발생하면 포기하는 편이다.							
C. 생각하고 행동하는 편이다.							
D. 야망이 있는 사람이라고 생각한다.							

46

문항 예시	응답 I					응답 II	
	①	②	③	④	⑤	Most	Least
A. 비판적인 성향이 강하다.							
B. 감수성이 풍부한 편이다.							
C. 남을 비판할 때는 무섭게 비판한다.							
D. 하나의 취미에 열중하는 편이다.							

47

문항 예시	응답 I					응답 II	
	①	②	③	④	⑤	Most	Least
A. 성격이 매우 급하다.							
B. 입신출세의 이야기를 좋아한다.							
C. 잘하는 스포츠가 하나 이상은 있다.							
D. 다룰 수 있는 악기가 하나 이상은 있다.							

48

문항 예시	응답 I					응답 II	
	①	②	③	④	⑤	Most	Least
A. 흐린 날은 반드시 우산을 챙긴다.							
B. 즉흥적으로 결정하는 경우가 많다.							
C. 공격적인 타입이다.							
D. 남에게 리드를 받으면 기분이 상한다.							

49

문항 예시	응답 I					응답 II	
	①	②	③	④	⑤	Most	Least
A. 누군가를 방문할 때는 사전에 반드시 확인을 한다.							
B. 노력해도 결과가 따르지 않으면 의미가 없다.							
C. 유행에 크게 신경을 쓰지 않는다.							
D. 질서보다는 자유를 중요시 한다.							

50

문항 예시	응답 I					응답 II	
	①	②	③	④	⑤	Most	Least
A. 영화나 드라마를 보면 주인공의 감정에 이입된다.							
B. 가십거리를 좋아한다.							
C. 창조적인 일을 하고 싶다.							
D. 눈물이 많은 편이다.							

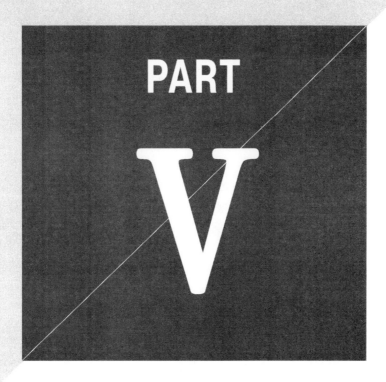

면접

면접의 기본

① 면접의 기본

(1) 면접의 기본 원칙

① 면접의 의미
다양한 면접기법을 활용하여 지원한 직무에 필요한 능력을 지원자가 보유하고 있는지를 확인하는 절차라고 할 수 있다. 즉, 지원자의 입장에서는 채용 직무수행에 필요한 요건들과 관련하여 자신의 환경, 경험, 관심사, 성취 등에 대해 기업에 직접 어필할 수 있는 기회를 제공받는 것이며, 기업의 입장에서는 서류전형만으로 알 수 없는 지원자에 대한 정보를 직접적으로 수집하고 평가하는 것이다.

② 면접의 특징
○ 직무수행과 관련된 다양한 지원자 행동에 대한 관찰이 가능하다.
○ 면접관이 알고자 하는 정보를 심층적으로 파악할 수 있다.
○ 서류상의 미비한 사항과 의심스러운 부분을 확인할 수 있다.
○ 커뮤니케이션 능력, 대인관계 능력 등 행동·언어적 정보도 얻을 수 있다.

③ 면접의 유형
○ 구조화 면접
• 표준화된 질문이나 평가요소가 면접 전 확정되며, 지원자는 편성된 조나 면접관에 영향을 받지 않고 동일한 질문과 시간을 부여받을 수 있다.
• 조직 또는 직무별로 주요하게 도출된 역량을 기반으로 평가요소가 구성되어, 조직 또는 직무에서 필요한 역량을 가진 지원자를 선발할 수 있다.
• 표준화된 형식을 사용하는 특성 때문에 비구조화 면접에 비해 신뢰성과 타당성, 객관성이 높다.
○ 비구조화 면접
• 표준화된 질문이나 평가요소 없이 면접이 진행되며, 편성된 조나 면접관에 따라 지원자에게 주어지는 질문이나 시간이 다르다.
• 면접관의 주관적인 판단에 따라 평가가 이루어져 평가 오류가 빈번히 일어난다.
• 상황 대처나 언변이 뛰어난 지원자에게 유리한 면접이 될 수 있다.

④ 경쟁력 있는 면접 요령

　㉠ 면접 전에 준비하고 유념할 사항

- 예상 질문과 답변을 미리 작성한다.
- 작성한 내용을 문장으로 외우지 않고 키워드로 기억한다.
- 지원한 회사의 최근 기사를 검색하여 기억한다.
- 지원한 회사가 속한 산업군의 최근 기사를 검색하여 기억한다.
- 면접 전 1주일간 이슈가 되는 뉴스를 기억하고 자신의 생각을 반영하여 정리한다.
- 찬반토론에 대비한 주제를 목록으로 정리하여 자신의 논리를 내세운 예상답변을 작성한다.

　㉡ 면접장에서 유념할 사항

- 질문의 의도 파악 : 답변을 할 때에는 질문 의도를 파악하고 그에 충실한 답변이 될 수 있도록 질문사항을 유념해야 한다. 많은 지원자가 하는 실수 중 하나로 답변을 하는 도중 자기 말에 심취되어 질문의 의도와 다른 답변을 하거나 자신이 알고 있는 지식만을 나열하는 경우가 있는데, 이럴 경우 의사소통능력이 부족한 사람으로 인식될 수 있으므로 주의하도록 한다.
- 답변은 두괄식 : 답변을 할 때에는 두괄식으로 결론을 먼저 말하고 그 이유를 설명하는 것이 좋다. 미괄식으로 답변을 할 경우 용두사미의 답변이 될 가능성이 높으며, 결론을 이끌어 내는 과정에서 논리성이 결여될 우려가 있다. 또한 면접관이 결론을 듣기 전에 말을 끊고 다른 질문을 추가하는 예상치 못한 상황이 발생될 수 있으므로 답변은 자신이 전달하고자 하는 바를 먼저 밝히고 그에 대한 설명을 하는 것이 좋다.
- 지원한 회사의 기업정신과 인재상을 기억 : 답변을 할 때에는 회사가 원하는 인재라는 인상을 심어주기 위해 지원한 회사의 기업정신과 인재상 등을 염두에 두고 답변을 하는 것이 좋다. 모든 회사에 해당되는 두루뭉술한 답변보다는 지원한 회사에 맞는 맞춤형 답변을 하는 것이 좋다.
- 나보다는 회사와 사회적 관점에서 답변 : 답변을 할 때에는 자기중심적인 관점을 피하고 좀 더 넓은 시각으로 회사와 국가, 사회적 입장까지 고려하는 인재임을 어필하는 것이 좋다. 자기중심적 시각을 바탕으로 자신의 출세만을 위해 회사에 입사하려는 인상을 심어줄 경우 면접에서 불이익을 받을 가능성이 높다.
- 난처한 질문은 정직한 답변 : 난처한 질문에 답변을 해야 할 때에는 피하기보다는 정면 돌파로 정직하고 솔직하게 답변하는 것이 좋다. 난처한 부분을 감추고 드러내지 않으려 회피하려는 지원자의 모습은 인사담당자에게 입사 후에도 비슷한 상황에 처했을 때 회피할 수도 있다는 우려를 심어줄 수 있다. 따라서 직장생활에 있어 중요한 덕목 중 하나인 정직을 바탕으로 솔직하게 답변을 하도록 한다.

(2) 면접의 종류 및 준비 전략

① 인성면접

㉠ 특징 : 인성면접은 그 방식으로 인해 역량과 무관한 질문들이 많고 지원자에게 주어지는 면접질문, 시간 등이 다를 수 있다. 또한 입사지원서나 자기소개서의 내용을 토대로 하기 때문에 지원자별 질문이 달라질 수 있다.

㉡ 예시 문항 및 준비전략

• 예시 문항

> • 3분 동안 자기소개를 해 보십시오.
> • 자신의 장점과 단점을 말해 보십시오.
> • 학점이 좋지 않은데 그 이유가 무엇입니까?
> • 최근에 인상 깊게 읽은 책은 무엇입니까?
> • 회사를 선택할 때 중요시하는 것은 무엇입니까?
> • 일과 개인생활 중 어느 쪽을 중시합니까?
> • 10년 후 자신은 어떤 모습일 것이라고 생각합니까?
> • 휴학 기간 동안에는 무엇을 했습니까?

• 준비전략 : 인성면접은 입사지원서나 자기소개서의 내용을 바탕으로 하는 경우가 많으므로 자신이 작성한 입사 지원서와 자기소개서의 내용을 충분히 숙지하도록 한다. 또한 최근 사회적으로 이슈가 되고 있는 뉴스에 대한 견해를 묻거나 시사상식 등에 대한 질문을 받을 수 있으므로 이에 대한 대비도 필요하다. 자칫 부담스러워 보이지 않는 질문으로 가볍게 대답하지 않도록 주의하고 모든 질문에 입사 의지를 담아 성실하게 답변하는 것이 중요하다.

② 발표면접

㉠ 특징 : 발표면접은 지원자에게 과제를 부여한 후, 과제를 수행하는 과정과 결과를 관찰·평가한다. 따라서 과제수행 결과뿐 아니라 수행과정에서의 행동을 모두 평가할 수 있다.

㉡ 예시 문항 및 준비전략

• 예시 문항

> [신입사원 조기 이직 문제]
> ※ 지원자는 아래에 제시된 자료를 검토한 뒤, 신입사원 조기 이직의 원인을 크게 3가지로 정리하고 이에 대한 구체적인 개선안을 도출하여 발표해 주시기 바랍니다.
> ※ 본 과제에 정해진 정답은 없으나 논리적 근거를 들어 개선안을 작성해 주십시오.
>
> > • A기업은 동종업계 유사기업들과 비교해 볼 때, 비교적 높은 재무안정성을 유지하고 있으며 업무강도 가 그리 높지 않은 것으로 외부에 알려져 있음
> > • 최근 조사결과, 동종업계 유사기업들과 연봉을 비교해 보았을 때 연봉 수준도 그리 나쁘지 않은 편이 라는 것이 확인되었음

- 그러나 지난 3년간 1 ~ 2년차 직원들의 이직률이 계속해서 증가하고 있는 추세이며, 경영진 회의에서 최우선 해결과제 중 하나로 거론되었음
- 이에 따라 인사팀에서 현재 1 ~ 2년차 사원들을 대상으로 개선되어야 하는 A기업의 조직문화에 대한 설문조사를 실시한 결과, '상명하복식의 의사소통'이 36.7%로 1위를 차지했음
- 이러한 설문조사와 함께, 신입사원 조기 이직에 대한 원인을 분석한 결과 파랑새 증후군, 셀프홀릭 증후군, 피터팬 증후군 등 3가지로 분류할 수 있었음

〈동종업계 유사기업들과의 연봉 비교〉

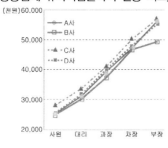

〈우리 회사 조직문화 중 개선되었으면 하는 것〉

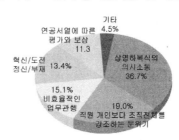

〈신입사원 조기 이직의 원인〉

- 파랑새 증후군
  - 현재의 직장보다 더 좋은 직장이 있을 것이라는 막연한 기대감으로 끊임없이 새로운 직장을 탐색함
  - 학력 수준과 맞지 않는 '하향지원', 전공과 적성을 고려하지 않고 일단 취업하고 보자는 '묻지마 지원'이 파랑새 증후군을 초래함
- 셀프홀릭 증후군 : 본인의 역량에 비해 가치가 낮은 일을 주로 하면서 갈등을 느낌
- 피터팬 증후군
  - 기성세대의 문화를 무조건 수용하기보다는 자유로움과 변화를 추구함
  - 상명하복, 엄격한 규율 등 기성세대가 당연시하는 관행에 거부감을 가지며 직장에 답답함을 느낌

- 준비전략 : 발표면접의 시작은 과제 안내문과 과제 상황, 과제 자료 등을 정확하게 이해하는 것에서 출발한다. 과제 안내문을 침착하게 읽고 제시된 주제 및 문제와 관련된 상황의 맥락을 파악한 후 과제를 검토한다. 제시된 기사나 그래프 등을 충분히 활용하여 주어진 문제를 해결할 수 있는 해결책이나 대안을 제시하며, 발표를 할 때에는 명확하고 자신 있는 태도로 전달할 수 있도록 한다.

③ 토론면접

　　㉠ **특징** : 토론을 통해 도출해 낸 최종안의 타당성도 중요하지만, 결론을 도출해 내는 과정에서의 의사소통능력이나 갈등상황에서 의견을 조정하는 능력 등이 중요하게 평가되는 특징이 있다.

　　㉡ **예시 문항 및 준비전략**

　　　• 예시 문항

> • 대형마트 의무휴업에 대한 찬반토론
> • 양심적 병역 거부에 대한 찬반토론
> • 백신접종 의무화에 대한 찬반토론
> • 난민수용에 대한 찬반토론

　　　• **준비전략** : 토론면접은 무엇보다 팀워크와 적극성이 강조된다. 따라서 토론과정에 적극적으로 참여하며 자신의 의사를 분명하게 전달하며, 갈등상황에서 자신의 의견만 내세울 것이 아니라 다른 지원자의 의견을 경청하고 배려하는 모습도 중요하다. 갈등상황을 일목요연하게 정리하여 조정하는 등의 의사소통능력을 발휘하는 것도 좋은 전략이 될 수 있다.

④ 상황면접

　　㉠ **특징** : 실제 직무 수행 시 접할 수 있는 상황들을 제시하므로 입사 이후 지원자의 업무수행능력을 평가하는 데 적절한 면접 방식이다. 또한 지원자의 가치관, 태도, 사고방식 등의 요소를 통합적으로 평가하는 데 용이하다.

　　㉡ **예시 문항 및 준비전략**

　　　• 예시 문항

> 당신은 생산관리팀의 팀원으로, 생산팀이 기한에 맞춰 효율적으로 제품을 생산할 수 있도록 관리하는 역할을 맡고 있습니다. 3개월 뒤에 제품A를 정상적으로 출시하기 위해 생산팀의 생산 계획을 수립한 상황입니다. 그러나 원가가 곧 실적으로 이어지는 구매팀에서는 최대한 원가를 줄여 전반적 단가를 낮추려고 원가 절감을 위한 제안을 하였으나, 연구개발팀에서는 구매팀이 제안한 방식으로 제품을 생산할 경우 대부분이 구매팀의 실적으로 산정될 것이므로 제대로 확인도 해보지 않은 채 적합하지 않은 방식이라고 판단하고 있습니다. 당신은 어떻게 하겠습니까?

　　　• **준비전략** : 상황면접은 먼저 주어진 상황에서 핵심이 되는 문제가 무엇인지를 파악하는 것에서 시작한다. 주질문과 세부질문을 통하여 질문의 의도를 파악하였다면, 그에 대한 구체적인 행동이나 생각 등에 대해 응답할수록 높은 점수를 얻을 수 있다.

⑤ 역할면접

  ⊙ **특징** : 역할면접은 실제 상황과 유사한 가상 상황에서의 행동을 관찰함으로서 지원자의 성격이나 대처 행동 등을 관찰할 수 있다.

  ⓛ **예시 문항 및 준비전략**

    • 예시 문항

> **[금융권 역할면접의 예]**
> 당신은 ○○은행의 신입 텔러이다. 사람이 많은 월말 오전 한 할아버지(면접관 또는 역할담당자)께서 ○○은행을 사칭한 보이스피싱으로 500만 원을 피해 보았다며 소란을 일으키고 있다. 실제 업무상황이라고 생각하고 상황에 대처해 보시오.

    • **준비전략** : 역할연기 면접에서 측정하는 역량은 주로 갈등의 원인이 되는 문제를 해결 하고 제시된 해결방안을 상대방에게 설득하는 것이다. 따라서 갈등해결, 문제해결, 조정·통합, 설득력과 같은 역량이 중요시된다. 또한 갈등을 해결하기 위해서 상대방에 대한 이해도 필수적인 요소이므로 고객 지향을 염두에 두고 상황에 맞게 대처해야 한다. 역할면접에서는 변별력을 높이기 위해 면접관이 압박적인 분위기를 조성하는 경우가 많기 때문에 스트레스 상황에서 불안해하지 않고 유연하게 대처할 수 있도록 시간과 노력을 들여 충분히 연습하는 것이 좋다.

② 면접 이미지 메이킹

(1) 성공적인 이미지 메이킹 포인트

① 복장 및 스타일

ㄱ) 남성

- **정장** : 무채색 계열의 단색이 적당하며, 상의와 하의에 구김이 있는지 확인하도록 한다.
- **셔츠** : 흰색이 가장 무난하지만, 푸른색이나 베이지색도 산뜻한 느낌을 준다. 자신의 피부색에 맞추어 선택하는 것이 좋다.
- **넥타이** : 자신의 체형을 고려하여 색과 폭을 선택하도록 한다. 이때 넥타이 길이는 서 있을 때 벨트를 살짝 덮는 정도가 좋다.
- **구두 및 양말** : 구두는 정장보다 짙은 색을 신으며 갈색과 검은색이 적당하다. 먼지가 묻어있지 않은지, 굽이 너무 닳아있지 않은지 살피도록 한다. 양말은 정장과 같은 색이나 구두와 정장의 중간색이 적절하며, 흰색 양말과 목이 짧은 양말은 삼가도록 한다.
- **헤어스타일** : 청결함을 강조하기 위해서 짧은 머리가 좋으며, 젤이나 헤어 스프레이 등을 이용하여 단정한 모습을 보이도록 한다. 염색은 하지 않는 것이 좋다.

ㄴ) 여성

- **정장** : 단정한 느낌을 주는 투피스 정장이나 한 벌짜리 바지 정장이 좋으며, 색상은 베이지색이나 무채색이 무난하다.
- **구두 및 스타킹** : 핸드백, 구두, 스타킹은 전체적으로 같은 계열로 준비하는 것이 좋으며 구두는 5㎝ 높이가 적당하다. 스타킹은 화려한 색이나 무늬가 있는 것은 삼가고, 혹시 모를 상황에 대비하여 여분의 스타킹을 준비하는 것이 좋다.
- **화장** : 진한 화장보다 자연스럽고 밝은 이미지의 화장이 좋다.
- **헤어스타일** : 자연스러우면서 단정한 머리를 위해서는 3 ~ 4주 전에 손질하는 것이 좋다. 짧은 머리는 귀 뒤로 넘기고 긴 머리는 묶는 것이 깔끔한 인상을 준다. 강한 웨이브나 밝은 계열의 염색은 삼가도록 하고, 화려한 헤어 액세서리는 피하도록 한다.

(2) 면접 예절

① 첫인상이 중요하다.
첫인상은 5초 이내로 결정된다. 초두 효과라고 하여 처음 제시된 정보가 나중에 제시된 정보보다 강한 영향을 미치는 현상을 말하는데, 긍정적인 인상보다 부정적인 인상을 더 잘 기억한다고 하니 밝은 표정, 깔끔한 복장, 바른 자세를 갖추도록 하자.

② 공손한 태도를 취한다.
본인 차례가 되어 호명되면 대답을 또렷하게 하고 들어간다. 문을 여닫을 때 소리가 나지 않도록 주의하며, 공손한 자세로 인사한 후 면접관의 지시에 따라 착석한다. 긴장하여 옷매무새를 자주 고친다거나 불안한 시선처리는 신뢰감을 떨어트릴 수 있으니 산만한 태도는 삼간다.

③ 모든 질문에 답변한다.
미처 준비하지 못한 질문이라고 해도 반드시 답변을 해야 한다. 자칫 소신이 없거나 입장이 분명하지 못한 사람으로 비쳐질 수 있기 때문이다. 답변이 떠오르지 않을 경우, 잠시 생각을 정리할 시간을 요청하는 것도 나쁘지 않은 방법이다.

④ 집단면접 시 다른 응시자들과 협력하는 자세를 가진다.
집단면접은 개별면접보다 다른 응시자들과의 비교가 확연하게 드러난다. 자신의 기량을 발휘하되, 다른 응시자의 답변을 깎아내리거나, 과한 개성 표현은 삼가도록 한다.

⑤ 논리정연하게 답변한다.
긴장하고 당황한 나머지, 핵심은 빠진 채 장황하게 답변하는 경우가 있다. 적절하지 않은 줄임말이나 채팅 용어를 삼가고 올바른 언어로 정리된 답변을 하도록 한다.

⑥ 목소리 톤은 너무 작지도 너무 크지도 않게 한다.
면접은 면접관과 응시자의 대화로 이루어지므로 목소리가 미치는 영향이 매우 크다. 면접관과의 거리를 고려하여 너무 작거나 큰 목소리로 이야기 하지 않도록 주의하며, 속도도 신경 쓰도록 한다.

❸ 면접 질문 및 답변 포인트

(1) 성격 및 가치관에 관한 질문

① 당신의 PR포인트를 말해 주십시오.

PR포인트를 말할 때에는 지나치게 겸손한 태도는 좋지 않으며 적극적으로 자기를 주장하는 것이 좋다. 앞으로 입사 후 하게 될 업무와 관련된 자기의 특성을 구체적인 일화를 더하여 이야기하도록 한다.

② 당신의 장·단점을 말해 보십시오.

지원자의 구체적인 장·단점을 알고자 하기 보다는 지원자가 자기 자신에 대해 얼마나 알고 있으며 어느 정도의 객관적인 분석을 하고 있나, 그리고 개선의 노력 등을 시도하는지를 파악하고자 하는 것이다. 따라서 장점을 말할 때는 업무와 관련된 장점을 뒷받침할 수 있는 근거와 함께 제시하며, 단점을 이야기할 때에는 극복을 위한 노력을 반드시 포함해야 한다.

③ 가장 존경하는 사람은 누구입니까?

존경하는 사람을 말하기 위해서는 우선 그 인물에 대해 알아야 한다. 잘 모르는 인물에 대해 존경한다고 말하는 것은 면접관에게 바로 지적당할 수 있으므로, 추상적이라도 좋으니 평소에 존경스럽다고 생각했던 사람에 대해 그 사람의 어떤 점이 좋고 존경스러운지 대답하도록 한다. 또한 자신에게 어떤 영향을 미쳤는지도 언급하면 좋다.

(2) 학교생활에 관한 질문

① 지금까지의 학교생활 중 가장 기억에 남는 일은 무엇입니까?

가급적 직장생활에 도움이 되는 경험을 이야기하는 것이 좋다. 또한 경험만을 간단하게 말하지 말고 그 경험을 통해서 얻을 수 있었던 교훈 등을 예시와 함께 이야기하는 것이 좋으나 너무 상투적인 답변이 되지 않도록 주의해야 한다.

② 성적은 좋은 편이었습니까?

면접관은 이미 서류심사를 통해 지원자의 성적을 알고 있다. 그럼에도 불구하고 이 질문을 하는 것은 지원자가 성적에 대해서 어떻게 인식하느냐를 알고자 하는 것이다. 성적이 나빴던 이유에 대해서 변명하려 하지 말고 담백하게 받아드리고 그것에 대한 개선노력을 했음을 밝히는 것이 적절하다.

③ 학창시절에 시위나 집회 등에 참여한 경험이 있습니까?

기업에서는 노사분규를 기업의 사활이 걸린 중대한 문제로 인식하고 거시적인 차원에서 접근한다. 이러한 기업문화를 제대로 인식하지 못하여 학창시절의 시위나 집회 참여 경험을 자랑스럽게 답변할 경우 감점요인이 되거나 심지어는 탈락할 수 있다는 사실에 주의한다. 시위나 집회에 참가한 경험을 말할 때에는 타당성과 정도에 유의하여 답변해야 한다.

(3) 지원동기 및 직업의식에 관한 질문

① 왜 우리 회사를 지원했습니까?

이 질문은 어느 회사나 가장 먼저 물어보고 싶은 것으로 지원자들은 기업의 이념, 대표의 경영능력, 재무구조, 복리후생 등 외적인 부분을 설명하는 경우가 많다. 이러한 답변도 적절하지만 지원 회사의 주력 상품에 관한 소비자의 인지도, 경쟁사 제품과의 시장점유율을 비교하면서 입사동기를 설명한다면 상당히 주목 받을 수 있을 것이다.

② 만약 이번 채용에 불합격하면 어떻게 하겠습니까?

불합격할 것을 가정하고 회사에 응시하는 지원자는 거의 없을 것이다. 이는 지원자를 궁지로 몰아넣고 어떻게 대응하는지를 살펴보며 입사 의지를 알아보려고 하는 것이다. 이 질문은 너무 깊이 들어가지 말고 침착하게 답변하는 것이 좋다.

③ 당신이 생각하는 바람직한 사원상은 무엇입니까?

직장인으로서 또는 조직의 일원으로서의 자세를 묻는 질문으로 지원하는 회사에서 어떤 인재상을 요구하는가를 알아두는 것이 좋으며, 평소에 자신의 생각을 미리 정리해 두어 당황하지 않도록 한다.

④ 직무상의 적성과 보수의 많음 중 어느 것을 택하겠습니까?

이런 질문에서 회사 측에서 원하는 답변은 당연히 직무상의 적성에 비중을 둔다는 것이다. 그러나 적성만을 너무 강조하다 보면 오히려 솔직하지 못하다는 인상을 줄 수 있으므로 어느 한 쪽을 너무 강조하거나 경시하는 태도는 바람직하지 못하다.

⑤ 상사와 의견이 다를 때 어떻게 하겠습니까?

과거와 다르게 최근에는 상사의 명령에 무조건 따르겠다는 수동적인 자세는 바람직하지 않다. 회사에서는 때에 따라 자신이 판단하고 행동할 수 있는 직원을 원하기 때문이다. 그러나 지나치게 자신의 의견만을 고집한다면 이는 팀원 간의 불화를 야기할 수 있으며 팀 체제에 악영향을 미칠 수 있으므로 선호하지 않는다는 것에 유념하여 답해야 한다.

⑥ 근무지가 지방인데 근무가 가능합니까?

근무지가 지방 중에서도 특정 지역은 되고 다른 지역은 안 된다는 답변은 바람직하지 않다. 직장에서는 순환 근무라는 것이 있으므로 처음에 지방에서 근무를 시작했다고 해서 계속 지방에만 있는 것은 아님을 유의하고 답변하도록 한다.

(4) 여가 활용에 관한 질문

① 취미가 무엇입니까?

기초적인 질문이지만 특별한 취미가 없는 지원자의 경우 대답이 애매할 수밖에 없다. 그래서 가장 많이 대답하게 되는 것이 독서, 영화감상, 혹은 음악감상 등과 같은 흔한 취미를 말하게 되는데 이런 취미는 면접관의 주의를 끌기 어려우며 설사 정말 위와 같은 취미를 가지고 있다하더라도 제대로 답변하기는 힘든 것이 사실이다. 가능하면 독특한 취미를 말하는 것이 좋으며 이제 막 시작한 것이라도 열의를 가지고 있음을 설명할 수 있으면 그것을 취미로 답변하는 것도 좋다.

② 술자리를 좋아합니까?

이 질문은 정말로 술자리를 좋아하는 정도를 묻는 것이 아니다. 우리나라에서는 대부분 술자리가 친교의 자리로 인식되기 때문에 그것에 얼마나 적극적으로 참여할 수 있는 가를 우회적으로 묻는 것이다. 술자리를 싫어한다고 대답하게 되면 원만한 대인관계에 문제가 있을 수 있다고 평가될 수 있으므로 술을 잘 마시지 못하더라도 술자리의 분위기는 즐긴다고 답변하는 것이 좋으며 주량에 대해서는 정확하게 말하는 것이 좋다.

(5) 지원자를 당황하게 하는 질문

① 성적이 좋지 않은데 이 정도의 성적으로 우리 회사에 입사할 수 있다고 생각합니까?

비록 자신의 성적이 좋지 않더라도 이미 서류심사에 통과하여 면접에 참여하였다면 기업에서는 지원자의 성적보다 성적 이외의 요소, 즉 성격·열정 등을 높이 평가했다는 것이라고 할 수 있다. 그러나 이런 질문을 받게 되면 지원자는 당황할 수 있으나 주눅 들지 말고 침착하게 대처하는 면모를 보인다면 더 좋은 인상을 남길 수 있다.

② 우리 회사 회장님 함자를 알고 있습니까?

회장이나 사장의 이름을 조사하는 것은 면접일을 통고받았을 때 이미 사전 조사되었어야 하는 사항이다. 단답형으로 이름만 말하기보다는 그 기업에 입사를 희망하는 지원자의 입장에서 답변하는 것이 좋다.

③ 당신은 이 회사에 적합하지 않은 것 같군요.

이 질문은 지원자의 입장에서 상당히 곤혹스러울 수밖에 없다. 질문을 듣는 순간 그렇다면 면접은 왜 참가시킨 것인가 하는 생각이 들 수도 있다. 하지만 당황하거나 흥분하지 말고 침착하게 자신의 어떤 면이 회사에 적당하지 않는지 겸손하게 물어보고 지적당한 부분에 대해서 고치겠다는 의지를 보인다면 오히려 자신의 능력을 어필할 수 있는 기회로 사용할 수도 있다.

④ 다시 공부할 계획이 있습니까?

이 질문은 지원자가 합격하여 직장을 다니다가 공부를 더 하기 위해 회사를 그만 두거나 학습에 더 관심을 두어 일에 대한 능률이 저하될 것을 우려하여 묻는 것이다. 이때에는 당연히 학습보다는 일을 강조해야 하며, 업무 수행에 필요한 학습이라면 업무에 지장이 없는 범위에서 야간학교를 다니거나 회사에서 제공하는 연수 프로그램 등을 활용하겠다고 답변하는 것이 적당하다.

⑤ 지원한 분야가 전공한 분야와 다른데 여기 일을 할 수 있겠습니까?

수험생의 입장에서 본다면 지원한 분야와 전공이 다르지만 서류전형과 필기전형에 합격하여 면접을 보게 된 경우라고 할 수 있다. 이는 결국 해당 회사의 채용 방침상 전공에 크게 영향을 받지 않는다는 것이므로 무엇보다 자신이 전공하지는 않았지만 어떤 업무도 적극적으로 임할 수 있다는 자신감과 능동적인 자세를 보여주도록 노력하는 것이 좋다.

⑹ 인성 면접 기출 키워드

① 입사 후 해보고 싶은 업무, 들어가고 싶은 부서는?
② 인생에서 가장 큰 실수는?
③ 많이 알려진 사람 중 자신과 비슷하다고 생각하는 사람은 누구인가?
④ 농협의 장점은?
⑤ 농협에서 꼭 얻어 가고 싶은 것은?
⑥ 조직사회에서 적응하는 본인의 노하우는?
⑦ 본인의 강점은 무엇인가?
⑧ 부당한 지시에 대한 자신의 대처방법을 말해 보시오.
⑨ 예측하기 힘든 상황이 왔던 사례와 대처 방안을 말해 보시오.
⑩ 체력을 관리하는 방법은 무엇인가?
⑪ 받아들이기 힘든 요구를 받았을 때 어떻게 행동하였는가?
⑫ 하기 싫은 일을 맡은 경험과 그 대처방법은?
⑬ 조직을 위해 헌신했던 경험과 느낀 점을 말해 보시오.
⑭ 농협 근무자로서 중요한 점은 무엇이라고 생각하는가?
⑮ 타인과 의견이 달라 갈등을 빚은 경험을 말해 보시오.
⑯ 어떤 방법으로 고객의 기억에 남는 직원이 될 것인가?
⑰ 인생에서 가장 크게 한 실수는 무엇인가?
⑱ 자신에게 가장 큰 영향을 끼친 사람은 누구인가?
⑲ 가장 크게 화를 낸 적은 언제인가? 이유는 무엇인가?
⑳ 본인에게 농협은 어떤 이미지인가?
㉑ 농협인의 전문성은 무엇이라고 생각하는가?
㉒ 정직에 대한 자신의 생각과 관련된 경험을 말해 보시오.
㉓ 본인이 생각하는 좋은 기업이란 무엇인가?
㉔ 자신이 겪은 가장 힘들었던 일과 그 극복과정을 말해 보시오.
㉕ 농협인이 되기 위해 필요한 마음가짐은 무엇이라고 생각하는가?
㉖ 떠밀려서 일했던 경험과 이를 통해 깨닫게 된 것이 있다면 말해 보시오.
㉗ 입사 후에 어떤 계획을 가지고 있는가?
㉘ 자신이 생각하는 성실의 의미는 무엇인가?
㉙ 오랜 시간 동안 소중하게 간직하고 있는 물건과 이유는 무엇인가?
㉚ 농업과 관련 있는 경험은 무엇인가?

chapter 02 농협 면접 기출문제

1 2021년 농협은행

(1) 농협은행과 인터넷뱅킹과의 차이점은 무엇입니까?

(2) 본인 성격의 장단점을 말해보시오.

(3) 농협은행을 수치로 표현해보겠습니까?

(4) 기준금리가 하락할 때 은행에서 할 수 있는 일은 무엇입니까?

(5) 리더쉽을 발휘한 경험이 있습니까?

(6) 평소 닮고 싶다고 생각한 사람이 있습니까?

(7) 개인 금융에 비해 기업 금융에 필요한 역량은 무엇이라고 생각합니까?

(8) 농협은행에서 진행하고 있는 사업 중 눈여겨보고 있는 사업은 무엇입니까?

(9) 조직에서 다른 동료가 실수할 수도 있는데, 이때 기분 나쁘지 않게 지적하는 노하우를 말해보시오.

(10) 자신의 가장 큰 도전은 무엇인지, 그리고 어떤 과정을 거쳤는지 말해보시오.

(11) 암호화폐의 정의와 견해를 말해보시오. 또한 자신이 기여할 수 있는 부분에 대해 말해보시오.

(12) 팬데믹이 농협은행에 미친 영향은 무엇인지 말해보시오.

(13) 메타버스가 화제인데 가상공간에 농협은행 지점을 만들면 주 고객층은 누구겠는지 말해보시오. 또한 판매하게 될 금융상품을 제시해보시오.

(14) 숏케팅을 활용한 2030 고객유치방안을 말해보시오.

(15) 고객에게 농협은행의 상품을 추천한다면 어떤 상품을 어떻게 추천할 것입니까?

2 2020년 농협사료

(1) 가장 좋아하는 과목과 싫어하는 과목은?

(2) 가장 힘들었던 경험은 무엇인가?

(3) 농협사료에 지원한 이유와 가고 싶은 지역은 어디인가?

(4) 1분 동안 자기소개를 해보시오.

❸ 2020년 농협은행

(1) 기준금리와 가계부채의 상관관계에 대해서 말해보시오.

(2) 행원으로써 중요한 세 가지 역량은 무엇이라고 생각하는가?

(3) 생각하는 농협은행의 이미지는 무엇인가?

(4) 원칙과 융통성 중 중요하다고 생각하는 것은 무엇인가?

(5) 실적에 대해 어떻게 생각하며, 받게 될 스트레스는 어떻게 해소할 것인가?

(6) 돌발상황이 발생했을 때 어떻게 대처할 것인가?

❹ 2020년 지역농협

(1) 협동조합의 의의와 농협의 발전에 대해 말해보시오.

(2) 사회적 이슈를 농협 입장에서 생각하여 말해보시오.

(3) 코로나로 인해 경제가 침체되는데 주식 시장이 호황인 이유에 대해 말해보시오.

(4) 무점포 비대면 거래에 대해 지농의 대처를 말해보시오.

(5) 사회적 이슈를 수용할 시에 객관성을 지키는 방법에 대해 말해보시오.

(6) 인생의 가치관과 가치관대로 행동한 경험을 말해보시오.

(7) 편견을 가지고 대했는데 아니었던 경험을 말해보시오.

(8) 고령화 인구 대상 기능식품의 활성화가 갖는 의미를 말해보시오.

❺ 2019년 농협경제지주

(1) 회사를 선택하는 본인만의 기준을 말해보시오.

(2) 농협경제지주에서 펼치고 싶은 정책이 있다면 말해보시오.

(3) 원하는 정책을 펼치기 위해서 자금이 필요할 시 그 자금은 어떻게 충당할 생각인지 말해보시오.

(4) 지원동기와 삶의 가치에 대하여 말해보시오.

(5) 좌절한 경험에 대해 말해보시오.

⑥ 2019년 농협은행

(1) 농협은행 발전 방법에 대하여 디지털적인 시각으로 접근하여 말해보시오.

(2) 농협은행 상품 중 개선하고 싶은 상품이 있다면 개선 방안을 말해보시오.

(3) 4차 산업기술에 대하여 설명하시오.

(4) 지점 활성 방안에 대해 말해보시오.

(5) 52시간 근무제를 대처할 수 있는 효율적인 업무 방안에 대해 말해보시오.

(6) 프로슈머의 개념을 이용하여 농협은행의 상품을 제안해 보시오.

(7) 고령화 사회에서 노인 일자리 확충을 위해 국가, 개인, 기업이 해야 할 일을 2가지씩 정하시오. (토론)

⑦ 2019년 지역농협

(1) 스타트업과 기업이 함께 성장할 수 있는 방법에 대해 말해보시오.

(2) 처음 만난 사람들과 어떻게 어색한 분위기를 해소할 것인지 말해보시오.

(3) 자신이 생각하는 농협의 경쟁사가 있다면 그 이유와 이겨낼 방안을 말해보시오.

(4) 지역농협에 입사한다면 가장 하고 싶은 일은 무엇인지 말해보시오.

(5) 지역농협에서 자신이 어떻게 성장하고 싶은지 말해보시오.

(6) 자신의 강점을 이야기하고 그로 인한 농협의 발전가능성을 말해보시오.

(7) 휴경지 활용 기획안에 대해 말해보시오. ※ 주장면접

(8) 특약용 작물 활용 방안에 대해 말해보시오. ※ 주장면접

⑧ 2018년 농협경제지주

(1) 30초 동안 자기소개를 해 보시오.

(2) 효과적으로 농가소득을 증대시킬 수 있는 방안을 제시해 보시오.

(3) 회사 업무에 적용 가능한 본인의 역량을 어필해 보시오.

(4) 동료와 갈등 발생 시 해결하는 자신만의 방법에 대해 말해 보시오.

(5) 인생에 있어서 중요한 가치로 삼고 있는 것이 있다면 말해 보시오.

(6) 국민연금보험료율 인상에 대해 입장을 밝히시오. ※ 찬반토론

(7) 크라우드펀딩을 활용한 농업경쟁력 제고 방안을 제시하시오. ※ PT

(8) 4차 산업혁명이 가져올 변화와 농협의 대응 방안을 제시하시오. ※ PT

⑨ 2018년 농협케미컬

(1) 농협을 지원하게 된 동기를 말해 보시오.

(2) 농협케미컬이 어떤 회산지 알고 있는 대로 설명해 보시오.

(3) 상사가 비합리적인 업무를 부여하면 어떻게 할 것인가?

(4) 고객이 우리 회사의 제품에 대해 나쁘게 평가하면 어떻게 대처할 것인가?

(5) 본인 성격의 장단점에 대해 말해 보시오.

⑩ 2018년 농협네트웍스

(1) 1분 동안 자기소개를 해 보시오.

(2) 낙뢰방지 대처방법에 대해 설명해 보시오.

(3) 교류와 직류의 저압, 고압, 초고압의 기준을 말해 보시오.

(4) 교류전력과 직류전력의 차이를 설명해 보시오.

(5) 신재생에너지사업에 대해 전망해 보시오.

(6) 본인을 뽑아야 하는 이유에 대해 말해 보시오.

⑪ 2017년 농협은행

(1) 자신의 장점은 무엇이라고 생각하는가?

(2) 5 ~ 10년 뒤에 자신의 모습을 그려 보시오.

(3) 회사에서 자신의 실력을 알아주지 않는다면 어떻게 할 것인가?

(4) 농협 본사의 지리적 이점에 대해 설명해 보시오.

(5) 핀테크 용어 중 알고 있는 것을 말해 보시오.

(6) 농가 소득 5,000만원을 달성하기 위해서 농협이 취해야 할 행동방안에 대해 말해 보시오.

(7) 농업 가치의 헌법 반영에 대한 서명에 대해 알고 있는지, 어떻게 생각하는가?

(8) 거리에서 나눠주는 전단지를 그냥 버리는 행동이 잘못되었다고 생각하는가?

⑫ 2017년 축산농협

(1) 아르바이트 등 직무 경험을 통해 깨달은 자신의 강점이 있다면 말해 보시오.

(2) 입사 후 동료와 문제 상황이 발생했을 때 현명하게 대처하는 방안이 있다면?

(3) 클라우드 펀딩에 대해 설명해 보시오.

(4) 소고기이력추적제에 대해 설명해 보시오.

(5) 코리아 패싱에 대해 설명해 보시오.

(6) 절대농지가 무엇인지 말해 보시오.

(7) 블록체인과 비트코인에 대해 설명해 보시오.

(8) 농협과 주식회사의 차이점에 대해 말해 보시오.

⑬ 2017년 지역농협

(1) 다른 의견을 가진 사람을 설득하는 자신만의 방법이 있다면 말해 보시오.

(2) 맡은 일을 책임지고 마무리하기 위해 했던 노력에 대해 말해 보시오.

(3) 다른 사람을 위해 희생한 경험에 대해 말해 보시오.

(4) 학창시절 경험한 대외활동이 실무에 어떤 영향을 미칠 수 있을지 말해 보시오.

(5) 자신이 생각하는 농협의 정의를 설명해 보시오.

(6) 당좌계좌에 대해 설명해 보시오.

(7) 공공비축제에 대해 설명해 보시오.

(8) 인터넷은행 출범에 따라 농협이 나아가야 할 방향에 대해 말해 보시오.

(9) 농촌의 국제결혼이민자에 대해 농협이 지원할 수 있는 방법을 말해 보시오.

(10) 농업의 공익적 가치를 헌법에 반영하고자 1천만 명 국민 서명 운동에 대해 말해 보시오.

(11) 살충제 달걀 파동으로 피해를 입은 양계장을 지원할 수 있는 방안에 대해 말해 보시오.

(12) 농협을 5글자로 표현해 보시오.

⑭ 2016년 농협경제지주

(1) 6차 산업과 농협에 대해 이야기해 보시오. ※ PT

(2) ODA와 농협의 역할에 대해 이야기해 보시오. ※ PT

(3) 농협의 옴니채널 구축사례 및 구축방안에 대해 이야기해 보시오. ※ 토론

(4) 1분 동안 자기소개를 해 보시오.

(5) 1인당 쌀 소비량에 대해 말해 보시오.

(6) 스타벅스를 하나로마트에 샵인샵 형태로 도입하는 것에 대한 자신의 생각을 말해 보시오.

⑮ 2016년 지역농협 하반기 6급

(1) 조직 내에서 첨예한 갈등이 생겼던 경험과 그 상황에서 어떻게 해결했는지 말해 보시오.

(2) 업무 중 술 취한 고객이 난동을 부린다면 어떻게 할 것인가?

(3) 핀테크로 인해 변화된 환경과 그에 대한 농협의 대응에 대해 말해 보시오.

(4) 6차 산업에 대해 아는 대로 말해 보시오.

(5) 평창올림픽이 열리는 기간을 알고 있는지 말해 보시오.

⑯ 2015년 농협은행 6급

(1) 농협은행에 지원한 이유에 대해 이야기해보시오.

(2) 자신의 장단점에 대해 이야기해보시오.

(3) 자신을 하나의 단어로 나타낸다면 무엇이라고 생각하는지 말해보시오.

(4) 자신의 10년 후 모습에 대해 이야기해보시오.

(5) 최근에 접한 가장 인상 깊은 뉴스 기사에 대해 이야기해보시오.

(6) 자신이 권유한 투자 상품에 가입하여 손실을 보고 은행에 찾아와 항의하는 고객에게 어떻게 대응할 것인지 이야기해보시오.

(7) 미취학 아동에게 펀드에 대해 알려주려고 한다. 어떻게 설명할 것인지 이야기해보시오.

(8) 20대 후반 기혼인 직장인 여성에게 적합한 금융상품을 제안하고 그 이유를 설명해보시오.

(9) 자신이 살아오면서 가장 힘들었던 경험에 대해 이야기해보시오.

(10) 은행에 입사하여 평일 근무 외에 주말에 봉사활동을 하는 경우 참여 여부에 대해 이야기해보시오.

⑰ 2014년 농협유통 하반기 6급

(1) 쌀 시장 개방에 대해 어떻게 생각하는가?

(2) 우리쌀의 소비량을 늘리기 위해 어떻게 해야 되는가?

⑱ 2014 농협은행 하반기 5급

(1) 인성면접

   ① 자신이 농협에서 무엇을 잘 할 수 있는지 말해보시오.

   ② 동아리 경험이 있다고 하였는데 무슨 동아리 활동을 하였는가?

   ③ 자신의 단점을 직접적 사례를 들어 말해보시오.

   ④ 기억나는 전공과목은 무엇인가? 또 이유는 무엇인가?

   ⑤ 후강퉁제도에 대해 설명해보시오.

   ⑥ 자기주장이 강한 성격인가?

   ⑦ 일을 혼자 하는게 편한가?

   ⑧ FTA개방으로 인한 농업 타격을 어떻게 극복할 것인가?

(2) 토론면접 : 대리모 제도에 관련해 찬반토론을 하시오. ※ 자율형식

⑲ 2014 농협은행 하반기 6급

(1) 인성면접

   ① 향후 기준금리 전망을 말해보시오.

   ② 농협의 금융상품에 대해 설명해보시오.

   ③ 자신의 장·단점은 무엇인가?

   ④ 왜 학교 다니면서 교내활동을 한번도 하지 않았는가?

   ⑤ 영어로 자기소개를 해보시오.

(2) 토론면접 : 정부의 온정적 간섭주의에 대한 찬반토론을 하시오. ※ 자율형식

⑳ 2014년 농협중앙회 상반기 5급

(1) 본인의 장점과 단점에 대하여 이야기해 보시오.

(2) 친구가 많은 편인가, 아니면 한 친구를 깊게 사귀는 편인가? 본인의 친구에 대하여 이야기해 보시오.

(3) 최근 감명 깊게 읽은 책에 대해 소개해보시오.

(4) 최근 감명 깊게 본 영화에 대해 이야기해 보시오.

(5) 존경하는 인물이 있다면 누구이고 이유는 무엇인가?

(6) 농업은 어떤 산업이라고 생각하는지 본인의 생각을 이야기해 보시오.

(7) 농협 직원들의 높은 월급에 대해서 어떻게 생각하는가?

(8) 지방으로 발령을 받게 되면 어떻게 할 것인가?

(9) 새 농촌 새 농협 운동에 대해서 말해보시오.

(10) 본인의 취미활동이 무엇인지 말해보시오.

(11) 해외에 나가 본 경험이 있는가? 한국과 비교했을 때 안 좋은 점을 말해보시오.

(12) 농협이 나아가야 할 방향에 대해서 이야기해 보시오.

㉑ 2014 농협은행 상반기 5급

(1) 대기업과 중소기업의 상생방법을 이야기해 보시오.

(2) 한국경제의 세계적 위치에 대하여 이야기해 보시오.

(3) 재산세에 대해 아는 대로 이야기해 보시오.

(4) 변액보험이란 무엇인가?

(5) 임대형 주택가격에 대해 아는 대로 말해보시오.

(6) 현 정부의 경제 정책에 대한 본인의 의견을 솔직하게 말해보시오.

(7) 농협은행의 발전방향에 대해서 이야기해 보시오.

(8) 단체생활을 한 경험이 있는지 거기서 본인은 리더였는가?

㉒ 2014 농협은행 상반기 6급

(1) 토론면접 : 공소시효 폐지에 대한 찬반토론을 하시오.

(2) 개인면접

　　① 농협의 구조에 대한 개인의 의견을 말해보시오.

　　② 까다로운 클라이언트를 만났을 때 어떻게 계약을 성사시킬 것인지 말해보시오.

　　③ 적립식 펀드에 대하여 아는 대로 말해보시오.

㉓ 2013년 시행

(1) '나는 ○○이다.' 라는 주세로 40초 동안 자기소개 하기

(2) 입사 후 일하기를 원하는 부서와 왜 그 부서에서 일하고 싶은지 말해보시오.

(3) 경제신문에 나오는 '금리, 환율, 종합주가지수'의 용어에 대한 설명을 해보시오.

(4) 학력과 학벌주의에 대해서 어떻게 생각하는가?

(5) 은행의 주 수입원은 무엇인가?

(6) 레버리지 효과란 무엇인가?

(7) 타 은행 인턴경험이 있는지 말해보고 있다면 왜 농협을 지원했는지 이유를 말해보시오.

(8) 직장생활 중 적성에 맞지 않는다고 느끼면 다른 일을 찾을 것인가?

(9) 농협과 다른 은행의 차이점에 대해서 말해보시오.

(10) 최근 저신용자에 대해 은행들이 대출을 늘리고 있는 상황인데 늘리는 것이 좋은가 줄이는 것이 좋은가?

(11) 종교가 있는가? 종교는 사람에게 어떤 의미가 있다고 생각 하는지 말해보시오.

(12) 주량이 어느 정도 되고, 술자리에서 제일 꼴불견인 사람의 유형에 대해 말해보시오.

(13) 상사가 집에 안가고 게임과 개인적인 용무를 보고 있다. 어떻게 할 것인가?

(14) 상사가 부정한 일로 자신의 이득을 취하고 있다. 이 사실을 알게 되면 어떻게 할 것인가?

(15) 자신만의 특별한 취미가 무엇인가? 그걸 농협중앙회에서 어떻게 발휘할 수 있는가?

🎱 2012년 시행

(1) 지원동기와 자기자랑을 영어로 해보시오.

(2) 농협 직원으로서 로또 1등에 당첨된다면 어떤 곳에 사용할 것입니까?

(3) 스펙이 안 좋은 이유에 대해 말해보시오.

(4) 전환사채가 무슨 뜻인지 말해보시오.

(5) 지원자가 가진 역량으로 이룬 지원자의 생애에서 가장 기억에 남는 추억이 있다면 말해보시오.

(6) 금리동향에 대해 말해보시오.

(7) 어려운 일을 극복한 경험에 대해 말해보시오.

(8) 자신의 단점으로 자기소개를 1분 동안 해보시오.

(9) DTI란 무엇인지 설명해보시오.

(10) 우리나라 주택의 미분양 상태가 심각한데 해결책을 말해보시오.

(11) 농협이 하는 일과 시중은행이 하는 일의 차이점에 대해 말해보시오.

🎱 2011년 시행

(1) 1분 동안 자기소개를 해보시오.

(2) 농협에 지원한 이유를 이야기해 보시오.

(3) 최근 화제가 되고 있는 김훈의 소설 「남한산성」을 읽어보았습니까? 읽었다면 소설에 등장하는 김상헌, 최명길의 주장에 대해 어떻게 생각합니까?

(4) 펀드란 무엇입니까? 펀드를 한 번 판매해보겠습니까?

(5) 농협에 입사하여 10년 후 나의 모습에 대해 말해보시오.

(6) 농협에 입사하기 위해 본인이 한 노력은 어떠한 것이 있습니까?

(7) 역모기지론에 대해 이야기해 보시오.

(8) 사업 분리 후 농협의 발전방향에 대해 말해보시오.

(9) 한국 경제가 세계에서 어떤 위치에 있다고 생각합니까?

(10) 농협에서 어떠한 업무를 맡고 싶습니까?

(11) 재산세, 변액보험, 임대형 주택가격 등에 대해 말해보시오.

26 2010년 시행

(1) 수입농산물 증가에 대한 당신의 생각은 어떻습니까?

(2) 노동조합과 협동조합의 차이점은 무엇입니까?

(3) 이마트와 하나로 마트의 차이점은 무엇입니까?

(4) 재무제표를 분석할 때 성장성을 보기 위해서는 어떤 지표를 사용해야 합니까?

(5) 기술적 분석과 기본적 분석에 대해 설명하시오

(6) 예대율과 예대마진에 대해 설명하시오.

(7) 농협 CI의 의미는 무엇입니까?

(8) Have you been a leader? (리더를 맡아 본 적이 있나요?)

(9) 공제를 어떻게 소비자들에게 팔 것입니까?

(10) 쿠퍼현상이 무엇입니까?

(11) 농협이 농민을 상대로 장사를 한다는 말에 대해 어떻게 생각합니까?

(12) FTA가 농업에 미치는 영향을 말해보세요.

(13) 면접을 보러 가는데 신호등이 빨간불입니다. 시간이 매우 촉박한 상황인데, 무단횡단을 할 것입니까?

(14) 농협에 근무하기 위해 어떤 마음가짐이 필요하다고 생각합니까?

(15) 농협의 신용 업무에 대한 이미지는 어떻습니까?

(16) 농협과 다른 은행의 차이점은 무엇이라고 생각합니까?

(17) What kind of personality do you have? (당신의 성격은 어떠합니까?)

서원각과 함께

꿈의 날개를 펴라

기업체 시리즈

한국조폐공사

소상공인시장진흥공단

NH농협중앙회 | 은행

한국서부발전